潘工讲汽车电器系统故障诊断及维修

◎潘庆普　编著

中国水利水电出版社
www.waterpub.com.cn
·北京·

内容提要

这是一本由真正的汽车维修专家，在数十年汽修经验的基础上整理编写而成的汽车电器及电控系统故障分析维修图书。这类书在汽修类图书领域极为罕见，因为这不是一本汽车制造商推出的技术手册，也不是大学或技校中所用的教材，更不是某些伪专家东抄西凑而成的，而是一个汽车专家一生汽修经验的结晶。

本书从电器及电控系统的角度，分析整理各种常见、疑难、典型、共性的故障，并把作者数十年的汽修经验融汇其中。书中既有基础知识又有配合案例，最宝贵的是，对每一个案例的讲解并非人云亦云，其关于起因分析、排障思路、排障方法、延伸总结的讲解，哪怕是在普遍采用师徒制的汽修企业内部，限于很多师傅的理论水平及经验积累厚度，也不是每个学徒都可以轻易学到的。

本书深入浅出的讲解，适合于广大家用车主了解汽车维修知识，也适合于汽修专业的学生作为参考资料。

图书在版编目（CIP）数据

潘工讲汽车电器系统故障诊断及维修 / 潘庆普编著. -- 北京 : 中国水利水电出版社, 2017.1

ISBN 978-7-5170-4928-9

Ⅰ. ①潘… Ⅱ. ①潘… Ⅲ. ①汽车－电气设备－车辆检修②汽车－电子系统－控制系统－车辆检修 Ⅳ. ①U472.41

中国版本图书馆CIP数据核字(2016)第294128号

策划编辑：周春元　　责任编辑：张玉玲　　加工编辑：孙　丹　　封面设计：李　佳

书　名	潘工讲汽车电器系统故障诊断及维修 PANGONG JIANG QICHE DIANQI XITONG GUZHANG ZHENDUAN JI WEIXIU
作　者	潘庆普 编著
出版发行	中国水利水电出版社 （北京市海淀区玉渊潭南路 1 号 D 座 100038） 网　址：www.waterpub.com.cn E-mail：mchannel@263.net（万水） sales@waterpub.com.cn 电　话：（010）68367658（营销中心）、82562819（万水）
经　售	全国各地新华书店和相关出版物销售网点
排　版	北京万水电子信息有限公司
印　刷	北京市雅迪彩色印刷有限公司印刷
规　格	185mm×240mm　16 开本　23 印张　440 千字
版　次	2017 年 1 月第 1 版　2017 年 1 月第 1 次印刷
印　数	0001 - 3000 册
定　价	88.00 元

凡购买我社图书，如有缺页、倒页、脱页的，本社营销中心负责调换

版权所有 · 侵权必究

前言 | Preface

为什么写这本书

近十年来，随着我国汽车工业的快速发展，汽车大量走进普通人家，私家车的迅速普及给汽车的售后服务和保养维修带来了新的问题。由于现在大量的私家车主对汽车知之不多，而且都是自费修车保养，对汽车的维修费用非常关心，不像以前，汽车维修行业面对的是公车和职业司机，车主对车辆的使用和维护非常熟悉，而且对维修费用并不是很计较，这就要求维修行业的技师要有很高的维修经验和理论水平，使得私家车主在车辆的维修保养过程中能够懂得维修保养费用产生的原因，并且在维修保养过程中了解更多的汽车使用保养常识，使得维修行业和车主真正建立友好的关系，在根本上为减少维修保养过程中的纠纷消除不利的因素。

本人经过系统的汽车维修专业学习，毕业以后从事汽车维修、保养和使用工作已超过四十年。从维修时使用国产的老解放开始，到使用大量的进口二手车，直至使用目前的合资车、进口车，积累了许多实践经验和汽车理论知识。本人希望结合多年积累的故障案例，通过本书向广大有志于从事汽车维修工作的初学者和汽车使用者介绍当代汽车常见构造的基础知识和维修保养经验，使读者能够通过本书的学习了解汽车常见故障的判断和维修方法，在短时间内掌握更多的汽车维修、使用和保养的知识，为提高相关能力开拓眼界，丰富经验。

由于当代汽车大量使用了微电子自动控制设备，汽车电器分布

于汽车的各个系统，所以本书重点介绍与电器有关的汽车构造部分，后续还会继续整理资料，介绍汽车其他系统的构造、故障判断和维修经验。

由于目前汽车电器原理大同小异，所以本书案例并未明确具体车型。关于一些内容技术资料，如果读者有需要，可以通过出版社与本人联系，本人愿意尽力为大家提供帮助。

由于本书是实践经验的积累和总结，广大同行可能存在不同的看法，本人愿意和大家交流探讨。

本书可供从事维修工作的初学者和汽车爱好者学习参考。

本书主要内容

本书共分七章，分别介绍汽车常见的电器系统。

第一章　识图方法与必备工具　介绍汽车维修电路图的识图方法、汽车常用电子器件和常用汽车电器的维修工具。

第二章　起动和充电系统　主要介绍常见发电机、蓄电池和起动机的构造原理，并通过案例介绍常见故障的判断和维修方法。

第三章　汽油机电子控制系统　主要介绍自动化控制原理和常见的传感器和执行元件，并通过案例介绍常见故障的判断和维修方法。

第四章　自动变速箱电控系统　主要介绍电控液压变速箱的构造和控制原理，并通过案例介绍常见故障的判断和维修方法。

第五章　底盘电控系统　主要介绍电控转向助力系统、ABS 等电控制动系统、电控悬挂控制系统，并通过案例介绍常见故障的判断和维修方法。

第六章　空调系统　介绍常见的空调系统构造原理，并通过案

例介绍常见故障的判断和维修方法。

第七章　车身电气控制系统　主要介绍安全气囊、防盗中控门锁、电动天窗、组合开关、灯光系统、电动倒车镜、后窗加热、点烟器和喇叭、组合仪表、多媒体中心、倒车雷达、雨刮器，并简单介绍 CANBAS 整车电子通信，通过案例介绍常见故障的判断和维修方法。

本书在整理材料时得到长春汽车职业高专孙雪梅老师的大力支持与帮助，在此表示感谢。

编者

2016 年 3 月 23 日于长春

AUTO REPAIR

目录 | contents

第一章　识图方法与必备工具

第二章　起动和充电系统

第三章 汽油机电子控制系统

第五章 底盘电控系统

第六章 空调系统

AUTO
REPAIR

第七章 车身电气控制系统

附录 常用汽车知识

第一章
识图方法与必备工具

早期的汽车电气系统只是最基本的起动和充电系统、点火系统、仪表显示和喇叭灯光照明系统等，并且这些系统都是最常见的普通电路。如今，随着对车辆舒适性要求的提高和自动化的普及，大量的微电子技术融入了汽车技术中，使汽车电路变得五花八门、种类繁多。如发动机、变速箱、底盘、车身等电控系统由各种各样的控制方式组成。当代汽车的每一个角落都充满了现代电子技术的信息，因此，如果想要很好地了解汽车，掌握汽车的电气技术就是每一个汽车相关人士的必经之路。

1.1 常见汽车电路图的识图方法

汽车用电器种类繁多，在汽车的各个系统里都有分布。为了便于车辆的维修保养，大多数的汽车厂商都将这些电器的联系画成电路原理图。汽车电路原理图为了简化图面、方便阅读，经常用简单的图形来代表汽车上的某种部件，并且在电路图的前面单独列出图例加以说明。图 1-1 是大众公司的电路图说明，图 1-2 是丰田公司的电路图说明。

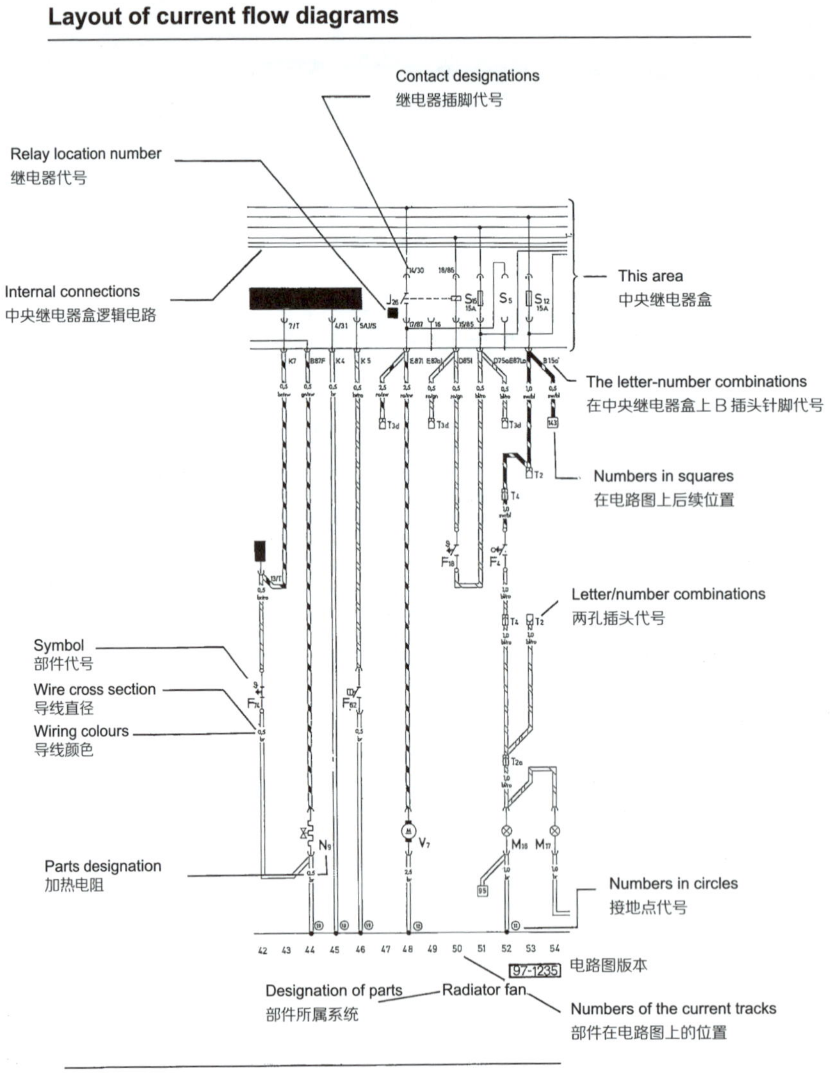

Layout of current flow diagrams

Contact designations
继电器插脚代号

Relay location number
继电器代号

Internal connections
中央继电器盒逻辑电路

This area
中央继电器盒

The letter-number combinations
在中央继电器盒上 B 插头针脚代号

Numbers in squares
在电路图上后续位置

Letter/number combinations
两孔插头代号

Symbol
部件代号

Wire cross section
导线直径

Wiring colours
导线颜色

Parts designation
加热电阻

Numbers in circles
接地点代号

42 43 44 45 46 47 48 49 50 51 52 53 54

97-1235 电路图版本

Designation of parts
部件所属系统

Radiator fan

Numbers of the current tracks
部件在电路图上的位置

图 1-1 大众公司汽车电路图说明

Symbols used in current flow diagrams

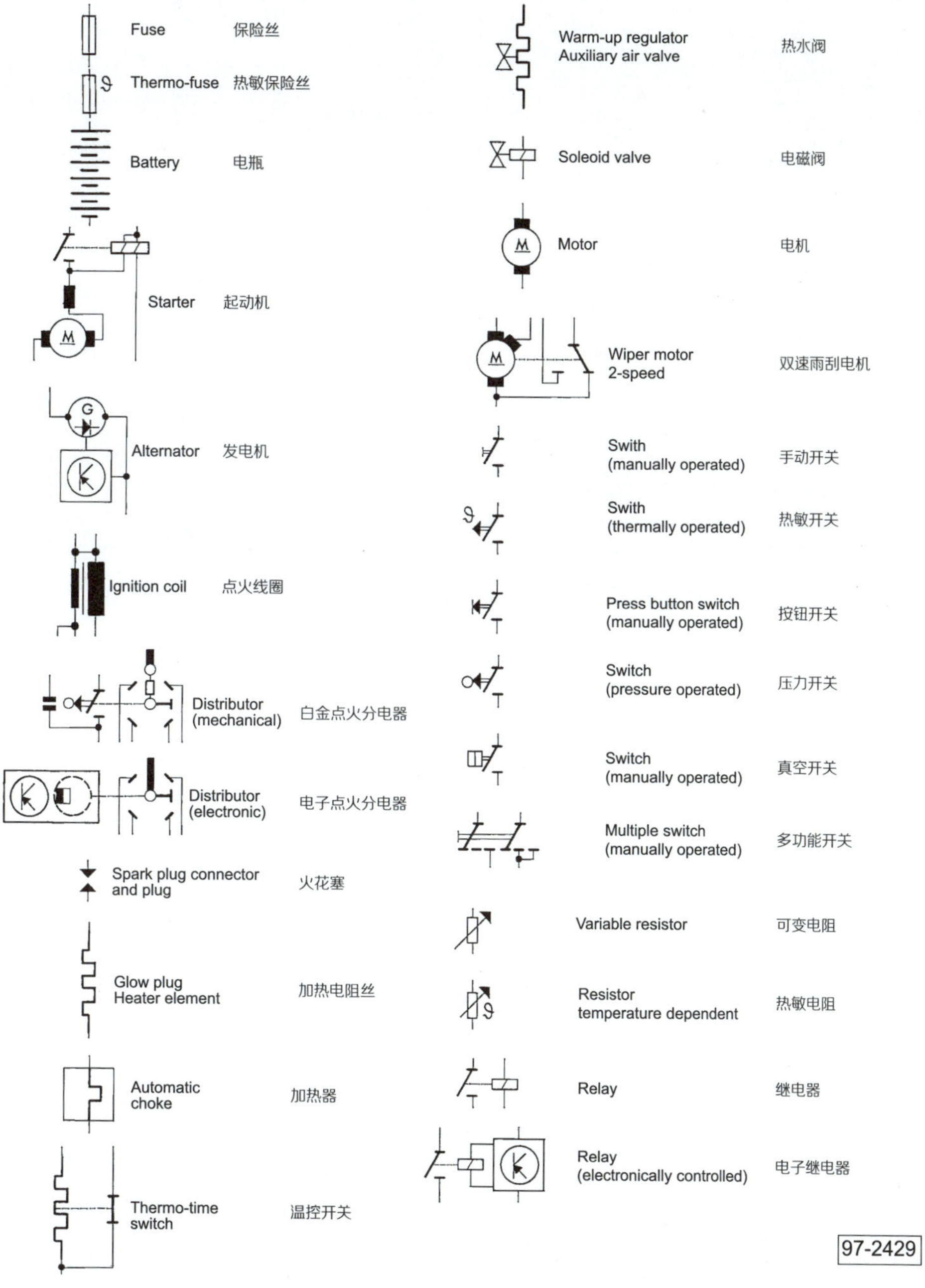

Fuse	保险丝
Thermo-fuse	热敏保险丝
Battery	电瓶
Starter	起动机
Alternator	发电机
Ignition coil	点火线圈
Distributor (mechanical)	白金点火分电器
Distributor (electronic)	电子点火分电器
Spark plug connector and plug	火花塞
Glow plug Heater element	加热电阻丝
Automatic choke	加热器
Thermo-time switch	温控开关

Warm-up regulator Auxiliary air valve	热水阀
Soleoid valve	电磁阀
Motor	电机
Wiper motor 2-speed	双速雨刮电机
Swith (manually operated)	手动开关
Swith (thermally operated)	热敏开关
Press button switch (manually operated)	按钮开关
Switch (pressure operated)	压力开关
Switch (manually operated)	真空开关
Multiple switch (manually operated)	多功能开关
Variable resistor	可变电阻
Resistor temperature dependent	热敏电阻
Relay	继电器
Relay (electronically controlled)	电子继电器

97-2429

图 1-1　大众公司汽车电路图说明（续图）

SYSTEMS	LOCATION	SYSTEMS	LOCATION
Air Conditioner, Cooler and Heater 空调（冷、热风）		Idle-up 怠速提升	
A.B.S.(Anti-Lock Brake System) ABS 制动防抱死系统		Ignition 点火系统	
Back-up Lights 倒车灯		Interior Lights 室内灯	
Caburetor 化油器		Moon Roof 天窗	
Charging 发电机		Overdrive 超速档	O/D
Cigeratte Lighter 发电机		Power Source 电瓶	
Clock 时钟		Power Windows 电动门窗	
Combination Meter 仪表总成		Radiator Fan and Condersor Fan 电动冷却风扇	
Door Locks 门锁	LOCK	Radio and Tape Player 收录机	
Emission Control 废气控制	CO	Rear Fog Lights 后雾灯	
Fog Lights 雾灯		Rear Window Defogger 后窗加热	
Front Wiper and Washer 前雨刮及清洗器		Rear Wiper and Washer 后雨刮及清洗器	
Fuel Heater 燃油预热器		Remote Control Mirrors with Heater 电动倒车镜	
Fuel System 燃油系统		Seat Heaters 座椅加热	
Glow Plugs 加热塞		Starting 起动机	
Headlight Cleaner 大灯清洗		Stop Lights 停车灯	
Headlights 大灯		Taillights and Illumination 尾灯	
Horn 喇叭		TCCS 丰田发动机电控系统	TCCS
		Turn Signal and Hazard 组合开关	

图 1-2　丰田公司汽车电路图说明

电路图说明：汽车每个系统的电器部分都从它的电路图开始。这此电路图说明了每个部件的全部工作路径。例如，起动系统的电源供应及负极搭铁，导线插接件位置及组成电路相关的保险丝、开关等。要诊断并排除故障，首先要充分理解电路图。

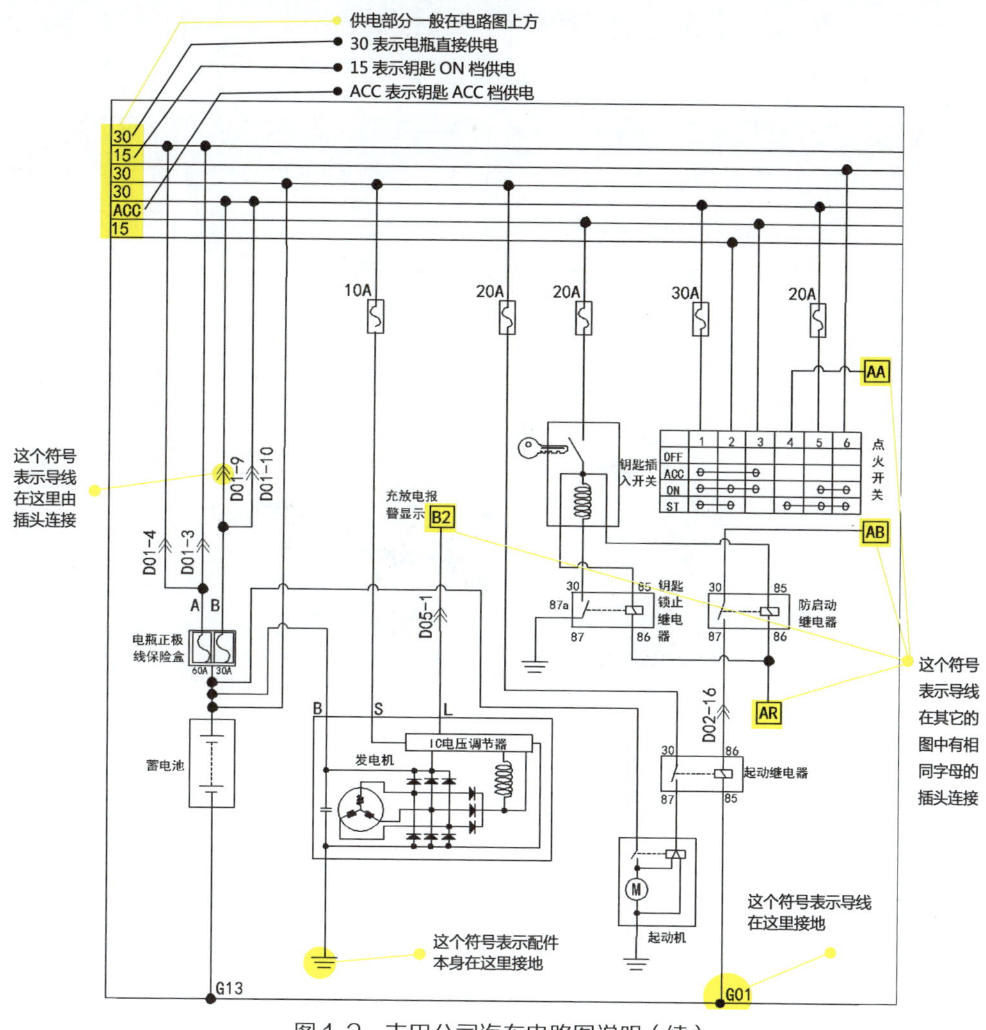

图 1-2　丰田公司汽车电路图说明（续）

常用的电路图都是按照汽车分系统的顺序绘成的，一般包括下列系统，具体的电路图将在相关章节中介绍：

- 起动和充电系统
- 发动机电控系统
- 变速箱电控系统
- 转向电控系统
- 制动电控系统
- 悬挂电控系统
- 空调系统
- 安全气囊系统
- 灯光照明系统
- 组合仪表系统
- 音响和倒车雷达系统
- CANBUS 通信系统
- 防盗门锁和电动车窗系统

AUTO
REPAIR

1.2 汽车电器常用元件及原理

1. 普通导线

普通导线用于连接各个用电器的电路，根据用电器的功率、导线的线径不同，常见的有 0.5、1、1.5、2、2.5、4、6、10mm^2 等。汽车导线由于电压较低（12V 或 24V），所以绝缘皮较薄，但是金属线芯较粗，因此不能用看起来同样外径的民用导线代替，因为民用导线电压较高，外皮较厚而线芯较细。汽车导线遍布全车各处，为了使用安全，装配及维修方便，经常制成图 1-3 所示的线束形式使用，每根导线在插头的位置已在电路图中标出，以便查找。

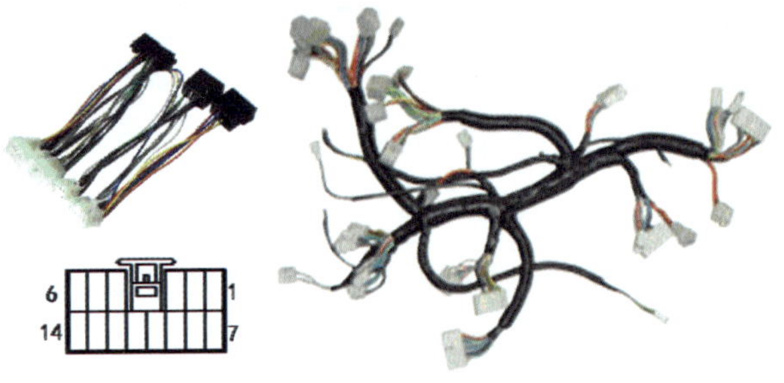

图 1-3　汽车线束图

2. 屏蔽线

有些信号强度较小的传感器信号传输导线为了防止电磁干扰，经常使用由金属丝编成的网状外皮屏蔽线，例如爆震传感器就是用屏蔽线与计算机连接。图 1-4 所示为屏蔽线样图。

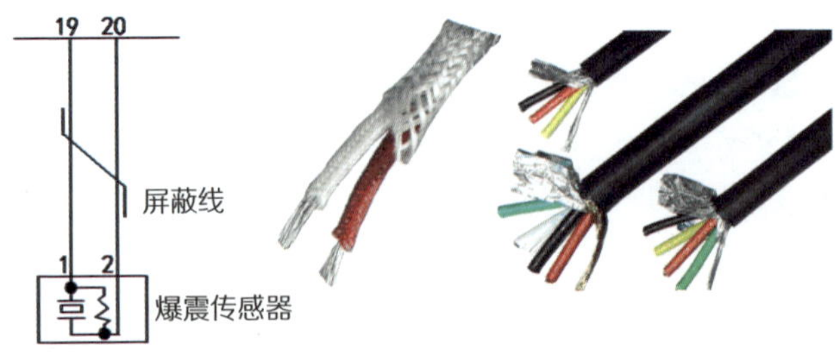

图 1-4　屏蔽线样图

3. 同轴电缆

汽车上的收音机或其他无线电子设备的天线用同轴电缆传输信号，在电路图中采用屏蔽线相同的符号表示。图 1–5 所示为同轴电缆样图。

图 1–5　同轴电缆样图

4. 双绞线

为了防止产生电磁干扰，许多电磁类的传感器信号传输线为了防止电磁干扰，采用双绞线传输信号，在电路图中采用屏蔽线相同的符号表示。图 1–6 所示为双绞线样图。

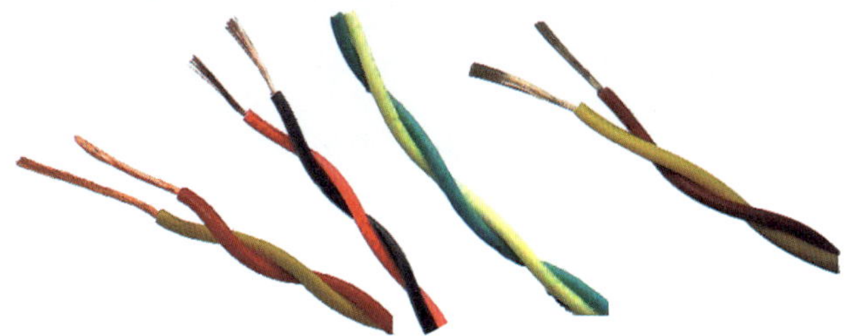

图 1–6　双绞线样图

5. 光纤

许多车型由于传递的信息量很大而采用了 CANBUS 系统，因此采用光纤传输数据以简化线束。由于光线传输的特性，当光缆出现下列现象时即认为光缆损坏。图 1–7 所示为光纤样图。

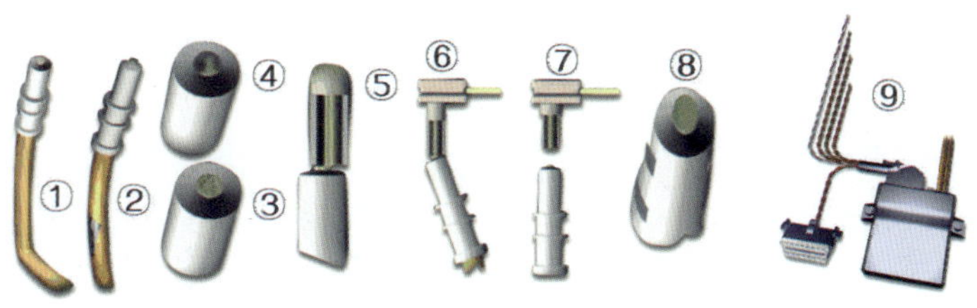

图 1–7　光纤样图

6. 电阻

电阻用于改变用电器的阻值，如调速电阻、滑动电阻等。

电阻在电路中的作用是串联分压，并联分流。通过串联电阻中的电流是相同的。并联电路中电阻的端电压是相同的。电阻串联使用时电路的阻值等于串联电路中各个电阻值的总和，即 $R=R_1+R_2+\cdots+R_N$。电阻并联使用时，电路阻值的倒数等于并联电路中各个电阻值的倒数之和，即 $1/R=1/R_1+1/R_2+\cdots+1/R_N$。图 1-8 所示为电阻样图。

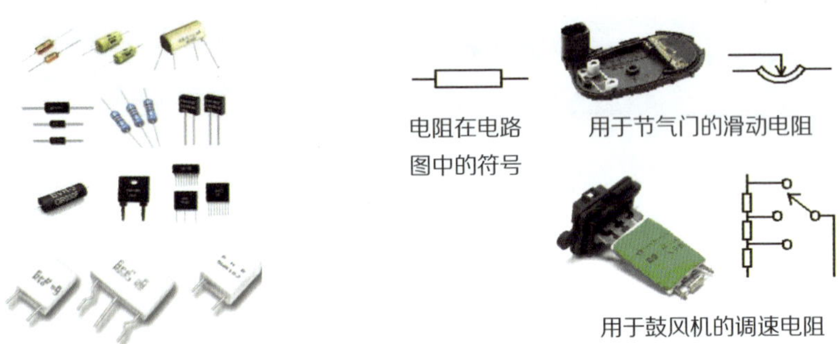

图 1-8　电阻样图

7. 电容

电容用于隔离交流噪音、增强电流等。图 1-9 所示为电容样图。

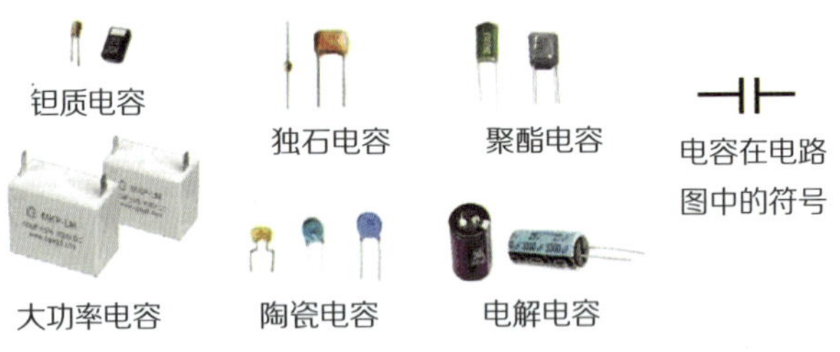

图 1-9　电容样图

8. 电感

电感即电磁线圈，给电磁线圈通电，它可以产生电磁力。电磁线圈在变化的磁场中能够产生感应电动势。利用电磁线圈的这个特点可以制成某些特殊用途的部件，如电磁阀线圈、继电器线圈、点火线圈。或制成电磁传感器，如转速传感器、车速传感器等。

图 1-10 所示为电感样图。

1- 点火线圈；2- 继电器；3- 碳罐电磁阀；4- 转速传感器

图 1-10　电感样图

9. 二极管

二极管由半导体材料制成，主要特性是单向导电。用于发电机整流二极管、LED 发光灯等。图 1-11 所示为二极管样图。

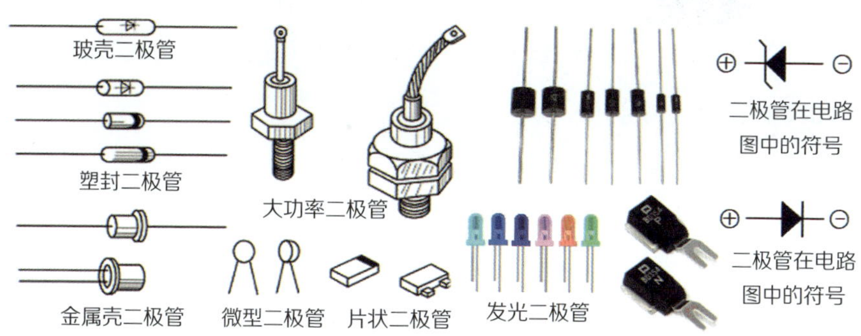

图 1-11　二极管样图

10. 三极管

三极管由半导体材料制成，用于放大电流，如点火驱动模块、喷油嘴驱动模块、闪光器驱动等。图 1-12 所示为三极管样图。

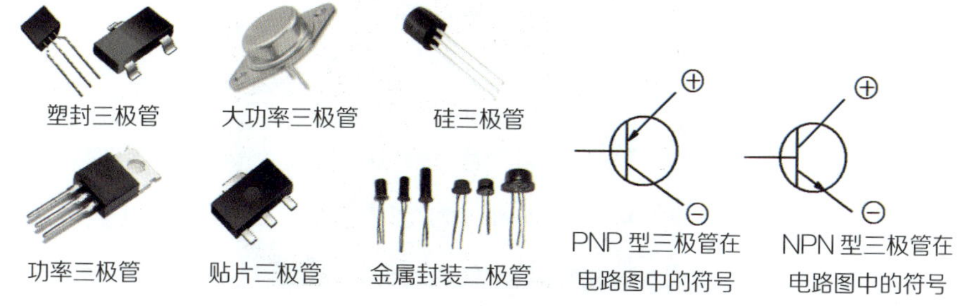

图 1-12　三极管样图

11. 集成块

半导体材料集成电路，用于某些有复杂电气动作的部件。在汽车里最常见的单个集成块应用是“555”时基电路，它与电阻、电容、线圈等电子元件可以很方便地制成间歇工作的继电器，如闪光继电器、喇叭继电器、雨刮继电器等。图 1-13 是“555”时基电路集成块的外形图。

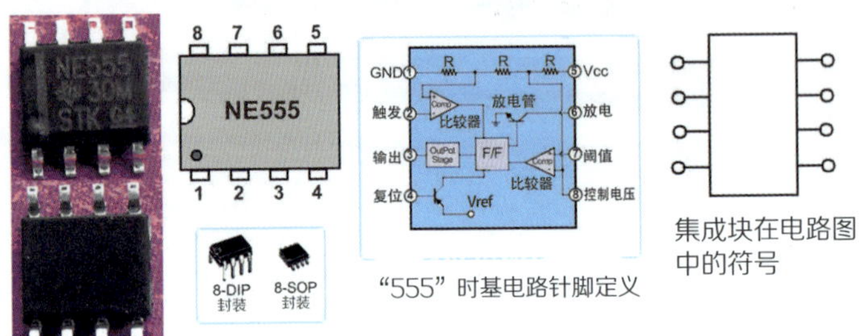

图 1-13　“555”时基电路样图

12. ECU

ECU 是汽车各个电控系统的核心，在现代汽车上用途广泛。ECU 也叫单片机，是一个能独立工作的微计算机系统。它由 CPU、RAM、ROM、数据总线、I/O 接口、驱动模块、电源模块等构成。ECU 通过 I/O 接口与传感器和执行元件连接，在装入程序编程语言以后，即可构成一个自动化控制系统，因此在汽车领域有广泛的应用。如发动机电控系统 ECU、变速箱电控系统 ECU、ABS 系统 ECU 等。图 1-14 是发动机 ECU 内部构造图。

图 1-14　发动机 ECU 内部构造图

1.3 常用检测工具

由于现代汽车机械复杂，电子技术种类繁多，所以要准确地诊断汽车故障就需要许多必备的辅助检测仪器和拆装工具。下面介绍一些最常用的特殊工具。

组合工具：汽车的许多部件都是由更小的零件组装而成，而且许多厂家为了防止它人拆卸还特意设计许多特殊规格的螺栓，因此准备一套质量好、功能全的组合工具是很必要的。图 1-15 所示为组合工具样图。

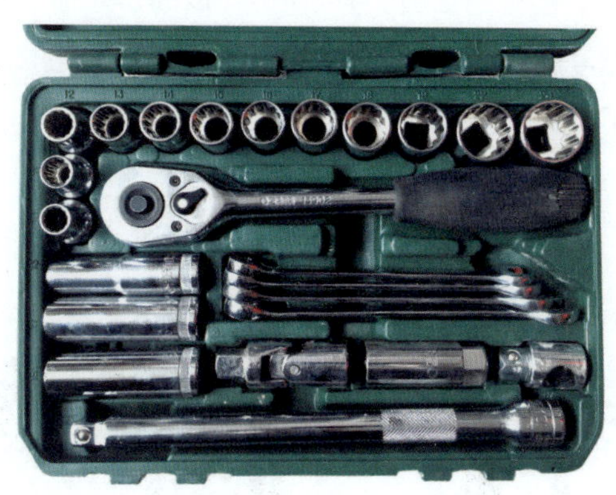

图 1-15 组合工具样图

两种试灯：试灯有两种，一种是白炽灯，一种是二极管发光灯。白炽灯用于检测电源线路是否接触良好有效，不能用来检测电脑信号，因为白炽灯内阻很小，直接用来检测电脑信号会烧坏电脑。当电源线束接触不良时，白炽灯试灯会发红而不是很亮，这就能很方便地看出线束是否接触良好。二极管发光灯用于检测电脑信号，安全可靠，不能用来检测电源是否接触不好，因为它的内阻较大，检测是否接触不良时会出现错误反应。因为只要电路有微弱的电流它都会亮灯，给测试者造成错误的认识。图 1-16 是两种试灯的实物图。

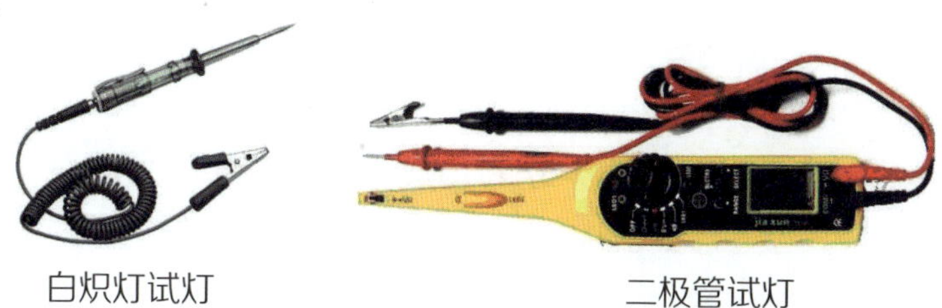

白炽灯试灯　　二极管试灯

图 1-16 两种试灯样图

两种万能表：以前电工检测电路时只是使用一种万能表，即指针式万能表。现在流行使用的是数字式万能表。许多人往往抛弃了指针式万能表，这是不对的。两种表在检测不同电路时各有特点。指针式万能表用于检测模拟信号时很方便，通过表针摆动的状态可以方便地检测电路参数。但是它的电阻档内阻很小，用于检测电脑接口时较大的检测电流经常烧坏电脑。因此，禁止用指针式万能表检测电脑及半导体类型的传感器电阻。数字式万能表内阻很高，适合检测电脑和半导体类传感器的电阻，但是在检测波动的信号时数字变化很快，很难判断电路参数的大致范围，反而不如指针式万能表直观。图 1–17（b）中的黄色插头是温度测试线，黑色带开口的夹子是电流钳，测试电流用的。所以，现在的电工都准备两种万能表和两种试灯。数字式万能表配上热敏电阻可以检测温度。图 1–17 是两种数字万能表的实物图。

（a）指针万能表

图 1–17　万能表实物图

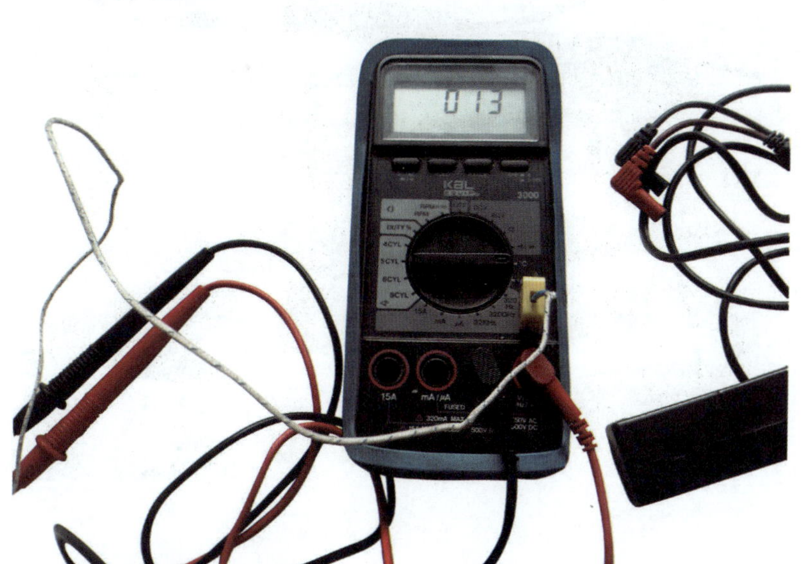

（b）数字万能表

图 1-17　万能表实物图（续图）

故障诊断仪：故障诊断仪能够检测汽车上许多电控系统的数据，如发动机系统、变速箱系统、车身控制系统等。故障诊断仪分厂家专用型和修理厂通用型两种。厂家专用的解码器有厂家的专利权，功能全面，专门针对厂家本厂制造的车型，只准备本厂车型的接口插头。修理厂通用的故障诊断仪具有市场上流行的大多数车型的诊断功能，但是由于某些车型授权有限，所以在检测具体车型时可能功能不完整。由于现在许多车型采用自家公司的接口标准，所以通用型诊断仪还要准备许多车型的插口。图 1-18 是一种通用型故障诊断仪。

示波器：许多电路信息是动态的，用万能表不能准确地读出信息，因此需要用示波器来检测电路的具体参数。如图 1-19 所示。

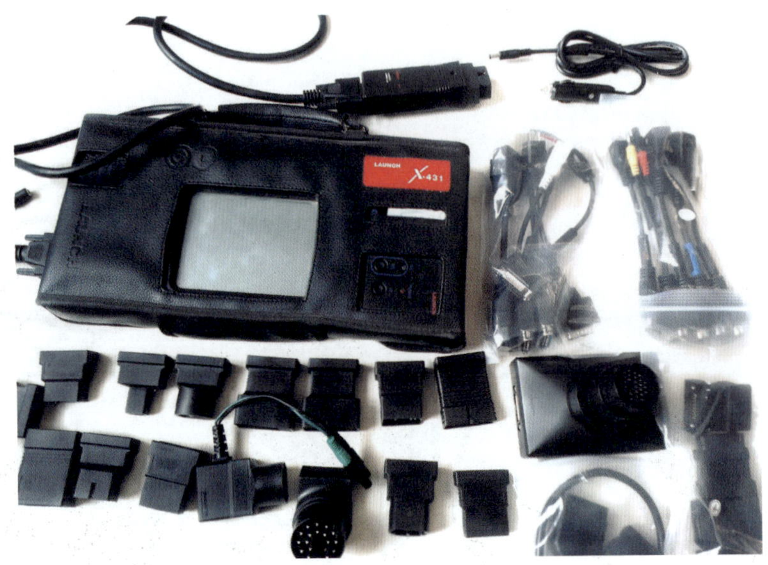

图 1-18　通用型故障诊断仪样图

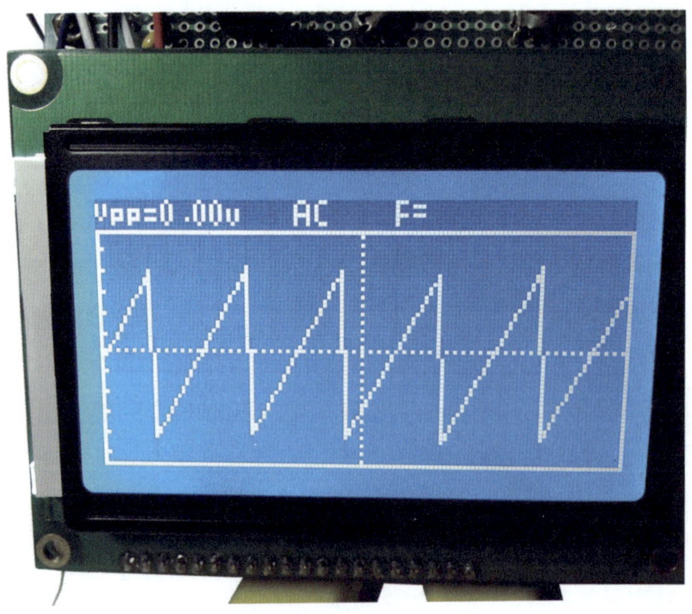

图 1-19　示波器样图

AUTO REPAIR

内窥镜：用于免拆卸探测汽车总成部件内部的情况，现在的电子内窥镜大多有图像存储功能，交流信息很方便。图 1-20 是电子内窥镜。

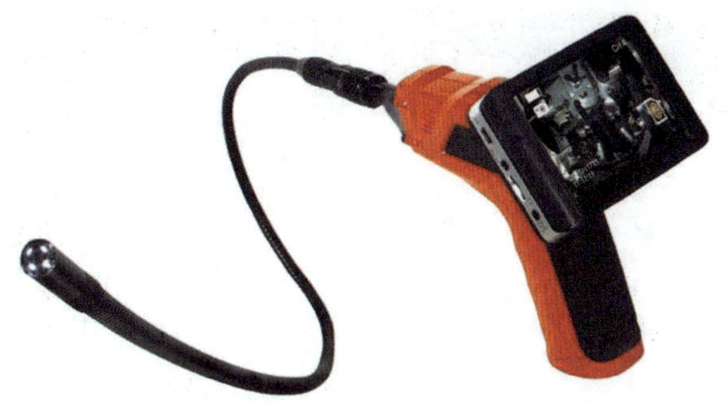

图 1-20　电子内窥镜样图

汽油压力表：电控系统的汽油压力是否正常，将影响发动机的工作状态。因此配备一套汽油压力表是维修电喷发动机不可缺少的工具。由于各种车型的汽油管路的接口不一样，所以一套标准的汽油压力表配有各种油管接头。图 1-21 是一种通用型汽油压力表。

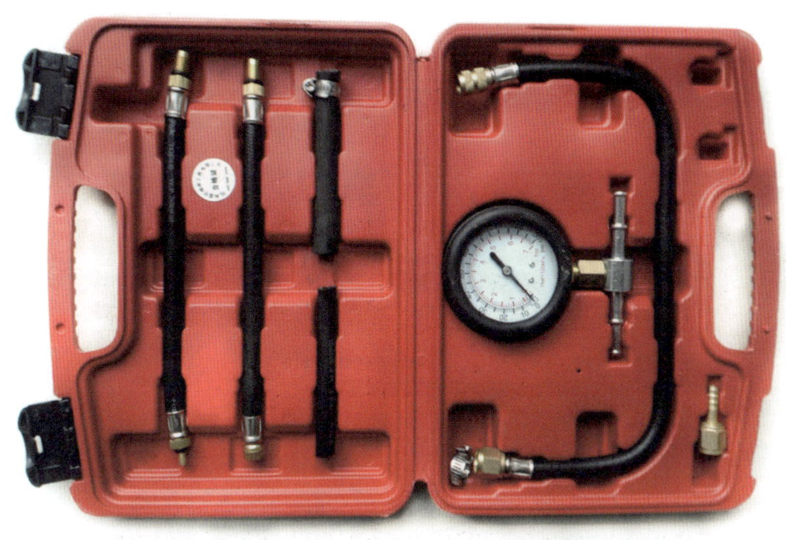

图 1-21　通用型汽油压力表样图

气缸压力表：是检测发动机气缸密封状态的必备仪表。图 1–22 是气缸压力表。

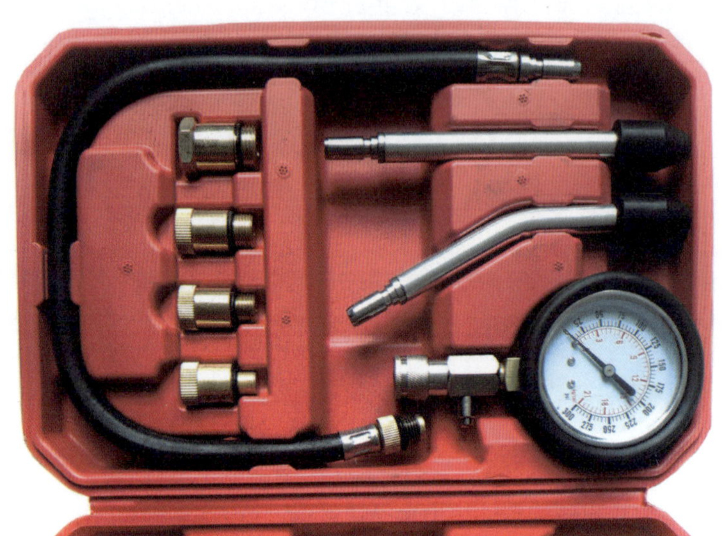

图 1–22　气缸压力表样图

机油压力表：是检测发动机润滑系统状态必须的仪表。图 1–23 是机油压力表。

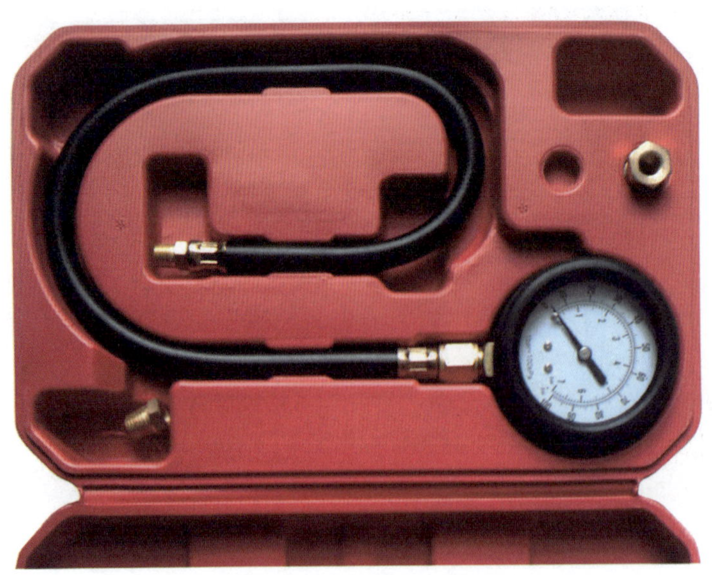

图 1–23　机油压力表样图

小型充电机：是维护保养电瓶常用的设备。图 1-24 是小型充电机。

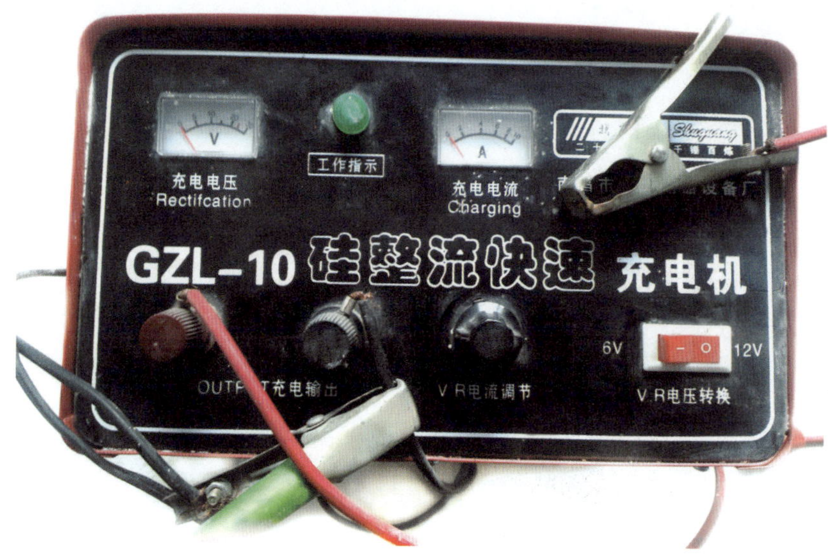

图 1-24　小型充电机样图

真空表、真空泵和散热器压力表：进气道的气压影响电控系统的工作，所以需要真空表和真空泵配合检修工作。散热器压力表是检测冷却系统密封性能的工具。图 1-25 是真空表、手动真空泵和散热器压力表。

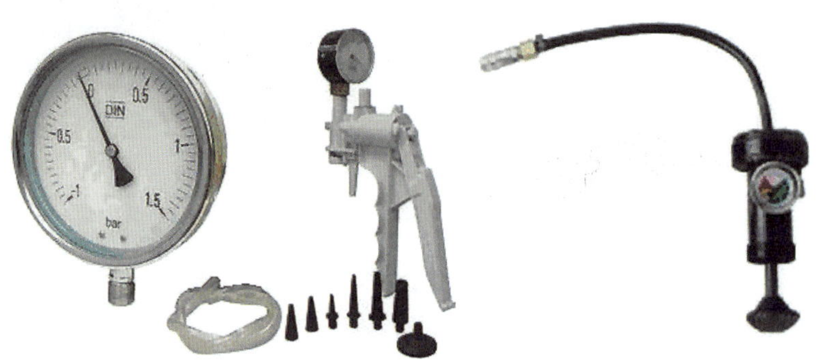

图 1-25　真空表、手动真空泵和散热器压力表样图

AUTO
REPAIR

喷油嘴清洗检测仪和尾气分析仪：检修电控系统不可少的工具。图 1-26 是喷油嘴清洗检测仪和尾气分析仪的实物图。

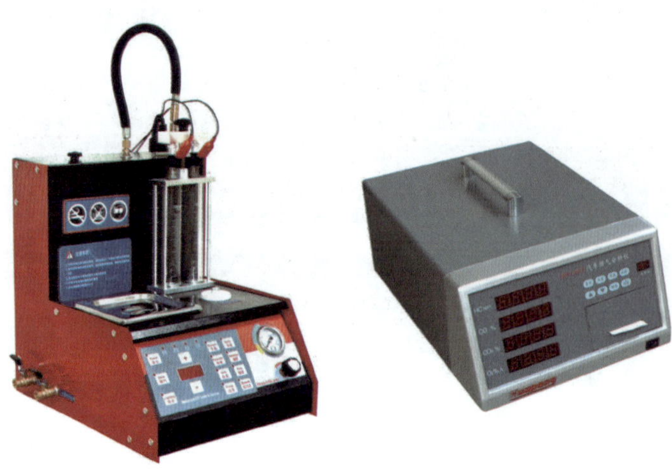

图 1-26 喷油嘴清洗检测仪和尾气分析仪样图

冰点仪: 用于检查防冻液、玻璃水的冰点和电瓶水的比重，可以避免很多浪费和事故。

电瓶检测仪：能够检测电瓶的容量。图 1-27 是冰点仪和电瓶检测仪。

图 1-27 冰点仪和电瓶检测仪样图

空调压力表、开启阀、真空泵、喷壶和制冷剂循环机：是维修养护空调制冷系统必需的仪表和工具，其中制冷剂循环过滤机可以在维修空调系统时回收，并过滤制冷剂中的杂质然后重新使用，是环保维修空调的必要设备。图 1-28 是空调维修工具。

1- 空调压力表；2- 制冷剂开启阀；3- 喷壶；4- 真空泵；5- 制冷剂循环过滤机

图 1-28　空调维修工具样图

第二章
起动和充电系统

充电系统是汽车电器系统的供电基础，它相当于一个流动的电站，主要由蓄电池和发电机组成。在汽车发动机没有工作时，蓄电池为汽车电器系统提供电能。当汽车发动机工作时，发电机在为汽车电器系统提供电能的同时，将多余的电能储存到蓄电池中。起动机是利用电能起动静止的发动机，它取代了手工发动汽车，方便、快捷、省力。因为起动机使用的电能较多，为了缩短电能的传输距离，在汽车上，起动机与充电系统的距离尽可能接近。因此，在大部分汽车的维修电路图中，都将起动机和充电系统归类到一起，统称为起动和充电系统。

2.1 蓄电池

蓄电池俗称电瓶。电瓶是利用电化学反应储存电能的部件。当汽车发动机不工作时，为汽车用电器提供电能。当发动机工作以后，发电机被发动机带动开始发电。由于发电机调节器的控制作用，发电机输出电压一般控制在13.5～14.5V，高于电瓶的端电压（充满电的电瓶端电压是12.6V），所以发电机发出的电能在供给汽车各个用电器使用的同时，多余的电能还能供给电瓶储存起来。当电瓶充满以后，由于发电机的输出电压与电瓶的端电压的差减少，所以，发电机的发电量随之逐渐减少，此时的发电量等于汽车当时的用电量。

电瓶一般在机舱内，也有个别车辆的电瓶安装在其他位置，如奥迪100的电瓶在后座椅右侧。常见电瓶位置如图2-1所示。图2-2是常见的加水电瓶，图2-3是常见的免维护电瓶。

图2-1　常见电瓶位置

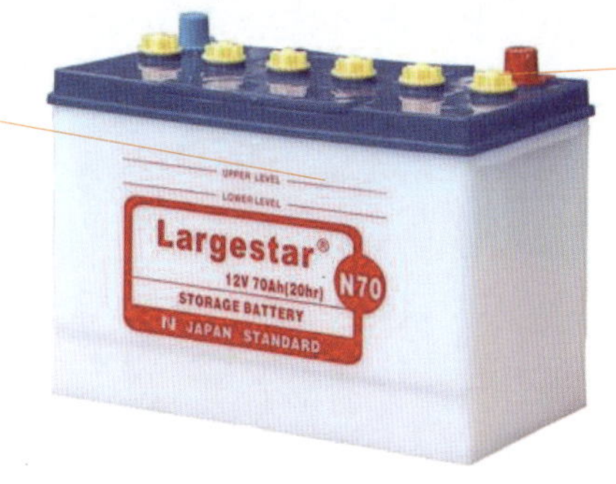

图 2-2　常见的加水电瓶

图 2-3　常见的免维修电瓶

电瓶的工作原理：现在汽车使用的电瓶是铅酸蓄电池。它的内部由正极板、隔板、负极板、电解液（硫酸水溶液）构成。

在充满电时，正极板的主要成分是二氧化铅，负极板的主要成分是海绵状纯铅。电解液的比重冬季在 1.28 左右，夏季在 1.25 左右。正极板的绝对电位是 2V，负极板的绝对电位是 -0.1V。所以，一个极板组的对外电位是 2.1V。一般车用电瓶由六个极板组串联组成，因此，一般车用电瓶在充满电时的端电压是 12.6V。

当电瓶对外供电时，正负极板的活性物质在硫酸水溶液的作用下，正极板的二氧化铅和负极板的纯铅都变成硫酸铅，在这个化学结构的转变过程中对外放出电能。当电瓶放电至端电压低于 9V 时，由于电力不足而不能起动车辆。此时正负极板上的活性物质

（二氧化铅、纯铅）大部分都转化为硫酸铅，硫酸水溶液的比重降至 1 左右，也就是说，此时的硫酸水溶液基本成为水了。所以，冬季寒冷地区严重亏电的电瓶会结冰冻坏。

在汽车上，当发动机工作时，发电机会随时给电瓶充电。在充电时，在电能和硫酸水溶液的作用下，正负极板的硫酸铅分别变成二氧化铅和纯铅。硫酸水溶液的比重会升至夏季 1.25 或冬季 1.28 左右，此时电瓶的端电压能达到 12.6V。由于二氧化铅颜色发紫，所以，电瓶正极看起来发紫色，负极发铅灰色。

电瓶的充放电过程可以用下面的可逆方程式表达：

（正极）二氧化铅，（负极）纯铅，硫酸水溶液→放电→（正、负极）硫酸铅，水。

（正、负极）硫酸铅，水→充电→（正极）二氧化铅，（负极）纯铅，硫酸水溶液。

2.1.1 有关汽车电瓶的常识

正极接地： 79 年以前汽车使用直流发电机，所以当时的电瓶都是正极接地。

负极接地： 现在的汽车都使用交流发电机，所以全部是负极接地。

湿式电瓶： 在干式电瓶未上市以前，汽车使用的都是湿式电瓶。所谓湿式电瓶，是指商品电瓶使用前需要现场加入电解液（硫酸水溶液），进行三次充放电后方可使用。湿式电瓶在商品状态内部是干的，使用时需要加电解液。由于使用不方便，现在已经退出市场。

干式电瓶： 现在市场上普遍使用的加水电瓶是干式电瓶。使用前，加蒸馏水（纯净水）浸泡半小时即可直接在发电正常的汽车上使用。电瓶的加水孔盖上有透气孔，使用时需要用大头针通开，以便释放充电时产生的高压气体，防止电瓶爆炸。由于电瓶盖上透气孔的作用，水分经常蒸发减少，所以这种电瓶使用时需要经常维护，补充蒸馏水（纯净水）至电瓶标注的液位上下限之间，图 2-4 所示是给电瓶加水过程。由于加水时难

图 2-4　给电瓶加水

AUTO
REPAIR

免有杂质混进电瓶内部，导致电瓶自放电，所以，现在干式也在逐渐退出市场。

免维护电瓶：这种电瓶是全密封的。商品状态时内部已经加有硫酸水溶液，无须充电即可直接使用。电瓶内部有水蒸气凝结罐，可以凝结水蒸气循环使用。这种电瓶外壳坚固，能承受正常使用时产生的气体压力，所以使用时不用保养。这种电瓶上有指示灯，绿色表示正常。图 2–5 所示是电瓶电量指示灯放大图。

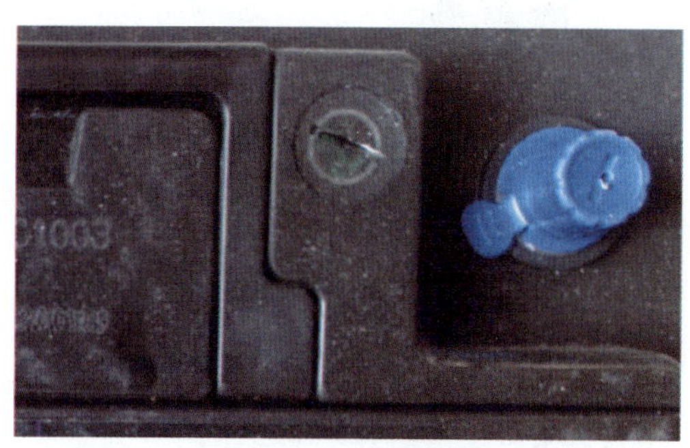

图 2–5　电瓶电量指示灯

二十小时充电制：79 年前，由于电瓶的制造能力所限，一次充电时间需要二十小时，就是控制充电电流为电瓶容量的二十分之一。例如，6–Q–54 的电瓶，充电电流是 2.7A。

十小时充电制：随着制造水平的提高，市场上提供的电瓶都是十小时充电制的。就是充电电流为电瓶容量的十分之一。例如，6–Q–54 的电瓶，充电电流为 5.4A。当免维护电瓶亏电时，可以按照这个方法计算充电电流。如果充电电流过大则会损坏电瓶甚至导致爆炸事故。

硫酸水溶液属于强酸，腐蚀性极强，使用时一定要注意安全。一般规定专业电瓶工穿毛织品工作服，以防止电解液滴溅，伤害人体。

现在市场上卖的冰点仪可以检测防冻液、玻璃水、电解液的比重。

表 2–1 是不同地区硫酸水溶液的比重表（充满电时，检测温度 15℃）。

表 2–1　不同地区硫酸水溶液比重表

最低温度	低于 -40℃	高于 -40℃	高于 -30℃	高于 -20℃	高于 0℃
冬季	1.310	1.290	1.28	1.27	1.24
夏季	1.25	1.25	1.25	1.24	1.24

在市场上采购蒸馏水时，一定注意电瓶补充液（蒸馏水）和电解液（硫酸水溶液，用于调整电解液比重）的区别。经常补充电解液会导致电瓶极板硫化而使电瓶报废。图

2-6 是电解和电瓶补充液。

电解液

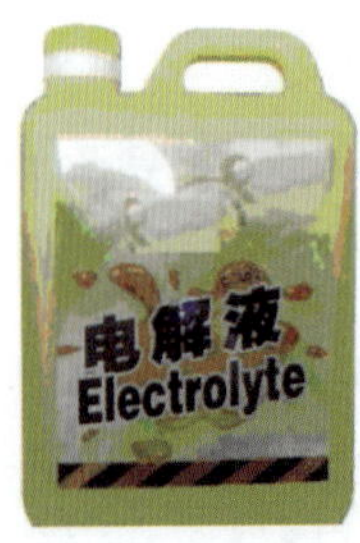

电瓶补充液

图 2-6　电解液和电瓶补充液

2.1.2　常见故障

电瓶亏电，电瓶连接线接触不好，电瓶桩腐蚀，电瓶严重缺水，电瓶硫化。

1. 电瓶桩腐蚀

由于电瓶桩正负极的金属与电瓶连接线的金属不同，由于电化学的作用，会产生锈蚀松动，导致车辆起动困难甚至不能起动。为了防止锈蚀，一般电瓶桩需要定期检查，用热水冲洗，清理干净后紧固，然后涂抹凡士林防护，避免锈蚀。图 2-7 是带有正负极连接线的电瓶图片，正极一般带有大功率保险盒。各种车型不一样，这张图片仅供参考。

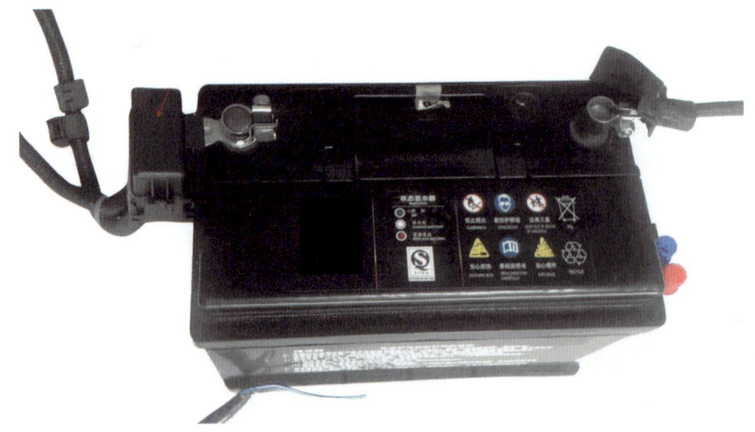

图 2-7　带有正负极连接线的电瓶

故障现象：①起动时，起动机“吭”的一声就没有反应了，或者起动时起动机发出连续的响声（俗称打机枪）而不能起动；②打开钥匙，仪表灯正常显示，但是起动时突然发暗或者不亮；③起动机转动无力，不能起动；④起动时，“哒”的一声后没有反应，或者是一打起动就是“哒”的一声，总是这种状态；⑤起动时，打起动，没有任何反应；⑥喇叭声音微弱或者不响。

应急方法：检查电瓶桩，如果松动，用手转动连接线卡子使其接触好一些，或者用砖头一类的硬物轻轻敲击连接线卡子，然后重新起动。故障排除后，及时到修理厂彻底解决。

电瓶线接触不良的维修方法：拆下电瓶线，清理电瓶桩和连接线卡子；如果卡子腐蚀比较严重，应该直接更换新的卡子；用热水清洗电瓶表面；重新紧固卡子，保证电瓶线连接良好。

2. 电瓶亏电

现象与前述相同，只是应急处理后没有解决。此时需要观察，加水的电瓶看液面是否正常，免维护的电瓶看指示灯是否为绿色。

产生原因：现在许多人用车作为上下班代步工具，每天行驶时间不超过半小时，但是车载电器很多，又往往是大功率的，如座椅加热、后风窗加热、使用空调制冷、低音炮等。这些电器用电量很大，超过了发电机的发电能力，造成车辆行驶期间电瓶不但不能补充电量，反而要付出电量，一般十多天以后就会显示电瓶亏电。这种情况不要找电瓶和发电机的毛病，可以自备一台家用小型充电机，视电瓶电力情况及时充电即可解决。

应急方法：如果确认是电瓶亏电，可以找其他车辆或电瓶救援。用电瓶救援线连接电瓶，注意，连接时一定要救援电瓶正极和被救援电瓶的正极相连，负极和负极相连，千万不要接错。也可以用两个亏电的电瓶串联应急，但是需要快速准确，由专业电工处理，防止着火后重新连接电瓶时损坏发电机等车载电器。应急解决以后，及时检查亏电原因，一般是发电机或充电电路故障，检查维修方法见 2.2 节。

3. 电瓶爆炸

由于发电机故障，导致充电量过大，电瓶内气体压力过大使电瓶爆炸。电瓶在充电时正极会产生氧气，负极会产生氢气。加水的电瓶透气孔堵塞，不能及时排除气体也会

爆炸。但在爆炸前会有酸味产生，一般车内人员能够闻到。免维护的电瓶没有提前预兆，但是一般发电机出现故障时，有时充电指示灯会有不正常的反应，比如暗亮、闪烁等，一旦发现应该及时检修。电瓶发生爆炸，只能等待救援或者断开发电机输出线，更换电瓶短途回家。一般不发电的车辆，全新的电瓶只能使用 2 小时。

4. 电瓶自放电

由于各种原因（加水电瓶进入杂质，免维护电瓶极板脱落等）导致电解液污染，污染物在电瓶正负极之间构成放电回路，表现为电瓶充满电一夜以后，次日电力不足，不能发动车辆。这种情况只能是找专业人员确认故障更换电瓶。

5. 电瓶硫化

加水电瓶由于经常补充电解液而不是补充蒸馏水，导致电解液硫酸比重越来越高，或者缺水不及时补充，致使极板暴露在空气中，都能导致正负极板表面被硫化物覆盖，像结霜一样。这些硫化物覆盖住极板的活性物质，使之不能正常参与充放电过程。表面上用普通电压表检测端电压达标，但是不能起动车辆，或者只能起动一次，再起动就电力不足。用放电叉可以检测确认电瓶是否硫化。如果没有放电叉，可以在打起动机时用普通电压表检测。不打起动时，电瓶端电压是达标的，打起动时检测，端电压低于 9V，即可确定是电瓶硫化。硫化的电瓶会出现很快充满电的假象。如果电瓶经常亏电，就非常容易硫化。

2.1.3 电瓶的正确使用方法

电瓶是比较贵重的汽车部件，正常都能使用四年以上，如果使用不当会提前损坏，导致经济损失。延长电瓶寿命的方法是：定期检查发电机充电系统，使其保持正常工作。长时间怠速时尽量减少大功率用电器同时使用（如夜间等人时同时开大灯远光、空调、大功率音响、后风挡除霜等），因为此时发电量有限，不一定能给电瓶充电，可能消耗电瓶储存的电量。汽车长期不用，要每三个月补充充电一次，或者开车运行半小时以上。电瓶在电力充足时，使用的寿命长，经常亏电的电瓶寿命短。车辆出现故障时，不能一次发动车辆，不要连续起动超过 15s，下次发动要间隔 30s。如果反复几次不能发动，

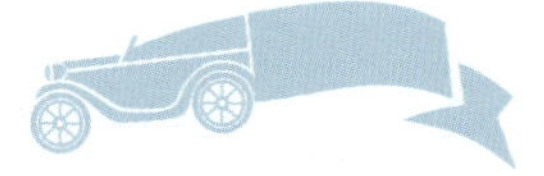

应该查找故障原因，及时申请救援，不要反复起动，直至电瓶没电了才申请救援。电瓶在起动困难时继续使用，很容易使极板过热翘曲，导致电瓶报废。起动机在低速转动时，电瓶的放电量是很大的。一般家用汽车正常起动时，电瓶的放电量是 60A 左右，在起动机缓慢转动时，电流能超过 200A，会出现电瓶过热烧毁、电瓶线过热失火、起动机过热烧毁等事故。

2.2　发电机

汽车发电机是为汽车所有用电器和电瓶提供电能的设备，目前，汽车发电机都是交流发电机。这是因为交流发电机的体积小，效率高，怠速能够发电。以前用的直流发电机怠速是不能发电的，所以已经退出市场。图 2-8 所示是发电机在汽车上的位置。不同车型位置不一样，但是都在发动机的前方。图 2-9 所示是常见发电机总成及主要部件图。图中的发电机转子是产生磁场的，而发电机定子能在转子产生的转动磁场作用下发出交流电，而交流电经过二极管整流板转换成直流电输出。

图 2-8　发电机在汽车上的位置

发电机总成　　发电机转子　　发电机定子　　二极管整流板

图 2-9　常见发电机总成及主要部件

汽车用发电机可分为直流发电机和交流发电机，由于交流发电机在许多方面优于直流发电机，所以直流发电机已被淘汰。

交流发电机按照总体结构分为五类

（1）普通交流发电机又称为“硅整流发电机”（使用时需要配装电压调节器的发电机）。

（2）整体式交流发电机（发电机和调节器制成一个整体的发电机）如今在轿车的发动机上普遍使用。

（3）带真空泵的交流发电机（带泵交流发电机是柴油发动机使用的，因为柴油机的进气道没有真空，所以由发电机带动真空泵给真空助力制动系统提供真空源）。

（4）无刷交流发电机（不需要电刷的发电机）。

（5）永磁交流发电机（磁极为永磁铁制成的发电机）。

2.2.1　工作原理简介

图 2-10 所示是交流发电机的分解图。图 2-11 是交流发电机的工作原理示意图。

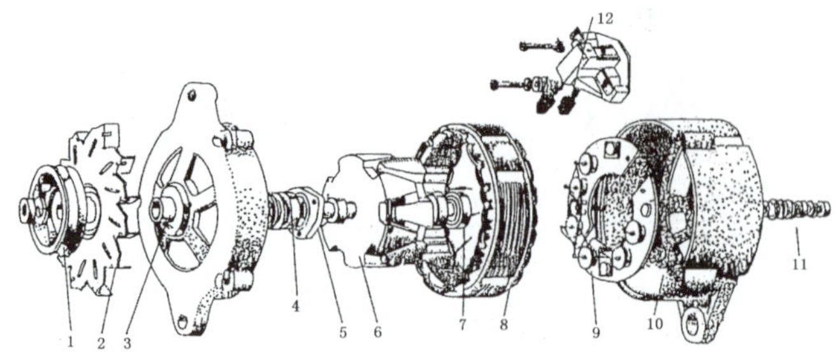

1- 皮带轮；2- 散热风扇；3- 前端盖；4- 前轴承；5- 前轴承盖；6- 带激磁线圈的转子；7- 后轴承
8- 定子线圈和矽钢片组；9- 二极管整流板；10- 后端盖；11- 输出端接线柱；12- 带电压调节器的碳刷架

图 2-10　交流发电机分解图

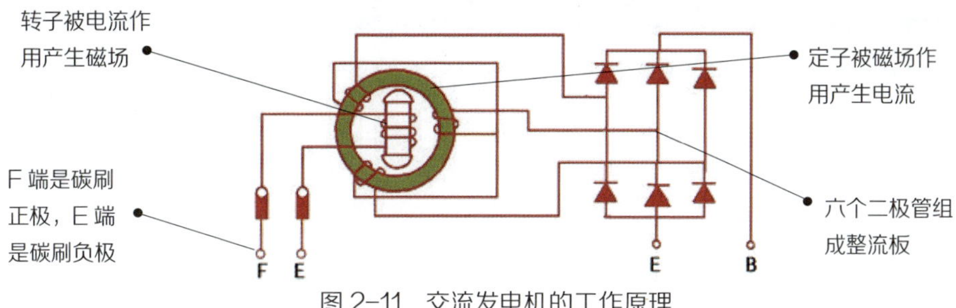

图 2-11　交流发电机的工作原理

（1）激磁的直流电流从碳刷正极 F 端进入激磁线圈后，从碳刷负极 E 端流出，在直流电流的作用下，转子产生了有极性的磁场。现在汽车的激磁电流普遍是经过充电指示灯的，所以当充电指示灯损坏时，不能产生激磁电流，从而导致不发电。所以，在发动车以前，打开钥匙，要观察充电指示灯是否亮。如果不亮，着火后，发电机不会发电，由于灯泡损坏，也不会点亮报警，从而导致电瓶不能补充电能，直至电力不足抛锚。

（2）当发电机转动时，转子产生的有极性的磁场转动切割定子线圈，根据电磁学原理，定子线圈产生感应电流，由于转子转动时，磁场极性不断旋转，所以，定子线圈产生出交流电。由于定子线圈是有相位差的三组线圈，所以此时定子线圈输出的是三相交流电。

（3）三相交流电经过三相桥式整流二极管组整流后经过 B 端输出直流电供给汽车用电器和电瓶，E 端是整流板的接地端。

（4）电压调节器通过调整激磁电流控制输出电压为 13.5 ~ 14.5V。当输出电压高于 14.5V 时减少激磁电流，使输出电压下降，当输出电压低于 13.5V 时提高激磁电流，使输出电压提高，这样不断地根据车辆用电情况调整输出电压。

（5）发电机输出端一般直接接到电瓶正极，然后再通过电瓶正极线输出至全车各个用电器。发电机的外壳是接地的，这样构成了直流回路。图 2-11 中的字母 F 表示经过钥匙控制的火线（习惯上叫连接电瓶正极的线为火线），E 表示电瓶负极或接地端，B 表示电瓶正极。

2.2.2　关于发电机的常识

1. 内搭铁

激磁电流的负极在发电机内部接地，电压调节器控制的是激磁电路的正极，调节器

有内置的，也有外置的。大多数内置调节器的发电机调节器往往与碳刷制成一个部件，更换碳刷时，调节器也同时更换了，例如桑塔纳车的发电机。现在，单独设置调节器的发电机已经绝大部分退出市场。

2. 外搭铁

激磁电流的负极在外置的调节器接地，电压调节器控制的是激磁电路的负极，调节器都是外置的。现在已经逐渐退出市场。

3. 集成发电机

调节器内置于发电机，整个发电机是一个独立总成。由于市场不能提供单独配件，所以这种发电机出现故障一般是更换总成。目前这种发电机逐渐成为市场的主体。许多专业汽车电器修理铺集中了大量的旧发电机，可以用旧件维修这种发电机。

4. 起动保护

许多发电机利用中性点输出的电压控制起动机继电器的控制线圈负极，当发动机着火以后，自动停止起动机继电器的工作，防止驾驶员在发动机着火以后不能及时松开钥匙而损坏起动机。

另外，还有两点需要注意：

第一，由于交流发电机的输出电压是经过二极管整流板输出的，所以不能用划火的方法试验是否发电，在发电机输出端一次接地划火就会损坏发电机。直流发电机由于不用硅管整流，所以可以短期划火试验。同样道理，交流发电机的输出线如果破皮短路，会直接损坏发电机。

第二，现在集成式发电机市场不提供单独配件，一般出现故障时，4S 店、修理厂都是更换总成。但是许多汽车电器修理铺收集了大量的旧发电机，可以拆件维修。

2.2.3 常见故障

1. 没有激磁不发电

打开钥匙，没有发动时，充电指示灯不亮（也有一些车型不是利用指示灯电路提供激磁电流的除外）。验证方法：打开钥匙，用一根钢锯条接近发电机，如果有激磁，锯条会被发电机吸住。

2. 指示灯亮不发电

行驶途中或者发动以后，充电指示灯亮（个别车型充电指示灯是绿色的，绿灯表示发电的除外，因为大部分车是用红灯指示发电机状态的。一般是红灯亮表示不发电，但是一些日本车用绿灯亮表示发电机正常发电），说明不发电。此时应该及时停车，检查原因，如果不是发电机皮带断了，而仅是发电机故障，依靠电瓶存电，在停止可选用电器工作的前提下，一般还可以行驶 2 小时。如果因为发电机皮带断了而导致不发电，一定要更换皮带以后才能继续行驶，因为大部分车型的发电机皮带同时带动水泵工作。如果皮带断了继续行驶会导致发动机高温，出现严重故障甚至报废。为了防止皮带打滑，现在汽车的发电机皮带绝大多数是多槽的。这种皮带接触面大，防滑能力大大提高。

3. 指示灯闪烁

这种情况大部分是整流板组中个别二极管组有击穿故障，往往发电量高，要及时检修排除，以防止电瓶过充电爆炸，或者长期过量充电导致电瓶硫化而报废。一般电器修理铺可以维修整流板。

4. 发电机放电

车辆停放一夜，早起电瓶电力不足，用手摸发电机，发电机的温度比其他部件要高。原因是整流板二极管有击穿漏电。当二极管击穿以后失去单向导电功能，电瓶的电量经过被击穿的二极管放电，并使发电机的温度升高。

5. 怠速时不发电

怠速时指示灯亮，加油以后熄灭。一种情况是皮带松或者老化，调整或更换皮带即可;另一种情况是碳刷磨短了。集成式发电机一般更换总成，也可以找汽车电器修理铺更换碳刷。

AUTO REPAIR

6. 打开大灯或鼓风机等大功率用电器时出现皮带响声

一般情况是电瓶亏电所致，经常短途行驶的车辆容易出现这种现象，这时电瓶需要额外充电。也可以自备一台家用小型充电机，定期给电瓶充电，还能延长的电瓶寿命。也可以跑一次长途，即可充足电瓶。

7. 发电机皮带断了

驾使一定里程的汽车需要检查皮带状态，如果皮带状态不好应该及时更换，防止途中抛锚。

8. 发电机异响甚至不转烧断皮带

出现这种情况的原因是发电机轴承损坏。汽车电器修理铺可以更换。

图 2-12 是一张电源发电机维修电路图。从这张图里可以看出，发电机的激磁电流通过点火开关——充电指示灯进入发电机。发出的电流分两路输出，同时给电瓶和用电器供电。当充电指示灯断路时，打开钥匙灯不亮，发电机没有激磁电流，不会发电。发动机着火以后充电指示灯也不会点亮报警，从而导致电瓶电量耗空后熄火。

发电机的拆卸和安装：

（1）关闭并拔下点火钥匙，断开蓄电池负接线柱，以防止在拆卸发电机线束时误操作搭铁，损坏发电机整流板。

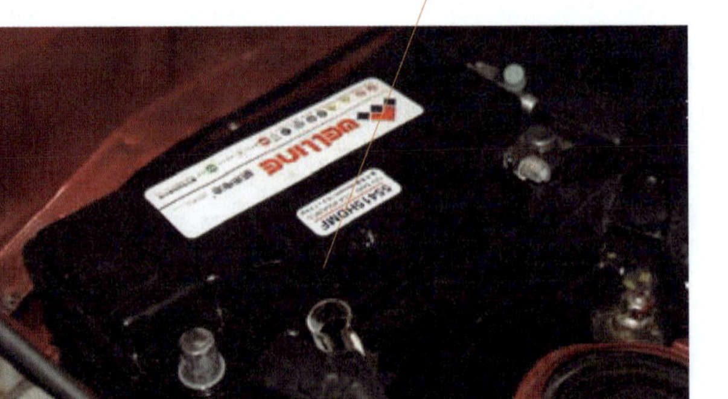

AUTO
REPAIR

（2）断开发电机线束接插件，拆卸线束紧固螺母时注意不要损坏接线柱和插头卡扣。

打开防尘帽，用开口扳手固定靠近发电机壳体的锁紧螺母，然后用梅花扳手卸下紧固螺母

先用起子压下防脱卡扣，然后拔下插头

（3）拆卸发电机皮带紧度调整螺栓以及发电机主销螺栓。

先拧松皮带紧度调整螺栓

然后卸下调整螺栓座

（4）拆卸发电机皮带。

（5）从发动机上拆下发电机。

（6）按相反的顺序安装发电机，扭紧皮带，调整螺栓，使发电机皮带的紧度达到在用食指的压力下皮带向下的挠度 1cm 左右。

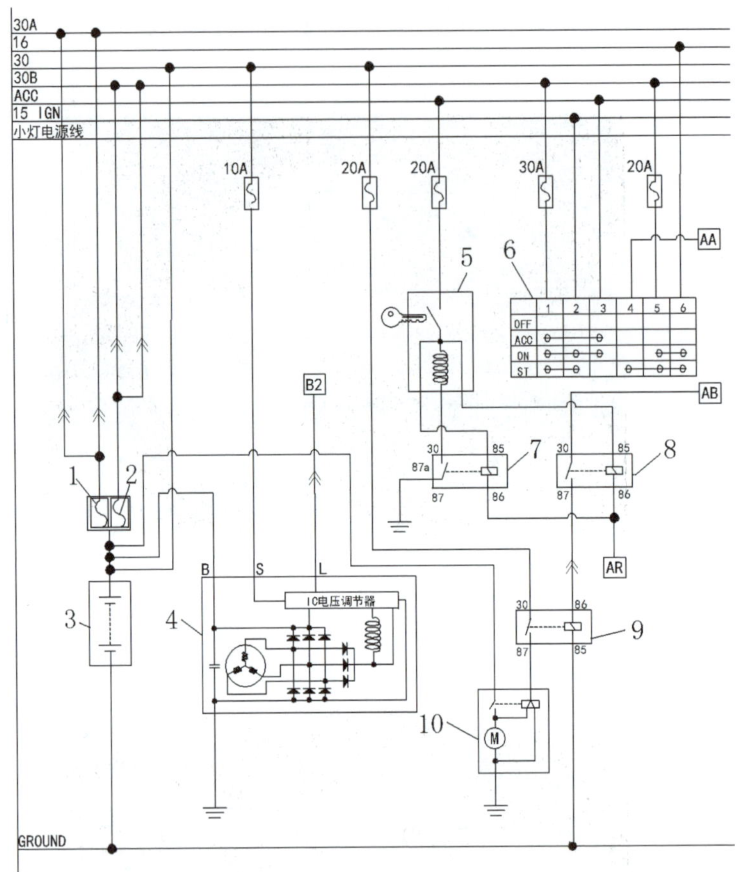

1-140A 主保险；2-100A 主保险；3- 电瓶；4- 带内置调节器的发电机；5- 钥匙插入开关；6- 点火开关
7- 钥匙锁止继电器；8- 防起动继电器；9- 起动继电器；10- 起动机

图 2-12 汽车起动和充电系统维修电路图

2.3 起动机

起动机是利用电瓶储存的电能起动发动机的部件。早期的汽车没有起动机，依靠手摇把用人工手摇起动发动机。后来出现了利用电力的起动机，但是汽车上还备有手摇把以备出现意外时手动应急起动发动机。现在的家用轿车没有备用手摇把，出现意外只能寻求救援。手动变速箱的汽车可以依靠拖曳或人工推动的方法起动发动机，但是自动变速箱只能救援排除故障后才能起动发动机。起动机一般安装在发动机后部的飞轮壳上。图 2-13 所示是起动机总成及组件。

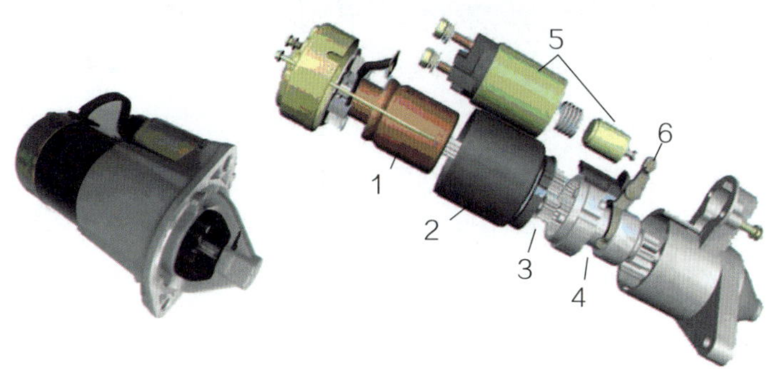

1- 转子；2- 永磁铁；3- 行星轮增速器；4- 带有行星轮外齿圈和带向离合器的主动齿轮，俗称甩轮；5- 磁力开关；6- 拨叉

图 2-13　起动机总成及组件

2.3.1　工作原理简介

起动机的工作原理图如图 2-14 所示。

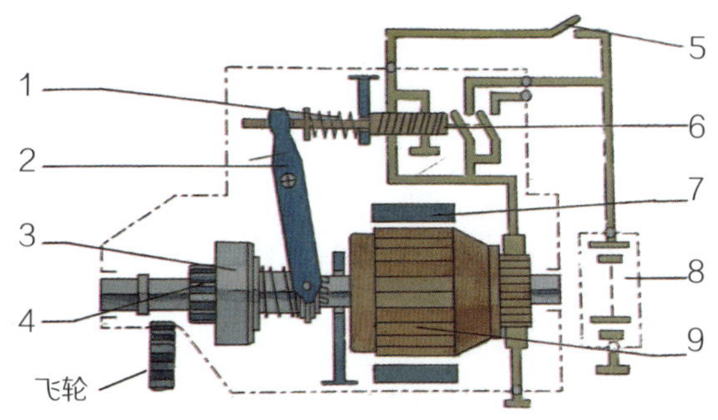

1- 主动齿轮；2- 单向离合器；3- 拨叉；4- 回伴弹簧；5- 点火开关；6- 吸拉线圈和保位线圈；7- 永磁铁；8- 电瓶；9- 转子

图 2-14　起动机的工作原理

当点火开关打到起动档时，电流从电瓶正极→点火开关起动档触点→吸拉开关→接地，吸拉开关向右侧移动→主电源触点接通，电流从电瓶正极→主电源触点→正极碳刷→转子换向器→负极碳刷→接地，此时转子转动，同时保位线圈也从主电源触点得到电流产生强大的磁力，使主电源触点接触更加牢固。如果没有保位开关，当转子转动时因需要较大电流使电瓶端电压下降，造成吸拉开关吸力不够而反复断开接通的现象（俗称打机枪）。

吸拉线圈向右移动的同时，左侧同时动作，通过拨叉使已经开始转动的主动齿轮向左与飞轮啮合，转动的起动机主动齿轮使飞轮转动起来，发动机即开始转动。

当发动机着火以后，发动机的转速要大于起动机的转速，为了防止飞轮带动主动齿轮反拖起动机高速转动而损坏（高速转动的转子由于离心力的作用会使转子线圈甩出来），所以单向离合器会（也叫甩轮）自动切断主动齿轮的扭矩，以保护起动机。有些车型的起动机继电器的控制线圈负极连接到发电机，当发动机工作以后，发电机电压超过电瓶电压时自动切断起动机继电器，使起动机自动停止工作，以保护起动机。

当发动机着火以后，驾驶员松开点火开关，点火开关的起动档触点断开，吸拉开关失去电磁力，仅靠保位开关的电磁力不足以使吸拉开关保持原位向左移动，主电源触点断开，转子失去电磁力停止转动，同时拨叉向右移动，带动主动齿轮离开飞轮，完成起动的动作。

2.3.2 关于起动机的常识

（1）早期起动机的定子不是永磁铁，是由铜线绕制的定子线圈。起动机工作时还要给定子线圈供电，造成电瓶负荷较大，所以冬季寒冷地区冷起动困难，现在正在逐步退出市场，被永磁铁起动机取代。

（2）早期的起动机主动齿轮是和起动机转子转速同步的，起动扭矩小，现在正在被装有行星齿轮机构减速器的增力起动机取代。

（3）现在市场上流行的起动机是永磁铁增力起动机，体积小，耗电少，扭力大，冷起动性能优良，已经形成市场的主流。

（4）由于永磁铁增力起动机耗电少，所以，现在磁力开关（由吸拉开关和保位开关联合构成）已经简化为仅靠吸拉开关即可独立完成起动动作。

2.3.3 常见故障

1. 起动无力

蓄电池无电或电力微弱，于是出现起动机不能转动或转动缓慢的故障。

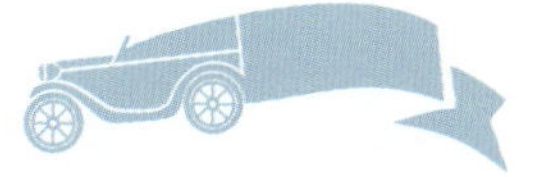

2. 起动机扫膛

起动机转动无力，类似电瓶亏电的现象。区别的方法是，电瓶亏电时喇叭声音微弱，而电瓶电力充足，起动机转动无力是起动机转子轴承过分松旷，出现转子和定子擦碰，阻力大大增加，从而导致起动无力。

3. 起动机线头松动或脱落，开关或吸附开关失效

由于起动机转动无力还要继续勉强使用起动机，导致很大的电流经过转子线圈，使线圈过热，导线焊接处的焊锡熔化，严重的起动机直接烧毁。

4. 电刷磨损或刷面不正，弹簧无力，以致于整流器接触不良

起动时“哒”的一声，然后没有反应。应急处理方法是，用砖头一类硬物适当震动起动机外壳，使碳刷能短期接触上，完成起动，然后及时到修理厂维修。

5. 打机枪现象

当电瓶亏电或者发动机阻力过大时（如天气很冷、机油粘度过大、气缸内进水等），由于起动机不能以正常速度转动，从而出现大电流通过起动机，电瓶端电压下降，不能保持吸拉线圈定位，所以出现吸拉线圈反复动作，发出连续的类似打机枪的声音。

6. 打齿圈

当打起动时，在机舱里发出连续的“哗哗”的齿尖撞击声。故障原因是起动机主动齿轮或飞轮齿轮磨损，可以更换解决。

7. 甩空

打起动时，起动机发出连续的空转声。故障原因是起动机甩轮处过脏或故障，起动机主动齿轮不能顺利进入飞轮而空转。可以用煤油清洗甩轮或更换解决。

8. 磁力开关故障

磁力开关内部有主电流触点，为起动机提供工作的主电流。这个电流很大，所以触

点容易损坏。当触点接触不好时，会出现起动时“哒”的一声而起动机不转动的现象。有的可拆装的磁力开关可以拆开打磨触点修复。

AUTO
REPAIR

起动机的拆卸和安装：

（1）关闭并拔下点火钥匙，断开蓄电池负接线柱，以防止在拆卸起动机线束时误操作搭铁打出火花损坏起动机和线束。

拆卸后，负极线的卡子要远离电瓶负极，防止相互接触

（2）举升车辆，卸下起动机主线束。

（3）拆下起动机固定螺栓。

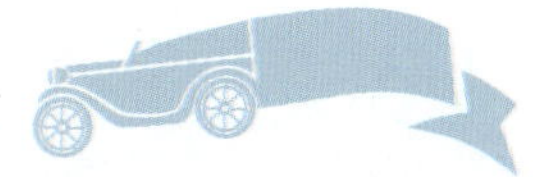

2.4　主电缆、易熔线、主保险、主继电器等附属部件

在起动充电系统中，由于工作电流很大，所以电缆较粗，并且有大功率保险丝或易熔线串联在主电路中以保证车辆安全。当打开点火开关时，主继电器工作向运行时工作的系统供电。

图 2-15 所示是电瓶正极线和负极线。正极线的一头连接电瓶正极，另一头连接保险盒和起动机；负极线的一头连接电瓶负极，另一头连接车身。图 2-16 所示是常见的易熔线和汽车常见的大功率保险丝和主继电器。如图所示易熔线一般与电瓶正极线安装在一起。这个挂在电瓶正极附近的保险盒里装有三个大功率保险丝。保险盒一般装在电瓶正极连接线前端。

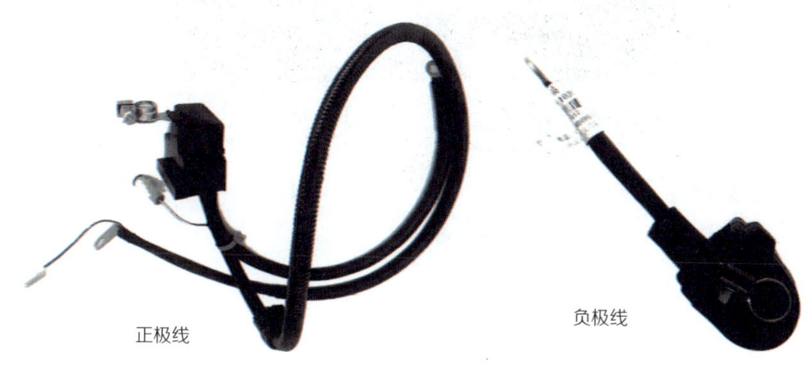

图 2-15　电瓶正极线和负极线

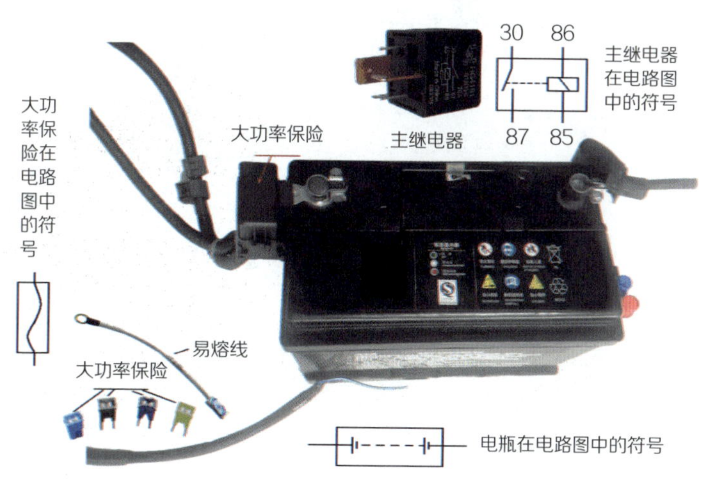

图 2-16　常见易熔线及汽车常见大功率保险丝和主继电器

在这里顺便介绍一下，一般家用汽车都设有两个保险盒，由大功率保险直接供电。一个在发动机舱内，另一个在仪表台内部下方驾驶员左腿上方，为了美观，由装饰罩遮挡。图 2-17 是机舱保险盒，图 2-18 是车内保险盒。

图 2-17　机舱保险盒

图 2-18　车内保险盒

常见故障：

（1）连接线卡子严重腐蚀断开，易熔线熔断，主保险断开，或保险盒正极线或负极线脱落：现象是钥匙打开，仪表没有显示，喇叭不响，起动机没有反应。

（2）连接线卡子、易熔线、主保险接触不良、保险盒正极线或负极线接触不良：现象是钥匙打开，仪表显示很暗，喇叭声音微弱，起动机无力或者吸不上。

（3）发动机与车身之间的连接线接触不好或脱落：为了增强起动机的工作电流，发动机与车身之间普遍有连接线，这个线接触不良或脱落会造成起动机起动无力的现象。

（4）电瓶连接线的卡子与电瓶桩的金属不同，由于电化学反应的作用，不同的金属在相互接触时会发生金属离子的互相渗透而产生腐蚀。所以，电瓶桩附近要经常用热水冲洗清理、紧固，然后涂抹凡士林保护，以便减少故障延长，相关部件的使用寿命。

第三章
汽油机电子控制系统

根据国家环保局的规定，我国从 2001 年 9 月 1 日起禁止使用化油器的轻型汽车上牌。因此，目前家用汽车保有量的主流是电喷车。所谓电喷车，就是采用微机系统来控制发动机工作的汽车。常见的汽油发动机微机控制系统也叫发动机电控系统。发动机电控系统使用微处理器（简称 ECU，也叫单片机）来控制发动机的运行，具有燃烧充分、尾气污染小、动力性和经济性好等优点，所以在汽车领域得到了广泛的应用。

AUTO
REPAIR

3.1 发动机电控系统简介

发动机电控系统通常由传感器、ECU、执行器三个部分组成。系统根据发动机工作时的吸入空气量、转速和节气门开度等参数对喷油量、喷油时间和点火时间进行控制，以期发动机在最佳状态工作。系统的基本模块如图 3–1 所示。表 3–1 是常见的电控系统组件。

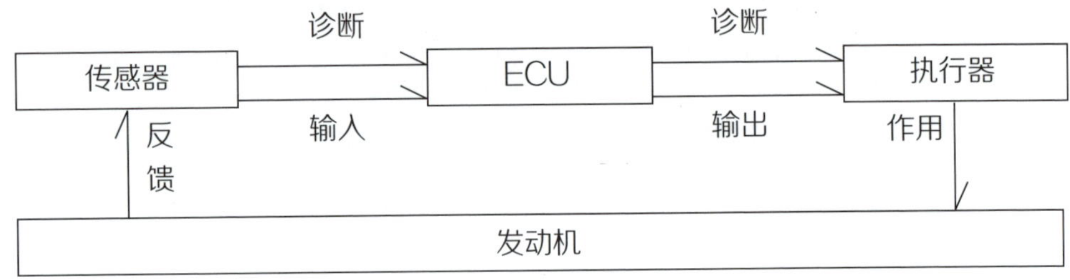

图 3–1　发动机电控系统模块图

表 3–1　常见电控系统组件

微处理器（ECU）	油泵继电器
曲轴转速（位置）传感器	喷油器
凸轮轴传感器	点火线圈
节气门位置传感器	怠速电机
空气质量流量计（流量型电控系统）	电子油门
进气压力和温度传感器（压力型电控系统）	碳罐控制阀
冷却液温度传感器	废气循环阀
氧传感器	压缩机继电器
爆震传感器	风扇继电器

发动机电控系统根据进气量检测方式的不同分为两种类型：流量型（即 L 型）和压力型（即 D 型）。常见的 L 型有热膜型、热线型、叶片式和卡门涡流式。D 型就是常见的进气道绝对压力和温度检测型。目前市场上应用最广泛的是进气压力型和热膜型。图 3–2 是压力型电控系统的构成图。图 3–3 是热膜型电控系统的构成图。可以看出，两者的主要区别是进气量检测的传感器不同。

在发动机电控系统中，传感器作为输入部分，用于测量各种物理信号（进气量、发动机转速、节气门开度和温度、压力等），并将其转化为相应的电信号；ECU 的作用

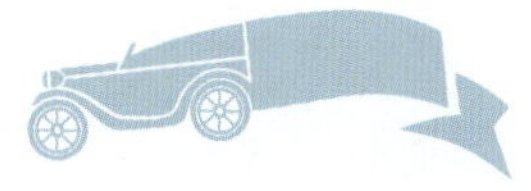

是接收传感器的输入信号，并按设定的程序进行计算处理，产生相应的控制信号输出到功率驱动电路，功率驱动电路通过驱动各个执行器执行不同的动作，使发动机按照既定的控制策略进行运转；同时 ECU 的故障诊断系统对系统中各部件或控制功能进行监控，一旦探测到故障并确认后，则存储故障码，调用“跛行回家”功能。当探测到故障被消除，则正常值恢复使用。图 3-4 是常见的发动机电控系统组成示意图。

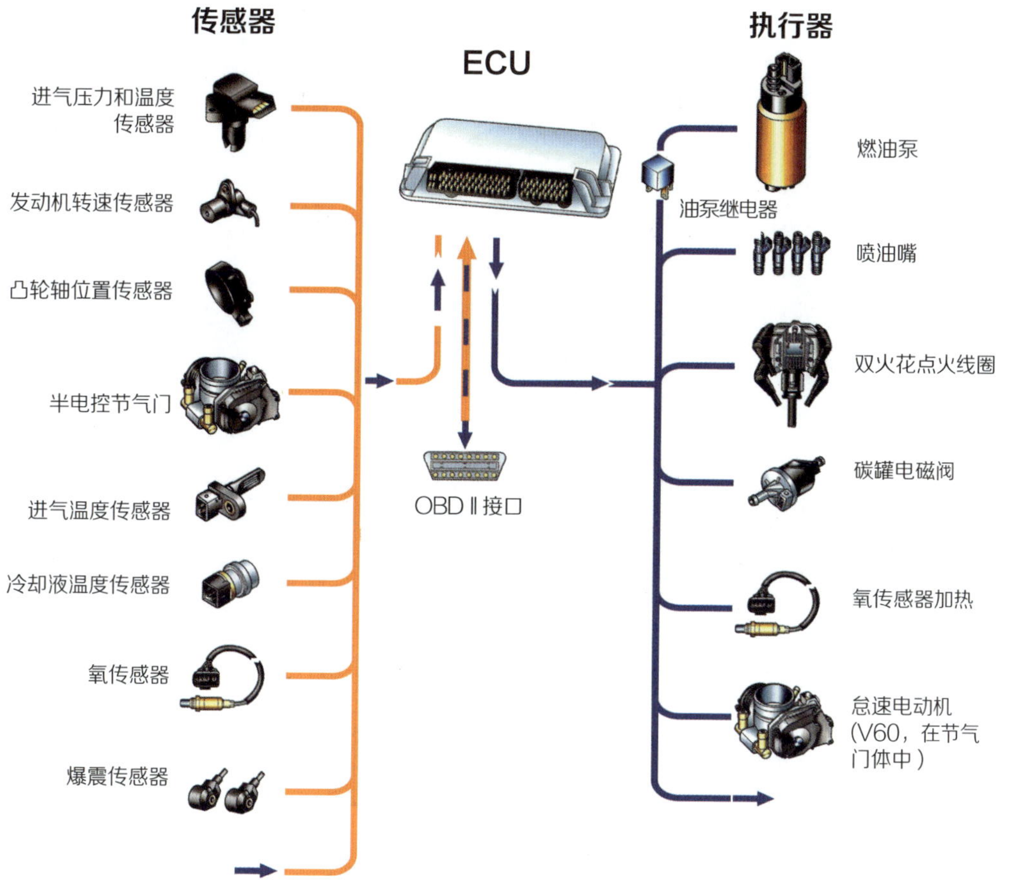

传感器
ECU
执行器
进气压力和温度传感器
发动机转速传感器
凸轮轴位置传感器
半电控节气门
进气温度传感器
冷却液温度传感器
氧传感器
爆震传感器
OBD Ⅱ接口
燃油泵
油泵继电器
喷油嘴
双火花点火线圈
碳罐电磁阀
氧传感器加热
怠速电动机（V60，在节气门体中）

图 3-2　压力型电控系统

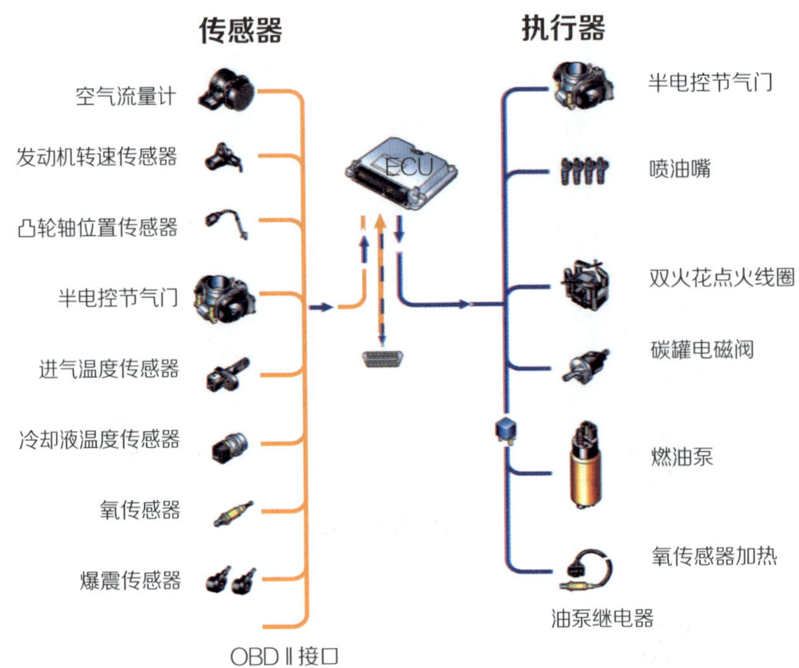

图 3-3　热膜型电控系统

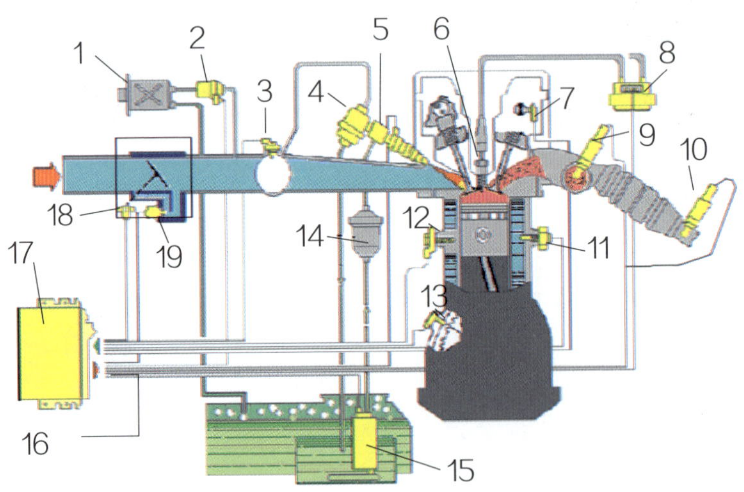

1- 碳罐；2- 碳罐电磁阀；3- 进气压力和温度传感器；4- 导轨；5- 喷油嘴；6- 火花塞；7- 凸轮轴传感器；8- 点火线圈；9- 前氧传感器；10- 后氧传感器；11- 水温传感器；12- 爆震传感器；13- 曲轴转速传感器；14- 汽油滤清器；15- 电动汽油泵总成；16-OBDⅡ接口；17-ECU；18- 节气门位置传感器；19- 电动节气门

图 3-4　常见电控系统构造示意图

3.2 电控系统的功能

发动机电控系统是一个以 ECU 为核心的电子控制系统，在内存主程序的控制下，ECU 能根据操作者的习惯、外界条件和发动机不同工况的要求，采用开环和闭环（氧传感器信号反馈工作时称为闭环）控制相结合的方式，依据 MAP 图提供的数据为发动机提供实时的最佳喷油量、喷油时刻和点火时间等发动机工作需要的控制信号。

系统的主要功能有：

根据进气压力传感器 / 空气流量传感器确定进气量

根据曲轴转速传感器确定发动机转速

根据节气门开度传感器确定发动机的负荷

根据转速、负荷和进气量确定基本的喷油时刻、喷油量和点火时间

λ 闭环控制

爆震控制

催化器加热

碳罐控制

怠速控制

巡航控制

跛行回家

防盗器功能

对发动机辅助系统的控制（如进气道长度截面改变、废气再循环等）

OBD Ⅱ接口功能

系统功能介绍：

混合气浓度和点火时间控制

系统根据进气量、发动机转速和节气门开度这三个主要参数比较 ECU 内存的 MAP 图，向驱动模块发出喷油时刻、喷油量和点火时间指令，驱动模块控制喷油嘴和点火线圈的工作。

混合气浓度和点火时间的调制规律如下：转速越高，喷油时刻和点火时间越早；负荷大的时候喷油量增加，同时点火时间要适当延迟以防止爆震；进气量越多，喷油量越多。

系统还要根据发动机温度、环境温度、大气压力等信号修正喷油时刻、喷油量和点火时间。

修正规律的规律如下：温度低时汽油气化不好，空气密度大，要相应增加喷油量；适当延迟点火时间，使发动机温度加快升高；高原地区气压低，空气密度小，要相应减少喷油量，并适当提前点火时间和喷油时刻。

起动控制

发动机低温起动时，喷入气缸的汽油雾化、气化不好，为了保证顺利起动，ECU 调制较浓的混合气。在起动过程中，要采取特殊计算方法来控制充量、喷油和点火正时。该过程的开始阶段，进气歧管内的空气是静止的，进气歧管内部压力显示为周围大气压力。节气门关闭，怠速调节器指定为一个根据起动温度而定的固定参数。在相似的过程中，特定的“喷油正时”被指定为初始喷射脉冲。燃油喷射量根据发动机的温度而变化，以促使进气歧管和气缸壁上的油膜形成，因此，当发动机达到一定转速前，要加浓混合气。一旦发动机开始运行，系统立即开始减少起动加浓，直到起动工况结束时（600~700r/min）完全取消。此时电控系统处于开环工作，即氧传感器不提供反馈信号。当发动机温度正常时，系统闭环工作，系统根据氧传感器的信号修正喷油量。在起动工况下点火角也不断调整，并随着发动机温度、进气温度和发动机转速而变。

暖机和三元催化器的加热控制

发动机在低温起动后，气缸充气量、燃油喷射和电子点火都被调整以补偿发动机更高的扭矩要求；该过程继续进行直到升到适当的温度。在该阶段中，最重要的是三元催化器的快速加热，因为迅速过渡到三元催化器开始工作，可大大减少有害气体排放。催化器 200℃开始工作，在 400℃ ~800℃时转换效率最高。为了冷车起动后催化器尽快投入工作，系统适当延迟点火时间，以减少燃烧速度，加快催化器预热，预热一定时间后，恢复正常的点火时间。

怠速控制 发动机低温起动以后需要用较高怠速预热发动机，在打开空调、用电器增加或自动变速箱挂入 D 挡或 R 挡等情况下，发动机负荷增加，系统提高怠速防止熄火。怠速时，发动机不提供扭矩给飞轮。为保证发动机在尽可能低的怠速下稳定运行，闭环怠速控制系统必须维持产生的扭矩与发动机“功率消耗”之间的平衡。怠速时需要产生一定的功率，以满足各方面的负荷要求。包括来自发动机曲轴和配气机构以及辅助部件，如水泵、发电机、转向助力泵和空调压缩机等，它们要求发动机怠速时输出扭矩。该输出扭矩随着发动机转速的降低而增大，随发动机转速的升高而减小。系统通过要求更大扭矩以响应新的“干扰因素”，如空调压缩机的开停或自动变速器换档。在发动机温度

较低时，为了补偿更大的内部润滑阻力或维持更高的怠速转速，也需要增加扭矩。所有这些输出扭矩要求的总和被传递到 ECU 进行处理计算，得出相应的怠速空气量和喷油量、喷油时刻和点火时间，指令相关执行元件工作，使发动机怠速稳定。

λ 闭环控制　三元催化器中的排气后处理是降低废气中有害物质浓度的有效方法。三元催化器可降低碳氢（HC）、一氧化碳（CO）和氮氧化物（NO_X）达 98% 或更多，把它们转化为水（H_2O），二氧化碳（CO_2）和氮（N_2）。不过只有在发动机过量空气系数 λ=1（1kg 汽油混合 14.7kg 空气）附近很狭窄的范围内才能达到这样高的效率，λ 闭环控制的目标就是保证混合气浓度在此范围内。λ 闭环控制系统只有配备氧传感器才能起作用。前氧传感器在三元催化器侧的位置监测废气中的氧含量，稀混合气（λ>1）产生约 100mV 的传感器电压，浓混合气（λ<1）产生约 900mV 的传感器电压。氧传感器感应的信号电压不是连续的，当 λ=1 时，传感器电压产生跃变。λ 闭环控制时 ECU 对输入信号作出响应，当 λ>1（混合气过稀）或 λ<1（混合气过浓）时产生修正因子，作为乘数以反向修正喷油量。闭环正常工作时，氧传感器信号的变化是每分钟 8 次左右。后氧传感器安装在三元催化器的出口处，通过检查催化器处理后的尾气成分来确定三元催化器的工作状态。当 ECU 收到的后氧传感器信号超标时，即判断三元催化器工况异常并点亮保养灯，提示司机保养三元催化器。

氧传感器加热控制

为了使冷车起动后氧传感器快速达到正常工作温度（900℃左右），ECU 会在发动机冷起动后起动氧传感器加热电路，当达到工作温度时关闭氧传感器加热电路。

加速 / 减速控制　喷射到进气歧管中的燃油有一部分不会及时到达气缸参加后续的燃烧过程。相反，它在进气歧管壁上形成一层油膜。根据负荷的提高和喷油持续时间的延长，储存在油膜中的燃油量会急剧增加。当节气门开度增加时，部分喷射的燃油被该油膜吸收。所以，必须喷射相应的补充燃油量对其补偿，并防止混合气在加速时变稀。一旦负荷系数降低，进气歧管壁上燃油膜中包含的附加燃油会重新释放，那么在减速过程中，必须减少相应的喷油量以防止混合器过浓。

爆震控制

在发动机高温大负荷工作或使用抗爆能力低的汽油时会产生爆震，此时系统通过安装在活塞上止点附近的爆震传感器检测爆震产生时的振动，转换成电子信号以便传输到 ECU 中并进行处理。ECU 使用特殊的处理算法，在每个气缸的每个燃烧循环中检测是

否有爆震现象发生。一旦检测到爆震，则触发爆震闭环控制即推迟点火时间。当爆震危险消除后，受影响的气缸的逐渐重新恢复到预定的点火时间。爆震控制使发动机对不同的工况和不同标号的燃油具有良好的适应性。

倒拖断油控制

倒拖或牵引工况指发动机在飞轮处提供的功率是负值的情况。在这种情况下，发动机的摩擦和泵气损失可用来使车辆减速。当发动机处于倒拖或牵引工况时，喷油被切断以减少燃油消耗和废气排放，更重要的是保护三元催化器。一旦转速下降到怠速以上特定的恢复供油转速时，喷油系统重新供油。实际上，ECU 的程序中有一个恢复转速的范围。它们根据发动机温度、发动机转速动态变化等参数的变化而不同，并且通过计算防止转速下降到规定的最低阈值。一旦喷射系统重新供油，系统开始使用初次喷射脉冲供给补充燃油，并在进气歧管壁上重建油膜。恢复喷油后，扭矩为主的控制系统使发动机扭矩的增加缓慢而平稳（平缓过渡）。

碳罐控制

由于外部辐射热量和回油热量传递的原因，油箱内的燃油被加热，并形成燃油蒸汽。由于受到蒸发排放法规的限制，这些含有大量 HC 成分的蒸汽不允许直接排入大气中。在系统中燃油蒸汽通过导管被收集在活性碳罐中，并在适当的时候通过空气冲洗进入发动机参与燃烧。冲洗气流的流量是由 ECU 控制碳罐控制阀来实现的。该控制仅在 λ 闭环控制系统闭环工作情况下才工作。

定速巡航控制

当巡航主开关（CRUISE）接通时，允许对车辆进行巡航控制。仪表“巡航准备”灯点亮。但此时还没有进入巡航状态，可以通过操作其他巡航开关设置巡航车速，进入巡航状态。进入巡航状态后，仪表“巡航指示”灯点亮。当主开关断开时，巡航功能关闭。巡航设置 / 减速开关（SET/COA）具备三种功能。第一种功能是设置当前车速为巡航车速。当巡航主开关接通后，车速高于 25km/h，接通该开关可以进入巡航状态，车辆将保持当前车速。踩下刹车踏板，巡航控制会自动退出。第二种功能是点按减速。当车辆已经处于巡航状态时，每点按该开关一次，巡航目标车速将减小 2 km/h。第三种功能是长时间按减速。当车辆已经处于巡航状态，长时间按该开关，则巡航控制车辆持续减速。巡航恢复 / 加速开关（RES/ACC）具备三种功能。第一种功能是恢复巡航状态，

当巡航主开关接通，车速高于25km/h，接通该开关可以恢复巡航状态，车辆的巡航目标车速为上次的巡航车速。第二种功能是点按加速，每点按该开关一次，巡航目标车速增加2km/h。第三种功能是长时间按加速。当车辆已经处于巡航状态，长时间按该开关，则巡航控制车速持续增加。巡航取消开关（CANCEL）的作用是当车辆处于巡航状态时，按下此开关，可以退出车辆的巡航控制。

电子节气门

带有防滑驱动系统（ESP）的车辆使用全电子节气门。当车轮发生滑动时，尽管驾驶员将油门踩到底，电脑会指示电子节气门减少开度，从而减少发动机的动力防止车轮打滑。

空调切断控制

一些较小排量的汽车在满载上坡或超车时切断空调压缩机电磁离合器的供电，使压缩机暂时停止工作以保证发动机最大的输出功率。

废气再循环控制

发动机在高温大负荷工作时，排气中的氮氧化合物产生较多，会严重污染环境。在发动机中等负荷时，将废气抽入进气道中，重新进入气缸燃烧会降低燃烧温度和压力，减少氮氧化合物的排放。当怠速时，为了保持发动机工作稳定以及要求发动机输出最大功率，电脑发出指令关闭废气循环阀停止废气再循环。

进气通道控制

由于多缸发动机的间歇进气会产生波动，增加进气道的长度或横截面会使波动产生谐振压力叠加作用，使低转速时气缸进气充分。当发动机高转速时，缩短进气道的长度，增加进气道的横截面会减少进气阻力增加进气。另外进气通道控制还可以消除发动机高转速时产生的进气谐振现象。因此，电脑会根据发动机不同转速的需要改变进气道的长度或横截面，使进气更加符合发动机的要求。

防盗功能

当非法起动车辆时，使发动机不能着火或只能着火几秒钟同时发出灯光、喇叭等声光报警信号防止车辆被盗。

AUTO
REPAIR

发动机转速表指示

给发动机转速表提供转速信号。

水温表指示

给发动机水温表提供水温信号。

驱动冷却风扇

根据发动机温度及空调系统的状态驱动风扇工作以便散热。

换挡指示灯控制

对于手动挡的车辆，电脑根据发动机转速和车速指示驾驶员升档或减档。

充电指示灯控制

当发电机发电量不正常时点亮充电指示灯。

故障灯控制

当 ECU 检测当系统出现故障时，给出中值信号替代传感器信号，使发动机能维持工作，电脑会记忆故障信息并同时点亮发动机故障指示灯，提示驾驶员将车辆开到修理厂检修。

保养灯驱动

当排气超标时电脑发出指令点亮排放保养灯，提示驾驶员检修排放系统。

OBD Ⅱ接口与诊断仪通讯功能　OBD Ⅱ接口也叫电气故障检测口，是国际通行的标准接口，用于车载的电控系统 ECU 和手持的故障诊断仪交换数据。

3.3 发动机电控系统故障诊断方法

发动机电控系统元件很多，线路复杂，为了便于维修，电控系统都设有专用的数据接口用于连接诊断仪进行诊断。1996 年以前，不同的汽车厂家有不同的接口标准，给汽车维修诊断带来很多麻烦。1996 年以后美国开始要求进入美国市场的汽车必须使用标准化的 OBDⅡ 接口标准。北京市要求 2006 年开始，进入北京市的车辆必须装有 OBDⅡ 接口。

车载诊断（OBD）系统简介

车载诊断系统（简称 OBD 系统），是指集成在发动机控制系统中，能够监测影响废气排放的故障零部件以及发动机主要功能状态的诊断系统。它具有识别、存储并且通过自诊断故障指示灯(MIL)显示故障信息的功能。为保证车辆使用过程中排放控制性能的耐久性，我国在《轻型汽车污染物排放限制及测量方法（中国Ⅲ，Ⅳ阶段）》中明确要求："所有汽车必须装备车载诊断（OBD）系统，该系统能确保在汽车整个寿命期内识别出零件劣化或零件故障。"在维修带有 OBD 系统的车辆时，维修人员可以通过诊断仪迅速而准确地定位发生故障的部件，大大提高维修的效率和质量。

OBD 技术涉及很多全新的概念，下面首先对 OBD 技术相关的一些基本知识进行介绍，以便于对后续内容更好地理解。

故障信息记录：电子控制单元 ECU 不断地监测着传感器、执行器、相关的电路、故障指示灯和蓄电池电压等，乃至电子控制单元本身，并对传感器输出信号、执行器驱动信号和内部信号（如闭环控制、冷却液温度、怠速转速控制和蓄电池电压控制等）进行可信度检测。一旦发现某个环节出现故障，或者某个信号值不可信，电子控制单元立即在故障存储器中设置故障信息记录。故障信息记录以故障码的形式储存，并按故障出现的先后顺序显示。

故障按其出现的频度可分成"稳态故障"和"偶发故障"（例如由于短暂的线束断路或者接插件接触不良造成）。

故障灯说明及其控制策略：故障指示器（MIL），法规要求的用于排放相关的部件或系统失效时的指示，MIL 一般是一个可以在仪表板上显示且形状符合法规标准要求的指示灯。

MIL 灯的激活遵循如下原则：

（1）点火开关"ON"（发动机不起动），MIL 持续点亮。

（2）发动机起动后 3s，如果故障内存中没有需要点亮 MIL 的故障请求，故障 MIL 灭。故障内存中有需要点亮 MIL 的故障请求，或 ECU 外部有点亮 MIL 的请求，MIL 均点亮。

（3）当 ECU 外部有闪烁 MIL 请求，或失火原因有闪烁 MIL 请求，或故障内存中有需要闪烁 MIL 的故障请求，MIL 均以 1 Hz 的频率闪烁。

（4）SVS（或 EPC）灯 ：SVS 灯是整车厂商以车辆维修服务为目的而设置的故障指示灯，EOBD 法规对此形状及激活原则没有明确的规定。

（5）SVS 灯控制策略：将点火开关转至“ON”状态，K 线接地时间大于 2.5s，SVS 灯处于输出闪烁码模式状态。

（6）在不同模式下，SVS 灯工作情况有：

①正常模式下，且故障内存空，打开点火开关至“ON”状态，ECU 立即进行初始化，从初始化起，SVS 灯亮 4s 后熄灭。若在这 4s 内起动，则当找到发动机转速后 SVS 立即灭。

②正常模式下，且故障内存已有故障，打开点火开关至“ON”状态，SVS 灯持续亮。起动后，若故障内存中故障要求 SVS 在故障模式下亮灯，则 SVS 灯在随后的驾驶循环中亮；若故障内存中故障不要求 SVS 在故障模式下亮灯，则 SVS 灯在找到发动机转速后灭。

③在闪烁码模式下，且故障内存空，若 ECU 监测到 SVS 灯在闪烁码模式下，SVS 将闪烁显示故障内存中的故障对应故障码。从打开点火开关至“ON” 状态，SVS 持续亮 4s，然后经过 1s 的间隔，SVS 以 2Hz 的频率闪烁，以表示无故障，直到起动发动机，找到转速。

④在闪烁码模式下，且故障内存有故障若 ECU 监测到 SVS 灯在闪烁码模式下，SVS 将闪烁显示故障内存中的故障对应故障码。从打开点火开关至“ON”状态，SVS 持续亮 4s，然后经过 1s 的间隔，SVS 用闪烁码表示内存中的故障码（DTC）。若所有进入内存的故障已被 SVS 灯以闪烁码的方式表示完毕，SVS 熄灭。直到退出闪烁码模式。

四种故障类型：

（1）最大故障，信号超过正常范围的上限。

（2）最小故障，信号超过正常范围的下限。

（3）信号故障，无信号。

（4）不合理故障，有信号，但信号不合理。

OBD 是车载自动诊断系统的英文简称。“OBD Ⅱ”是Ⅱ型车载诊断系统的缩写。随着汽车国际化的程度越来越高，作为汽车诊断基础，OBD Ⅱ系统将得到越来越广泛的实施和应用。OBD Ⅱ程序使得汽车故障诊断简单而统一，维修人员不再需要专门学习每一个厂家的新系统。OBD Ⅱ接口一般在仪表台下方的左侧或右侧。图 3-5 是在仪表台左下方的 OBD Ⅱ接口和针脚定义。随着智能手机的发展，市场上出现了许多使用蓝牙 OBD Ⅱ接口的手机诊断软件。使用时在手机上安装诊断程序，将蓝牙接口连接到

车载的 OBD Ⅱ接口上，这些软件既能做行车电脑显示汽车的实时状态，还能诊断汽车故障，使用非常方便。图 3-6 是某品牌诊断仪和蓝牙插头的实物照片。

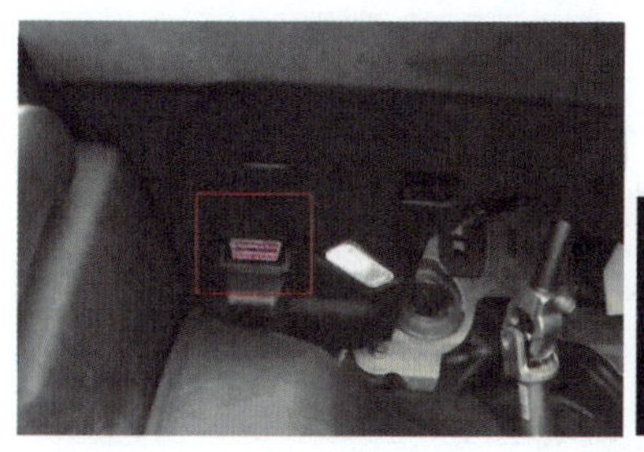

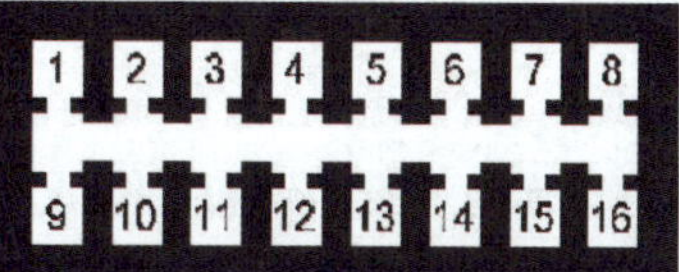

图 3-5　在仪表台左下方的 OBD Ⅱ接口和接口针脚定义

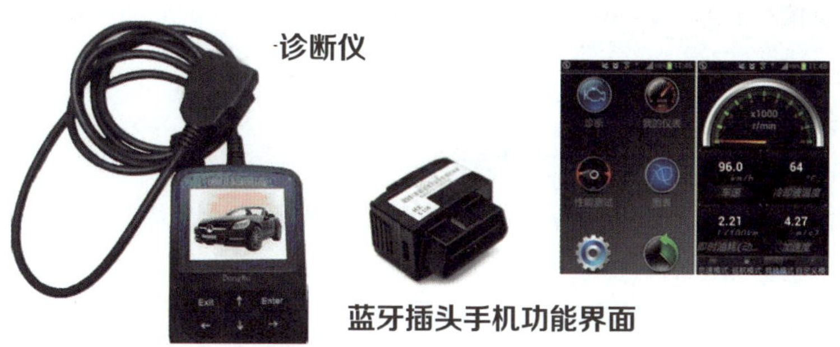

图 3-6　某品牌诊断仪和蓝牙插头的实物照片

为了快速指示故障，发动机电控系统设有故障灯。故障灯的使用方法如下：

当系统无故障时，点火开关 ON 后，故障灯亮，4s 后灭；4s 内起动，找到转速信号后故障灯灭；K 线接地超过 3s 后，故障灯以 2Hz 频率闪烁。

当系统有故障时，点火开关 ON 后，故障灯一直亮；起动，找到转速信号后熄灭，如果故障类中故障灯定义为亮模式，则满足相应确认条件后故障灯一直亮。

当故障灯报警时，可以用手工解码。图 3-5 是 OBD Ⅱ接口针脚的定义，这是国际通用标准。其中 4 号插孔是连接地线的，16 号插孔是连接电源正极的，7 号插孔是数据 K 线输出插孔。用导线连接 K 线插孔，然后打开钥匙将导线接地超过 3s 后，故障灯开始闪烁，有规律的闪烁代表故障码。如 P0203 的闪烁方式为：连续闪 10 次 - 间歇 - 连续闪 2 次 - 间歇 - 连续闪 10 次 - 间歇 - 连续闪 3 次。表 3-2 是某款发动机的故障

代码表。表中的故障类说明如下：

故障类 5

此类诊断故障码 ECU 设定的对策：

★ 故障一出现，对应的故障码及相关的故障信息进入故障码存储器中。

★ 故障在连续三个驾驶循环（三次点火熄火）中出现，故障被确认，但 ECU 不点亮故障指示灯。

清除故障指示灯 / 故障码的条件：

★ 故障确认后，无故障运行连续三个驾驶循环，故障修复。

★ 对于已确认的故障，在故障修复后的 40 个连续无故障预热循环后，故障码自动清除。

★ 对于偶发故障，在 40 个连续无故障预热循环后，故障码自动清除。

故障类 31

此类诊断故障码 ECU 设定的对策：

★ 故障一出现，对应的故障码及相关的故障信息进入故障码存储器中。

★ 故障在连续三个驾驶循环中出现，故障被确认，但 ECU 点亮故障指示灯。

清除故障指示灯 / 故障码的条件

★ 故障灯点亮后，无故障运行一个驾驶循环，故障修复，故障指示灯被关闭。

★ 对于已确认的故障，在故障修复后的 40 个连续无故障预热循环后，故障码即被清除。

★ 对于偶发故障，在 20 个连续无故障预热循环后，故障码即被清除。

故障类 33

此类诊断故障码 ECU 设定的对策：

★ 故障一出现，对应的故障码及相关的故障信息进入故障码存储器中。

★ 故障出现 2 秒钟，故障被确认，但 ECU 不点亮故障指示灯。

清除故障指示灯 / 故障码的条件：

★ 故障确认后，无故障运行一个驾驶循环，故障修复。

★ 对于已确认的故障，在故障修复后的 40 个连续无故障预热循环后，故障码即被清除。

★ 对于偶发故障，在 20 个连续无故障预热循环后，故障码即被清除。

故障诊断仪不仅能读出故障码，还能查看发动机动态的数据流及测试系统各个执行元件的动作。有的诊断仪还带有示波器的功能，因此能全面协助维修技师判断维修故障。手工解码只是能快速判断是否有故障，对于故障的诊断还不是很全面。因此专业的修理厂都配有诊断仪，汽车 4S 店还配有本车型的专用诊断仪，能更加快速、全面、准确地诊断故障。

表 3-2 某发动机的故障代码表

标识	描 述	故障码				故障类
		最大	最小	无信号	不合理	
bm	曲轴位置传感器信号故障	P0335	P0335	P0335	P0336	33
dk	节气门位置传感器电路故障	P0123	P0122	P0120	P0120	31
ev1	喷油器 1 控制电路故障	P0201	P0201	P0201	P0201	31
ev2	喷油器 2 控制电路故障	P0203	P0203	P0203	P0203	31
ev3	喷油器 3 控制电路故障	P0204	P0204	P0204	P0204	31
ev4	喷油器 4 控制电路故障	P0202	P0202	P0202	P0202	31
frao	λ 闭环控制自学习值乘法部分超限	P0171	P0172	P0170	P0170	5
frau	λ 闭环控制自学习值乘法部分超限	P0171	P0172	P0170	P0170	5
hsv	氧传感器加热故障	P0135	P0135	P0135	P0135	31
Kose	空调压缩机继电器控制电路故障	P0647	P0646	P0645	P0645	31
Kpe	油泵控制电路故障	P0230	P0230	P0230	P0230	31
krnt	爆震零测试诊断	P0324	P0324	P0324	P0324	5
krof	爆震偏移量诊断	P0324	P0324	P0324	P0324	5
krtp	爆震测试脉冲诊断	P0324	P0324	P0324	P0324	5
ks1	爆震传感器电路故障	P0325	P0325	P0325	P0325	31
llr	怠速控制转速偏离目标转速故障	P0507	P0506	P0505	P0505	31
Lm	进气压力传感器故障	P0108	P0107	P0105	P0106	31
Lsv	氧传感器故障	P0132	P0131	P0134	P0130	31
Luea	风扇 A 控制电路故障	P0480	P0480	P0480	P0480	31
N	转速传感器故障	P0335	P0335	P0335	P0336	33
Ph	相位传感器故障	P0343	P0342	P0340	P0340	31
rkaz	λ 闭环控制自学习值加法部分超限	P0171	P0172	P0170	P0170	5
stpe	步进电机控制电路故障	P0509	P0508	P0511	P0511	31
Svse	SVS 灯控制电路故障（0036）	P1651	P1651	P1651	P01651	5
Ta	进气温度传感器故障	P0113	P0112	P0110	P0111	31
teve	炭罐控制阀控制电路故障	P0445	P0444	P0443	P0443	31
Tm	水温传感器故障	P0118	P0117	P0115	P0116	31

AUTO REPAIR

续表

标识	描 述	故障码				故障类
		最大	最小	无信号	不合理	
Tevrd	空调蒸发器温度传感器故障	P1530	P1530	P1530	P1530	5
ub	电源故障	P0563	P0562	P0560	P0560	31
vfz	车速传感器故障	P0500	P0500	P0500	P0500	31
	后氧传感器故障			P0137	P0311	
	碳罐电磁阀控制电压过高	P0459				

为了更准确了解电控系统的晴空，ECU 能够通过“K”线与外接诊断仪进行通信，并可进行如下操作：

（1）发动机参数显示。

①转速、冷却液温度、节气门开度、点火提前角、喷油脉宽、进气压力、进气温度、车速、系统电压、喷油修正、碳罐冲洗率、怠速空气控制、氧传感器信号。

②目标转速、发动机相对负荷、环境温度、点火闭合时间、蒸发器温度、进气流量、油耗量。

③节气门位置传感器信号电压、冷却液温度传感器信号电压、进气温度传感器信号电压、进气压力传感器信号电压。

（2）电喷系统状态显示。

防盗系统状态、安全状态、编程状态、冷却系统状态、稳定工况状态、动态工况状态、排放控制状态、氧传感器状态、怠速状态、故障指示灯状态、紧急工况状态、空调系统状态等。

（3）执行器试验功能。

故障灯、燃油泵、空调继电器、风扇、点火、喷油（单缸断油）。

（4）里程计显示。

运行里程、运行时间。

（5）版本信息显示。

车辆识别号码（VIN）、ECU 硬件号码、ECU 软件号码。

（6）故障显示。

进气压力传感器、进气温度传感器、发动机冷却液温度传感器、节气门位置传感器、氧传感器、氧传感器加热线路、空燃比修正、各缸喷油器、燃油泵、转速传感器、相位传感器、碳罐控制阀、冷却风扇继电器、车速信号、怠速转速、怠速调节器、系统电压、

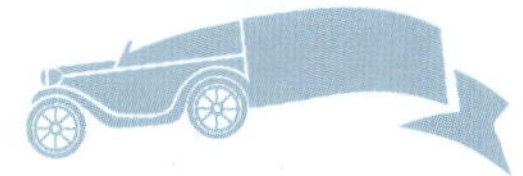

ECU、空调压缩机继电器、蒸发器温度传感器、故障灯。表 3-3 是用诊断仪读出的故障代码。

表 3-3　用诊断仪读出的故障代码含义

序号	故障码	说明
1	P0030	前氧传感器加热控制电路开路
2	P0031	前氧传感器加热控制电路对地短路
3	P0032	前氧传感器加热控制电路对电源短路
4	P0036	后氧传感器加热控制电路开路
5	P0037	后氧传感器加热控制电路对地短路
6	P0038	后氧传感器加热控制电路对电源短路
7	P0053	前氧传感器加热内阻不合理
8	P0054	后氧传感器加热内阻不合理
9	P0105	进气压力传感器信号无变化
10	P0106	进气压力传感器不合理
11	P0107	进气压力传感器对地短路
12	P0108	进气压力传感器对电源短路
13	P0112	进气温度传感器信号电压过低
14	P0113	进气温度传感器信号电压过高
15	P0116	发动机冷却液温度传感器不合理
16	P0117	发动机冷却液温度传感器电路电压过低
17	P0118	发动机冷却液温度传感器电路电压过高
18	P0122	节气门位置传感器电路电压超低限值
19	P0123	节气门位置传感器电路电压超高限值
20	P0130	前氧传感器信号不合理
21	P0131	前氧传感器信号电路电压过低
22	P0132	前氧传感器信号电路电压过高
23	P0133	前氧传感器老化
24	P0134	前氧传感器电路信号故障
25	P0136	后氧传感器信号不合理
26	P0137	后氧传感器信号电路电压过低
27	P0138	后氧传感器信号电路电压过高
28	P0140	后氧传感器电路信号故障
29	P0170	下线检测空然比闭环控制自学习不合理
30	P0171	下线检测空然比闭环控制自学习过浓

续表

序号	故障码	说明
31	P0172	下线检测空然比闭环控制自学习过稀
32	P0201	一缸喷油器控制电路开路
33	P0202	二缸喷油器控制电路开路
34	P0203	三缸喷油器控制电路开路
35	P0204	四缸喷油器控制电路开路
36	P0261	一缸喷油器控制电路对地短路
37	P0264	二缸喷油器控制电路对地短路
38	P0267	三缸喷油器控制电路对地短路
39	P0270	四缸喷油器控制电路对地短路
40	P0262	一缸喷油器控制电路对电源短路
41	P0265	二缸喷油器控制电路对电源短路
42	P0268	三缸喷油器控制电路对电源短路
43	P0271	四缸喷油器控制电路对电源短路
44	P0300	多缸失火发生
45	P0301	一缸失火发生
46	P0302	二缸失火发生
47	P0303	三缸失火发生
48	P0304	四缸失火发生
49	P0317	坏路检测 ABS 信号故障
50	P0318	坏路检测传感器信号故障
51	P0321	发动机转速传感器参考点故障
52	P0322	无发动机转速传感器脉冲信号
53	P0327	爆震传感器信号电路电压过低
54	P0328	爆震传感器信号电路电压过高
55	P0340	相位传感器安装位置不当
56	P0341	相位传感器接触不良
57	P0342	相位传感器对地短路
58	P0343	相位传感器对电源短路
59	P0420	三元催化器储氧能力老化
60	P0444	碳罐控制阀控制电路开路
61	P0458	碳罐控制阀控制电路电压过低
62	P0459	碳罐控制阀控制电路电压过高
63	P0480	冷却风扇继电器控制电路开路（低速）

续表

序号	故障码	说明
64	P0481	冷却风扇继电器控制电路开路（高速）
65	P0691	冷却风扇继电器控制电路对地短路（低速）
66	P0692	冷却风扇继电器控制电路对电源短路（低速）
67	P0693	冷却风扇继电器控制电路对地短路（高速）
68	P0694	冷却风扇继电器控制电路对电源短路（高速）
69	P0501	车速传感器信号不合理
70	P0506	怠速控制转速低于目标怠速
71	P0507	怠速控制转速高于目标怠速
72	P0508	步进电机驱动引脚对地短路
73	P0509	步进电机驱动引脚对电源短路
74	P0511	步进电机驱动引脚开路
75	P0560	系统蓄电池电压信号不合理
76	P0537	空调蒸发器温度传感器对地短路
77	P0538	空调蒸发器温度传感器对电源短路
78	P0562	系统蓄电池电压过低
79	P0563	系统蓄电池电压过高
80	P0602	电子控制单元编码故障
81	P0627	油泵继电器控制电路开路
82	P0628	油泵继电器控制电路对地短路
83	P0629	油泵继电器控制电路对电源短路
84	P0645	A/C 压缩机继电器控制电路开路
85	P0646	A/C 压缩机继电器控制电路对地短路
86	P0647	A/C 压缩机继电器控制电路对电源短路
87	P0650	MIL 灯驱动级电路对地短路
88	P0650	MIL 灯驱动级电路对电源短路
89	P0650	MIL 灯驱动级电路开路
90	P0691	冷却风扇继电器控制电路对地短路
91	P0692	冷却风扇继电器控制电路对电源短路
92	P0693	冷却风扇继电器控制电路对地短路（高速）
93	P0694	冷却风扇继电器控制电路对电源短路（高速）
94	P1651	SVS（车辆维修指示）灯驱动级电路故障
95	P2177	空燃比闭环控制自学习值超上限（中负荷区）
96	P2178	空燃比闭环控制自学习值超下限（中负荷区）

续表

序号	故障码	说明
97	P2187	空然比闭环控制自学习值超上限（低负荷区）
98	P2188	空然比闭环控制自学习值超上限（低负荷区）
99	P2195	前氧传感器老化（偏稀）
100	P2196	前氧传感器老化（偏浓）
101	P2270	后氧传感器老化（偏稀）
102	P2271	后氧传感器老化（偏浓）

3.4 电喷系统 ECU 的工作原理、检测方法和维修案

电控系统中用于处理数据的 ECU 也叫微处理器或单片机，是一种能独立处理数据的微计算机，俗称发动机电脑。它主要由 CPU、存储器、A/D 转换器、I/O 接口、总线和功率驱动模块组成。ECU 的存储器中存有主程序和 MAP 图。主程序是电控系统的指挥中心，它决定 ECU 的工作方式。MAP 图是根据大量的发动机试验数据描绘的多维坐标图，如发动机在不同转速和不同节气门开度下的点火时间、喷油时间和喷油量等试验数据， MAP 图以数据的形式储存在存储器中，供 ECU 在工作时根据主程序的指令调用。

电控系统中用于给 ECU 提供信号的传感器主要有节气门开度传感器、进气压力和温度传感器或热膜式空气流量计、曲轴转速传感器、凸轮轴位置传感器、水温传感器、进气温度传感器、氧传感器和爆震传感器。另外空调控制系统、自动变速箱系统和防滑驱动系统等也会给发动机提供一些信号，便于发动机适应这些系统的工作要求。

电控系统中常见的执行元件有油泵继电器、喷油嘴、点火线圈、电子油门、空调压缩机电磁离合器、氧传感器加热、碳罐电磁阀、废气循环阀、散热风扇继电器等。

发动机电控系统元件众多，工作原理复杂，为了便于检修发动机电控系统故障，很好地掌握系统电路图是非常重要的。图 3-7 是发动机电控系统的电路图，为了方便阅读，分为四个部分列出。

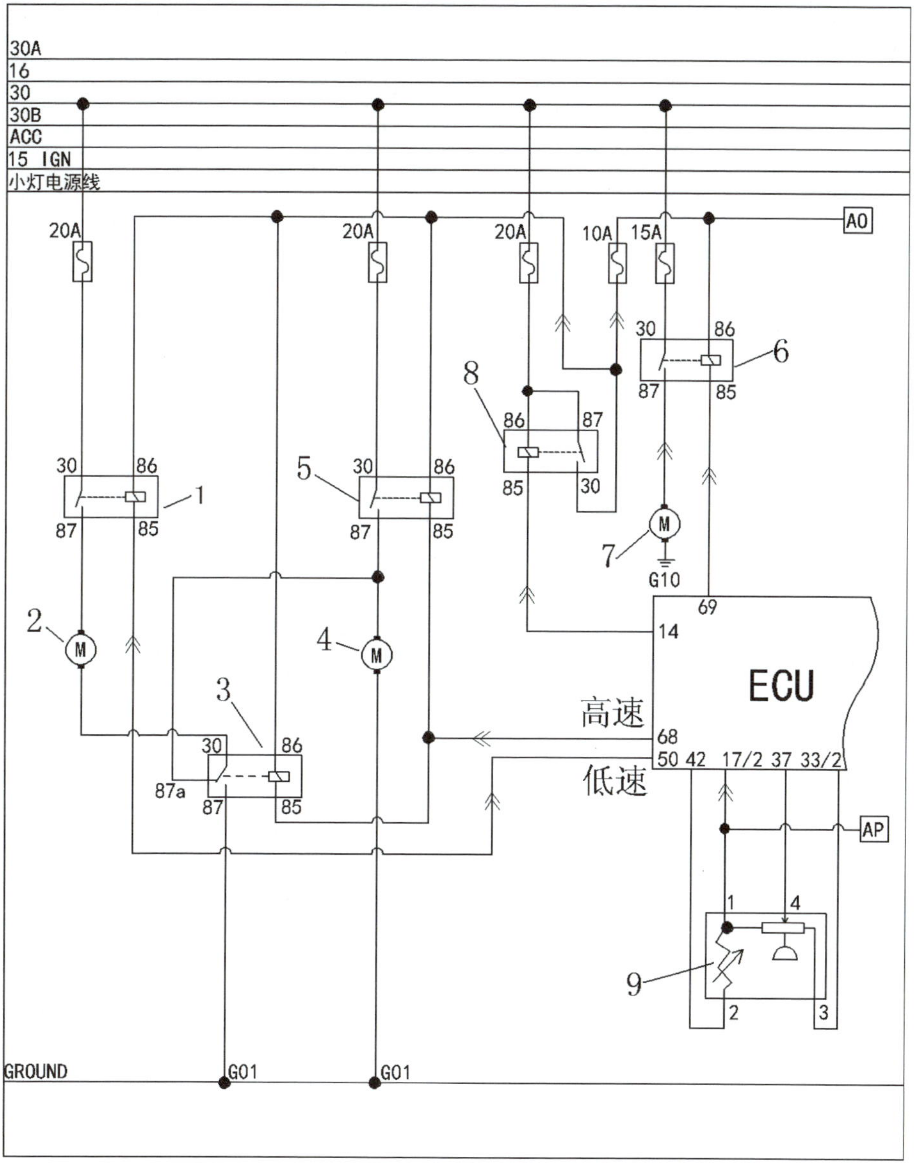

30A
16
30
30B
ACC
15 IGN
小灯电源线
20A 20A 20A 10A 15A
AO
30 86 1 87 85
5 30 86 87 85
8 86 87 85 30
30 86 6 87 85
2 M
4 M
7 M G10
3 30 86 87a 87 85
ECU
69 14
高速 68
50 42 17/2 37 33/2
低速
AP
1 4 9 2 3
GROUND G01 G01

（a）

1- 冷却风扇低速继电器；2- 冷却风扇电机；3- 风扇主继电器；4- 冷却风扇电机；
5- 冷却风扇高速继电器；6- 油泵继电器；7- 汽油泵；8-ECU 主继电器；9- 进气压力温度传感器

图 3-7　电控系统维修电路图示例

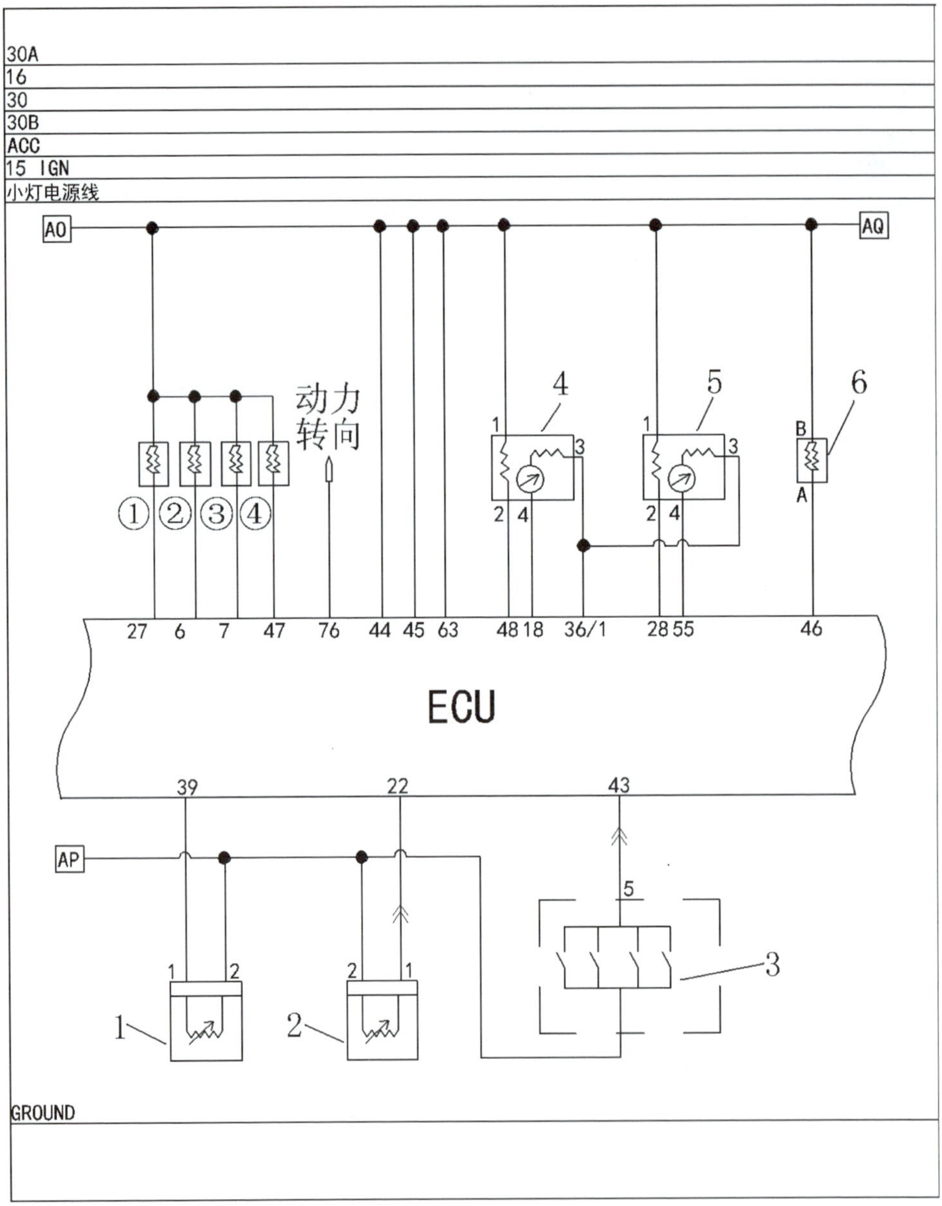

（b）

①②③④ -1,2,3,4, 缸喷油嘴；1- 水温传感器；2- 蒸发箱温度传感器；3- 方向盘巡航控制按键；4- 前氧传感器；5- 后氧传感器；6- 碳罐电磁阀

图 3-7　电控系统维修电路图示例（续图）

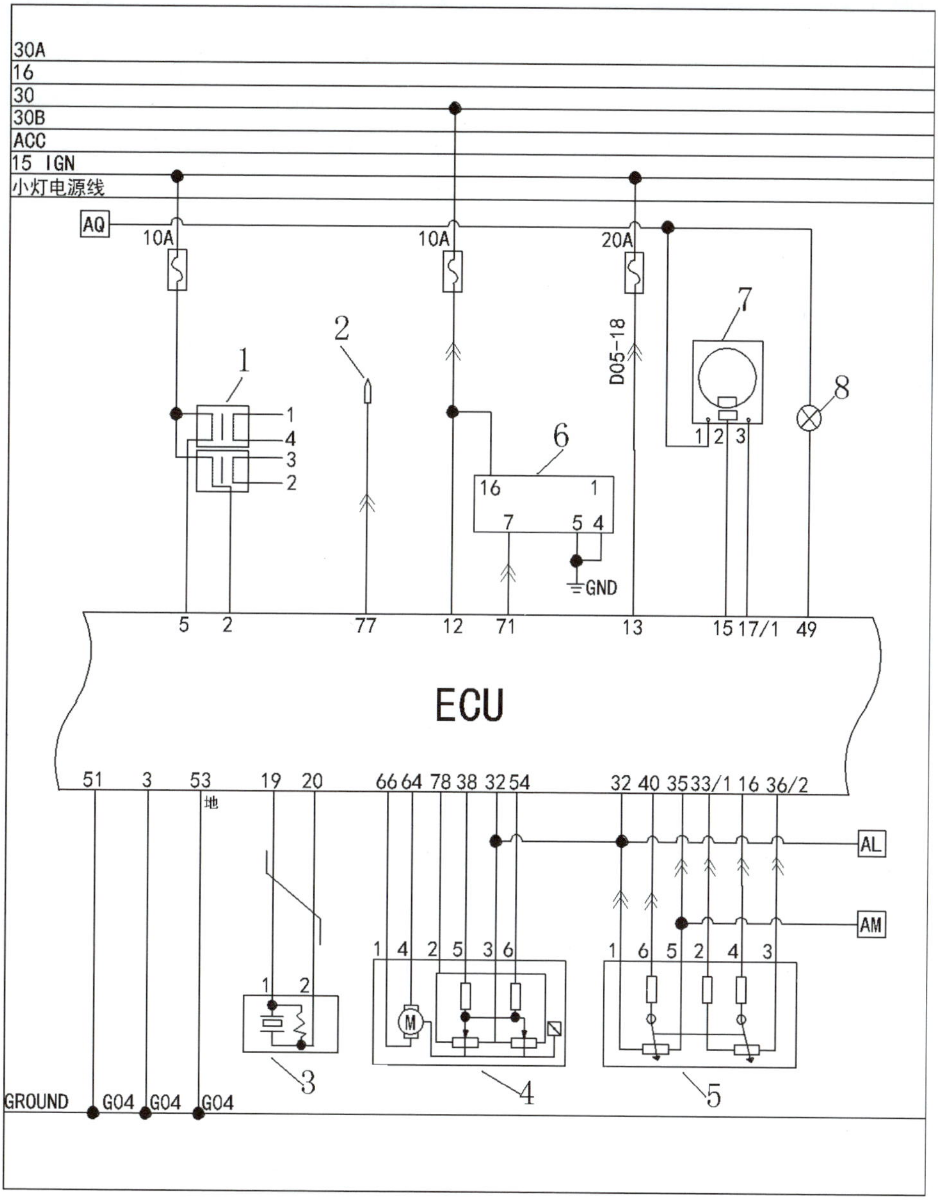

（c）

1- 点火线圈；2- 通往灯光组合开关；3- 爆震传感器；4- 电子节气门；5- 油门位置传感器；6-OBD Ⅱ插口；7- 曲轴转速传感器；8- 巡航指示灯

图 3-7 电控系统维修电路图示例（续图）

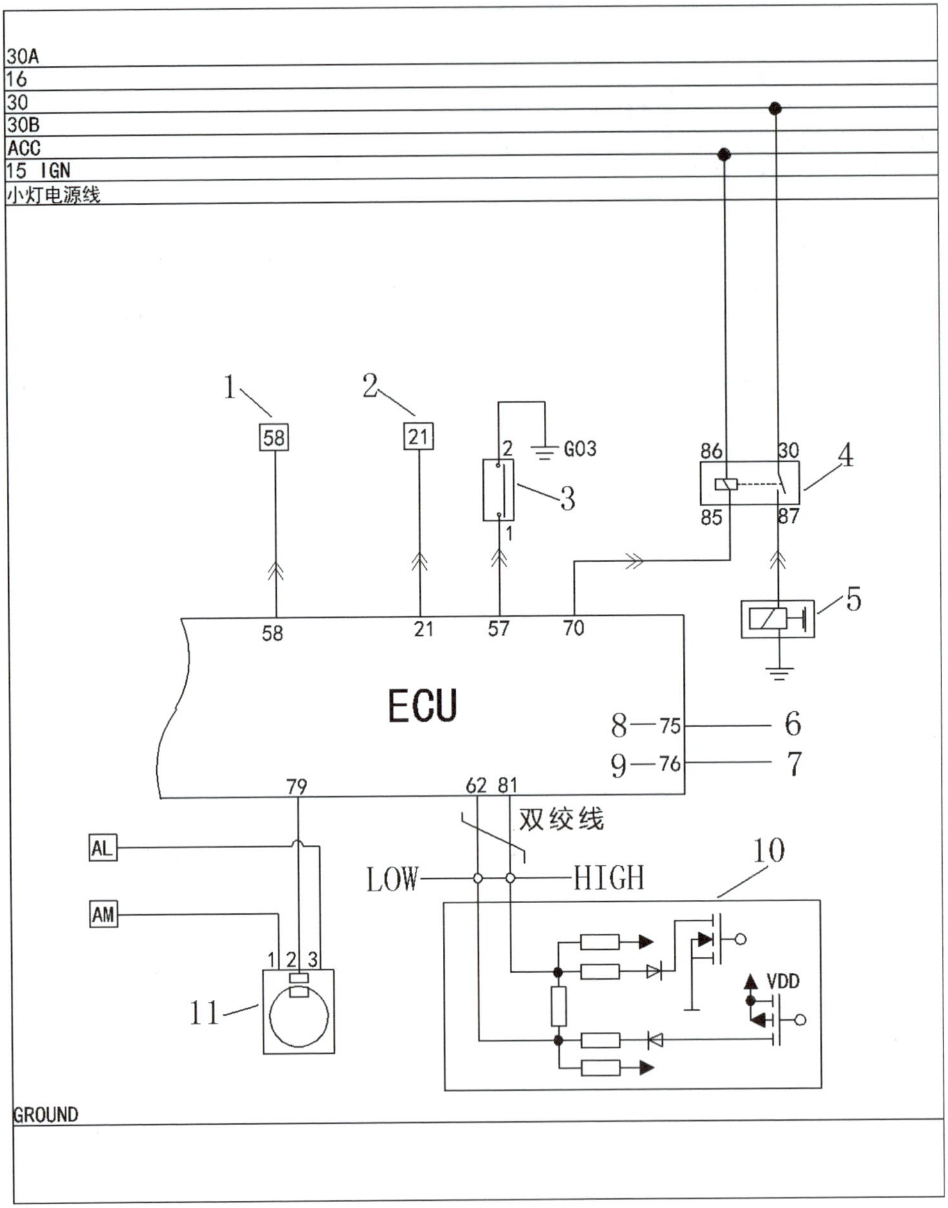

（d）

1- 接制动开关 2 #；2- 接制动开关 3 #；4- 压缩机继电器；5- 压缩机；6- 接空调请求面板；7- 接动力转向开关；8-A/C 请求低电位有效；9- 低电位有效；10-CAN 总线接口；11- 凸轮轴位置传感器

图 3-7 电控系统维修电路图示例（续图）

图 3-8　发动机电脑实物照片

在介绍单片机之前，先说明下面两个概念。

数字信号

用0伏代表低电位，用5伏代表高电位（早期的电脑用8伏表示高电位）。在电脑内部，接收到0伏表示数字0，接收到5伏表示数字1。EPU只能处理数字信号。

模拟信号

模拟信号以实时的电流或电压表示的传感器发出的电信号。它的波形有连续的，有间断的；有直线型、有曲线型，也有脉冲型的。模拟信号输入电脑后要经过A/D转换器转换成数字信号后，电脑才能进行处理。同理，电脑发出的指令是数字信号，也要经过A/D转换器转换成模拟信号，执行元件才能工作。

CPU是单片机的核心，它指挥整个电喷系统的工作。

存储器分为只读存储器（ROM）和随机存储器（RAM）。

ROM储存电喷系统的主程序，即我们平时说的电脑版本。电喷系统的程序存有发动机在各种工况下可燃混合气浓度和点火时间等相关的大量实验数据，它存储在ROM中，一般叫MAP图。MAP图是整个电喷软件的核心数据，它是花费大量成本经过发动机台架实验得到的，它的准确性和完整性决定整个发动机性能的好坏。MAP图一般是三维的，其三个主要控制参数是发动机转速、节气门开度和进气量信号，水温信号、空气温度、压力信号及氧传感器信号等都是修正信号。CPU根据主要控制信号在MAP

图中找出此时相应的喷油量、喷油时间和点火时间，然后根据修正信号加以修正，发出当时工况最佳的喷油量、喷油时间和点火时间，使发动机的动力性、经济性和排放指标都在最佳的状态。电喷系统的软件版本随着发动机出厂后会不断地改进升级，以期实现更良好的发动机性能，这就是许多汽车发烧友所说的刷电脑。所以现在单片机中 ROM 是可以擦写的，而不是改变的。ROM 中存储的程序是在出厂时写入的，当系统完全断电时能够保存，只要给单片机供电，程序即可工作。

RAM 存储发动机工作时的动态数据，如系统根据驾驶员的习惯设定的自学习功能和记录系统故障的记录等。当系统完全断电时 RAM 会失去全部数据。所以，当发动机故障灯亮了以后，拆下电瓶连接线会丢失全部故障记录。

A/D 转换器的作用是将接收到的一些传感器发出的模拟信号转换成 CPU 可以处理的数字信号。如水温信号、节气门开度信号等。同理，电脑发出的指令是数字信号，也需要 A/D 转换器转换成模拟信号输出，执行元件才能执行。

I/O 接口是传输数字信号的。它将 A/D 转换器处理后的信号传给 CPU, 将 CPU 发出的指令经过 A/D 转换器处理后传给执行器。现在许多电脑的 I/O 接口将输出信号通过功率放大器直接驱动执行元件，如点火线圈、喷油嘴等。

总线是单片机的基础构架，CPU、A/D 转换器、I/O 接口等部件通过标准的接口连接在总线上，构成一个单片机工作系统。

图 3-9 是电脑的内部照片，包括 CPU 芯片、ROM 芯片、RAM 芯片、A/D 转换器、总线芯片、电源模块和驱动功放块模块。

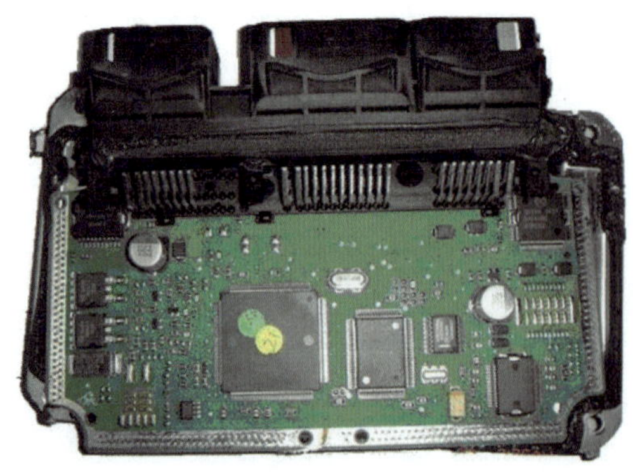

图 3-9　电脑内部照片

ECU 常见故障

ECU 故障常见外围电路故障，如保险丝熔断，正极线、负极线接触不好或断路等。ECU 出现外围电路故障时的典型特征是发动机打不着火。检查时没有高压电跳火，喷油嘴没有喷油动作的响声。检查喷油嘴是否有动作可以用试灯检查。关闭点火开关，将连接喷油嘴的线束插头拔下，将试灯的正负极线头分别插入已经拔下的喷油嘴插头的座孔内，起动发动机，试灯应该有规律地闪亮，否则就没有喷油信号故障。检查高压电是否跳火的方法很简单，将连接火花塞的高压线拔下，距离火花塞小于 5mm，起动发动机，高压线与缸体之间应该有规律的跳火，否则就没有点火高压故障。图 3-10 是用白炽灯式试灯检查喷油嘴工作的示意图。图 3-11 是高压线跳火方法示意图。

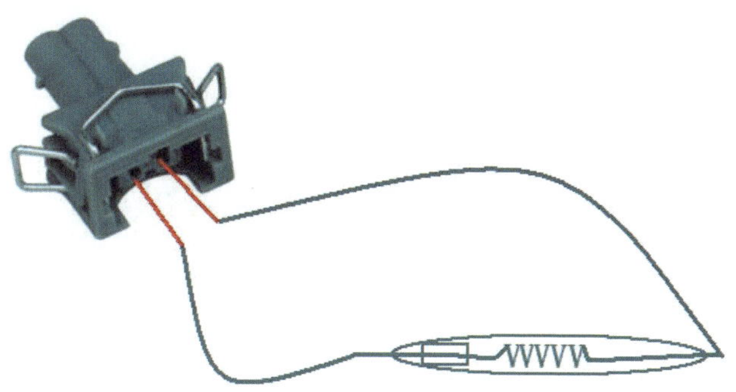

图 3-10　用试灯检查喷油嘴工作的示意图

图 3-11　高压线跳火方法示意图

ECU 内的功放块损坏时，一般的电器维修店可以更换。ECU 内的储存芯片损坏需要专业汽车电脑维修店更换。

案例：ECU 内部故障

一台车，着火以后怠速抖动，行驶时加油车辆顿挫，故障灯亮。进厂用诊断仪检查，有故障码“二缸、三缸失火”。关闭点火开关，更换 ECU 后故障排除。拆开 ECU 后盖检查内部元件，发现供给点火线圈初级工作电流的功放块已经烧焦。为什么会烧坏呢？应该是点火线圈初级工作电流长期过大引起的。引起电流过大一般两个原因：高压线跑电和火花塞间隙过大。拆下火花塞，发现间隙超过 6mm。询问车主，车主说从买来到现在跑了 7 万多公里，没有拆过火花塞。于是和车主说明，原车使用的是普通火花塞，使用超过三万公里必须检查调整间隙至 0.9 ~ 1.1mm。如果火花塞长期间隙过大，会产生相当高的回馈电压，将对高压线、点火线圈、发动机电脑造成伤害。为了保证行车安全，建议火花塞、高压线、点火线圈全部更换，否则可能会继续损坏电脑或出现点火故障，容易在途中抛锚。车主接受了建议。按照建议更换相关配件出厂后，至今又跑了一万多公里，没有发生同类故障，车主非常满意。本案例提醒大家一定要注意火花塞的定期检查调整，否则后续的损失是很大的。一般普通火花塞三万公里左右检查调整，铱金火花塞八万公里左右检查更换。

案例： ECU 水淹故障

一台本田雅阁汽车，停在路面低处，由于下雨后积水，被水淹没至车门坎高度，车内进水。由于雅阁汽车的发动机 ECU 安装在副驾驶脚的前方车底 ECU 安装盒内，所以 ECU 进水，汽车能够发动行驶，但是发动机故障灯报警。拆开 ECU 以后发现内部被许多淤泥污染。由于潮湿的泥土是可以导电的，所以造成电脑内部电气逻辑混乱，仔细清除泥土后故障排除。

案例：ECU 线束故障

一台车，进厂进行全车喷漆作业。喷漆完成全车重新装配后不能起动发动机。打开钥匙系统自检时，发现发动机故障灯不亮。起动时听不到喷油嘴工作的声音，拔下高压线跳火试验，没有高压电跳火现象。初步判断 ECU 没有工作。检查 ECU 保险丝，有电且

没有熔断。关闭点火开关，拔下ECU插头，检查供电的两根火线都有电。检查ECU地线与车身之间是高阻抗状态。检查ECU与车身之间的地线，发现安装地线的车身螺栓完全被漆包围，造成地线与车身接触不好。仔细清除螺栓上的漆以后，重新安装地线，故障排除。一般检查电脑电源故障时，注意不要仅仅检查火线一侧，还要检查地线一侧。火线和地线，有任何一侧不正常都会使电脑不能工作。

案例：点火线束接地断路故障

一台奔驰600汽车，车主反映发动机无力，费油，没有故障灯报警。检查机油时发现机油液面超过上限2cm多，有明显的汽油味。判断是大量的汽油没有点燃沿着气缸壁流进油底了。进一步检查发现给右侧的六个气缸点火的分电器没有高压电产生。查找原因是右侧的点火功放块的接地线从缸体上的安装处脱落，导致右侧的六个气缸没有点火高压电，喷油嘴照常喷油而没有点燃。司机反映发现这个现象行驶了400多公里，这样大量未燃烧的汽油沿着气缸壁流进油底导致机油液面升高。这种情况是很危险的，如果不能及时发现并排除，大量的汽油蒸气在油底里遇到明火有可能爆燃而炸坏油底壳。以前经常有化油器式发动机由于冷车不好着火反复发动，在着火的瞬间炸碎油底壳的事故。也有因此炸碎消声器的事故发生。总结：对于V型排列的多缸发动机，当发现无力时要及时检查，防止一半的气缸不工作而出现意外事故。

案例：ECU过热发动机熄火故障

一台道奇太阳舞汽车，夏季下午时经常半路熄火，等待20多分钟后还能打着火，但是还会反复熄火，经过检查，该车发动机ECU安装在右侧大灯后方空滤器附近，发现司机在ECU的后方与车身之间的空隙里塞满了擦车用的抹布，导致ECU散热不好，夏季的下午气温过热，ECU过热死机熄火。将抹布去掉以后，故障排除。

ECU拆卸和安装：

（1）关闭并拔下点火钥匙，卸下电瓶负极。

（2）拆下装饰板，拔下电脑插头。

（3）卸下电脑固定螺栓，取出电脑。

拆下电脑之前，先将电脑插头拔下

3.5　发动机电控系统传感器工作原理及常见故障

电控系统的主要传感器输入信号包括：

◆ 发动机转速信号

◆ 凸轮轴信号

◆ 节气门开度信号

◆ 进气压力信号（压力型）或 空气流量计信号（流量型）

◆ 进气温度信号

◆ 冷却液温度信号

◆ 爆震传感器信号

◆ 氧传感器信号

其他输入给电脑的信号：

空调请求：空调起动后，发动机的负荷增加，为了防止怠速时熄火，电脑要单独发出高怠速指令。

档位信号：对于自动挡变速箱，当挂上 D 挡时发动机的负荷增加，为了防止怠速时熄火，电脑要单独发出高怠速指令。

巡航控制信号：接收驾驶员设定的巡航指令，电脑控制节气门的开度以保证巡航车速需要的空气量。

刹车信号：对于带有 ESP（车辆稳定系统）的车辆，当车辆制动时，电脑要单独调控喷油量，以适应 ESP 系统工作。

其他信号：一些汽车装有各种各样的辅助系统，可能需要电脑单独控制，这里就不一一列举了。

AUTO
REPAIR

3.5.1　电子油门

电子油门是近几年兴起的发动机进气控制部件。使用全电子油门结构的发动机进气道上不设怠速空气通道，而是由步进电机直接控制节气门的开度来控制进气量以保证发动机合适的怠速转速。图 3-12 是电子节气门电路原理图，图 3-13 是电子节气门实物图。从图中可以看出，电子节气门是多功能构件，它既有节气门开度传感器给 ECU 传递节气门的开度信号，又是控制节气门开度的执行元件。图 3-12 是电子油门与电子油门踏板与 ECU 之间的电气关系。图中的 ECU 不仅是代替油门拉线的作用，油门踏板的动作要经过 ECU 综合计算车辆的运行参数后，电子油门才能打开合理的开度。

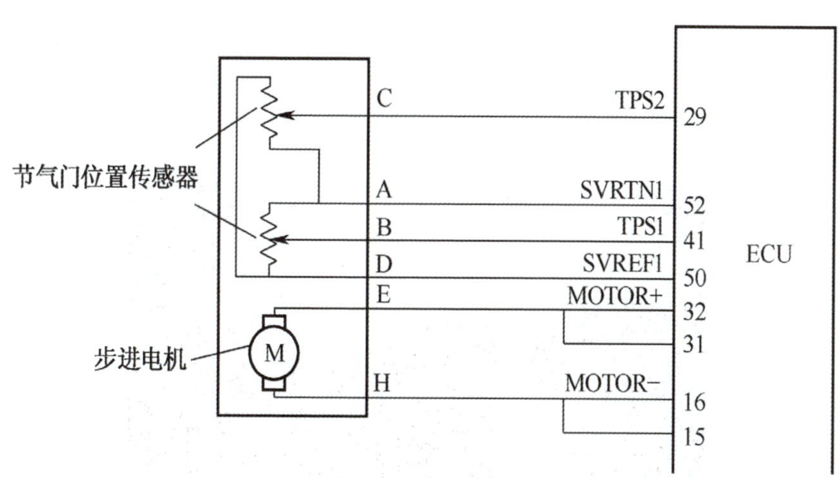

图 3-12　电子节气门电路原理图

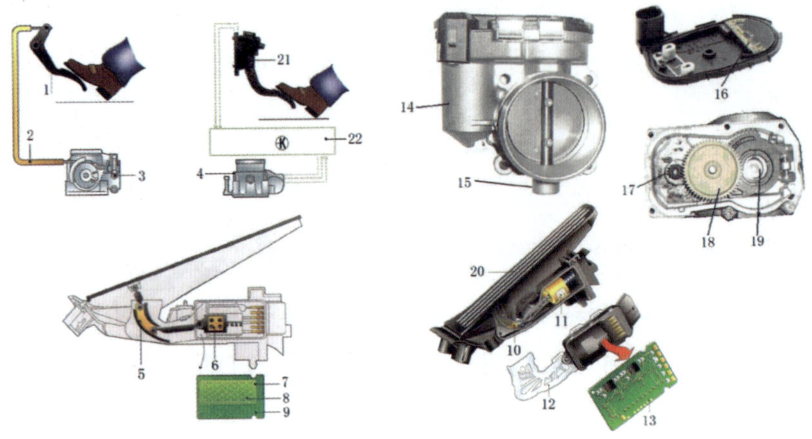

1- 拉线式加速踏板；2- 油门拉线；3- 拉线式节气门；4,15- 全电动节气门；5,10- 动作杠杆；6,11- 薄金属盘；7- 励磁线圈；8- 接收线圈；9,13- 塑料膜电路板；12- 盖板；14- 步进电机；16- 节气门位置传感器滑动电阻；17- 电机输出齿轮；18- 节气门驱动齿轮；19- 节气门轴；20,21- 电子油门踏板

图 3-13　电子节气门

1. 元件位置说明

安装在进气岐管上。图 3-14 是节气门安装位置图片。

图 3-14　节气门安装位置

2. 元件说明

电子节气门体是电控系统中组成发动机进气系统的一个关键部件，其主要功能是根据驾驶员的驾驶意图，调节进气通道面积，从而控制进气量，满足发动机不同工况下的进气需求，同时将节气门阀板的位置信号反馈给控制单元，实现精确控制。

电子节气门体由驱动模块、传动模块、执行模块和反馈模块四大部分构成，所有零部件全部集成在一个节气门壳体中。节气门反馈模块采用了两路冗余结构。发生故障时，节气门阀板会停在采用机械方式确定的跛行回家位置，它位于机械下止点上方。电子节气门体只能通过相应的电子控制单元或电子测试电路进行控制，原则上必须确保节气门阀板不会动态地运行至机械止点位置。

3. 元件针脚说明

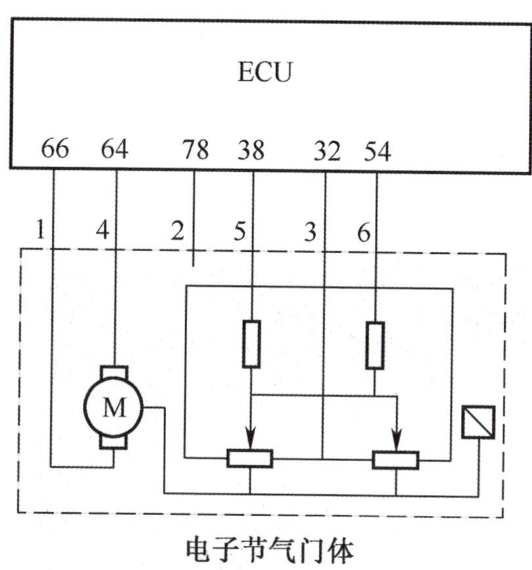

电子节气门体

1- 电机驱动 + 针脚　2- 输入电压 + 针脚　3- 输入电压 -（搭铁）针脚
4- 电机驱动 - 针脚　5- 信号输出 1 针脚　6- 信号输出 2 针脚

4. 故障现象及检测方法

■**故障现象：** 车辆加速无力，怠速不稳定。

■故障原因：

（1）由于汽油或机油蒸气污染，导致节气门体积碳严重；

（2）线束或传感器工作不良，导致 ECU 产生误判，强制控制电子节气门处于小开度状态。

■检测方法：

具体机械损伤判断方法为：在未通电状态下，阀片应处于全关的位置，用手拨动，阀片应能较顺畅地转动，如出现卡死现象，表明内部件可能有破损情况。

内部传感器测量：

（脱开线束接插件）把数字万用表打到欧姆档。

（1）两表笔分别接 1# 与 6# 针脚，用手拨动阀片，阻值应连续变化。

（2）两表笔分别接 4# 与 6# 针脚，用手拨动阀片，阻值应连续变化。

5. 拆卸和安装

关闭并拔下点火钥匙，拔下线束插头。

注意：一定在常温下拆下水管。先拆下水管卡子，然后拔下水管，拆卸过程注意用容器接好，防止水管中的防冻液洒出

这四个固定螺栓在拆装时要对角均匀用力松开或紧固，防止节气门体变形

拆卸注意：

■确认点火开关处于关闭位置。

■严禁对带电的电子节气门体进行拆卸。

■使车辆冷却至室温后才能拆卸电子节气门体，防止过热防冻液弄湿黑色盖板和接插件等。

■拆卸过程中，要对角拆卸安装螺栓，用力均匀和垂直，不得损坏上下安装面，同时确保电子节气门体不得跌落或撞击。

■电子节气门体内部复位弹簧的力量较大，注意在轻推阀片的过程中，不能将手夹伤。

安装：请注意以下步骤并按拆卸的相反顺序安装。

■当把零件安装到车上时，必须防止冷凝水进入节气门体轴孔内。

■确认线束接插件安装可靠。

■最大拧紧力矩：10 N · m。

6. 电子节气门的自适应

步骤如下：打开点火开关到“ON”档，等待 60s 后起动发动机，等待 5s 然后关闭点火开关结束自学习。如果发现有怠速高的现象，可以重复以上步骤。

AUTO
REPAIR

3.5.2 电子油门踏板

1. 元件位置说明

电子油门踏板位于驾驶员侧，刹车踏板旁边。图3-15是电子油门踏板安装位置的图片。

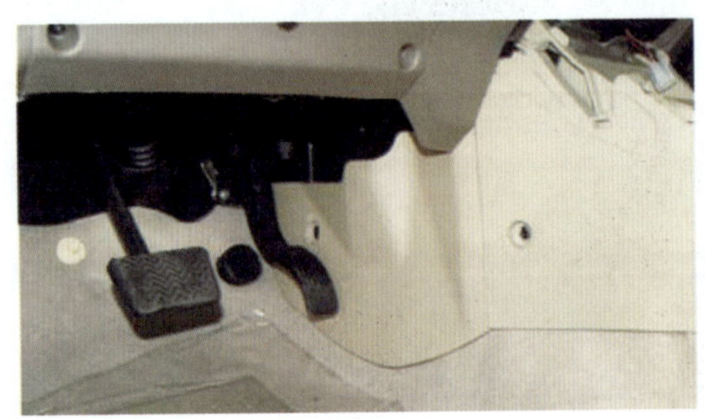

图 3-15 电子油门踏板安装位置图片

2. 元件说明

电子油门踏板是电控系统的有效组成部分，其主要功能：接收驾驶员加速踏板的反馈信息，通过 ECU 对各个工况的信号综合处理，调整电子节气门的开度，达到满足发动机不同工况下进气需求的目的。电子油门踏板主要由机械部分和传感器组成，输出随踏板行程线性变化的电信号，并使驾驶员感受到变化的踩踏力（回弹力）和力滞。

3. 元件针脚说明

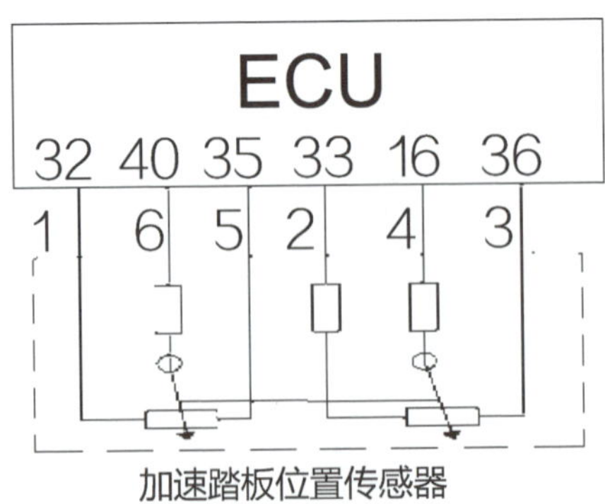

1：输入电压 1+ 针脚；　2：输入电压 2+ 针脚；　3：输入电压 1—（搭铁）针脚；
4：信号输出 1 针脚；　5：输入电压 2—（搭铁）针脚；　6：信号输出 2 针脚

4. 故障现象及检测方法

■**故障现象：**踩下踏板后，发动机转速没有上升。

■**故障原因：**油门踏板传感器故障。

■**检测方法：**（脱开线束接插件）把数字万用表打到欧姆档，两表笔分别接传感器 2#、3# 号针脚，常温下电阻值应为 1.2±0.4kΩ；传感器 1#、5# 号针脚，常温下电阻值应为 1.7±0.8kΩ 两表笔分别接传感器 2#、4# 号针脚或 1#、6# 号针脚，转动踏板，其电阻值应随踏板转动而均匀变化，不应有较大突变。用故障诊断仪与电喷系统 ECU 进行通讯，读取 ECU 中的故障数据，对油门踏板位置传感器的失效作出判断。

5. 拆卸和安装

拆卸：

（1）断开电子油门踏板位置传感器线束接插件。

拆下油门踏板之前，先拔下踏板线束

注意：确认点火开关处于关闭位置。

（2）拆卸电子油门踏板位置传感器的固定螺栓，取下电子踏板总成。

卸下油门踏板的固定螺栓，取下油门踏板

安装：

请注意以下步骤并按拆卸的相反顺序安装。

■确认线束接插件安装可靠。

■拧紧力矩：6 ± 0.5 N · m。

3.5.3 节气门位置传感器

现在还有许多汽车使用的是拉线控制的节气门，这种节气门带有节气门位置传感器。节气门传感器是一个具有线性输出的角度传感器，由两个圆弧形的滑触电阻和两个滑触臂组成。滑触臂的转轴与节气门轴连接在同一个轴线上。滑触电阻的两端加上 5V 的电源电压 U_s。当节气门转动时，滑触臂跟着转动，同时在滑触电阻上移动，并且将触点的电位 U_p 作为输出电压引出。所以它实际上是一个转角电位计，输出与节气门位置成比例的电压信号。

节气门传感器的作用是给电脑提供节气门的开度信号。节气门的开度反应发动机的负荷，开度越大，负荷越大。怠速时负荷最小，节气门的开度是零度。节气门位置传感器是由圆周滑动电阻片构成的，它输出的是模拟的电压信号，输出电压在 0~5V 之间，大多数系统是开度越大电压越高，也有开度越大电压越低的。节气门开度信号是电脑决定喷油量、喷油时间和点火时间的三个主要参数之一。图 3-16 是节气门位置传感器工作原理的示意图，图 3-17 是节气门位置传感器实物照片，图 3-18 是节气门位置传感器安装位置示意图。

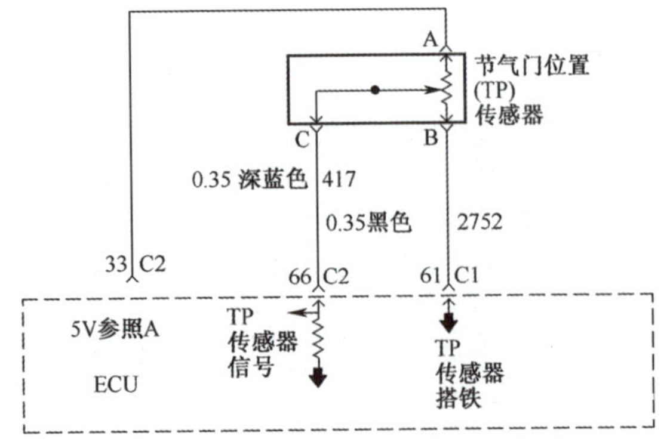

图 3-16　节气门位置传感器工作原理的示意图

图 3-17　节气门位置传感器实物照片

图 3-18　节气门位置传感器安装位置示意图。

1. 故障现象及检测方法

■**故障现象：**加速不良等。一般故障原因：线束接触不良，铜芯在插头附近内部断路，滑动电阻片磨损，滑动电阻片污染，清洗节气门方法不当导致节气门内部电路损坏。

■**检测方法：**

（1）检查针脚 1 与针脚 2 间的电阻值。

■**电阻值：**2kΩ ±20%（在常温下）。

（2）检查针脚 1 与针脚 3 间的电阻值，在转动节气门时，其电阻值随节气门转动而呈线性变化。

（3）检查针脚 2 与针脚 3 间的电阻值。该电阻值则是相反的情况。

注意：在观察电阻值变化的时候，注意观察电阻值是否有较大的跳跃。

（4）检查针脚 2 的电压。

■**注意：** 此时点火开关转到“ON”位置，但不起动发动机。

■参考电压为 5.0V。

（5）检查针脚 3 的电压。

■**注意：** 此时点火开关转到“ON”位置，但不起动发动机。

■节气门全闭时，其电压值为 0.4V 左右。

■节气门全开时，其电压值为 4.0V 左右。

注意：在观察电阻值变化的时候，注意观察阻值是否有较大的跳跃。

维修注意事项： 清洗节气门时注意要电气部分向上，防止清洗剂携带脏污流进电路板。如图 3-19 所示。

这是节气门传感器，内部有电子元件，怕清洗剂和脏物的污染

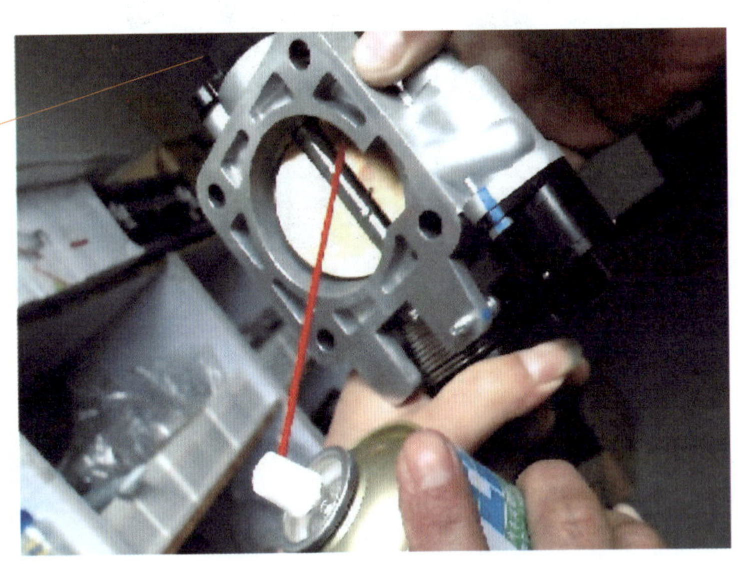

图 3-19　清洗节气门时一定注意电气部分向上

2. 拆卸和安装

（1）注意确认点火开关处于关闭位置，然后断开节气门位置传感器线束接插件。如图 3-20 所示。

图 3-20 清洗节气门时一定注意电气部分向上

（2）断开进气软管的卡箍，脱开进气软管。如图 3-21 所示。

图 3-21 断开进气软管的卡箍

（3）卸下节气门传感器固定螺栓，取下传感器。如图 3-22 所示。

图 3-22　卸下节气门传感器固定螺栓

（4）按拆卸的相反顺序安装。

3.5.4　怠速控制电机

拉线式的节气门使用怠速电机控制发动机的怠速工作，一般安装在节气门体上。ECU 通过控制更换线圈电流方向的次数，来控制步进电机的移动步数，从而调节旁通通道的截面积及流经的空气流量。怠速控制电机实际是一个由步进电机配合减速机构组成的。步进电机是一台微型电机，它由围成一圈的多个钢质定子和一个转子组成，图 3-23 是怠速电机的实物图。步进电机的结构与普通直流电机的区别是步进电机内部有多对独立供电的定子线圈。每个钢质定子上都绕着一个线圈；转子是一个永久磁铁，永久磁铁的中心是一个螺母。所有的定子线圈都始终通电。只要改变其中某一个线圈的电流方向，转子就转过一个角度。当各个定子线圈按恰当的顺序改变电流方向时，就形成一个旋转磁场，使永久磁铁制成的转子按一定方向一步步地旋转。如果将电流方向改变的顺序颠倒过来，那么转子的旋转方向也会颠倒过来。连接在转子中心的螺母带动一根丝杆。因为螺旋杆设计成不能转动，所以它只能在轴线方向上移动，故又称直线轴。丝杆的端头是一个塞头，塞头因此而可以缩回或伸出，从而增大或减小怠速执行器旁通进气通道的截面积，直至将它堵塞。每当更换某线圈的电流方向时，转子就转过一个固定的角度，称为步长，其数值等于 360° 除以定子或线圈的个数。一般步进电机转子的步长为 15° 。相应地，螺旋杆每一步移动的距离也固定。ECU 通过控制更换线圈电流方

向的次数，来控制步进电机的移动步数，从而调节旁通通道的截面积及流经的空气流量。空气流量大体上与步长成线性关系。螺旋杆端头的塞头后面有一个弹簧，见图 3-24。在塞头伸长方向，可利用的力等于步进电机的力加上弹簧力；在塞头缩回方向上，可利用的力等于步进电机的力减去弹簧力。

发动机冷车起动后的暖机过程、开动空调、发电机负荷较大、转向助力工作、自动变速箱挂入 D 档等一些需要发动机怠速提供较大负荷的工况需要电脑指令怠速马达提供较高的怠速，以保证发动机稳定工作。怠速马达也叫怠速电机，它的内部是步进电机。怠速电机控制发动机怠速时的进气量，怠速时空气是不经过节气门的。当发动机需要较高怠速时，电脑指令怠速电机的阀针后，退让出较大的阀座空隙，这时绕过节气门经过怠速旁通气道进入发动机的空气增多，电脑相应指令喷入较多的汽油，从而提高怠速。当怠速过高时，电脑指令怠速电机的阀针前进，减少阀座的空隙，减少进气量，同时电脑指令少喷油，从而降低怠速。

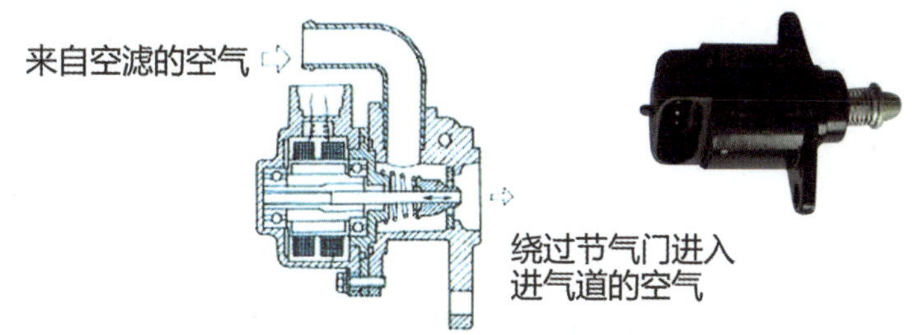

图 3-23　怠速电机

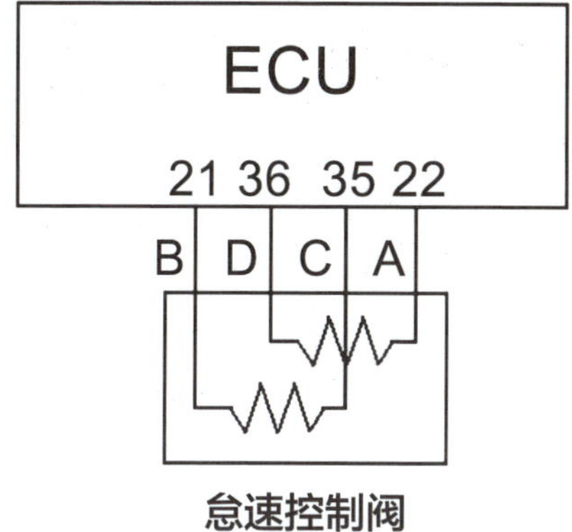

图 3-24　怠速电机原理图

例如：B针脚接电源“+”极，C针脚接电源“–”极，D针脚接电源“–”极，A针脚接电源“+”极，怠速电机将前进一步，反之，这两组线圈的其中任一个线圈的极性改变，电机将后退一步。电机转动以后，前一组线圈极性不变，后一组线圈改变极性，电机将继续前进一步。反之同理。

怠速控制类常见故障：节气门开度不正常，怠速不稳定，怠速过高，怠速熄火，怠速电机故障，进气道漏风，正时不对。

一般故障原因：由于灰尘、油气等堆积造成旁通空气道部分堵塞，或者线束接触不良而导致步进电机怠速调整不正常。

维修注意事项：

（1）不得在轴向施加任何形式的力试图将轴压入或拔出。

（2）怠速调节器装入节气门体之前，其伸缩杆头部必须处在完全缩进的位置。

（3）注意对旁通空气道的清洁保养。

（4）拆卸电瓶或ECU后，注意及时对步进电机进行自学习。一般自学习方法为：打开点火开关但不马上起动发动机，等待5s后，再起动发动机即可。

（5）拆卸和安装。

松开插座上的防脱卡扣，然后拔下线束插头

卸下怠速电机的固定螺栓，取下怠速电机

简易测量方法：（卸下接头）把数字万用表打到欧姆挡，两表笔分别接调节器AD、BC针脚，25℃时额定电阻为53±5.3Ω。

案例：节气门脏污故障

一台捷达电喷车，怠速不稳定，在600～1600转上下浮动。用诊断仪查看数据流，节气门开度11°，超过2°～5°的正常值。拆检发现节气门阀门周边积碳很多。由于捷达汽车使用的是半电子油门，没有怠速电机，在1600转以下是由电脑指令节气门的电动部分自动调控的。这些积碳影响了正常开度的进气量，会使怠速转速下降，当下降超过设定值850转时，电脑指示节气门增加开度，以保证维持正常的转速。由于积碳越来越多，节气门的开度超过节气门的调控能力时，怠速转速下降。当转速低于600转时电脑为了保证不熄火，强制多喷油以提高转速。这样怠速转速就在600～1600转上下浮动，产生故障现象。这种情况只要清洗节气门周边的积碳即可。但是捷达车的节气门清洗后，必须用专用解码器方可重新设定标准怠速转速。许多车辆节气门脏了以后不及时清洗，电脑长期反复调控怠速，造成自适应数据存储过多而产生电脑死机现象，即清洗后解码器不能设定标准转速，而是以大于1600转的高怠速运行。出现这种情况，一般跑几天电脑就能够自适应。有的电脑很长时间也不能自适应，这时只能用强制放电的方法清除电脑就内存数据，使电脑重新自适应来解决。强制放电的方法是这样的：将电瓶正极拆下，用二极管试灯的试笔两端连接电瓶连接线的正负极，放电三秒钟以上，然后重新安装电瓶正极线。发动以后电脑会很快完成自适应过程。实践中经常出现清洗节气门时方法不

当，清洗下来的污物流入节气门电气部分内部而造成节气门损坏的情况。所以清洗节气门时一定要电气部分向上，防止清洗下来的污物流入电气部分。

案例：节气门滑动电阻片磨损

一台汽车，怠速不稳定，经常有熄火现象，小油门加速时经常耸车，发动机转速超过2000转以后行驶正常，发动机故障灯有时闪烁，有时常亮，有时不亮。用诊断仪调取故障码，显示节气门传感器电路偶发故障。读数据流发现节气门开度在10% ~ 30%时信号不稳定。关闭点火开关拔下节气门线束用万能表电阻档检查开度信号与地之间的电阻同时用手转动节气门，发现当节气门开度在20%左右时电阻显示为无穷大的断路现象。更换节气门开度传感器后故障排除。由于节气门传感器是接触式滑动电阻片，油门经常在小负荷处工作，所以小开度这段容易磨损。当节气门在这一段工作时，节气门传感器不能给电脑提供节气门开度信号，电脑就会给出中值信号维持工作并记录故障，点亮故障灯。由于节气门经常很快就工作在正常的没有磨损的区域，能够提供信号，所以电脑判定是偶发故障并恢复正常工作状态，由此发动机出现怠速不稳定甚至熄火，加油耸车现象。

案例：怠速电机烧损故障

一台切诺基213汽车，没有怠速，只要收油立刻熄火。故障灯显示正常，没有故障码。用诊断仪的怠速电机测试功能，仍然没有怠速，读数据流，步进的步数已到最大值。拆下怠速电机发现，由于以前出过回火故障，电机的头部已经烧死，这样电机始终在堵死怠速空气通道的状态，所以没有怠速。更换后故障排除。回火是发动机的一种故障术语。当混合气过稀时，燃烧速度慢，当发动机排气结束开始进气时火焰仍在燃烧导致刚进入气缸的可燃混合气被点燃从进气道反向空气滤清器冲去，空滤器产生类似咳嗽的声音，打开空滤器能看到喷出的火苗，这种现象叫做回火。这个故障的原理是这样的：当发动机怠速时，电脑根据发动机的转速给出怠速电合适的打开步数，保持怠速在设定值工作。步进电机是指电机不是像普通电机那样连续转动工作，而是一步一步地转动，从而使电机能保持一定的位置。这样步进电机能精确地控制位置或位移，所以被广泛地用于自动控制系统。步进电机可以用下述的方法手工检测：关闭钥匙，拆下怠速电机，接上线束，用合适的橡胶棒堵住怠速空气通道一半。起动发动机，观察怠速电机的工作。此时将橡胶棒向减少空气通道的方向顶进，这时正常的系统应该指令怠速电机头向后缩回，目的是扩大空气通道以提高转速。反之，向外收回橡胶棒，使空气通道扩大，系统会指令怠速电机头向外伸出，目的是减少空气通道以降低怠速。手工测试能完整实现上述动作的，说明怠速控制系统是正常的。测试时注意缓慢动作，不要使电机头伸出过多，防止电机头脱落。这个车的故障原因是电机头由于回火烧死，电脑发出的指令电机执行不了，所以熄火。由于电脑检测故障是线束及电机的电器参数，而这个电机的电气部分和线束的连接是正常的，所以电脑没有记录故障。

案例：怠速电机头粘在怠速空气通道口故障

一台皇冠 3.0 汽车，在车库存放一冬天后，发动车出现怠速大喘气故障。大喘气是汽修俗语，就是怠速在600 ~ 1800转之间大幅度波动的现象。故障灯不亮，没有故障记忆。拆下电机发现，由于长期停放，电机头的橡胶密封圈粘死在怠速空气通道口上，步进电机的力量不足以将电机头从通道口上拉开，从而空气不能进入发动机，所以没有怠速。当电脑检测到发动机要熄火时发出最大的电机头开度步数，仍然不能保持转速，就强制喷油以提高转速，由于发动机可以从其他附件的通道强制吸进一些空气，所以能够燃烧。当转速超过怠速的设定值时，电脑减少喷油，如此反复，造成怠速大喘气现象。由于手工拆下怠速电机，将胶圈强制从空气通道口处拔下，所以无意中故障排除。

应急方法：当途中怠速电机损坏时，可以应急处理。将怠速电机拆下。用合适孔径的长橡胶管将怠速空气通道口堵住一半或者合适的缝隙，以保持合理的怠速。用长的橡胶管是防止胶管被吸入发动机，出现其他故障。留出的孔大，怠速高；留出的孔小，怠速低。想办法改变孔的大小会做出合适的怠速的。

案例：冷车容易熄火故障

一台三菱汽车，冷车怠速600转左右，行驶时容易熄火。故障灯正常，检查没有故障码。用诊断仪读数据流，发现怠速电机的步数在全开状态。拆下怠速电机，发现怠速空气通道被积碳堵塞严重，仅剩一个 2mm 直径的小孔，这样的进气量是不能满足冷车时怠速的进气量的。清洗通道后，故障排除。

案例：开空调压缩机不工作，怠速却提升了

一台三菱汽车，开空调时压缩机没有工作，怠速有提速现象。故障灯显示正常，没

有故障码。

分析：开空调有提速现象，说明电脑收到了空调请求信号，压缩机没有动作。这台车的电脑能够检测到压缩机控制电路的故障，没有报警，说明电脑检测在压缩机继电器至电脑段的电路是正常的。应该检查压缩机继电器至压缩机之间的电路。开空调时能够听到压缩机继电器工作的声音，但是用试灯检查继电器向压缩机输出的导线没有供电，所以压缩机不能工作。用导线从电瓶直接给压缩机电磁离合器线圈供电，压缩机起动，说明从继电器至压缩机这一段的电路是好的。故障点应该在继电器本身。拆开继电器，发现继电器的输出触点严重烧蚀，形成电路绝缘。打磨后重新装上，故障排除。

3.5.5 进气压力和温度传感器

1. 元件位置说明

进气压力和温度传感器安装在进气歧管上，如图 3-25 所示。

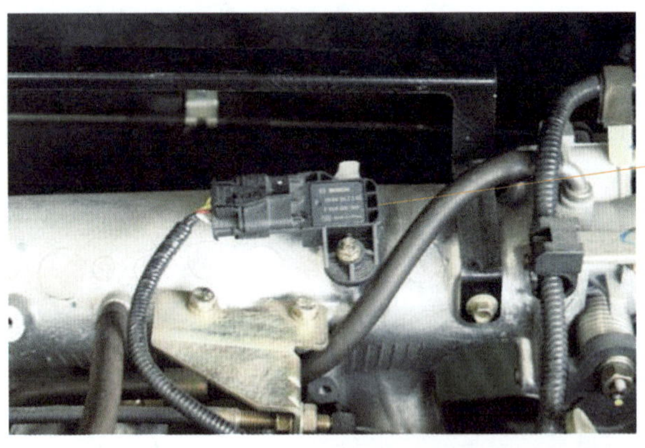

图 3-25 进气压力和温度传感器安装位置图

2. 元件说明

（1）传感器由进气绝对压力传感器和进气温度传感器组合而成。

（2）进气歧管绝对压力传感元件由一片硅芯片组成。在硅芯片上蚀刻出一片压力膜片。压力膜片上有 4 个压电电阻，这 4 个压电电阻作为应变元件组成一个惠斯顿电桥。

硅芯片上除了这个压力膜片以外，还集成了信号处理电路和温度补偿电路。参考真空腔就集成在硅片里，参考空间内的气体绝对压力接近于零。这样就形成了一个微电子机械系统。待测的进气歧管绝对压力从上面作用在硅膜感测压力的一面上。硅芯片的厚度只有几微米（μm），所以进气歧管绝对压力的改变会使硅芯片发生机械变形，4 个压电电阻跟着变形，其电阻值改变。通过硅芯片的信号处理电路处理后，形成与压力成线性关系的电压信号。

（3）进气温度传感元件是一个负温度系数（NTC）的电阻，电阻随进气温度而变化，此传感器输送给控制器一个表示进气温度变化的电压。

3. 元件针脚说明

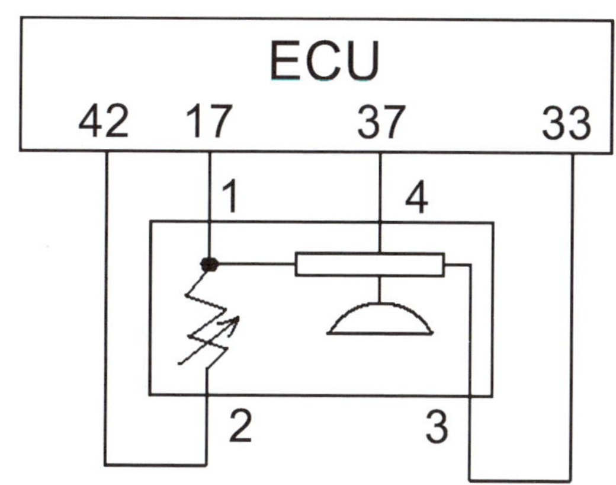

进气压力和温度传感器

1- 搭铁；2- 进气温度信号输出；3- 输入电压；4- 进气压力信号输出

4. 故障现象与检测方法

■**故障现象：**熄火、怠速不良等。

■**一般故障原因：**

（1）使用过程有不正常高压或反向大电流；

（2）维修过程使压力芯片受损。

■**维修注意事项：**维修过程中禁止用高压气体向压力芯片冲击；发现故障要更换传

AUTO REPAIR

感器的时候，注意检查发电机输出电压和电流是否正常。

■**检测方法：**

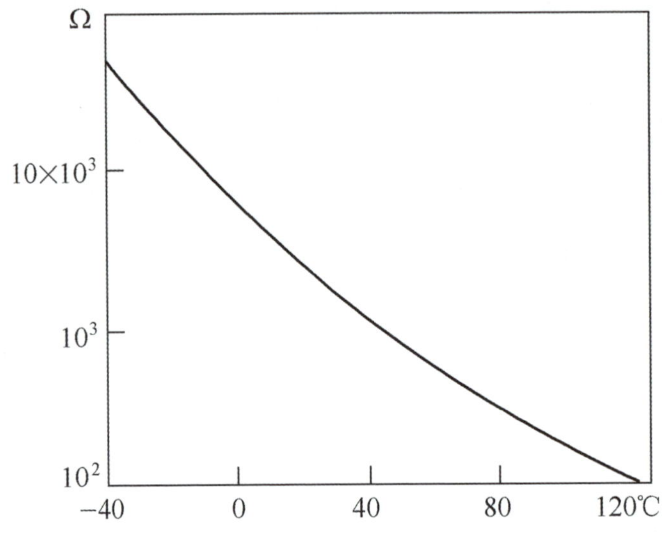

图 3–26　进气温度传感器电阻特征曲线图

温度传感器部分：（脱开线束接插件）把数字万用表打到欧姆档，两表笔分别接传感器 1#、2# 针脚，20℃时额定电阻为 2.5kΩ ±5%，其他对应的电阻数值可由上图特征曲线量出。测量时也可用模拟的方法，具体为用电吹风向传感器送风（注意不可靠得太近），观察传感器电阻的变化，此时电阻应下降。压力传感器部分：（接上线束接插件）把数字万用表打到直流电压档，黑表笔搭铁，红表笔分别与 3#、4# 针脚连接。怠速状态下，3# 针脚应有 5V 的参考电压，4# 针脚电压为 1.3V 左右；空载状态下，慢慢打开节气门，4# 针脚的电压变化不大；快速打开节气门，4# 针脚的电压可瞬间达到 4V 左右（具体数值与车型有关），然后下降 1.5V 左右（具体数值与车型有关）。

5. 拆卸和安装

拆卸：

（1）确认点火开关处于关闭位置，断开进气压力温度传感器线束接插件。

（2）拆卸进气压力温度传感器固定螺栓，取下进气压力温度传感器。

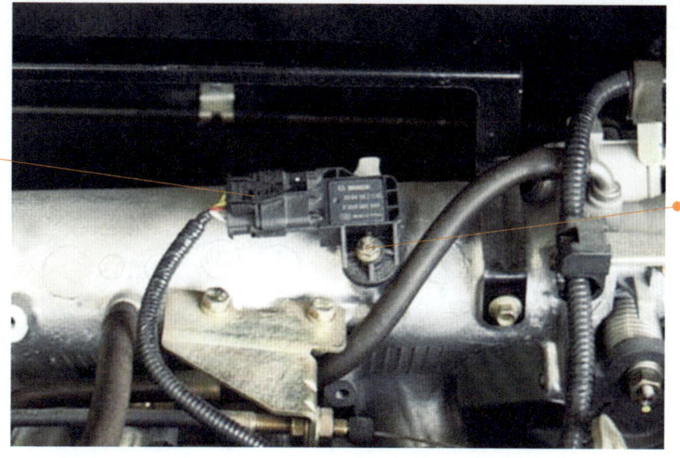

■在拆卸过程中注意密封圈的位置，不要损坏或丢失密封圈。

安装：注意以下事项并按拆卸的相反顺序安装。

■在传感器密封圈上涂抹少量机油，以便更好安装。

■确认传感器与进气歧管已完全贴合。

■确认线束接插件安装可靠。

由于节气门的节流作用，在怠速时进气道的压力一般在 55kPa 左右，就是说怠速时有较大的真空度。当节气门全开时，由于空气滤清器和进气道存在一定的阻力，所以进气道的压力接近大气压，但是不会超过大气压。现在许多发动机采用增压技术提高进气量，这种增压的发动机节气门全开，并且涡轮全负荷工作时进气道的压力能够接近 2 个大气压。进气压力大说明进入气缸的空气增多，这样可以多喷射燃料以增加发动机的动力。另外，采用进气压力传感器来检测进气量，可以避免随着海拔高度变化引起的气压变化对进气量检测的影响。空气的温度变化会影响空气的密度，从而影响空气量的检测。所以进气压力和温度传感器在检测进气压力的同时，检测进入气缸的空气温度以确定真实的进气量。一般情况下，怠速时进气量越少，节气门开度越大，发动机转速越高时进气量越多。进气压力和温度传感器大多数是由半导体压电片和热敏电阻构成的，也有分成两个部件的。一个是普通滑片可变电阻器，另一个是独立的热敏电阻。作用都是一样的。进气压力和温度传感器输出的进气压力信号是模拟的电压信号，输出电压在 0~5V 之间。它输出的温度信号是由于电阻的变化而发生的电流变化，一般检测它的电阻值。进气压力信号是电脑决定喷油量、喷油时间和点火时间的三个主要参数之一，温

度信号是混合气浓度修正信号。图 3-27 是进气压力和温度传感器工作原理的示意图，图 3-28 是进气压力和温度传感器实物照片和安装安装位置示意图。表 3-4 是空气温度传感器的阻值表，从表中数值可以看出热敏电阻是负温度系数的。

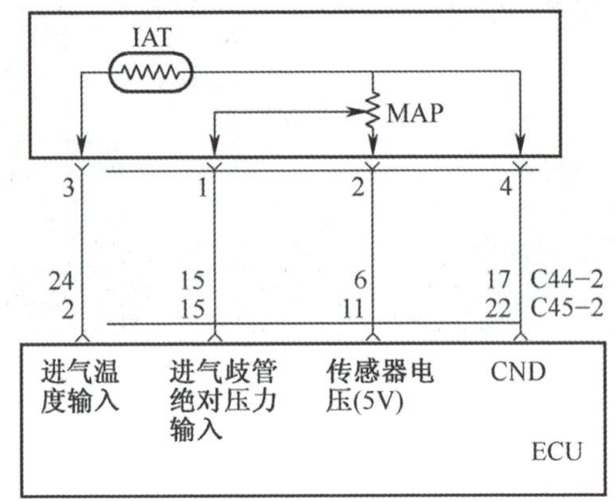

图 3-27　进气压力和温度传感器工作原理的示意图

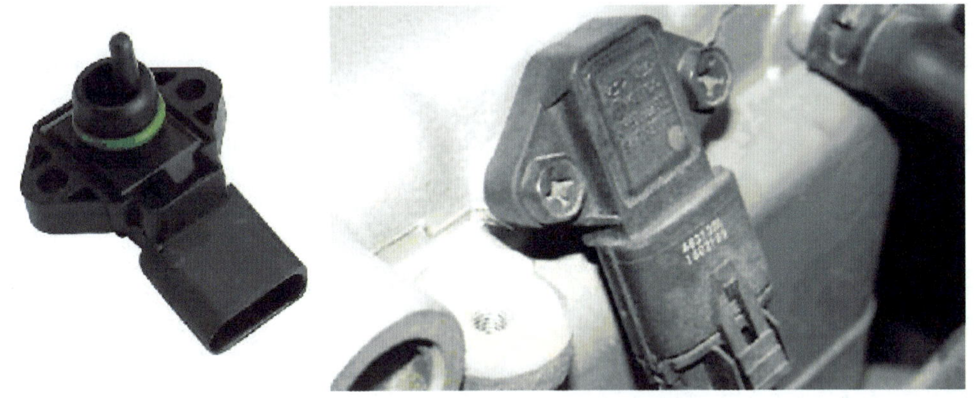

图 3-28　进气压力和温度传感器实物照片

表 3-4　进气温度热敏电阻与温度对照表（不同的车型有别仅供参考）

温度 / ℃	-40	-20	-10	0	10	25	40
电阻 / kΩ	292-382	86-109	50-62	30-36	18-22	9-11	4.9-5.8

案例：线束接触不牢

一台车，发动机故障灯常亮，怠速时尾气呛人，跑高速时费力，很难加速到时速100公里以上。用手工调取故障码，是进气压力传感器故障。检查发现是传感器线束卡子丢失，插头安装不牢靠。配上卡子重新装配后故障排除。故障分析：当进气压力传感器线束脱落以后，进气量信号消失，电脑给出维持系统工作的中值，同时氧传感器处于开环工况，停止修正喷油量信号，所以怠速时燃烧不好，造成尾气呛人。当发动机高速运行时，电脑给出的中值信号不能满足发动机的需求，所以发动机无力，跑高速费力。

3.5.6 热膜式空气流量计

热膜式空气流量计也是常见的进气量检测传感器。与热线式的工作原理相同。

由于热线是较细的铂丝容易容易损坏，所以目前主要是热膜式的。热膜式的空气流量计的工作原理见图 3-29。热膜式空气流量计利用桥式电路检测空气流量的变化。图 3-29(a) 里的 R_t 是温度补偿电阻，它的作用是补偿温度变化对桥式电路的影响。R_m 是铂金属制成的热膜，当空气流经它的表面时会改变热膜的温度。空气流量的变化会导致热膜的温度变化，从而改变电阻 R_s 两端的电压 U_s，电脑通过检测这个变化的电压 U_s 计算出空气的流量。电阻 R_1 和 R_2 是桥式电路中的钳位电阻，它的作用是平衡桥式电路中的电流，使 U_s 输出的电压在一个特定的幅度内。电脑取的信号是 U_s 的变化量。U_c 是桥式电路的工作电压。图 3-29(b) 图是将 (a) 图画成桥式电路，便于理解。图 3-30 是热膜式空气流量计的结构简图。图 3-31 是热膜式空气流量计的实物图。

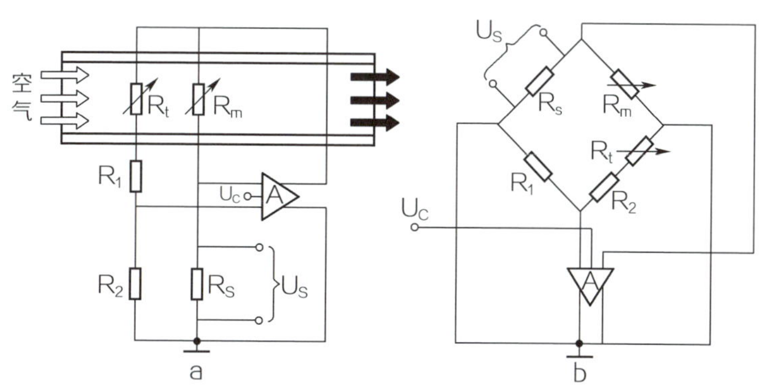

图 3-29 热膜式空气流量计原理图

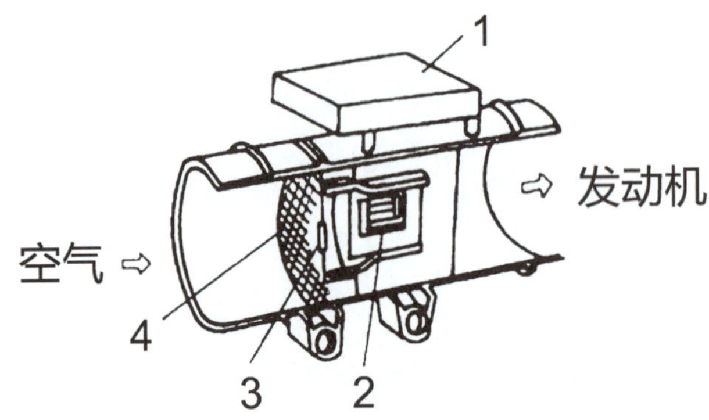

1- 控制电路；2- 热膜；3- 温度补偿电阻；4- 防护网

图 3-30　热膜式空气流量计的结构简图

图 3-31　热膜式空气流量计的实物图

热膜式空气流量计常见故障：由于进入气缸的空气经常含有机油蒸气，所以时间长了热膜的表面会被机油蒸气沉积污染，导致空气不能直接接触热膜而不能反映真实的进气量的动态，从而出现一些故障。

案例：热膜式空气流量计热膜污染故障

一台捷达车，怠速不稳定，转速在 900 转左右徘徊，加速时无力，有回火现象。用诊断仪读数据流怠速时，空气流量小于 0.8g/s，加速时进气流量数值增加 8.0g/s 左右，远远小于正常值。清洗热膜后，读进气量为怠速时 2.2g/s，在 1.8 ~ 4.0g/s 之间，故障排除。

总结：热膜式空气流量计的缺点是容易污染，所以当发现怠速不稳定时就要及时清洗。目前广泛使用的进气压力传感器没有这个缺点。

3.5.7　曲轴转速传感器

1. 元件位置说明

曲轴转速传感器安装在发动机飞轮壳体上。

曲轴转速传感器一般安装在飞轮壳上

2. 元件说明

发动机转速（曲轴位置）传感器常见为磁电式，由磁铁和线圈组成（也有霍尔式的，安装在曲轴正时齿轮附近）。曲轴位置传感器的电压信号被传送到 ECU，用来确定发动机转速和曲轴位置。它的作用是给电脑提供发动机的转速和活塞上止点位置。所以有的教材也叫它为曲轴位置传感器。曲轴传感器一般由磁脉冲信号发生器制成，它通常安装在飞轮附近，也有安装在曲轴皮带轮附近的。飞轮或曲轴皮带轮上有固定位置的钢销，安装后的曲轴传感器与钢销有一定的间隙，一般在 1.0mm 左右。当曲轴转动时，钢销接近和离开传感器时，传感器会产生 0.7 ~ 1.2V 的脉冲电压信号，电脑收到这个信号以后会确定曲轴当时的转速和活塞位置，是电脑决定喷油量、喷油时间和点火时间的三个主要参数之一。图 3-32 是磁脉冲式曲转速传感器的工作原理示意图。图 3-33 是曲转传感器的实物图。

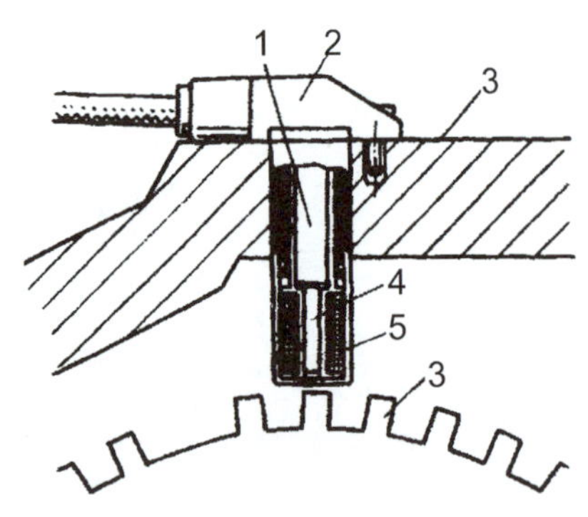

曲轴位置传感器

1- 永久磁铁；2- 壳体；
3- 发动机机体；4- 软铁芯；
5- 绕组；6- 带定时记号的解发轮

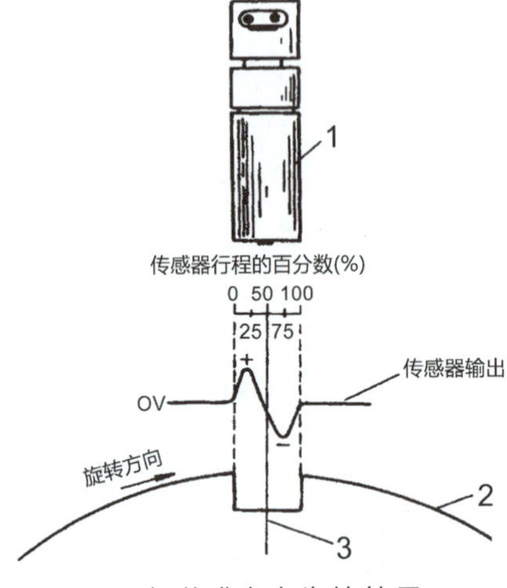

电磁感应产生的信号

1- 磁性传感器；2- 磁阻；3- 槽中心

图 3-32　磁脉冲式曲轴转速传感器的工作原理示意图

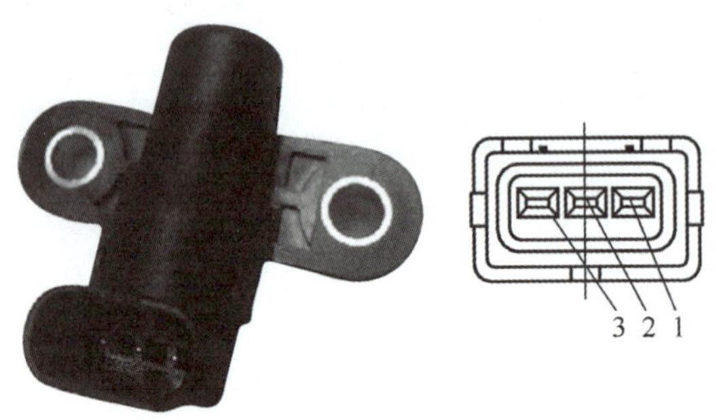

图 3-33　曲轴传感器的实物图

3. 元件针脚说明

3 号接屏蔽；1 号和 2 号接信号线。

4. 故障现象及检测方法

故障现象：不能起动、发动机工作不平顺。检查火花塞无高压火花，喷油嘴没有喷油的动作。

一般故障原因：线束松脱或插头损坏、传感器安装处脏污，传感器与飞轮之间的间隙超差（正常是 0.8~1.2mm），传感器松动。

维修注意事项：维修过程用压入的方法而非锤击的方法安装。

简易测量方法：

（卸下接头）把数字万用表打到欧姆档，两表笔分别接传感器 2#、1# 针脚，20℃时额定电阻为 860Ω ±10%。（接上接头）把数字万用表打到交流电压档，两表笔分别接传感器 2#、1# 针脚，起动发动机，此时应有电压输出（建议使用专用示波器检查）。波形见图 3-34。

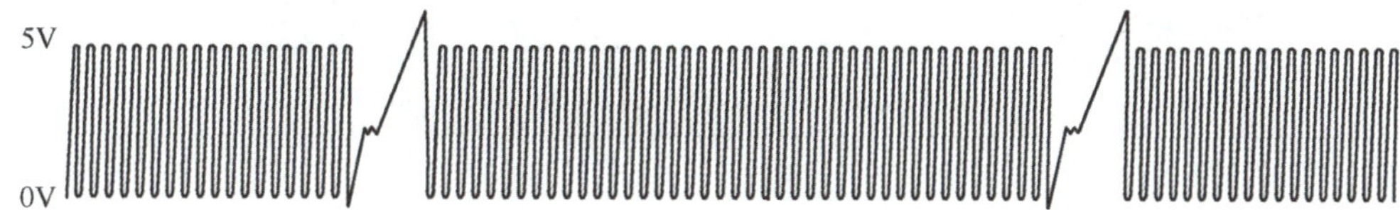

图 3-34　曲轴转速传感器波形图

5. 拆卸和安装

（1）脱开传感器线束接插件。

按下防脱钢夹，拔下传感器插头

（2）拆卸传感器固定螺栓，取下发动机转速传感器。

卸下固定螺栓，取出曲轴转速传感器

（3）按照相反的顺序安装曲轴转速传感器。

案例：曲轴传感器传感器脏污线束接触不好

一台车，不能起动发动机，司机发动了许多次，不能发动。最后电瓶没有电了，申请救援。救援到达现场后，发现故障灯闪亮，说明有电脑系统故障。手工调取故障码后与技术支持电话联系，确认是曲轴传感器信号故障。于是救援人员在现场拆检曲轴传感器，发现曲轴传感器插头线束严重老化，并且传感器安装处非常脏。打开钥匙，将曲轴传感器连接线束在机舱盖支撑杆处近距离滑动，发现有高压火花跳出，说明曲轴传感器及线束是好的。将线束和污物处理后故障排除。从这个案例可以看出：掌握手工调取故障码的方法可以方便地处理故障。

3.5.8　凸轮轴位置传感器

1. 元件位置说明

凸轮轴位置传感器一般安装在凸轮轴端盖上。见图 3-35。

图 3-35　凸轮轴传感器安装位置

2. 元件说明

相位（凸轮轴位置）传感器为霍尔式，用来感应第一缸在压缩行程的上止点位置。ECU 根据相位传感器信号来确定燃油喷射的顺序。由于现在的汽车发动机都是多缸的四行程发动机，曲轴转两圈完成一个工作循环。因此，在完成一个工作循环时活塞两次到达上止点，一个是压缩上止点，一个是排气上止点。而凸轮轴在一个工作循环时只转一圈，能够简单地确定一缸的压缩上止点。而确定一缸的压缩上止点是决定喷油时间和点火时间的基准。图 3-36 是凸轮轴传感器实物图。

凸轮轴位置传感器

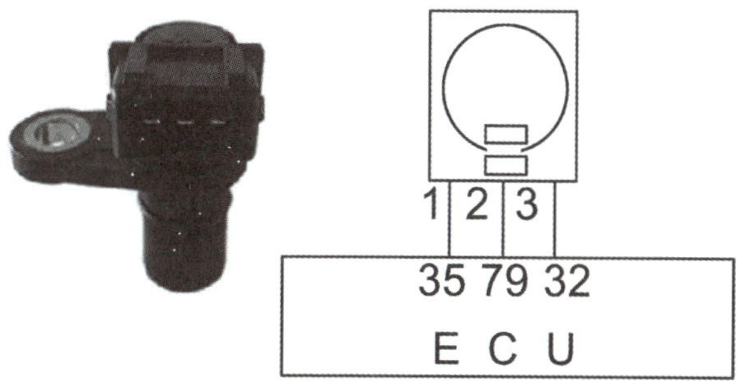

图 3-36　凸轮轴传感器实物图

3. 元件针脚说明

针脚 1：搭铁；针脚 2：信号输出；针脚 3：输入电压。

4. 故障现象及检测方法

■**故障现象：** 排放超标，油耗增加等。

■**一般故障原因：** 线束接触不好，安装位置不正确，正时错误。

■**检测方法：**（接上线束接插件）打开点火开关但不起动发动机，把数字万用表打到直流电压档。

（1）检查相位传感器输出信号。相位传感器输出信号表发动机工况：怠速 3000r/min 输出信号 0 ~ B+(5 ~ 8Hz) 0 ~ B+(24 ~ 26Hz)。

（2）使用万用表电压档检查针脚 3 与针脚 1 间的电压为 5V 参考电压。注意：此时点火开关转到“ON”位置但不起动发动机。

（3）使用车用示波器检查针脚 2 的信号是否正常，应为方波信号，见图 3-37。

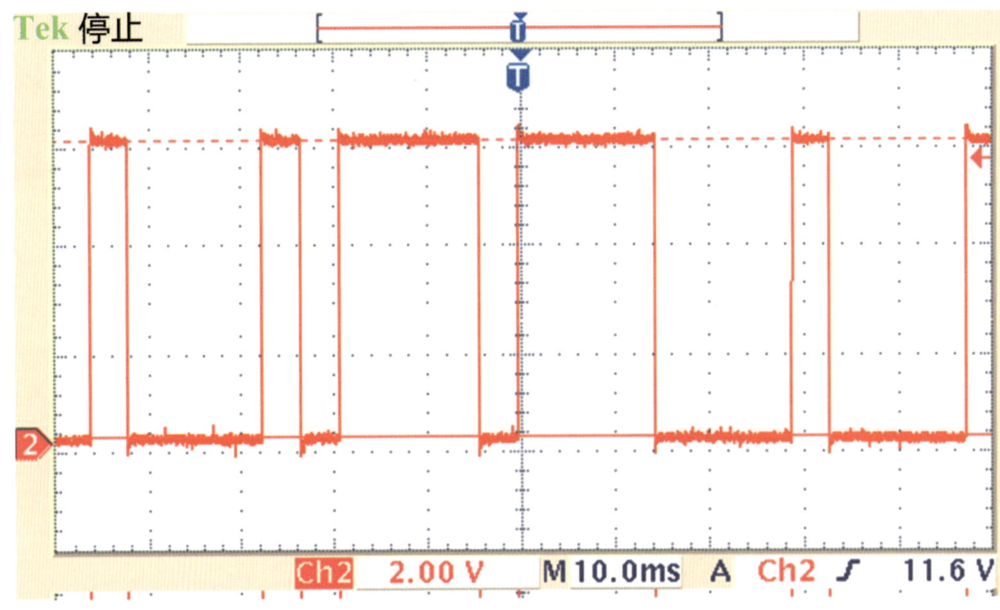

图 3-37　示波器显示的凸轮轴传感器方波信号

（4）拆卸。

（5）按照相反的顺序安装传感器。

案例：正时错一个齿，故障码显示凸轮轴传感器信号故障

一台捷达车，怠速不稳定，读取故障码显示是凸轮轴传感器信号不良。更换凸轮轴传感器后故障依旧。仔细检查，发现正时皮带错一个齿，调整后故障排除。

3.5.9　水温传感器

1. 安装位置说明

水温传感器安装在发动机汽缸盖或节温器附近。图 3-38 是水温传感器安装位置图片。

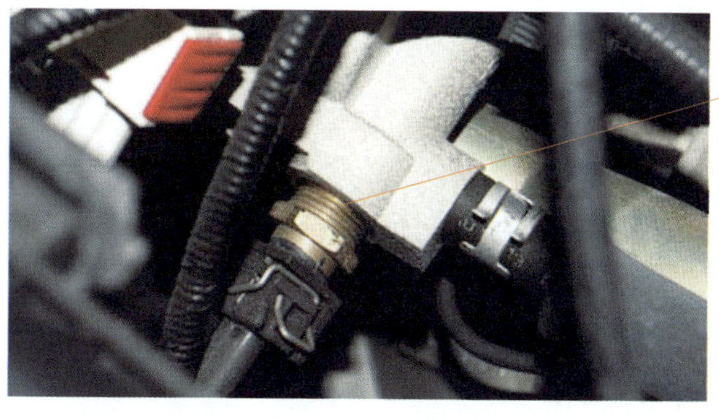

图 3-38　水温传感器安装位置图片

2. 元件说明

发动机冷却液温度传感器用来检测冷却液的温度。此传感器会调整一个来自 ECU 的电压信号。调整后的信号作为发动机冷却液温度测量的输入信号返回给 ECU。该传感器利用了一个负温度系数（NTC）的热敏电阻，其电阻值会随温度的升高而减小。

3. 元件针脚说明

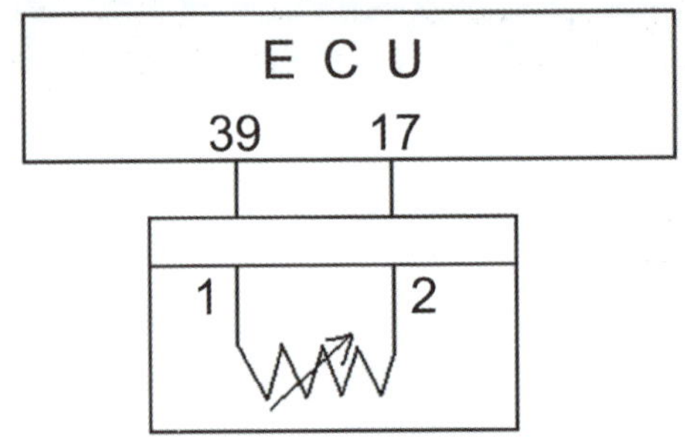

发动机冷却液温度传感器

针脚 1：39# 输出温度信号给 ECU；针脚 2：17# 传感器搭铁

4. 故障现象与检测方法

■**故障现象：** 起动困难等。

■**一般故障原因：** 人为故障。

■**检测方法：**

（脱开线束接插件）把数字万用表打到欧姆档，两表笔分别接传感器 1#、2# 针脚，25℃时额定电阻为 1.98kΩ ±8%，其他可由上表特征值量出。测量时也可用模拟的方法，具体为把传感器工作区域放进开水里（注意浸泡的时间要充分），观察传感器电阻的变化，此时电阻应下降到 170~180Ω（具体数值视开水的温度）。

5. 拆卸

拆卸以前，注意发动机的温度要降到环境温度，防止烫伤，关闭并拔下点火钥匙。

6. 安装

按照相反的顺序安装传感器，注意安装前在传感器的螺纹处涂抹密封胶，防止泄露防冻液。

水温传感器为发动机电喷控制系统提供一个重要的温度辅助信号。当发动机温度低时，燃料雾化气化不好，燃烧速度慢，不充分。发动机电脑依据水温传感器提供的模拟信号，修正电脑根据转速、节气门开度和进气量这三个主要信号计算出的喷油量、喷油时间及点火时间，使混合气浓一些，喷油时间早一些，点火时间晚一些，使发动机尽可能发挥好一些的性能。当发动机的水温在 100℃左右时，发动机的状态最好的。另外在冷车时，电脑还要根据水温传感器的信号调整怠速转速，检查氧传感器是否开环工作，废气再循环系统是否进入工作以及暖机时点火时间的适当延迟等。

水温传感器内部是负温度系数的热敏电阻，即随着温度升高，阻值减少。电脑通过检测水温传感器电流的变化即可探知发动机的温度。它一般安装在节温器附近，与安装在附近水温表使用的水温塞的外观区别是：水温传感器一般是双线或三线的，而水温塞是单线的，为了区别开，一个叫水温传感器，一个叫水温塞。现在，许多车型将水温信号合成一体，通过电脑将水温信号分别提供给发动机、水温表以及冷却风扇使用，一般外观是三线或四线的。图 3-39 是水温传感器的原理和安装位置图。图 3-40 是常见的水温传感器的实物照片。表 3-5 是常见的水温传感器阻值温度对照表。

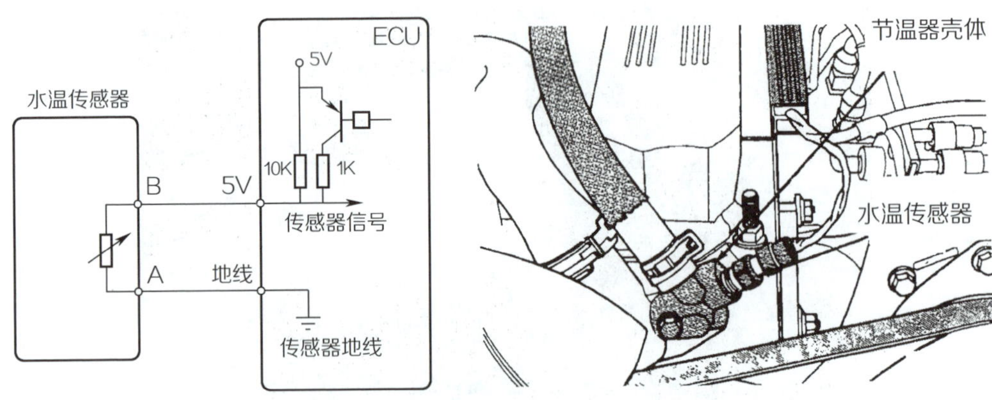

图 3-39　水温传感器的原理图和安装位置图

图 3-40　常见的水温传感器的实物照片

表 3-5　水温传感器的温度—电阻值对照表（供参考，各种车型有一定区别）

温度 / ℃	-40	-18	-7	4	20	38	70	100
阻值 / kΩ	100	25	13.5	7.5	3.4	1.6	0.45	0.19

水温传感器常见故障：数值不对，线束脱落或老化。

案例：水温传感器数值不对

一台大众旅行车，冷车起动非常困难，热车时不能发动，发动时，尾气大量排出黑

烟，排气管直“突突”，就是不着火。发动机故障灯显示正常。司机反映这台车严重费油。从外观看，排气冒黑烟，是混合气过浓，水温传感器主要影响冷车时的混合气浓度，将点火开关关闭，拔下水温传感器插头，用数字万用表检查阻值为16kΩ，而此时气温是25℃，明显阻值严重偏差。断开插头，发动车，较顺利着火，但是发动机故障灯报警。更换水温传感器后故障排除，并且报警灯自动熄灭。下面是两点疑问。

1. 为什么没有拔下水温传感器插头时不报警，并且很难发动，拔下插头后较容易起动，反而报警？

答：许多车型电脑仅对电路短路或断路进行报警，当电脑检测传感器参数在工作范围内时并不报警。拔下插头后，电脑检测到断路信号开始报警，同时给出应对故障的中间值，保证起动，但是会马上点亮报警灯，提示司机及时维修。如果不维修，混合气不是最佳值，油耗较高，排放不合格，甚至损坏氧传感器和三元催化器。前面讲传感器时介绍过水温传感器的温度阻值对照表，大家可以参考，便于判断故障。

2. 为什么水温表显示水温正常？

答：水温表与电脑用的不是同一个信号，本车的水温塞是正常的。

案例：水温传感器线束插错故障

一台奥迪V6汽车，冷车很难发动，着火后大量冒黑烟。经过对照电路图检查，车上实际连接的水温传感器线束的颜色与电路图不符合。进一步检查，附近的氧传感器加热线束的颜色是水温传感器线束的颜色。这两个线束插头一样，分叉的长度一样，位置接近，很容易插错。进一步检测，由于连接水温传感器的线束是氧传感器加热线束，很大的电流已经将水温传感器烧坏。因为水温传感器的信号是较小的信号电流，远远小于氧传感器的加热电流。更换水温传感器后故障排除。

总结：当拆卸发动机时会拆下大量的线束，一定注意做好插头的辨别，防止重新安装时出错。当然，现在许多公司注意到这个故障点，采用了不同插头，但是最好还是拆卸时注意做好记号，防止出错。

AUTO
REPAIR

3.5.10　加热型氧传感器

1. 元件位置说明

前（上游）氧传感器安装在三元催化器（触媒）前的排气歧管上。后（下游）氧传感器安装在三元催化器后面。图 3-41 是前氧传感器的安装位置图。图 3-42 是后氧传感器的安装位置图。

前氧传感器通常安装在三元催化器前方的排气歧管上

图 3-41　前氧传感器的安装位置图

图 3-42　后氧传感器的安装位置图

AUTO
REPAIR

2. 元件说明

氧传感器的传感元件是一种带孔隙的陶瓷管，管壁外侧被发动机排气包围，内侧通大气。传感器陶瓷管壁是一种固态电解质，内有电加热管。图 3-43 是氧传感器构造图。氧传感器的工作是通过将传感陶瓷管内外的氧离子浓度差转化成电压信号输出来实现的。当传感陶瓷管的温度达到 350℃时，即具有固态电解质的特性。由于其材质的特殊，使得氧离子可以自由地通过陶瓷管。正是利用这一特性，将浓度差转化成电势差，从而形成电信号输出。若混合气体偏浓，则陶瓷管内外氧离子浓度差较高，电势差偏高，大量的氧离子从内侧移到外侧，输出电压较高（接近 800~1000mV）；若混合气偏稀，则陶瓷管内外氧离子浓度差较低，电势差较低，仅有少量的氧离子从内侧移动到外侧，输出电压较低（接近 100mV）。信号电压在理论当量空燃比（λ=1）附近发生突变。

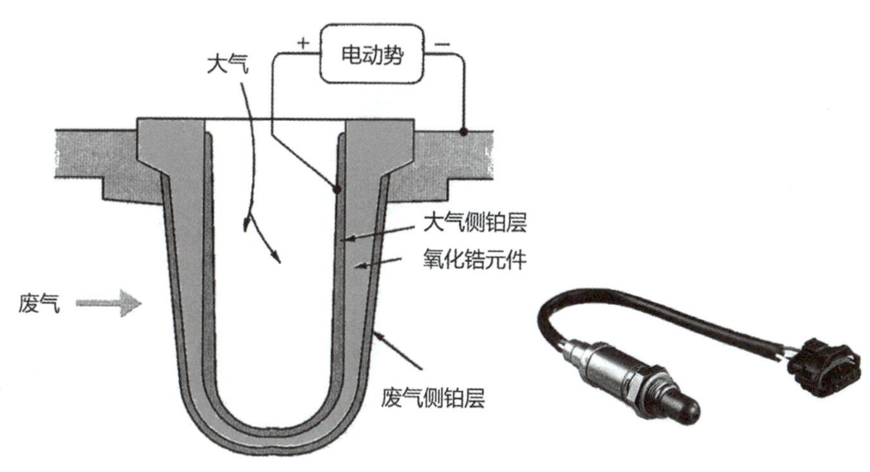

图 3-43　氧传感器构造图

氧传感器的正常工作温度一般是 900℃左右，发动机冷车起动后为了氧传感器尽快进入闭环工况，电脑控制氧传感器的加热电路使其迅速加热。当发动机正常工作时，排气的高温能保持氧传感器的温度，电脑控制加热电路停止工作。

加热型氧传感器感应排气中氧的浓度，然后将它转化成电压信号并传送到 ECU。当空燃比高于理论值时，加热型氧传感器的输出电压大约为 900mV，当空燃比低于理论值时（排气中氧浓度过高），氧传感器的输出电压大约为 100mV。ECU 根据这些信号控制燃油的喷射量，以保持合适的空燃比。

氧传感器是用于修正喷油量的

电脑调制的喷油量由于种种原因（如喷油嘴磨损、汽油压力变化等），可能并不是最佳喷油量。电脑通过氧传感器检测的废气中的氧含量来判断喷油量是否合适。当喷油量较多时，燃烧由于空气量少而不充分，必然导致废气中氧含量少。当喷油量减少时，废气中将有多余的未参与燃烧的氧气。氧传感器的传感元件是一种带孔隙的陶瓷管，一般由铂合金吸附在氧化锆元件表面制成。内部铂合金的空腔接触外界的空气，外部的铂合金表面接触废气。当外界的空气经过氧化锆元件内部的铂合金表面时，由于空气中氧气含量较高，会产生接近 1V 的电压。当发动机排除的废气经过氧化锆外部的铂合金表面时，由于废气中的氧气含量较少，会产生接近 0V 的电压，氧传感器送给电脑的是这两个电压的差值。电脑根据氧传感器产生的电压信号，即可判断喷油量的多少。一般情况下，当废气中氧气含量少时，氧传感器会产生接近 0.8V 的电压，说明混合气过浓，电脑将减少喷油量。当废气中氧气含量较多时，氧传感器会产生接近 0.2V 的电压，说明混合气过稀，电脑将增加喷油量。这个调制过程是反复的。一般情况下，电压在每分钟内会反复 8 次左右，电脑将根据不断变化的信号，修正喷油量，使喷油量保持在最佳的状态。现在的汽车被要求符合欧四以上的标准，所以必须用两个氧传感器。一个在三元催化器的前端，直接检测发动机排除的废气；另一个在三元催化器的后端，检测经催化器转换后的废气。关于三元催化器将在后面专门介绍。前端的氧传感器是主传感器，负责给电脑提供修正喷油量的主信号。后端的氧传感器检测经催化器处理后的废气，指示电脑喷油量调整后的效果，电脑根据这个信号会进一步微调喷油量。所以后氧传感器的信号主要是检测三元催化器的工作好坏，即催化器的转化率。通过与前氧传感器的数据作比较来检测三元催化器是否工作正常。如果后氧传感器检测的数据长期超差，电脑会点亮排放保养指示灯，提示车主检查氧传感器和三元催化器。

由于发动机低温工作和全负荷工作时需要较浓的混合气，所以此时电脑不会根据氧传感器的信号修正喷油量。这样的情况叫做电喷系统的开环运行。当氧传感器的信号参与工作时，叫做系统的闭环运行。图 3-42 是氧传感器的结构图。

正常使用的氧传感器，其寿命能达到 16 万公里左右。如果使用的汽油含有铅和硅的化合物会发生中毒现象，所以带有氧传感器的车辆严禁使用含铅汽油，在进行发动机密封作业时，必须使用蓝色的不含硅化合物的密封胶。

AUTO
REPAIR

3. 元件针脚说明

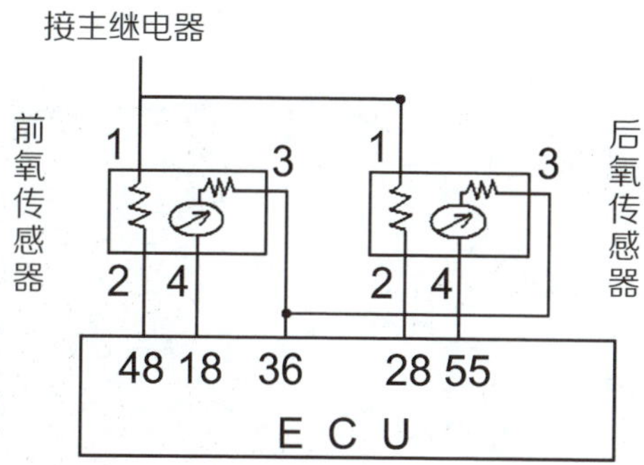

前氧传感器：

针脚 1： 主继电器给的 12V 电源；

针脚 2： 48#ECU 的控制加热电源负极；

针脚 3： 36# 是 ECU 的搭铁信号；

针脚 4： 18# 是反馈给 ECU 的信号。

后氧传感器：

针脚 1： 28# 是 ECU 的控制加热电源负极；

针脚 2： 55# 是反馈给 ECU 的信号；

针脚 3： 主继电器给的 12V 电源；

针脚 4： 36# 是 ECU 的搭铁信号。

4. 故障现象及检测方法

■**故障现象：** 怠速不良、加速不良、尾气超标、油耗过大等。

■**一般故障原因：**

（1）潮湿水汽进入传感器内部，温度骤变，探针断裂；

（2）氧传感器“铅中毒”。

■**维修注意事项：** 维修中禁止在氧传感器上使用清洗液、油性液体或挥发性固体。

■**检测方法：**

（脱开线束接插件）把数字万用表打到欧姆档，两表笔分别接传感器 1#、2# 针脚，常温下其阻值为 1~6Ω。（接上线束接插件）怠速状态下，待氧传感器达到其工作温度 350℃时，把数字万用表打到直流电压档，两表笔分别接传感器 3#（灰色）、4#（黑色）针脚，此时电压应在 0.1~0.9V 之间快速波动。

AUTO REPAIR

5. 拆卸和安装：前氧传感器的拆卸

（1）沿着氧传感器的线束找到插头位置，断开氧传感器线束接插件。

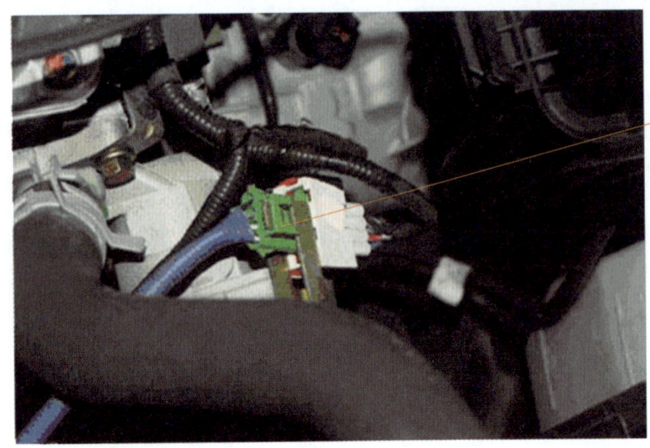

松开防脱卡扣，拔下前氧传感器的插头

（2）使用氧传感器专用套筒拆卸氧传感器。

用合适的套筒扳手卸下前氧传感器

后氧传感器的拆卸方法与前氧传感器相同。

注意：

■用无毛棉纱堵住氧传感器的安装孔，防止杂物或油水进入排气歧管。

■目视检查氧传感器外观。棕红色：铅中毒；灰白色：正常；黑色：积碳。

安装：

注意以下事项并按拆卸的相反顺序安装：

■注意氧传感器线束的走向，防止排气管的高温烫伤线束。

■拧紧力矩：50±10 N·m。

氧传感器常见故障：

1. 氧传感器中毒

汽油、润滑油及密封胶中含有的铅或硅化合物燃烧后会生成二氧化硅，硅化合物会使氧传感器中毒失效，因此要使用质量好的无铅汽油和润滑油。当维修作业对发动机配件结合处进行涂胶密封时，一定要使用蓝色的无硅密封胶。禁止在氧传感器上使用清洗液、油性液体或挥发性固体。

2. 积碳

由于发动机燃烧不好，汽油质量不好时，会在氧传感器表面形成积碳，或氧传感器内部进入了油污或尘埃等沉积物，会阻碍或阻塞外部空气进入氧传感器内部，使氧传感器输出的信号失准，ECU 不能及时地修正空燃比。产生积碳，主要表现为油耗上升，排放浓度明显增加，排放保养故障灯闪亮。此时，若将沉积物清除，就会恢复正常工作。一般常用的处理方法是拆下氧传感器，用洁厕灵一类的草酸制剂浸泡一夜，然后用清水洗净吹干即可。

3. 氧传感器陶瓷碎裂

氧传感器的陶瓷硬而脆，用硬物敲击或用强烈气流吹洗，都可能使其碎裂而失效。因此，处理时要特别小心，发现问题及时更换。

4. 加热器电阻丝烧断

对于加热型氧传感器，如果加热器电阻丝烧蚀，就很难使传感器达到正常的工作温度而失去作用。

5. 氧传感器内部线路断脱

简易测量方法：

（卸下接头）把数字万用表打到欧姆档，两表笔分别接传感器较粗导线（加热电源线）的两个针脚，常温下其阻值为 1~6Ω。

（接上接头）怠速状态下，待氧传感器达到其工作温度 350℃时，把数字万用表打到直流电压档，两表笔分别接传感器较细导线的两个针脚，此时电压应在 0.1~0.9V 之间波动，正常波动为每分钟 8 次左右。

案例：传感器堵塞污染

一台车两年多时间行驶 6 万多公里，排放保养指示灯经常闪亮，车主反映发动机无力，费油。观察怠速不排水。用诊断仪调取故障码，发现是多缸失火偶发故障。读数据流发现前氧传感器信号电压经常在 0.8V 附近徘徊，并且变化幅度很小，前后氧传感器燃油长期修正值都是负值，即减少喷油量的趋势。正常的氧传感器信号电压应该是每分钟变化 8 次左右，并且电压值在 0.2 ~ 0.8V 跳跃变化。拆下前氧传感器检查，发现前氧传感器被大量的黑色碳黑覆盖，清除碳黑后发现传感器的透气孔被大量的钙化物严重覆盖，后氧传感器表面有碳黑污染，但并不严重，没有钙化物堵塞现象。更换前氧传感器后故障排除。一个月以后，车主反映很好表示现在汽车很省油。故障分析：氧传感器堵塞以后，氧传感器检测不到废气中的氧气含量，发出低氧含量信号（低电压信号，氧传感器给出的信号是大气中氧含量和废气中氧含量的差值），电脑判断为混合气浓，于是指令减少喷油量。由于闭环反映仍然是缺氧信号，于是继续减少喷油量，最终导致发动机无力而不能正常工作，从而导致费油。由于混合气浓度过稀燃烧不好，所以怠速时没有排水现象。同时，由于燃烧不好，废气中的成分不是标准的废气成分，所以电脑间接判定多缸失火故障。

案例：氧传感器线束接口被泥巴污染

一台切诺基汽车，跑高速时发动机无力并且伴有“突突”的丢火现象。发动机故障提示氧传感器故障。由于切诺基是最早正式进入中国的电喷汽车，当时中国不能大量供应无铅汽油。所以在中国销售的切诺基做了改进以适应加铅汽油的使用。由于加铅汽油污染氧传感器和三元催化器，所以中国生产的切诺基没有这两样部件。厂家在培训技师时强调，出现氧传感器故障提示不算故障。受这个意见的影响，在实践中大家都无视氧传感器的故障提示。但是这台车确实有供油不足的现象，所以应该检查氧传感器部分。这个车虽然没有安装氧传感器，但是线束还在，只是空头，但是出厂时已将空头装进机

舱的保险盒内以防意外。由于车主不懂，空头从保险盒内脱落在机舱内悬挂，恰好在左前轮后方附近。一次跑泥泞路面以后，大量的泥巴糊在空头上。泥巴有一定的导电能力，产生错误的浓混合气信号传给电脑，于是电脑随后判断发出减少喷油量的指令，导致了跑高速时发动机出现无力丢火的现象。将泥巴处理干净以后重新装进保险盒，故障排除。

氧传感器的外观检查方法：从排气管上拆下氧传感器，检查传感器外壳上的通气孔有无堵塞，陶瓷芯有无破损。如有破损，则应更换氧传感器。

通过观察氧传感器顶尖部位的颜色也可以判断故障：

①**淡灰色顶尖：**这是氧传感器的正常颜色；

②**白色顶尖：**由硅污染造成的，此时必须更换氧传感器；

③**棕色顶尖：**由铅污染造成的，如果严重，也必须更换氧传感器；

④**黑色顶尖：**由积碳造成的，在排除发动机积碳故障后，一般可以自动清除氧传感器上的积碳。

应当注意：采用三元催化器的车辆，必须使用无铅汽油，否则三元催化器和氧传感器会很快失效。另外，氧传感器在油门稳定，配制标准混合时起较为重要的作用，而在频繁加浓或变稀混合时，(ECU)电脑将忽略氧传感器的信息，此时氧传感器将不起作用。

3.5.11 爆震传感器

1. 元件位置说明

爆震传感器安装在发动机 2 和 3 缸之间的缸体上，见图 3-44。

图 3-44 爆震传感器安装位置图片

2. 元件说明

爆震传感器是一种振动加速度传感器，装在发动机汽缸体上。可以安装一个，也可以安装多个。传感器的感应元件是一个压电晶体。发动机气缸体的振动通过传感器内的质量块传递到压电晶体上。压电晶体由于受质量块振动产生的压力，在两个极面上产生电压，把振动信号转变成交变的电压信号输出。其频率响应特性曲线见图 3-45。由于发动机爆震引起的振动信号的频率比发动机正常的振动信号频率高得多，所以 ECU 对爆震传感器的信号进行处理后，可以区分出爆震和非爆震信号。

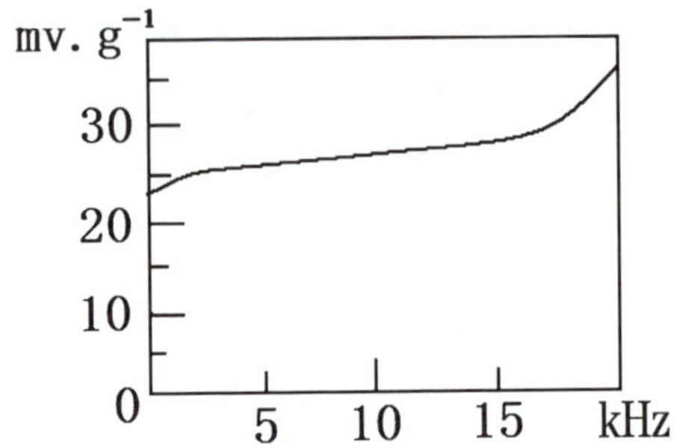

图 3-45　频率响应特性曲线

震动产生的爆震传感器信号会传给电脑，电脑会自动推迟 6° 点火提前角，如果爆震继续发生，电脑接到爆震信号后会继续推迟点火时间。图 3-46 是爆震传感器的实物和原理图。

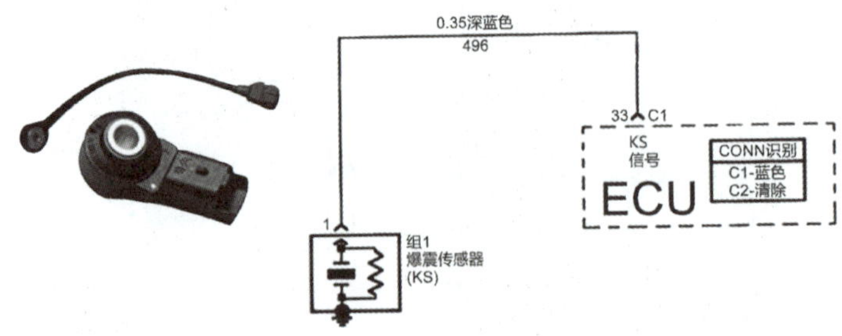

图 3-46　爆震传感器的原理图

3. 元件针脚说明

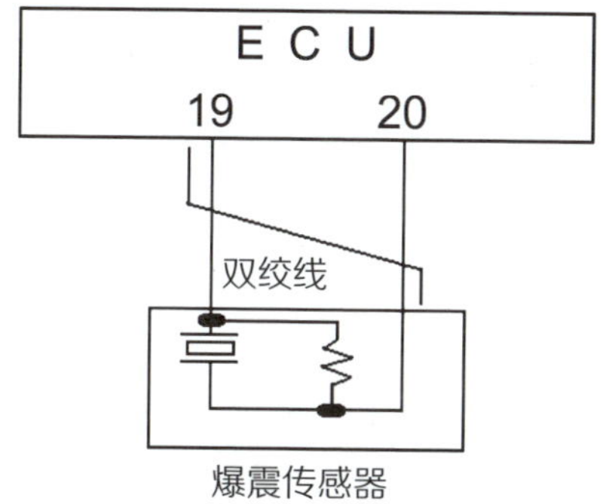

针脚 1：19# 爆震传感器 A；　　针脚 2：20# 爆震传感器 B

4. 故障现象与检测方法

■**故障现象：**加速不良等。

■**一般故障原因：**各种液体如机油、冷却液、制动液、水等长时间接触到传感器，对传感器造成腐蚀。

■**检测方法：**（脱开线束接插件）把数字万用表打到欧姆档，两表笔分别接传感器1#、2#，常温下其阻值应大于 1MΩ。把数字万用表打到毫伏档，用小锤在爆震传感器附近轻敲，此时应有电压信号输出。

5. 拆卸和安装

拆卸：

（1）断开爆震传感器线束接插件。

（2）拆卸爆震传感器锁紧螺栓，取下爆震传感器。

用合适的套筒扳手卸下前氧传感器

注意：

■不可跌落或损坏传感器。

安装：

按拆卸的相反顺序安装。

注意：

■拧紧力矩：20±5Nm。

■注意不要让各种液体如机油、冷却液、制动液、水等长时间接触到传感器。

■注意安装时不允许使用任何类型的垫圈。传感器必须以其金属面紧贴在气缸体上。

■传感器的信号电缆布线时应该注意，不要让信号电缆发生共振，以免断裂。

■避免在检测传感器时，对1号和2号针脚之间接通高压电，这样可能会损坏压电元件。

爆震传感器的中间有孔，用一个M8的螺栓紧固在气缸体上。对于铝合金的气缸体，采用30mm长的螺栓；对于铸铁的气缸体，采用25mm长的螺栓。拧紧力矩20±5N·m。爆震传感器的固定螺栓虽然较大，但是它的扭紧力矩却不是很大，如果扭得过紧，发动机的其他震动可能会导致爆震传感器产生错误的信号，使点火时间推迟，发动机出现无力的故障。安装位置应使传感器容易接收到来自所有气缸的振动信号。应当通过对发动机机体的模态分析来确定爆震传感器的最佳安装位置。注意不要让各种液体（如机油、冷却液、制动液、水等）长时间接触到传感器。安装时不允许使用任何类型的垫圈。传感器必须以其金属面紧贴在气缸体上。传感器的信号电缆布线时，应该注意不要让信号电缆发生共振，以免断裂。必须避免在传感器的1号和2号针脚之间接通高压电，因为这样一来可能会损坏压电元件。

案例：爆震传感器扭得过紧

一台捷达车，大修以后司机反映没有原来有劲，厂里说走合期过了就好了。走合期结束，司机反映汽车仍然无力，要求解决。检查发现爆震传感器扭得很紧，超过规定扭矩很多，按照规定扭矩重新装配后故障排除。

3.6 由ECU控制的主要执行元件

ECU根据传感器输入的发动机动态信号，经过内存软件的计算处理后，主要给下

列执行元件发出指令，使它们给发动机提供实时的工作需要的动作。这些元件有：

◆燃油供给系统

◆点火系统

◆散热系统

◆空调系统

◆氧传感器预热系统

◆碳罐控制系统

◆废气再循环系统

◆三元催化器预热系统

◆动力输出控制系统

不同的车型，输出控制不尽相同，维修时请查阅具体车型的维修手册。

3.6.1　燃油供给系统

如图 3-47 所示为燃油供给系统。

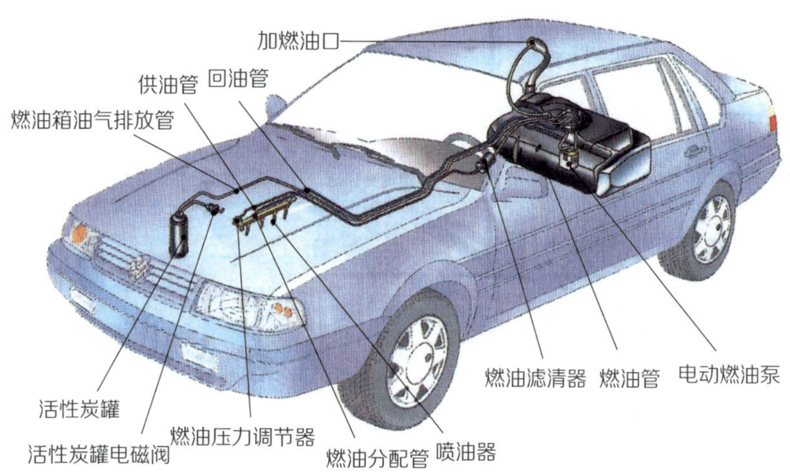

图 3-47　燃油供给系统

喷油嘴：

1. 元件位置说明

喷油嘴安装在燃油导轨上，见图 3-48。

图 3-48　喷油嘴的位置

2. 元件说明

ECU 发出电脉冲给喷油器的线圈，形成磁场力。当磁场力上升到足以克服回位弹簧压力、针阀重力和摩擦力的合力时，针阀开始升起，喷油过程开始。当喷油脉冲截止时，回位弹簧的压力使针阀重新关上。喷油器根据 ECU 传给的喷射信号，通过喷油器电磁阀的开启时间确定燃油的喷射量。

3. 元件针脚说明

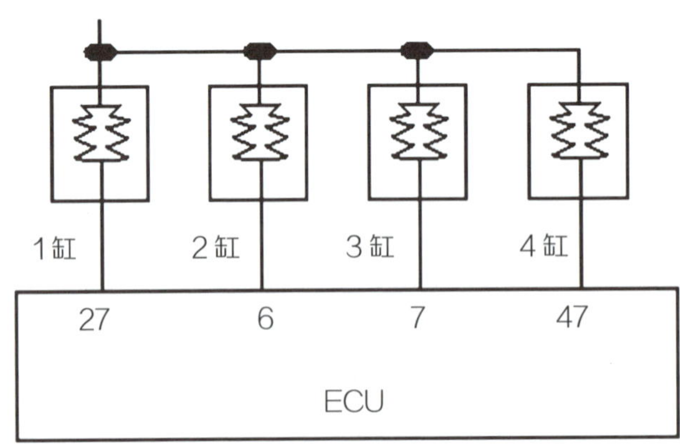

针脚 1： 主继电器给它的 12V 电源；

针脚 2： 27#、6#、7#、47# 分别是由 ECU 控制每缸喷射时间和动作时刻

4. 故障现象及检测方法

由于灰尘、油气等堆积造成旁通空气道部分堵塞，而导致步进电机怠速调整不正常。

■故障现象： 怠速不良、加速不良、不能起动（起动困难）等。喷油嘴堵塞，喷油孔磨损，喷油嘴轴针卡死漏油，油压调节器真空管脱落、破皮，油压调节器膜片破裂漏油，线束脱落、老化、控制线破皮搭铁。

■一般故障原因：

由于缺少保养，导致喷油器内部出现胶质堆积而失效。

■额定电阻： 53±5.3Ω

■自学习方法： 打开点火开关但不马上起动发动机，等待 5s 后，再起动发动机。若此时发现发动机怠速不良，则重复上述步骤即可。

■检测方法：

（1）检查电阻。

注：在断开线束接插件后检查。

■标准电阻值： 11~16Ω。

（2）使用故障诊断仪检查喷油器的工作时间。

■标准工作时间： 怠速时 2 ~ 3 ms，加速时增加。

（3）检查喷油器的工作声音。使用听诊器检查怠速时喷油器的咔哒声或用手检查喷油器的震动情况。若感受不到震动，检查线束接插件、喷油器或 ECU 控制喷油器信号。

（4）拆卸和安装：

1）释放燃油管路中的燃油压力。

① 将点火开关打到“OFF”位置，拆下蓄电池的负极。

AUTO
REPAIR

② 打开油箱盖。

③ 用厚抹布或毛巾放在燃油导轨的压力测试口，按下针阀进行卸压。

用合适的螺钉堵住供油管的出口，防止汽油流淌

2） 断开喷油器的线束接插件。

断开喷油器的线束接插件

3）断开进气歧管侧的 PCV 软管的接头。

4）断开燃油导轨上的燃油软管接头。

注意: 因燃油会泄漏，应事先准备好容器和抹布接住淌出来的汽油，避免明火和火花。并将各零部件远离热源。要保持连接处清洁并避免损坏和进入异物，用塑料袋或类似物体将它们完全盖好。

5）拆卸燃油导轨两个固定螺栓。

松开这两个导轨固定螺栓，准备取出导轨

6）从进气歧管侧取出带喷油器和燃油导轨

注意：移开时要注意避免与喷油器相干涉。使用抹布吸收从油管里泄漏的燃油。

导轨是和喷油嘴一起从进气歧管上取出的

7）按照以下步骤从燃油导轨上拆下喷油器。

①撬开并拆下卡扣。

②从油管中笔直拉出喷油器。

注意：残留在油管里的燃油泄漏。不要损坏喷油器的喷嘴。切勿将其跌落或击打，不要解体。

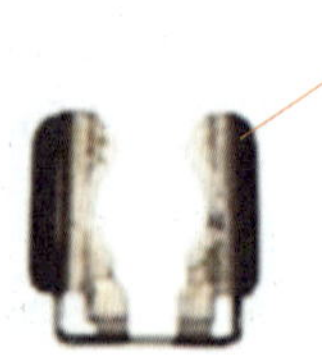

导轨是和喷油嘴一起从进气歧管上取出的

需要特别指出的是：汽油存放时间过长会产生胶质，特别是在LPG和汽油双燃料发动机的出租车中，长期以LPG作为燃料，汽油只是用于起动，汽油的日耗量很少。由于燃油泵长期不运转，而油箱的温度又很高，如果汽油存放在这种汽车的燃油箱内，就十分容易被氧化变质，可能导致油泵或喷油器故障、损坏。

建议：每 20000km 使用专用的清洗分析仪对喷油器进行彻底的清洗。

喷油嘴的结构见图 3-49。喷油嘴的电路原理见图 3-50。图 3-51 是导轨和喷油嘴实物图。通过这三张图可以看到，喷油嘴的线束插座是两线插座。其中一个对内连接电磁线圈的正极，对外连接电源正极（这个正极在打开开关以后有电）；另一个对内接到电磁线圈的负极，对外连接到电脑插头上。电脑控制喷油嘴电磁线圈的负极。当系统工作时，电脑发出的喷油指令是接地信号，喷油嘴在这个指令的作用下喷油，它的喷油量和喷油时间完全由来自电脑的接地信号决定。**接地信号开始的时刻是喷油开始时刻（即喷油时间），接地信号时间的长短决定喷油的时间长短（即喷油量）。**喷油嘴工作时，电磁线圈在电脑信号的作用下间断地产生电磁力，拉动阀针离开或顶住喷油孔，这样阀针后方储存的高压汽油就会不断地以雾状喷到进气道里，雾状的油滴遇到进气道内高速流动的气体会很快气化，形成可燃混合气进入气缸燃烧做功。决定喷油量的是阀针打开的时间、喷油孔的面积和导轨中汽油的压力。当喷油嘴磨损、堵塞以及汽油压力变化时都会影响喷油量，所以需要氧传感器闭环工作来修正喷油量。

喷油嘴是利用电磁力控制喷油量和喷油时间的重要部件。一般统一安装在装有油压调节器的喷油导轨上，安装在进气道上方，每个气缸的进气道对应一个喷油嘴。导轨上有来油管、回油管和压力调节器。来油管另一头连接到油箱内的汽油泵出油口，它为导轨提供有一定压力的汽油。回油管的另一头连接油箱，将多余的汽油送回油箱。由于汽油不断地流动，能将热量带到油箱散热，防止气阻的发生。由于多个喷油嘴在不同时间间断喷油，会产生油压的波动。所以导轨储存压力汽油可以稳定汽油压力的波动，从而稳定喷油量。

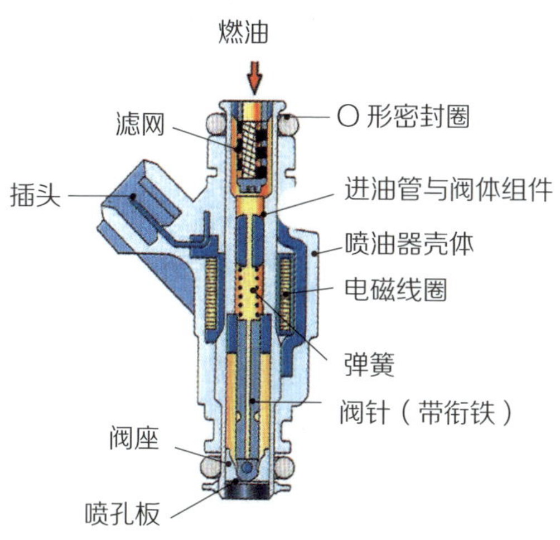

图 3-49　喷油嘴结构

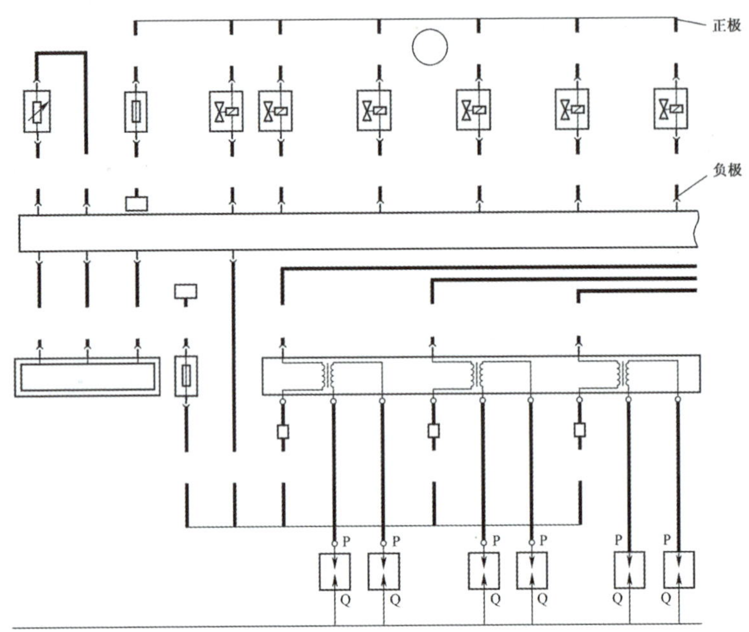

图 3-50　喷油嘴电路原理

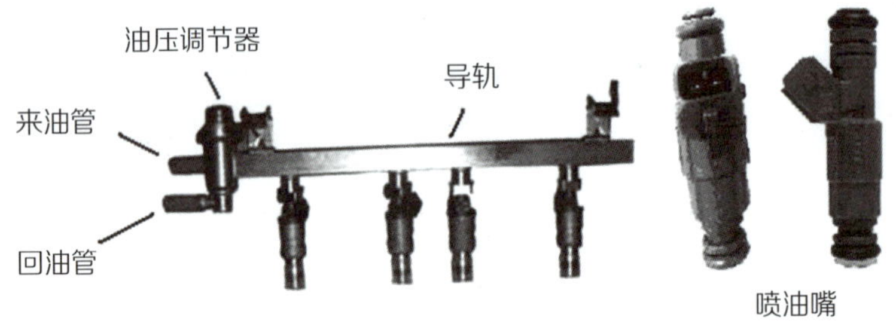

图 3-51　导轨喷油嘴实物图

燃油导轨的作用是储存燃料，防止油压波动。

油压调节器的作用是稳定油压，并根据发动机是否怠速状态改变油压。一般怠速时控制油压在 2.5bar，非怠速时油压为 3.0bar。油泵的最低泵油压力应该大于 4.5bar。油压调节器的压力由进气道的气压决定，怠速时进气道的气压低，形成一定的真空，这个真空通过真空管拉动油压调节器的膜片动作，以改变调节器上泄压阀的压力，从而改变导轨内的汽油压力。图 3-52 是油压调节器的结构图。图中，一张由橡胶－纤维制

成的柔性薄膜将燃油压力调节器分隔成上、下两个腔室。上腔室与大气相通，上腔室内有弹簧。下腔室充满从压力调节器底面周围的一圈进油口流入的燃油。薄膜的下方受到燃油压力，上方受到大气压力和弹簧压力之和。薄膜可以变形而带动阀座，使阀开启或关闭，但因其变形量很小，弹簧的作用力可认为保持不变。所以阀的启闭主要由下腔室的燃油压力与上腔室的大气压力之差决定。假设起初阀是关闭的，后来由于燃油压力升高，导致上下腔室的压力差增大，最终薄膜被燃油压力顶起，阀开启，燃油通过压力调节器中央的回油口泄流回到燃油箱，燃油压力下降，直到阀关闭。如此，使得在发动机工况改变时，燃油系统的压力与大气压力之差大体上保持不变。燃油压力调节器适用于含 15% 以下体积甲醇或乙醇的无铅汽油的使用。

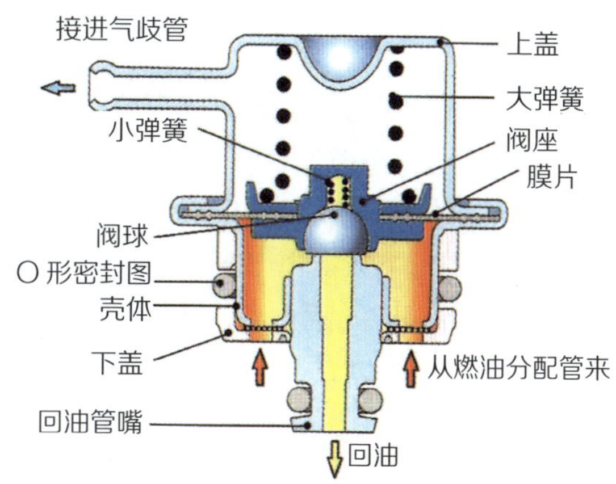

图 3-52　油压调节器结构原理图

系统油压简易测量方法：

在进油管接上燃油压力表，起动发动机，使发动机在怠速状态下运转，检查燃油压力是否在 250kPa 左右；踩油门至发动机转速 2500r/min，观察此时燃油压力是否在 350kPa 左右。

案例：喷油嘴控制线破皮搭铁

一台车，着火后冒黑烟，严重费油，故障灯亮。手工调取故障码，发现是 4 缸喷油嘴控制电路故障。检查喷油嘴线束发现 4 缸控制线附近的线束外包皮破损，经常摩擦导致控制线破皮搭铁。线束包好后故障排除。

总结：电脑控制喷油嘴的负极，喷油嘴的正极直接有钥匙控制的火线供电，只要打

开钥匙，喷油嘴的正极即有电，但是负极由电脑控制，没有接地信号，喷油嘴不会工作，而且电脑提供的接地信号是断续有规则的，以便控制喷油量和喷油时间。当控制线破皮接地后，只要打开钥匙，喷油嘴即开始喷油，而且不受时间和时刻的控制，造成发动机工作时 4 缸的喷油嘴连续喷油。由于喷油量远远大于要求，造成混合气过浓冒黑烟。

案例：喷油嘴卡死

一台车，早起发动需要很长时间，着火后要冒几分钟黑烟才逐渐正常排气，但是比较费油，故障灯无故障显示。用汽油压力表检查，熄火后导轨压力迅速下降，按照要求，熄火后一小时内压力下降不要超过 15%，说明系统泄压。常规检查一般情况下汽油泵泄压的较多。但是在来油管处断开与导轨的连接以检查系统并不泄压，说明泄压是发生在导轨及喷油嘴部分。根据经验导轨泄压多是油压调节器膜片破裂漏油，但是那里漏油都是通过真空管漏进进气道中，于是拔下真空管检查，真空管内部没有汽油存在的迹象。那就说明很有可能是喷油嘴漏油。于是拆下导轨检查喷油嘴。拆下后发现每个喷油嘴都有油渍，1 缸和 4 缸最严重，能看到油滴。清洗喷油嘴后故障排除。喷油嘴漏油的原因是汽油的脏污颗粒卡死阀针，使阀针不能完全关闭喷油孔而导致漏油。为了查找脏污的原因，拆下汽油滤清器检查，发现很脏，更换新的以后着火十多分钟再拆下汽油滤清器检查又很脏，说明油箱很脏，于是彻底清洗油箱，从根本上排除了故障。

总结：这个车主贪图便宜乱加油，很少到正规加油站加油，经常找朋友要油。汽油来路复杂很难保证清洁，还不定期更换滤清器，所以导致此故障发生。

3.6.2 点火线圈

1. 元件位置说明

点火线圈安装在气门室盖上端。

2. 元件说明

点火线圈由初级绕阻、次级绕组和铁芯、外壳等组成。当某一个初级绕阻的接地通道接通时，该初级绕阻充电。一旦 ECU 将初级绕阻电路切断，则充电中止，同时在次级绕阻中感应出高压电，使火花塞放电。与带分电器的点火线圈不同的是，点火线圈次级绕阻的两端各连接一个火花塞，所以这两个火花塞同时打火。两个初级绕阻交替地通

电和断电。相应地，两个次级绕阻交替地放电。当点火功率晶体管通过 ECU 传来的信号打开时，ECU 将信号传送到点火线圈，然后初级线圈电流被切断，并且在次级线圈中产生高电压。图 3-53 是双点火线圈安装位置图。

图 3-53　双点火线圈安装位置图

3. 元件针脚说明

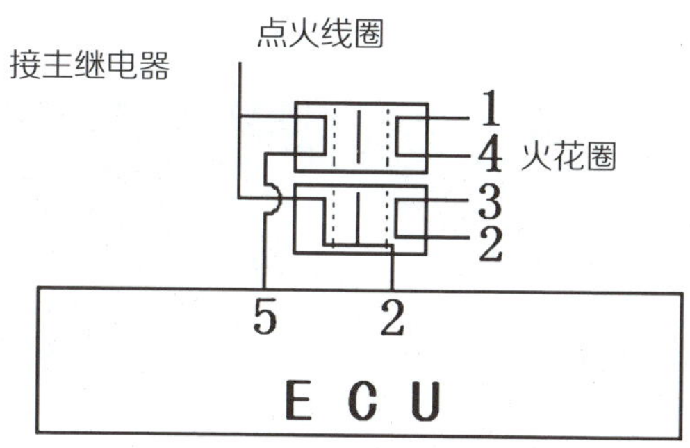

1、4 缸点火线圈

低压侧： 1 号线圈初级绕阻针脚接主继电器；2 号线圈初级绕组针脚接 ECU 的 5# 针脚。

高压侧： 两个次级绕组接线柱分别通过分火线与同名发动机气缸的火花塞连接。

2、3 缸点火线圈

低压侧： 1 号线圈初级绕阻针脚接主继电器；2 号线圈初级绕组针脚接 ECU 的 2# 针脚。

高压侧： 两个次级绕组接线柱分别通过分火线与同名发动机气缸的火花塞连接。

4. 故障现象及检测方法

■**故障现象：** 不能起动等。

■**一般故障原因：** 火花塞没有及时保养调整，导致间隙过大，使点火电流过大，导致烧毁、受外力损坏等。

■**维修注意事项：** 维修过程禁止用“短路试火法”测试点火功能，以免对 ECU 造成损伤。实践中可以短时间测试跳火距离，如果大于 8mm，说明点火线圈绝缘能力良好。但是这个距离只能跳几下，防止损坏功放模块和点火线圈。

■**检测方法：** （脱开线束接插件）把数字万用表打到欧姆档，两表笔分别接初级绕组两针脚，20℃时，阻值为 0.77~0.95Ω；次级绕组阻值为 7.57~10.23kΩ。

5. 拆卸和安装

拆卸注意： 确认点火开关处于“OFF”位置。

（1）断开蓄电池负极桩线。

（2）拧下固定中间盖的 4 个螺栓，取下中间盖。

（3）从点火线圈总成上脱开导线接插件。

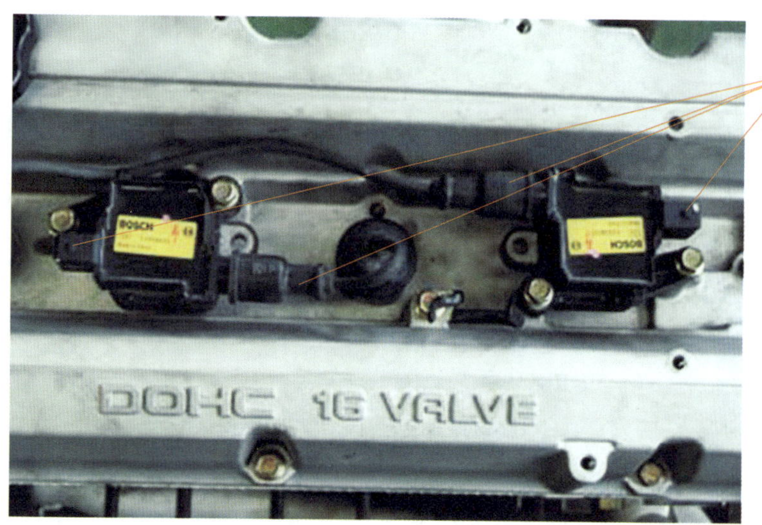

（4）拧下固定点火线圈的 2 个螺栓，取出点火线圈。

卸下点火线圈的固定螺栓，取出点火线圈

（5）按照相反的顺序安装点火线圈。

点火线圈是给火花塞提供高压电的。目前常用的有无分电器式双缸同时点火和单缸独立点火两种，有分电器式点火正在逐渐退出市场，此处不再赘述。无分电器式点火系统的原理很接近，这里以双缸同时点火为例作介绍。图 3-53 是无分电器双缸同时点火系统的点火线圈的结构和原理图。从图中能够看到，初级线圈的正极连接电源，这个电源是打开钥匙有电。负极连接电脑。当系统工作时，电脑端不断地给初级线圈的负极提供间断的接地。当初级线圈的负极接地时，电流经过初级线圈的正极进入，从负极流出，从而给初级线圈充电建立磁场。当电脑端的接地断开时，初级线圈的磁场消失，消失的磁场在收缩时切割次级线圈。在次级线圈中感应出可供点火的高压电流。跳火时高压能达到 7~35kV。这个电压与火花塞间隙有关。当火花塞在标准间隙 0.9~1.1mm 时，跳火电压一般在 7kV 左右，当火花塞间隙达到 5mm 以上时，跳火电压可以超过 35kV。这样的高压很容易损坏点火线圈，这也是强调火花塞需要经常检查调整，不要超过 2mm 的原因。点火高压电流从次级线圈的一端流出→一个火花塞的中央磁芯→跳火→通过缸盖接地→跳火→另一个火花塞中央磁芯→次级线圈的另→端构成放电回路。以四缸机为例，用两个双缸同时点火的点火线圈。因为四缸机的 1 缸 4 缸，2 缸 3 缸分别同时到达上止点，所以一个点火线圈给 1 缸 4 缸同时点火，另一个点火线圈给 2 缸 3

缸同时点火。由于 1 缸到达压缩上止点时气缸内的气体密度大，4 缸时在换气上止点气缸内的气体密度小，所以在两个串联的火花塞跳火时，处于压缩上止点需要放电火花的火花塞分得较高的点火电压，另一个得到的电压较小，只是起到沟通放电回路的作用而已。见图 3-54 和图 3-56。现在市场上也有大量的单缸独立无分电器式点火系统，就是每个气缸一个点火线圈，其原理见图 3-55。从图中可以看出，其初级线圈的电路与双缸同时点火的没有区别，但是次级线圈仅通过一个火花塞放电并利用缸盖接地构成放电回路。图 3-56 是双缸同时点火的两种样式的点火线圈和单缸独立点火的点火线圈。图 3-58 是双缸同时点火的安装图。图 3-59 是单缸独立点火的安装图。

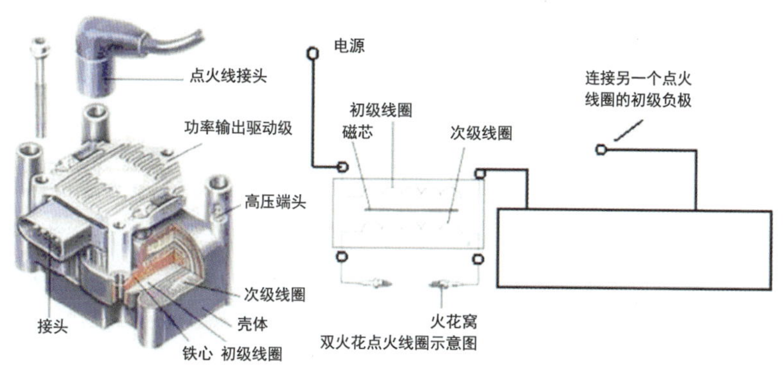

图 3-54　双火花点火线圈的结构和原理图

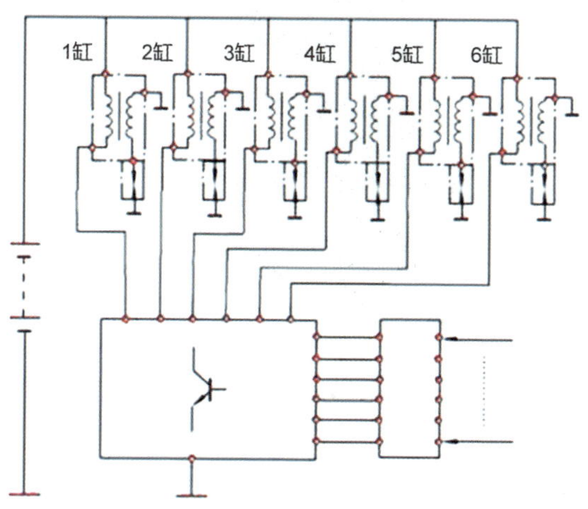

图 3-55　六缸机的独立点火示意图

AUTO
REPAIR

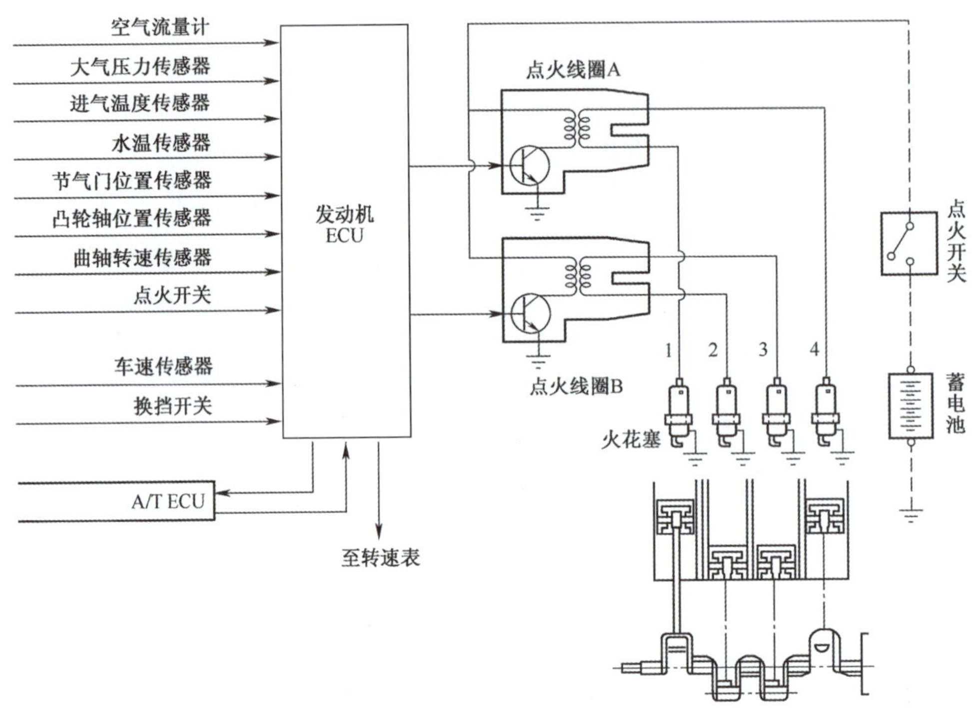

图 3-56　四缸机双火花点火线圈的工作原理图

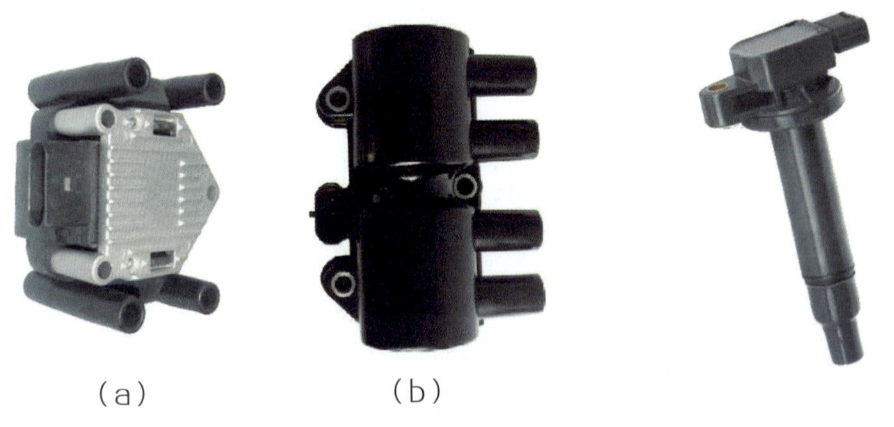

（a）　　（b）

双火花点火线圈　　单缸独立点火线圈

图 3-57　两种样式的双火花点火线圈和单缸独立点火线圈

图 3-58 双缸同时点火的安装图

图 3-59 单缸独立点火的安装图

案例：火花塞间隙过大损坏点火线圈

一台进口帕萨特 B4 汽车，白天正常使用，夜间突然降温，早晨起来发动机不能着火。进厂检查后发现火花塞中心极柱与负极柱的间隙很大，极柱基本烧蚀。询问司机得知，这车跑了七万多公里，从来没有故障，也没有更换过火花塞。更换火花塞以后，顺利着火。但是发现点火线圈烫手，跳火检查发现跳火距离小于 8mm，于是更换点火线圈，故障彻底排除。火花塞的极柱间隙正常值是 0.9 ~ 1.1mm 之间，一般普通火花塞的极柱间隙超过三万公里必须调整或更换火花塞，铱金的火花塞超过 8 万公里也必须调整或更换，否则过大的跳火间隙将使点火线圈的工作负荷过大而损坏点火线圈。

案例：点火模块接地不好不能发动

一台丰田佳美汽车，全车喷漆后不能发动。经过检查发现，给点火线圈提供初级电流的功率放大模块的接地线与车身接触处被漆膜覆盖导致点火模块接地不好，高压电很弱，所以不能发动。将接地处的漆膜除净以后，故障排除。

案例：加速时车辆耸车

一辆三菱越野车，怠速稳定，平常行驶也可以，就是急加速时车辆严重耸车。试车时，用四档低速行驶加大油门，故障很容易再现。这类故障一般是点火高压断火所致，主要是火花塞间隙过大引起的。但是故障长时间存在可能导致点火线圈和高压线因为超负荷损坏。因为火花塞的间隙每增加 1mm，跳火电压增加 7kV。如果火花塞间隙达到 8mm 左右，点火线圈将承受五万多伏的高压，这将超过点火线圈和高压线的耐压极限，以致损坏。这台车拆检火花塞时发现高压线已经断路几段，点火线圈也有绝缘油泄漏的现象，所以连同火花塞一并更换，防止后续故障出现。汽油机最易发生的故障就是点火电路，所以一定要及时检查调整火花塞间隙，防止更大的损失。

3.6.3 燃油供给系统

电动燃油泵由直流电动机、叶片泵和端盖（集成了止回阀、泄压阀和抗电磁干扰元件）等组成，见图 3-60。安装位置见图 3-61。

汽油泵和电动机同轴安装，并且封闭在同一个机壳内。机壳内的泵和电动机周围都充满了汽油，利用燃油散热和润滑。蓄电池通过油泵继电器向电动燃油泵供电，继电器只有在起动时和发动机运转时才使电动燃油泵电路接通。当发动机因事故而停止运转时，燃油泵自动停止运转。

电动汽油泵能够给电喷系统提供一定压力的汽油，以保证系统正常工作。汽油泵安装在油箱里是为了散热。早期的电喷系统的汽油泵是安装在油箱外部的，由于散热不好经常发生故障，所以现在都安装在油箱里。表 3-6 是电动汽油泵参数。图 3-62 是燃油泵工作原理图。从图中可以看出，燃油泵保险丝同时给燃油泵的输出端正极和电磁线圈正极供电，电磁线圈的负极由电脑控制接地。当发动机打开钥匙时，电脑给电磁线圈提供接地信号，油泵继电器工作，电流经输出端正极→触点→输出端给油泵供电，这个

信号进持续三秒钟，油泵工作三秒钟后停止，使导轨内充满压力汽油，保证起动的需要。当发动机着火以后，电脑给油泵继电器电磁线圈的接地端持续接地信号，油泵连续工作。美国车、法国车等一些汽车在油泵继电器的输出端装有惯性开关，当翻车或受到剧烈撞击时，惯性开关能自动断电防止汽车失火。当危险解除后，这个开关可以手动复位，一般美国车在后备箱左侧，法国车在右前减震器附近。图 3-63 是惯性开关的电路原理图。

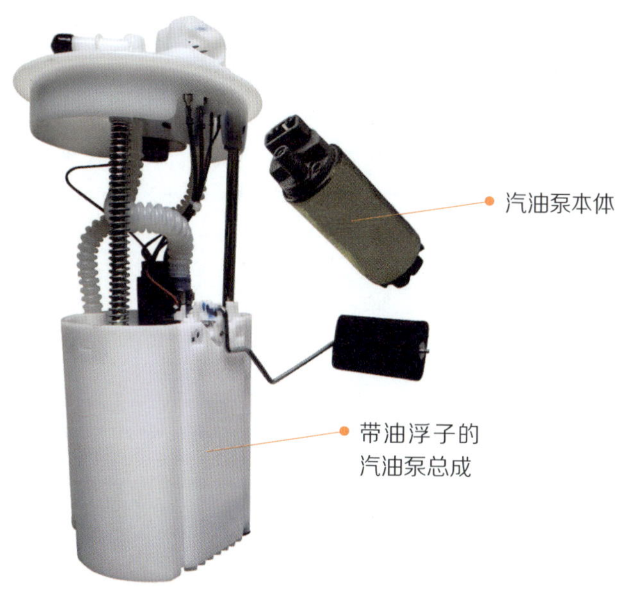

图 3-60　汽油泵

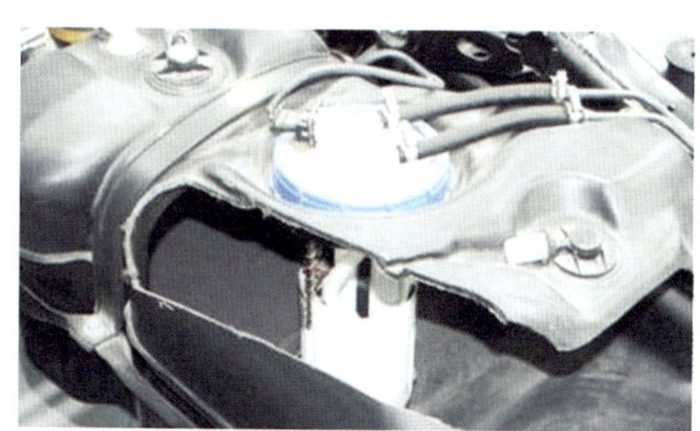

安装在油箱中的油泵

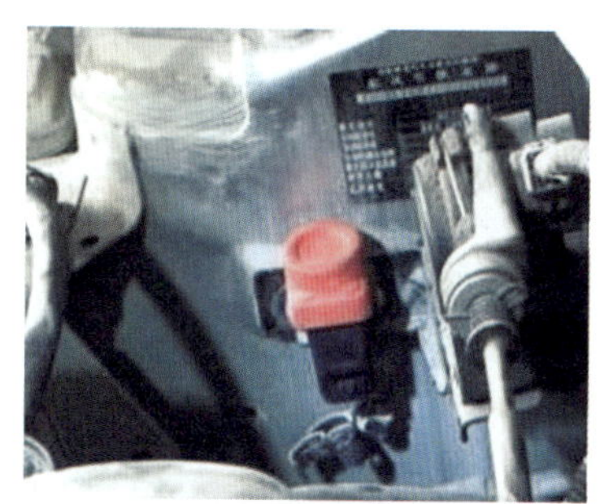

右前减震器附近的惯性开关

图 3-61　汽油泵和惯性开关的安装位置

表 3-6　电动汽油泵参数

项　目	最小值	典型值	最大值	数值
工作电压	8		14	V
怠速压力		250		kPa
常态压力		350		kPa
出口压力	450		650	kPa
许可的燃油温度	-30		+70	℃

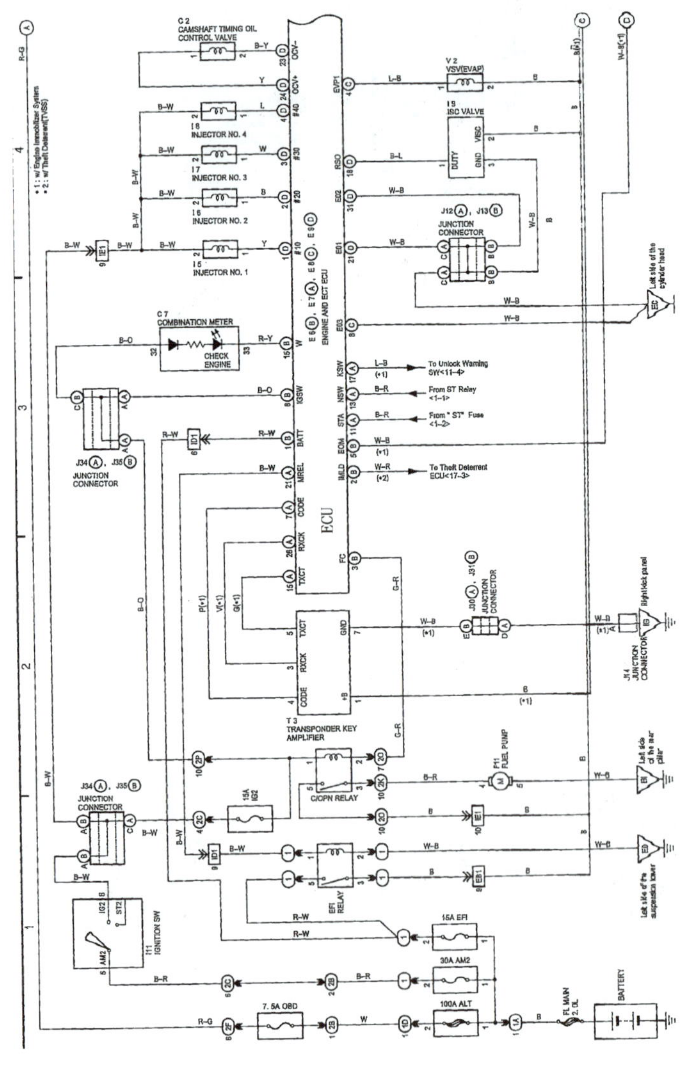

图 3-62　燃油泵维修电路图

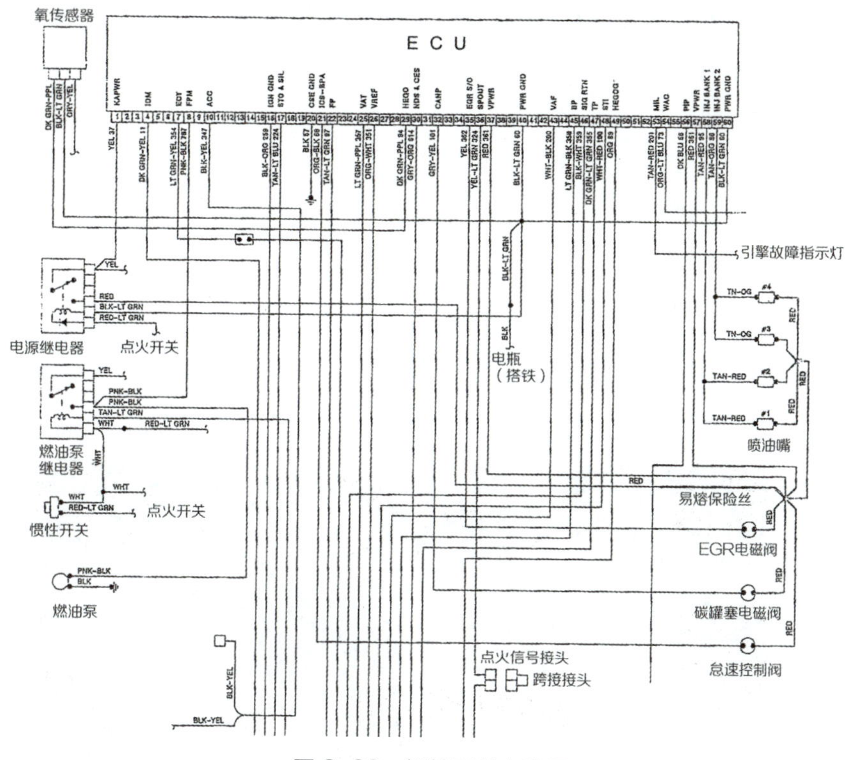

图 3-63　惯性开关电路图

◆**故障现象：**运转噪音大、加速不良、不能起动（起动困难）等。

◆**一般故障原因：**使用劣质燃油。

导致：①胶质堆积形成绝缘层；②油泵轴衬与电枢抱死；③油面传感器组件腐蚀等。

◆ **维修注意事项**：

（1）根据发动机的需要，电动燃油泵可有不同的流量，外形相同、能够装得上的燃油泵未必是合适的，维修时采用的燃油泵的零件号必须与原来的一致，不允许换错；

（2）为了防止燃油泵过热损坏，不要经常油量报警灯亮了再加油；

（3）在需要更换燃油泵的场合，注意对燃油箱和管路的清洗及更换燃油滤清器。

◆ **简易测量方法：**

（卸下接头）把数字万用表打到欧姆档，两表笔分别接燃油泵两针脚，测量内阻，不为零或无穷大（即为非短路、断路状态）。（接上接头）在进油管接上燃油压力表，起动发动机，观察燃油泵是否工作；若不运转，检查“+”针脚是否有电源电压；若运转，

怠速工况下，检查燃油压力是否在 250kPa 左右；踩油门至发动机转速 2500r/min，观察此时燃油压力是否在 350kPa 左右。

汽油泵的拆卸：

（1）检查燃油表上的燃油液面高度。若燃油表的指示为满或将满的位置，排出燃油箱中的燃油直到燃油表指示的液面高度低于“E”。

（2）释放燃油管路中的燃油压力。

（3）打开燃油加注口盖，释放燃油箱中的压力。

（4）拆卸后排座椅垫。

（5）拆卸油箱维修盖。

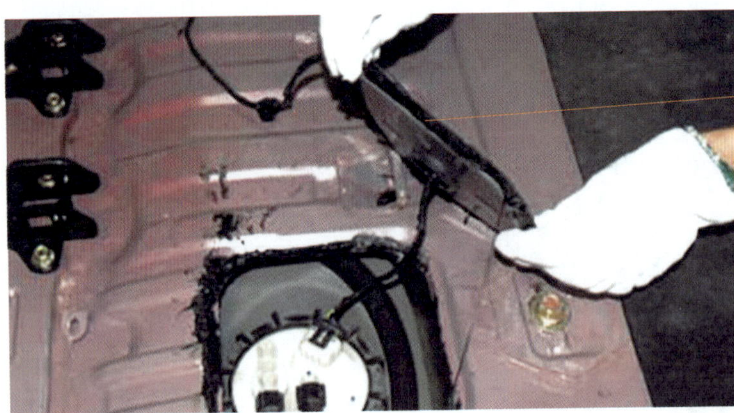

（6）脱开燃油泵组件的线束接插件。

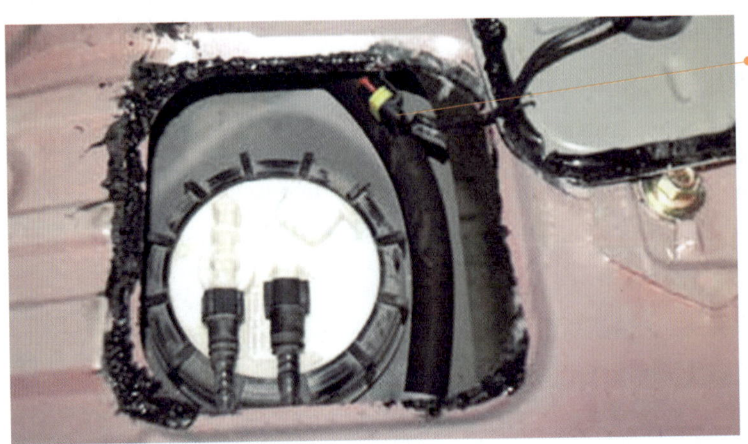

（7）拆下与油泵连接的油管接头。

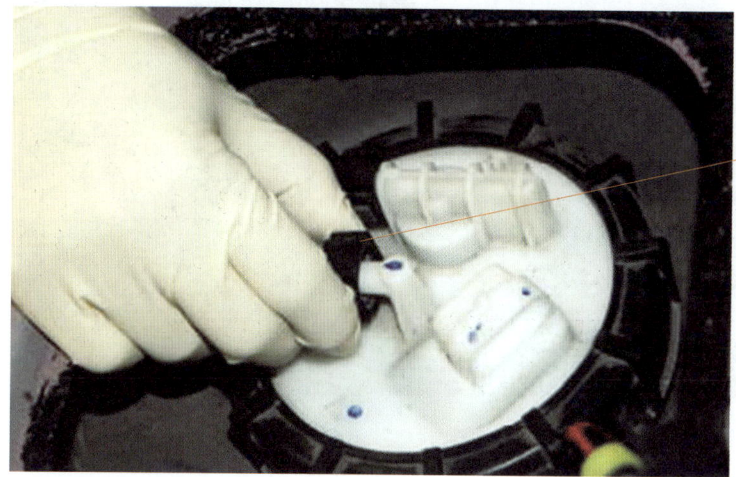

拆下油管接头

（8）使用专用工具松开油泵锁紧螺母后取下螺母。

用专用工具拆卸油泵锁紧螺母

（9）取出燃油泵。

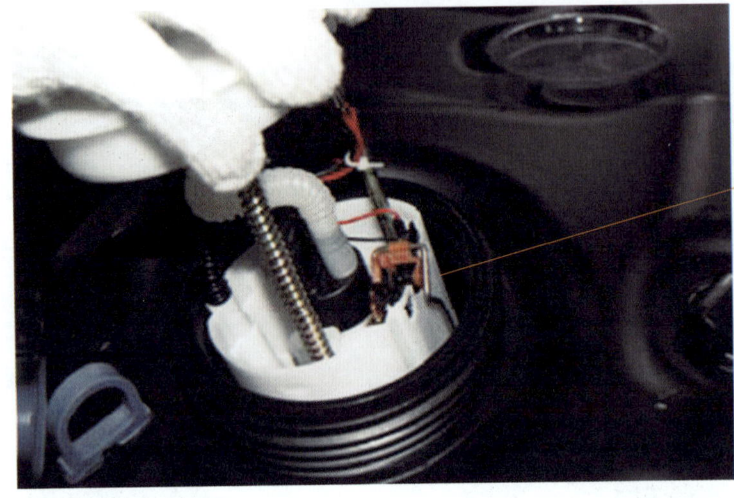

（10）取下 O 形密封圈。

（11）更换新的密封圈后，按照相反的顺序安装汽油泵。

汽油泵继电器常见故障：汽油泵继电器的工作由电脑控制。当打开钥匙没有点火时，电脑指令油泵工作三秒钟，使导轨内汽油压力达到标准值，做好起动准备。当发动机工作时，在点火信号的影响下电脑控制油泵一直工作。当发动机熄火时，由于没有点火信号，电脑控制油泵停止工作。油泵继电器这样设计的目的是防止车辆肇事时油泵一直供油，

导致车辆失火。由于油泵的工作电流较大，所以常见的故障是油泵继电器主触点烧蚀，造成油泵供电不足而出现故障。比如冷车很好起动、热车时经常熄火，此时用手摸油泵继电器很烫手。

应急方法：将继电器拔出，用较粗的导线（线径 $2mm^2$ 以上）直接连接继电器插座上对应继电器较大插片的插孔。

汽油泵常见故障：碳刷过短，压力控制阀泄压或堵塞，线束接触不良，转子线圈烧损。

案例：油泵碳刷过短

当油泵碳刷过短时，碳刷预紧弹簧压力不够，导致电流通过能力不好，油泵不能转动泵油。一般油泵碳刷过短时有预兆，跑高速时发动机无力甚至怠速而经常熄火。停车以后再发动时不着火。此时用棍棒敲击油箱底部，便能顺利发动。因为震动使碳刷接触导电了。故障排除后要及时更换汽油泵。

案例：油泵泄压

冷车不好发动，往往需要几次发动才能着火，热车时很好发动。油泵内部有压力调节阀或单向阀，阀的作用是保持系统一定的工作压力。当阀泄漏时导轨内汽油压力很低，不能起动发动机。经过反复几次发动，油泵不断向导轨供油，当压力达到系统的压力要求时发动机才正常工作。这种故障的检验方法是：打开钥匙不发动，油泵工作三秒钟停止，关闭钥匙再打开，让油泵再工作三秒钟。一般第四次打开钥匙直接发动能够成功。因为油泵几次工作，系统建立了正常的工作压力。确认是这种情况时，就要更换汽油泵。有时这种故障清洗汽油泵也能恢复正常。

案例：转子线圈烧损

电喷车辆的汽油表与化油器式车辆的汽油表标注是有区别的。电喷车汽油表的最低一格用红色显示，表示油箱内还有一格汽油，但是需要加油。因为汽油泵需要一定量的汽油散热，这也是汽油泵放在油箱内的目的。许多车主经常用到汽油表报警灯亮才加油，而且有的车主经常少量加油，这样会导致汽油泵过热线圈烧损。这时的故障现象是加速不良，或者不能起动发动机，一般用汽油压力表检查。当发动机工作时，油泵压力小于2.5bar 为油泵不合格，如果检查线束良好，就要更换汽油泵。

案例：安全开关故障

一台福特土星汽车停在狭窄的胡同里没有熄火，司机上楼办事，下楼时发现发动机熄火。经过检查是安全开关脱落断火，复位后故障排除。推断是由于道路狭窄，被行人撞击左后叶子板，导致安全开关脱落产生此故障。

案例：安全开关故障

一台标致406汽车，在公路靠边停车时，因为路边有坑蹾了一下就熄火了，再也发动不着火。经过检查，发现是靠近右减震器附近的安全开关脱落导致发动机断电熄火，复位后故障排除。

3.6.4　碳罐控制

系统说明：图3-64是碳罐系统原理图。

（1）使用燃油蒸发系统是为了减少从燃油系统排放到大气中的碳氢化合物的产生。在碳罐中使用活性碳可以有效减少碳氢化合物的排放。

（2）燃油箱蒸发的蒸汽通过燃油箱蒸汽控制阀和蒸汽管/软管被暂时储存在碳罐内。

（3）当发动机未运转或向油箱加油时，从密封的油箱中蒸发出的燃油蒸气被导入内有活性炭的碳罐中并被存储在那里。

（4）当发动机运转时，碳罐中的燃油蒸气通过清洁管路被带入进气歧管。碳罐清洁量控制电磁阀由ECU控制。当发动机工作时，由碳罐清洁量控制电磁阀控制的蒸气流量随着空气流量的增加而成正比地调整。

（5）减速和怠速时，碳罐清洁量控制电磁阀将会关闭蒸气清洁管路。

（6）燃油蒸汽控制阀铆接在油箱上，能防止燃油蒸汽超标准排放到碳罐内。

一、碳罐

常见的碳罐是方形或圆形的立式塑料罐，内部充满活性炭。它有三个接口：一个通油箱内部上方，一个通大气，一个经过碳罐电磁阀的控制连通进气道。图3-65是碳罐和电磁阀的实物图。

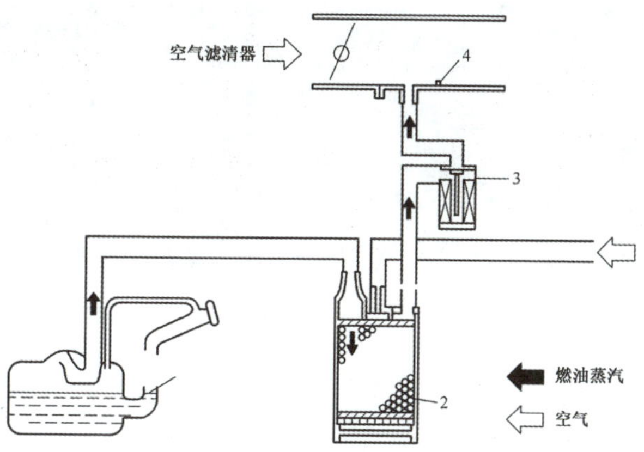

1- 油箱；2-EVAP 碳罐；3-EVAP 碳罐电磁阀；4- 进气歧管

图 3-64 燃油蒸发系统原理图

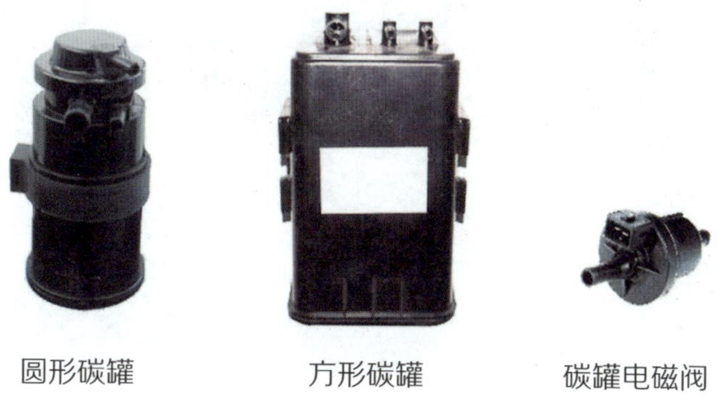

圆形碳罐　　方形碳罐　　碳罐电磁阀

图 3-65 碳罐和电磁阀实物图

1. 碳罐的位置

碳罐一般常见安装在前减震器的附近。面包车一般安装在车底下方。图 3-66 是常见的碳罐安装位置图。

2. 常见故障

活性炭老化不能吸附汽油蒸气，由于加油太满汽油直接灌进碳罐。

图 3-66　常见的碳罐安装位置图

碳罐的拆卸：

二、碳罐控制阀

碳罐电磁阀里的蒸气旁通管路的开度变化控制着气流速率。根据 ECM 发送的信号，碳罐电磁阀不断重复开通 / 关断（ON/OFF）操作，阀门开度变化，以达到最好的发动机控制。储存在 ECM 里的最优值是由不同的发动机状态决定的。发动机运行时，来自于碳罐的燃油蒸气的气流速率随空气气流的变化进行调整。

1. 元件位置说明

碳罐控制阀常见安装在进气歧管附近。图 3-67 是碳罐电磁阀安装位置图。

2. 元件说明

碳罐控制阀（电磁阀）用来控制碳罐中燃油蒸气的流量，是一个由电磁线圈、衔铁和阀等组成。进口处设有滤网。流过碳罐控制阀的气流流量一方面与 ECU 输出给碳罐控制阀的电脉冲的占空比有关，另一方面还与碳罐控制阀进口和出口之间的压力差有关。当没有电脉冲时，碳罐控制阀关闭。

碳罐电磁阀

1. 转动着拔下真空管。
2. 按下防脱钢夹，拔出线束插头。
3. 从支架上取出电磁阀

图 3-67　碳罐控制阀安装位置图

碳罐控制阀由电磁线圈、衔铁和阀等组成。进口处设有滤网。当发动机中高转速运行时，发动机 ECU 控制打开碳罐电磁阀，使碳罐收集的汽油蒸气进入进气道参与燃烧，以防止汽油蒸气排到车外影响环境。为了保证怠速时发动机工作稳定，怠速时电脑控制碳罐电磁阀关闭，切断碳罐与进气道之间的通道。

3. 元件针脚说明

针脚 1：主继电器提供 12V 电源；针脚 2：是 ECU 的控制低电位信号。

4. 故障现象及检测方法

■**故障现象：** 碳罐没有定期更换，导致功能失效；碳罐电磁阀卡死在常开位置，导致热车时发动困难。

■**一般故障原因：** 由于异物进入阀内部，导致锈蚀或密封性差、经常加油太满等。

■**检测方法：**（脱开线束接插件）把数字万用表打到欧姆档，两表笔分别接碳罐控

AUTO
REPAIR

制阀两针脚，20℃时检查针脚 1 与针脚 2 间的电阻。

■**额定电阻：**22 ~ 30Ω。

三、加油口盖

加油口盖装有真空减压阀。当燃油箱内压力高时（燃油蒸汽多），真空减压阀关闭，防止燃油蒸汽散发到大气中。当燃油箱内压力低时（负压），真空减压阀打开，让外界空气能进入到燃油箱内。

案例：汽油箱加油太多，碳罐漏油

一辆国产 SUV 汽车，司机反映每次加完油以后，故障灯都要闪烁一段时间，大概是跑出去几十公里就恢复正常。经过调查发现，司机经常去的加油站仍然使用老式的加铅汽油专用油枪。而现在的汽车都使用无铅汽油，为了区别，无铅汽油汽车装配的汽油箱加油口都比加铅汽油的油箱加油口都细一些。司机为了加满油箱，每次都是手持油枪加油，等到汽油填满加油口以后自动跳枪，这时油加得很满，已经超过了碳罐的高度，导致碳罐中的汽油从连接进气道的软管溢出，造成发动机混合气过浓而故障灯报警。

案例：碳管电磁阀关闭不严，热车起动困难

一台帕萨特汽车，热车不好发动，用诊断仪检测有故障码是混合气稀偶发故障。经过检查是碳罐电磁阀卡死在打开状态。停车以后油箱蒸气从打开的电磁阀进入进气道，造成热车混合气浓不好发动，由于发动机工作以后不断地从碳罐吸进空气产生混合气稀的偶发故障。更换电磁阀以后故障排除。

3.6.5　三元催化器的加热控制

发动机在低温起动后，气缸充量、燃油喷射和电子点火都被调整以补偿发动机更高的扭矩要求；该过程继续进行，直到升到适当的温度阈值。在该阶段中，最重要的是三元催化器的快速加热，因为迅速过渡到三元催化器开始工作可大大减少废气排放。在此工况下，采用适度推迟点火提前角的方法使燃烧速度降低，从而可以利用较高温度的废

气进行“三元催化器加热”。

三元催化器是当前汽油车必须使用的一个部件。它的作用是将废气在三元催化器中进一步进行化学反应，以彻底消除废气中有害气体的装置。由于用三种材料分别处理一氧化碳、碳氢化合物和氮氧化合物，而这三种材料是制成一体的，所以叫三元催化器。一氧化碳、碳氢化合物和氮氧化合物这三种有害气体，经过三元催化器处理变成无害的二氧化碳和水排放到大气中。符合欧四排放标准的汽车必须加装三元催化器。三元催化器的后部加装后氧传感器，后氧传感器的作用是检测经过催化器处理后排放气体是否达标，从而 ECU 通过后氧传感器的反馈数据间接的判定催化器的工作状态。图 3-68 是能看到内部构造的三元催化器示意图。图中带插头的是前氧传感器，可以看出，它安装在三元催化器的前部。

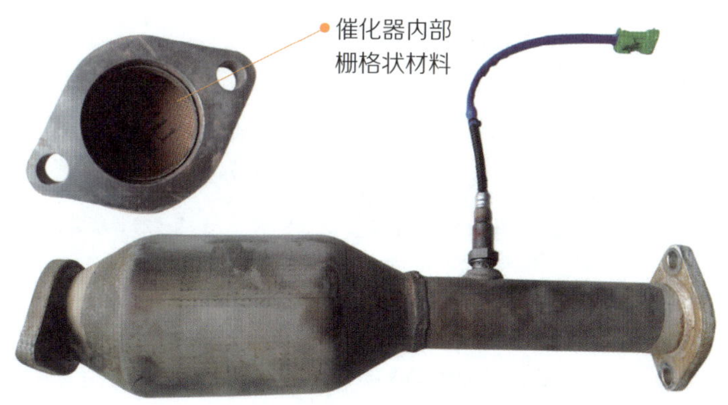

图 3-68 三元催化器示意图

三元催化器常见故障： 堵塞、破碎、中毒。由于使用的汽油不好，燃烧后产生的钙化物堵塞催化器。催化器堵塞的现象是发动机无力，空油门很难加速到 3000 转以上。当高热的排气管突然进入水中或底盘收到撞击时，催化器的陶瓷基体很容易破碎。催化器破碎的现象是加油行驶时排气管中有“哗啦哗啦”的响声。有人图省钱，将破碎的陶瓷基体掏空继续使用，当中速行驶时会出现排气的啸叫声。当使用不好的汽油或者不好的燃油添加剂、清洗剂时，添加剂或清洗剂的燃烧产物可能会污染催化器的催化材料，造成催化器不能催化废气中的有毒气体，这种现象叫催化器中毒。一般催化器中毒后只能报废。

案例：三元催化器堵塞

一台斯柯达电控化油器汽车，不能起动发动机，油电路，正时，气缸压力都反复检查，没有找出故障。车主反映故障是逐渐的。开始时不好着火，加速无力，然后越来越不好起动，直至起动不了。检查发现，在起动发动机时排气管没有冒烟的现象。一般发动不着火时，排气管应该有冒烟排气的现象。于是将催化器前段的螺栓松开，一次就发动着火了。看来是催化器堵塞。拆下以后发现催化器的网状陶瓷基体全部被钙化物堵死。更换以后，故障排除。

总结：催化器的网状陶瓷基体孔隙很小，因汽油不好产生的钙化物很容易堵死催化器，一般情况下发动机无力，跑不了高速，严重的堵死不能起动，因此一定要使用正品汽油。

案例：三元催化器过热

一台凌志400汽车，发动机无力，驾驶员感觉烫脚，检查发现左侧的催化器烧得通红。进一步检查发现，左侧的分电器中央高压线距离转向助力油管（钢管）过近而破皮间歇性跑电，左侧的四个气缸的分缸高压电不稳定，时有时无，导致一些混合气没有燃烧直接排入排气管。由于排出的是未燃烧的混合气并且量比较多，所以在催化器内反应激烈，产生的高温将催化器烧红。冷却后拆检催化器发现，网状陶瓷基体完全炸碎导致催化器报废。由于发现及时，没有导致车辆着火的事故。

总结：带有催化器的车辆，一定要保证油电路正常工作，如果发现丢火现象，一定要及时检查排除，防止大量未燃烧的混合气进入催化器燃烧而损坏催化器。

案例：催化器掏空后中速时啸叫

一台丰田佳美汽车，因为三元催化器堵塞无力，而车主又不想换新的催化器，所以进行掏空处理。处理后动力恢复以前的状态，但是车主反映在发动机转速3000转左右时排气管啸叫声很大，车内人员根本承受不了，没有办法，虽然很贵，也只能换新的了。

总结：排气管设计时为了减少噪声，在声学特性方面做了很多工作。当催化器内部掏空以后，排气管的排气阻力发生了变化，改变了设计时的声学特性，所以会在某一特定转速时发生排气声波共振产生气流的啸叫，想要取消催化器安装空桶替代催化器，要考虑符合原设计的排气环境，所以不是很好处理。

案例：排气管结冰导致发动机起动困难或不能起动

在北方寒冷的冬季，新车早晨经常出现发动机起动困难的故障。主要原因是符合欧四标准的新车燃烧产生的水分很多，加上家用汽车大部分市内使用排气量都不是很大，难以将燃烧产生的水分都排出去，日积月累，会在消声器内存有许多水。气候寒冷以后会在消声器内结冰，导致发动机不能排气，新鲜混合气不能进入气缸而发动机难以起动。此故障的判断方法是，发动汽车时观察排气管不向外冒气。解决的方法是松开排气管接口螺栓，使废气能够排出，即可顺利发动。彻底的解决办法是在消声器最低处钻8mm小孔，将水随时排出。也可以每两三天停车熄火前大油门轰油几次，将水强制排出。

3.6.6　废气再循环阀

废气再循环的工作是由发动机ECU控制的。发动机ECU根据发动机的转速、温度、负荷及尾气排放效果指示再循环阀打开或关闭。一般当发动机高速工作时阀门打开，引入一部分废气进入气缸，降低了燃烧的温度，从而减少了废气中氮氧化合物的含量。为了保证发动机怠速工作稳定，废气再循环必须是在发动机达到正常温度并且是中高速时方可工作。图3-69是废弃再循环系统示意图。

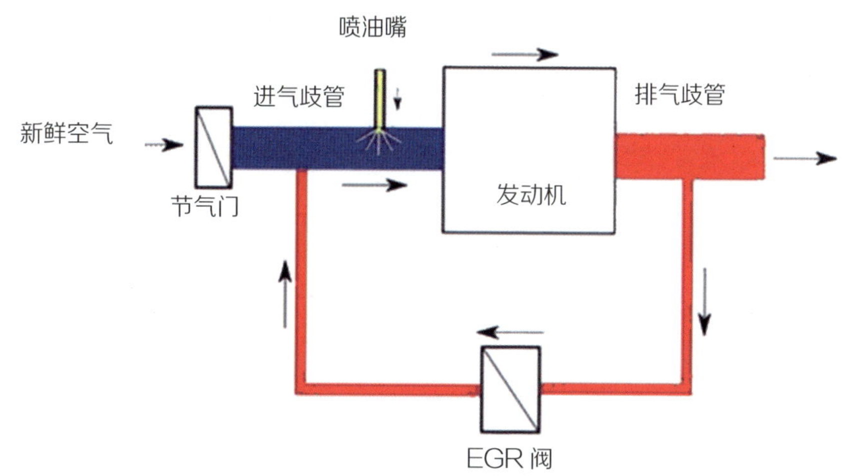

图3-69　废弃再循环系统示意图

废气循环阀由ECU控制，阀的打开和关闭由真空电磁阀控制真空通道来完成。当真空电磁阀在ECU的控制下打开时，来自进气道的真空吸拉循环阀的膜片打开进气与排气之间的通道，使废气进入进气道重新燃烧。由于废气的温度较高，所以循环阀容易烧结损坏。当阀损坏时，经常不能关闭近排气之间的通道，导致发动机在怠速工作时大量废气进入燃烧室，使发动机不能正常工作。图3-70是几种常见的废气再循环阀实物图。

图3-70　几种常见的废气再循环阀实物图

案例：废气再循环阀关闭不严，怠速熄火

一台林肯汽车，热车不好起动，没有怠速，开空调时能勉强维持着火。手工调取故障码是废气再循环阀常开故障。经过检查发现废气再循环阀已经烧结损坏，更换后故障排除。分析故障原因是冷车发动时，由于ECU的冷起动功能所以能够发动，热车时没有冷起动功能，在怠速状态，由于废气经过再循环阀大量被吸进进气道造成混合气过稀，所以不好着火。怠速时同理，大量废气进入进气道造成混合气稀发动机同样不能稳定工作。开空调时由于有高怠速动作加大了进气量，所以能勉强维持工作。

3.6.7　发动机冷却系统

发动机是热机，在工作时燃料燃烧会产生大量的热量。这些热量如果不能及时排放到大气中去，将会由于高温使发动机损坏，所以发动机必须有冷却系统。小排量的发动机（如摩托车的发动机）由于散热量较少，所以可以采用风冷方式，但是家用汽车的散热量较大，所以普遍采用液体冷却。以前的汽车用水冷却，但是使用时很不方便。冬季的寒冷地区必须停车后防水，否则会冻坏发动机，早晨发动时还要加热水，所以很不方便。现在普遍使用乙二醇防冻液进行冷却。

冷却系统由发动机水套、水泵、节温器、散热器、散热风扇、暖风水箱、循环胶管、防冻液和膨胀储液罐等组成。图 3-71 是冷却系统示意图。

AUTO REPAIR

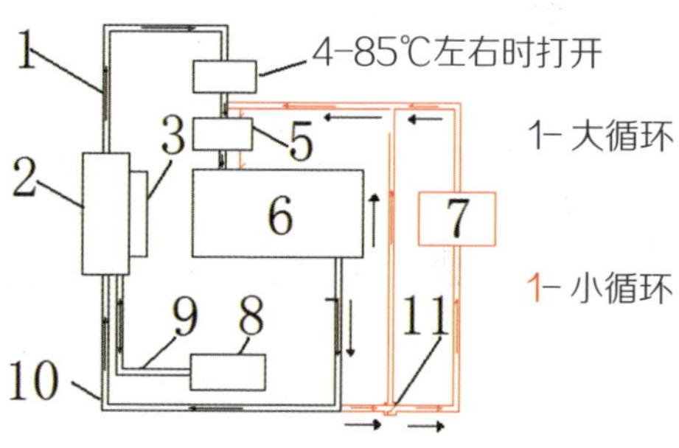

1- 散热器出水管；2- 散热器；3- 风扇；4- 节温器；5- 水泵；6- 发动机水套；7- 暖风水箱；8- 膨胀壶；9- 补水管；10- 散热器进水管；11- 节气门

图 3-71　冷却系统示意图

膨胀储液罐的作用是容纳热车时由于冷却液受热膨胀而多出的冷却液，当温度降低时补充冷却系统缺少的冷却液。储液罐的盖由胶管通到储液罐液面的下方，当发动机温度低时，冷却系统由于冷却液遇冷收缩时产生真空，将储液罐中的液体吸入冷却系统，所以储液罐的盖必须密封良好。图 3-72 是储液罐的实物图。

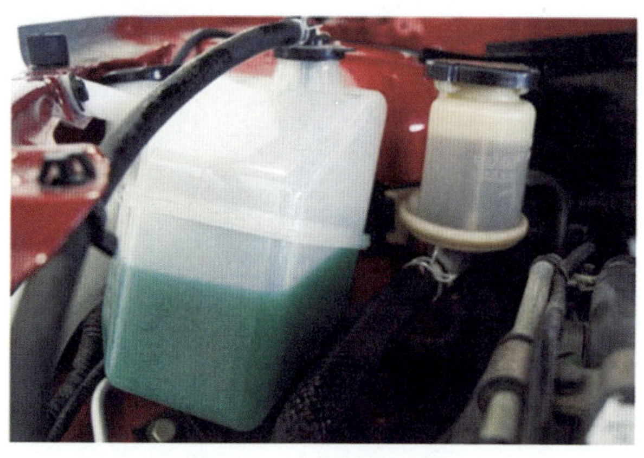

图 3-72　储液罐实物图

发动机水套的作用是容纳冷却液，吸收发动机的热量。图 3-73 是汽缸盖的实物图，图中红线指向的异型孔是冷却液水套的通道。

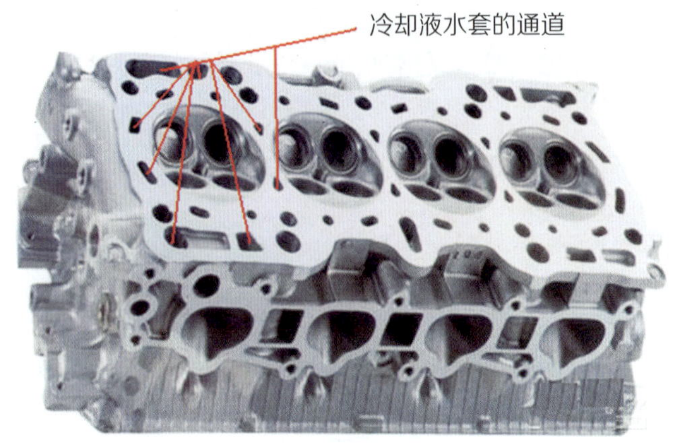

图 3-73　汽缸盖的实物图

水泵的作用是强制冷却液循环，将发动机的热量带到散热器去散热。图 3-74 是水泵实物图。

图 3-74　水泵实物图

节温器的作用是当发动机低温时关闭大循环通道，使冷却水不经过散热器散热，发动机温度迅速达到工作温度。当发动机达到工作温度时打开大循环通道，使冷却液经过散热器加快散热，保证发动机在正常的温度下工作。发动机刚开始工作时机体的温度较低，不利于发动机工作。发动机理想的工作温度是 95℃左右。所以利用节温器控制冷却液的散热强度。

散热器的作用是将冷却液携带的热量散发到大气中去。散热器盖上还有泄压阀，当冷却系统由于故障高温时会产生很大的压力，这个压力会损坏散热器、胶管、汽缸垫等冷却系统的部件，当高温压力超过 1.5bar 时泄压阀打开，释放压力。此时会产生平时所说的开锅现象。在热车时不要直接打开散热器盖，防止很烫的防冻液窜出烫坏皮肤。应该停车冷却十几分钟，然后先打开四分之一圈放气，待没有气体窜出以后再完全打开，补充防冻液。图 3-75 是散热器实物图。

图 3-75 散热器实物图

散热风扇的作用是当自然风冷却不足以降低发动机温度时，强制吹风加强散热。图 3-76 是散热风扇实物图。

图 3-76 散热风扇实物图

暖风水箱的作用是给车内加热空气，也能够起到一定的散热作用。图 3-77 是暖风水箱实物图。

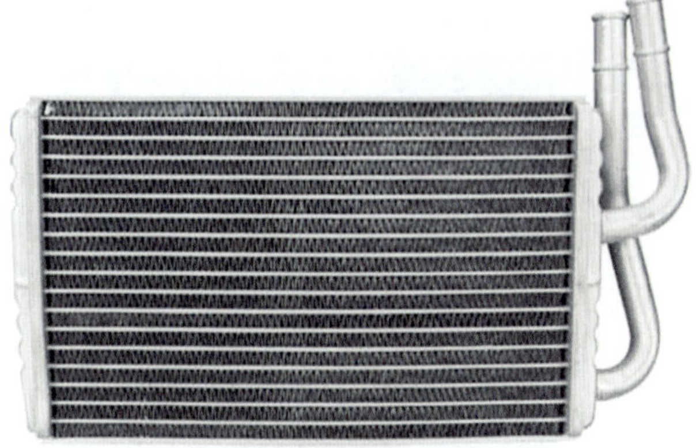

图 3-77　暖风水箱实物图

循环胶管的作用是构成冷却系统冷却液的密封通道。

乙二醇防冻液具有冰点低（-45℃）、沸点高（115℃）、有润滑能力、有清洁能力等特点。图 3-78 是乙二醇防冻液。

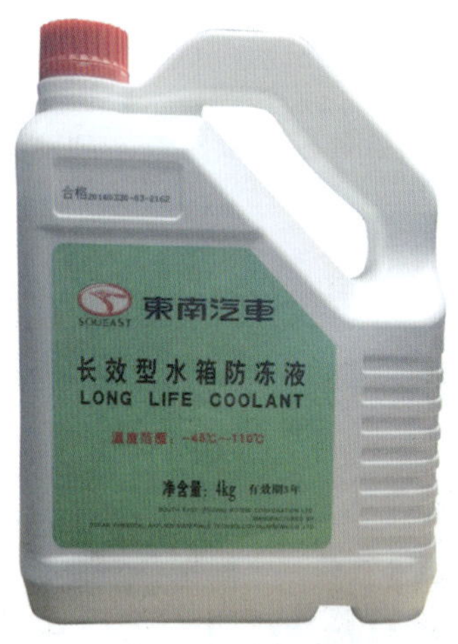

图 3-78　乙二醇防冻液

图 3-79 是电脑控制冷却系统散热的电路原理图。在电脑控制冷却系统散热以前，曾经用温控开关直接控制冷却风扇工作，这样的方法现在还有许多车型采用。图 3-80 是利用温控开关控制冷却风扇工作的电路原理图。这种控制方式俗称“电子扇”，是相对于以前直接用发动机驱动风扇冷却而言的。在电子扇出现以前，都是发动机直接驱动

风扇，或者直接驱动水泵带风扇散热。这种驱动方式的缺点是外界气温较低时，风扇一直随着发动机转动散热，不利于发动机保持温度，并且浪费动力。所以现在都用电子扇或电脑控制风扇替代。

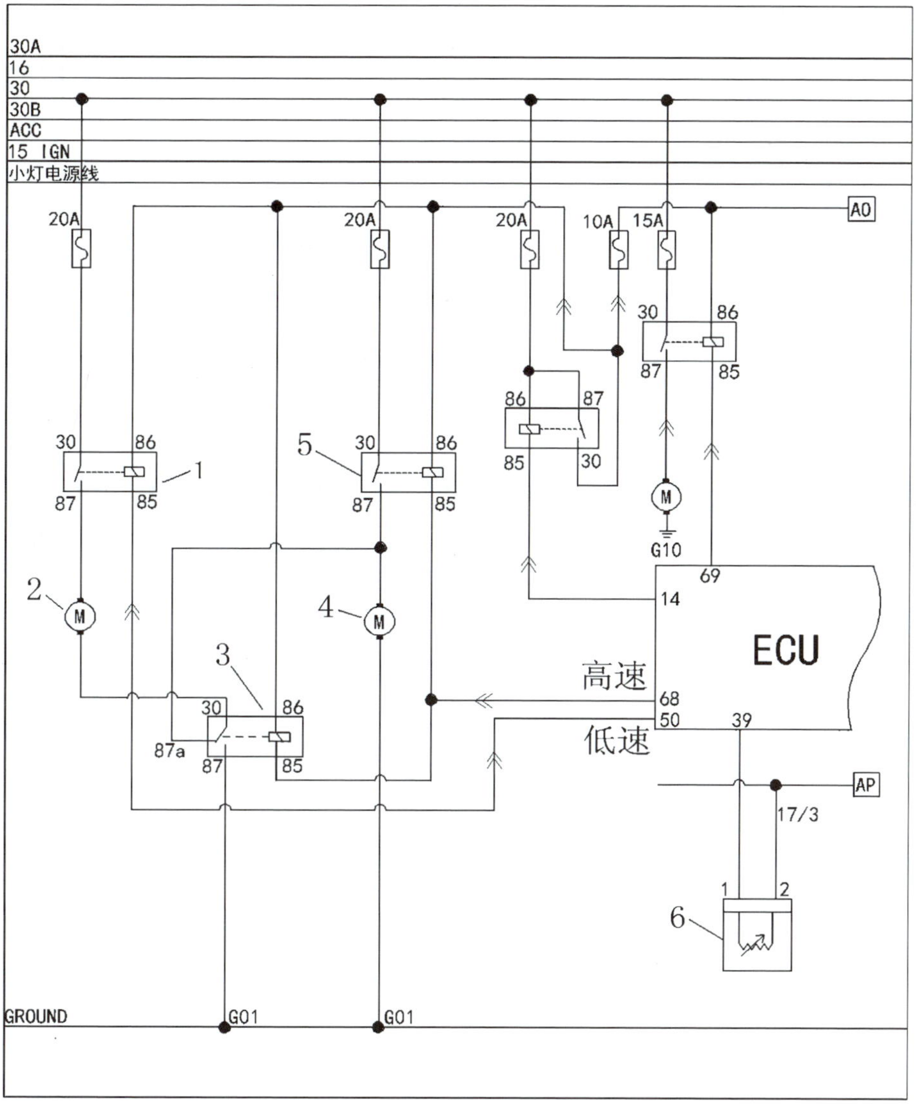

1- 冷却风扇低速继电器；2- 冷却风扇电机；3- 风扇主继电器；4- 冷却风扇电机；5- 冷却风扇高速继电器；6- 水温传感器

图 3-79　电脑控制冷却系统电路原理图

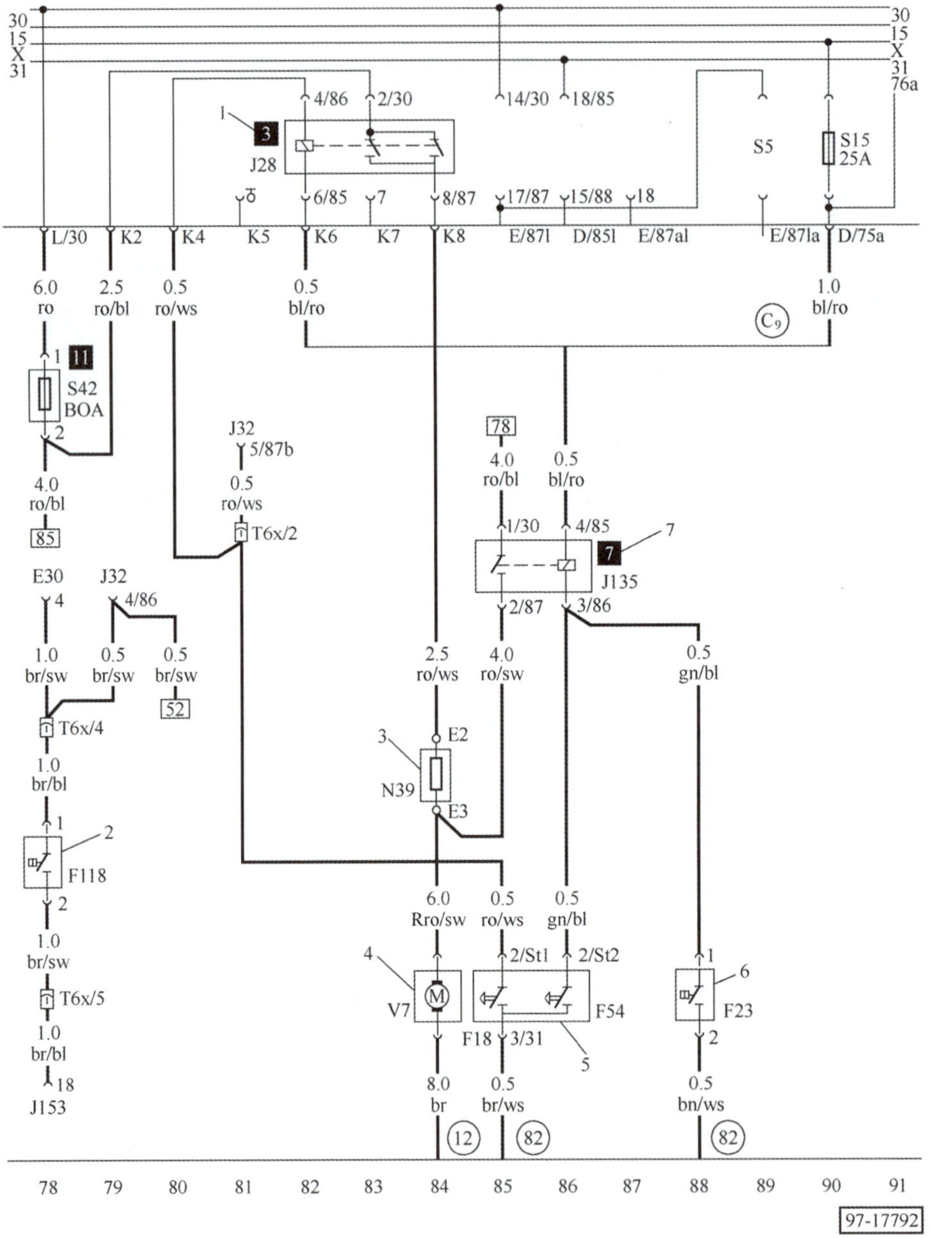

1- 冷却风扇低速继电器；2- 空调高压开关；3- 低速串联电阻；4- 冷却风扇；5- 双速温控开关；6- 空调低压开关；7- 冷却风扇高速继电器

图 3-80 温控开关控制冷却风扇电路原理图

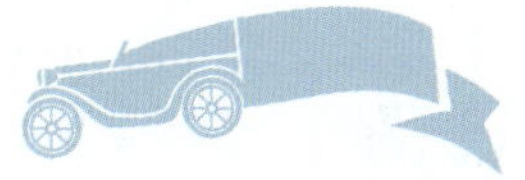

冷却系统常见故障

（1）缺少防冻液：故障现象是天热时发动机容易高温，天冷时暖风不热。检查储液罐的液面，冷车时不要低于下限，热车时不要高于上限。

（2）节温器卡死在常闭位置：故障现象是发动机迅速升温，风扇不转，甚至开锅。检查水箱下水管的温度很低，水箱上水管的温度很高。正常情况水箱上下水管的温度应该接近。

（3）节温器卡死在常开位置：天冷时发动机温度始终低温，暖风不热。检查水箱上下水管温度都很低。冷却系统始终在大循环状态，所以不能保持或提高发动机温度。

（4）水泵故障：发动机低速时温度高，高速时温度可能下降。怠速时吹暖风不热，空挡加油能吹出热风。原因是水泵轮腐蚀失效或水泵轮空转失效。

（5）散热器堵塞：天热时开空调发动机高温甚至开锅，尤其是低速时容易高温。水箱外部尘土杂物堵塞造成通风不好，或者水箱内部堵塞冷却液循环不好。空挡轰油时发现水泵进水管被吸瘪使水箱内部堵塞。

（6）风扇不转：温控开关故障或节温器卡死在关闭状态都能导致风扇不转。此时开动空调风扇会转动，即可确认是否风扇本身故障。

（7）风扇低速不转：风扇低速电阻故障、风扇低速继电器故障或温控开关低速档故障。

（8）风扇常转：温控开关故障。

（9）经常缺少防冻液：冷车时水箱上水管很硬，即可判定是缸盖或缸垫密封不好。

（10）储液罐出现机油：高温后没有及时紧固缸盖螺栓，造成缸盖密封不好，机油从缸盖水套孔渗进冷却系统。

（11）机油乳化：缸盖密封不好，防冻液从水套孔渗入机油，造成机油乳化。

（12）储液罐内有变速箱油：散热器内的变速箱油冷却管泄漏。

（13）冷却系统到处泄漏：防冻液型号不对混加，造成腐蚀铝制缸体、缸盖、暖风水箱等。尤其是铝制发动机，一定要使用原厂规定规格的防冻液，防止腐蚀铝制缸体、缸盖。

（14）防冻液不合格，假开锅故障：用乙醇勾兑的防冻液由于沸点低于节温器的开启温度，所以造成假开锅现象。乙醇的沸点一般低于 80℃，而节温器的开启温度一般大于 80℃。当缸盖温度大于 80℃时乙醇沸腾，而此时节温器没有打开，冷却系统依然是小循环，不能及时散热，所以出现假开锅现象。

第四章
自动变速箱电控系统

自动变速箱虽然结构远比手动变速箱复杂，但是它具有操作简单、方便、省力的优点，尤其适合城市路况的使用，更是女性驾驶员和许多新司机的购车首选配置。因此，在现在的私家车保有量中占有的比例越来越大。在车辆技术的发展中，自动变速箱从早期的纯液压自动变速箱发展到电控液压自动变速箱、手自一体自动变速箱，从结构看，从早期的行星齿轮式自动变速箱，发展到现在的 DSG 双离合式自动变速箱、CVT 式无级自动变速箱，甚至近年来在手动变速箱配合电控液压技术发展起来的 AMT 自动变速箱，使自动变速箱的领域出现多种结构争相竞争的局面。由于大量的轿车走进家庭，自动变速箱将会越来越普及。

目前，电控液压变速箱由于技术成熟、保有量大，所以本章只介绍这种变速箱。关于 DSG 式、CVT 式及 AMT 式自动变速箱的内容将在以后编写的《汽车整车构造原理和常见故障》一书中在加以介绍。

AUTO
REPAIR

4.1 自动变速箱电控系统简介

电控液压手自一体化自动变速箱是目前家用汽车普遍使用的自动变速箱。手自一体化自动变速箱是在电控液压自动变速箱的基础上增加手动控制而衍生的产品，其基本构造和原理与电控液压自动变速箱并无根本区别，因此它与电控液压自动变速箱是同类产品。

电控液压自动变速箱是在全液压机械控制行星齿轮机构自动变速箱的基础上发展起来的，只是用微处理器控制系统取代了机械控制而已。由于采用微处理器控制变速箱的工作，所以性能更好。

手自一体化液压控制行星齿轮机构自动变速箱在中低速段是利用变矩器柔性传递动力的，所以具有起车、换挡平稳、技术成熟、故障率低及使用方便等优点。同时自动挡变速箱操作简单，有利于安全驾驶等优点，所以得到许多新手及女性驾驶者的喜爱。因此在目前的汽车市场上得到了广泛的应用。图 4-1 是自动变速箱的换挡杆和自动变速箱总成的实物图。

图 4-1 自动变速箱的换挡杆和自动变速箱总成

4.2 自动变速箱电控系统基本原理

自动变速箱管理系统通常主要由传感器、控制器（TCU）、执行器三个部分组成，将变速箱工况信息和行驶工况信息等通过传感器检出，转换成电信号，输给电脑进行处理和分析，作出判断，发出换挡指令，进行换挡控制。基本模块示意图如图 4-2 所示。

在变速箱电控系统中，传感器作为输入部分，用于测量各种物理信号（温度、转速等），并将其转化为相应的电信号；TCU 的作用是接收传感器的输入信号，并按设定的程序

进行计算处理，产生相应的控制信号输出到功率驱动电路，功率驱动电路通过驱动各个执行器执行不同的动作，使变速箱按照既定的控制策略进行运转；同时 TCU 的故障诊断系统对系统中各部件或控制功能进行监控，一旦本次驾驶循环探测到故障后，则进入“跛行回家”模式，即变速箱只能在默认的 D3 挡、空挡或者 R 挡下工作。即便本次驾驶循环中故障被消除，变速箱依旧只能在“跛行回家”模式下运行。下一驾驶循环开始，如果故障不存在，变速箱才可以恢复正常换挡工作。

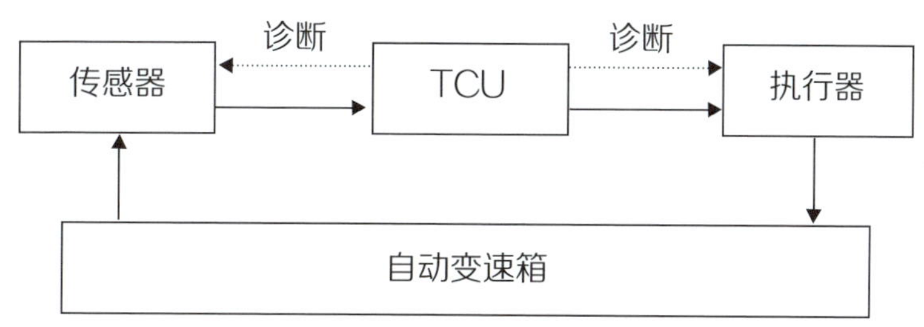

图 4-2　自动变速箱电气模块示意图

系统控制信号介绍

自动变速箱电气关系如图 4-3 所示。

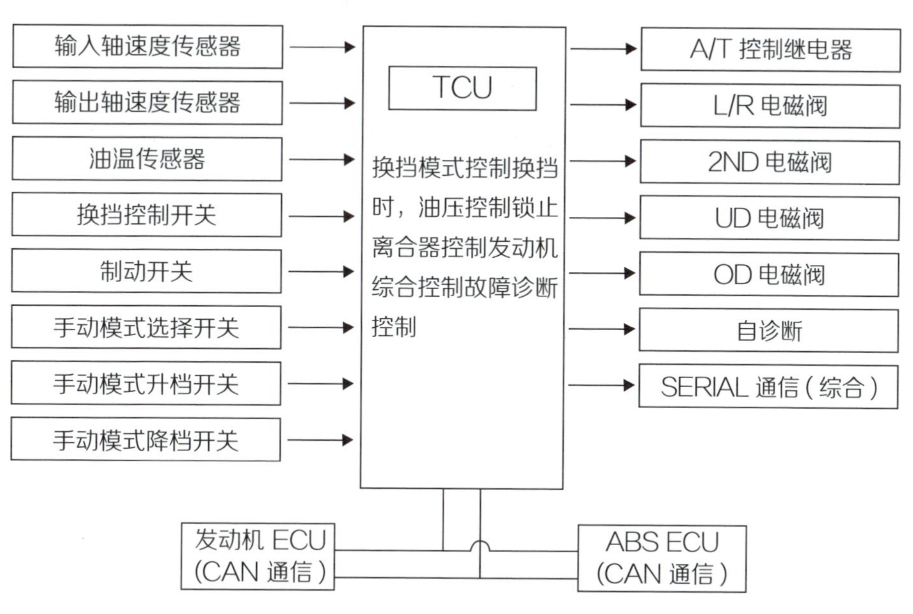

图 4-3　变速箱电控系统结构图

系统主要传感器输入信号包括: 输入轴转速信号、输出轴转速信号、变速箱油温信号、挡位传感器信号、刹车灯信号、电源电压信号。以上信号进入 TCU 后经处理产生所需的执行器控制信号，这些信号在输出驱动电路中被放大，并传输到对应执行器中。这些控制信号包括换挡电磁阀驱动级控制和闭锁电磁阀驱动级控制。

系统功能介绍

输入级基本功能：

（1）输入轴转速信号采集：TCU 获取输入轴转速传感器的脉冲信号，利用不同转速时的脉冲频率不同计算转速信号。

（2）输入轴转速信号诊断：TCU 监控输入轴转速传感器的脉冲信号，如果脉冲信号丢失，此功能将负责相关的故障处理。

（3）输出轴转速信号采集：TCU 获取输出轴转速传感器的脉冲信号，利用不同转速时的脉冲频率不同计算转速信号。

（4）输出轴转速信号诊断：TCU 监控输出轴转速传感器的脉冲信号，如果脉冲信号丢失，此功能负责相关的故障处理。

（5）变速箱油温信号采集：油温传感器通过 TCU 的模拟口被采样，此功能根据采集到的电压，查表得出变速箱油温信号。

（6）变速箱油温信号诊断：油温传感器通过 TCU 的模拟口被采样，如果得到电压值超过了合理值的范围，此功能将负责故障的相应处理。

（7）挡位传感器信号采集：通过 TCU 的数字口获得挡位传感器信号，经过计算得出不同的手柄位置，此信号是控制换挡的重要参数。

（8）挡位传感器信号诊断：在读取换挡手柄信号时，如系统发现规定时间内持续无信号或者持续有两种及两种以上信号，此功能将负责故障的相应处理。

（9）刹车灯信号采集：刹车传感器通过 TCU 的模拟口后被采样，此功能根据采集到的电压，查表得出刹车踏板的位置。

（10）刹车灯信号诊断：在读取刹车传感器信号时，如发现系统无法认知的不可信信号，此功能将负责故障的相应处理。

（11）电源电压信号采集：电源电压通过 TCU 的模拟口后被采样，并对该电压信号进行滤波处理后得出电源电压值。

（12）电源电压信号诊断： 在读取电源电压信号时，如发现系统无法认知的不可信信号，此功能负责故障的相应处理。

驱动级基本功能：

（1）换挡电磁阀驱动级控制： 通过控制输出电流占空比来控制换挡电磁阀，从而控制换挡执行器的压力，根据换挡规律实现换挡。

（2）换挡电磁阀驱动级诊断： 换挡电磁阀驱动电路出现短路、断路等电路故障时，TCU 可以诊断出相应的故障并进行故障处理。

（3）液力变矩器闭锁电磁阀驱动级控制： 通过控制输出电流占空比来控制闭锁电磁阀，从而控制闭锁离合器的压力，根据闭锁规律实现闭锁离合器的解锁与闭锁。

（4）闭锁电磁阀驱动级诊断： 闭锁电磁阀驱动电路出现短路、断路等电路故障时，TCU 可以诊断出相应的故障并进行故障处理。

换挡规律：

（1）动力性换挡规律控制： 当在动力性驾驶模式时，根据目前的加速踏板位置和汽车车速等参数，延迟换挡点以得到更大的动力。该模式需要有动力模式开关支持。

（2）经济性换挡规律控制： 当在经济性驾驶模式时，根据目前的加速踏板位置和汽车速度等参量，以低油耗为控制目标，计算出合适的目标挡位，在无特殊工况被识别的情况下，经济性换挡规律是默认换挡规律。

（3）高温换挡规律控制： 当油温过高时为避免油温进一步升高，调整换挡规律，以提前换挡点，闭锁离合器提前闭锁为目标计算出合适的目标挡位。

（4）低温换挡规律控制： 当油温过低时，为了使油温尽快达到最佳工作温度，调整换挡规律，以延迟换挡点，闭锁离合器延迟闭锁为目标计算出合适的目标挡位。

（5）高原换挡规律控制： 由于海拔高度对发动机扭矩的影响，使得相同节气门开度下获得的发动机扭矩有所不同，需要根据当前车辆所处海拔修正换挡规律，计算出合适的目标挡位。

（6）雪地换挡规律控制： 当在雪地模式时，根据目前的加速踏板位置和汽车速度等参量，计算出合适的目标挡位。雪地模式需要有雪地模式选择开关支持，即通常所说

的 winter switch。进入雪地模式后，变速箱将从 2 挡起步，降低车轮上的输出扭矩，防止起步打滑。

换挡功能：

（1）顺序换挡功能：当换挡手柄处于前进挡位时，根据换挡规律实现顺序换挡功能。

（2）跳跃换挡功能：在某些特殊工况为了快速响应驾驶员需求、减少换挡次数而采用跳跃换挡功能。

（3）移库模式功能：N-D/N-R/R-N/D-N 换挡过程控制，以保证以上换挡过程平顺快速和发动机怠速稳定。

（4）手动限挡功能：换挡手柄在 (D/3/2/L) 之间切换时，根据手柄位置和换挡规律实现手动换挡功能，以满足驾驶员手动限制最高挡位的需求。

（5）换挡控制自学习：考虑到换挡执行器的控制公差及老化特征，自动调整换挡电磁阀油压控制因子。

（6）手动加减挡功能：换挡手柄可转换到手动加 / 减挡位置，驾驶员通过换挡手柄触发加挡需求或减挡需求，TCU 按照驾驶员的操作实现加 / 减挡。

跛行回家功能：

（1）跛行回家模式识别：当重要传感器及执行器发生故障时，此功能负责设置系统控制进入到变速箱“跛行回家”控制模式。

（2）跛行回家模式控制：当在变速箱处于“跛行回家”模式时，这时变速箱只能以默认固定挡位 3 挡行驶，不再进行换挡。同时通过 CAN 总线发出限制扭矩请求，保护变速箱。

液力变矩器锁止控制功能：

（1）闭锁规律：根据油门踏板和车速及挡位信息，决定是液力变矩器是否进行闭锁。

（2）闭锁油压控制：根据闭锁规律，通过闭锁电磁阀控制油压实现液力变矩器的锁止和解锁，提高传动效率、动力性，降低油耗。

急加速功能：

（1）急加速模式识别：当加速踏板的开度及踏下速度超过一定的预设值以后，结合当前车速等参量，实现急加速模式的识别，以使得换挡模式切换到急加速模式。

（2）急加速换挡控制：当在急加速驾驶模式时，根据目前的加速踏板位置和汽车速度等参量，计算出合适的目标挡位以满足驾驶员的较大动力性请求。一般情况下，当驾驶员急速踩下油门踏板时，系统指令变速箱降低一个挡位，以提高扭矩迅速超车。

坡道识别及换挡规律实现：

（1）上坡模式识别：当加速踏板较大及车速较低时，结合当前其他参量（如当前挡位等），识别出目前车辆正处于上坡驾驶工况中。

（2）上坡换挡控制：当处于上坡驾驶模式时，以减少升挡、提供较大动力性为目标，根据目前的加速踏板位置和汽车速度等参量，计算出合适的目标挡位。

（3）下坡模式识别：当加速踏板较小及车速较高时，结合当前其他参量（如当前挡位等），识别出目前车辆正处于下坡驾驶工况中。

（4）下坡换挡控制：当在下坡驾驶模式时，变速箱将提前降挡，利用发动机制动限制车速，根据目前的加速踏板位置和汽车速度等参量，计算出合适的目标挡位。

合理性诊断功能：

（1）1 挡换挡合理性诊断：结合目前的实际挡位，通过计算输入轴转速和输出轴转速的关系，检测当前传动比是否符合 1 挡目标传动比范围，从而确定 1 挡换挡是否存在故障。

（2）2 挡换挡合理性诊断：结合目前的实际挡位，通过计算输入轴转速和输出轴转速的关系，检测当前传动比是否符合 2 挡目标传动比范围，从而确定 2 挡换挡是否存在故障。

（3）3 挡换挡合理性诊断：结合目前的实际挡位，通过计算输入轴转速和输出轴转速的关系，检测当前传动比是否符合 3 挡目标传动比范围，从而确定 3 挡换挡是否存在故障。

（4）4 挡换挡合理性诊断：结合目前的实际挡位，通过计算输入轴转速和输出轴转速的关系，检测当前传动比是否符合 4 挡目标传动比范围，从而确定 4 挡换挡是否

存在故障。

（5）R 挡换挡合理性诊断：结合目前的实际挡位，通过计算输入轴转速和输出轴转速的关系，检测当前传动比是否符合 R 挡目标传动比范围，从而确定 R 挡换挡是否存在故障。

停机自学习：

变速箱控制器在关机前将运行当中的学习值放入 NVRAM 或者 EEPROM 中。

发动机扭矩控制：

在换挡过程中，为了实现良好的换挡品质及对变速箱的保护，此功能负责发动机扭矩的控制。

CAN 通信：

（1）CAN 总线通信：TCU 根据通信协议以实现与发动机管理系统和制动系统之间的 CAN 总线通信。一方面 TCU 需要得到发动机系统与制动系统的相关信号，另一方面 TCU 需要在换挡过程中干预发动机扭矩以实现换挡品质的控制。

（2）CAN 总线通信诊断：如果 CAN 总线由于外在原因出现断路或短路现象时，此功能负责进行相应的故障处理。

监控功能：

（1）TCU 监控功能：通过 TCU 内部看门狗实现对 TCU 的安全监控。

（2）ROM 监控功能：TCU 实时地对 ROM 数据进行校验检查，以实现 ROM 数据的安全监控。当 ROM 数据发生故障时，此功能负责相应的故障处理。

（3）RAM 监控功能：TCU 实时地对 RAM 数据进行校验，以实现 RAM 数据的安全监控。当 RAM 数据发生故障时，此功能负责相应的故障处理。

4.3 自动变速箱的构成

目前市场上绝大部分电控液压自动变速箱是利用电控系统和液压系统综合控制行星

齿轮机构的不同组合而实现自动换挡的自动变速箱，液压自动变速箱是利用变矩器来传递发动机的动力的。液压自动变速箱主要由液力变矩器、行星齿轮机构和液压控制系统组成。图 4-4 是自动变速箱的结构图。

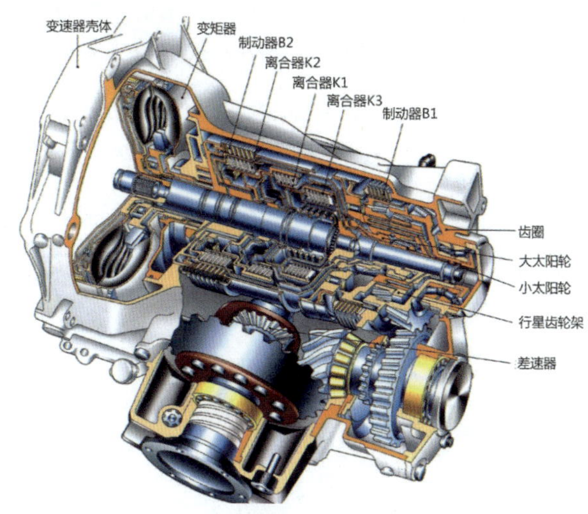

图 4-4　自动变速箱的内部结构

液力变矩器与手动变速箱使用的离合器一样，都是给变速箱传递发动机动力的，只不过离合器是以接近刚性的状态传递动力，而液力变矩器是利用液体的能量柔性传递动力的。但是液力变矩器在适当条件下也可以利用锁紧离合器来实现刚性传递动力。变矩器安装在发动机和变速箱之间，原来手动变速箱离合器占用的位置上，代替手动变速箱的离合器来传递动力。

自动变速箱的行星齿轮机构由行星齿轮机构（包括太阳轮、行星齿轮、齿圈和行星齿轮架）和控制行星齿轮机构组合动作的离合器、制动器和单向离合器组成。在离合器、制动器和单向离合器的作用下，太阳轮、行星齿轮、齿圈和行星齿轮架能够按照不同的速比组成而实现换挡的目的。

液压控制系统主要由油泵、阀体、电磁阀、离合器活塞、制动器活塞和液压缓冲器等组成。油泵的作用是建立自动变速箱的液压系统压力，以保证变速箱正常工作。阀体是变速箱液压油路的控制中心，所有的电磁阀和液压缓冲器都安装在阀体上，通过电磁阀的开关动作控制油路的走向，使离合器活塞和制动器活塞动作以实现行星齿轮机构的换挡动作。离合器活塞和制动器活塞的作用是在液压的作用下压紧或松开离合器片和制

动片，使行星齿轮机构完成换挡动作。液压缓冲器的作用是缓解换挡时液压系统的压力波动，消除换挡过程中的冲击现象。

液压油是自动变速箱重要的工质。它的作用有传递动力、润滑机件、密封油路、散热等。自动变速箱用的液压油简称AFT。不同形式的自动变速箱采用的液压油规格不同，不能随意混用。目前市场上采用锁止离合器的变速箱使用ATF—SP Ⅲ规格的液压油，而过去的普通四速自动变速箱大多使用DEXRON-Ⅲ或DEXRON-Ⅵ规格的液压油。两种AFT的标准不同，使用时尽量按照原车说明书的要求选用。

自动变速箱各组件的构造和功能

图4-5是自动变速箱内部主要零件图。

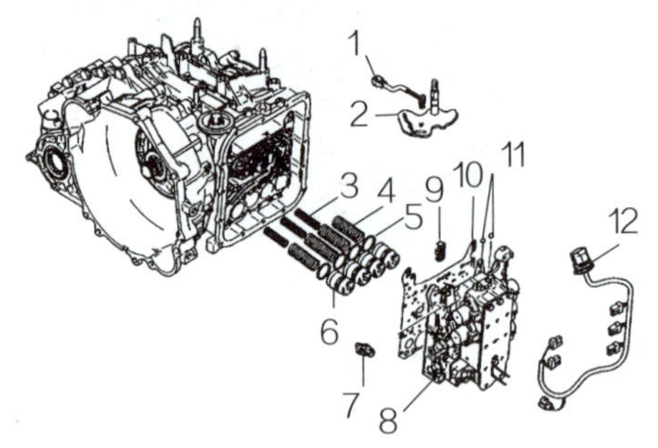

1-P档棘爪拉杆；2-手动控制杆轴；3-储压器弹簧；4-储压器弹簧；5-储压器活塞密封圈；6-储压器活塞；7-油温传感器；8-阀体；9-滤网；10-密封垫；11-球阀；12-电磁阀线束

（a）

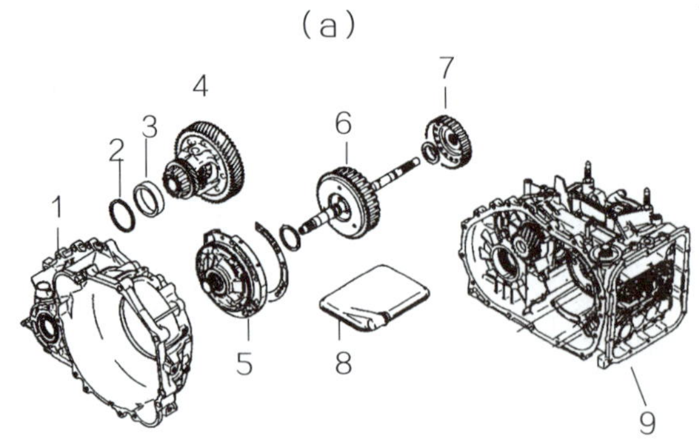

1-飞轮壳；2-半轴油封；3-差速器轴承；4-差速器带减速器被动齿总成；5-油泵；6-低速离合器和输入轴；7-低速离合器毂；8-滤油网总成；9-变速箱体

（b）

图4-5 自动变速箱内部主要零件图

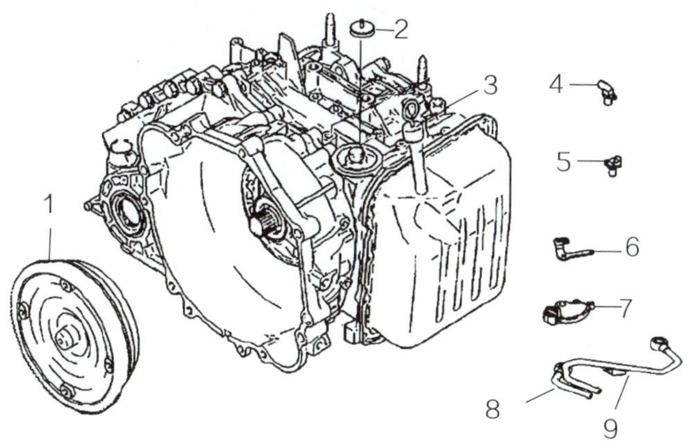

1- 变矩器； 2- 通风孔组件；3- 油尺；4- 输入轴转速传感器；5- 输出轴转速传感器；6- 换挡拉杆
7- 档位开关；8- 冷却出油管；9- 冷却回油管

（c）

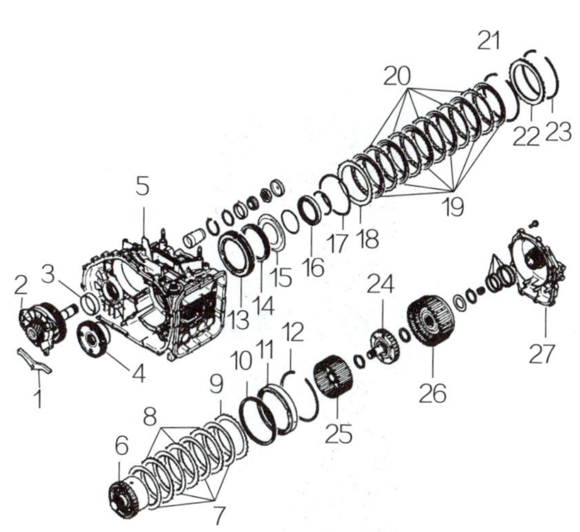

1-P 挡棘爪；2- 输出轴；3- 输出轴轴承外圈；4- 分动箱驱动齿；5- 变速箱壳；6- 输出轴行星齿轮架；7-2 挡制动器摩擦片；8-2 挡制动器钢片；9-2 挡制动器压板；10-2 挡制动器活塞回位弹簧；11-2 挡制动器活塞；12-2 挡制动器组定位卡簧；13- 倒挡制动器活塞；14- 倒挡制动器活塞回位弹簧；15- 回位弹簧架；16- 单向离合器；17- 波形弹簧；18- 倒挡制动器组压板；19- 倒挡制动器摩擦片；20- 倒挡制动器钢片；21- 制动器组卡簧；22- 定位环；23- 卡簧；24- 超速离合器毂；25- 倒挡太阳轮；26- 超速离合器；27- 后盖

（d）

图 4-5　自动变速箱内部主要零件图（续图）

AUTO
REPAIR

4.3.1 液力变矩器的工作原理

液力变矩器是利用液压油来传递发动机动力的机械。图4-6是液力变矩器的构造图。液力变矩器是一个密封的机械，由能够锁紧泵轮和涡轮的锁紧离合器、带有泵轮叶片的外壳、通过单向离合器与变速箱外壳相对固定的导轮、通过花键与变速箱输入轴连接的涡轮组成。液力变矩器工作时，内部被有一定压力的液压油充满。发动机工作时，由飞轮带动液力变矩器的外壳转动。变矩器的外壳转动时带动泵轮的叶片转动，转动的泵轮叶片搅动变矩器内的液压油随之转动。高速转动的液体冲击涡轮的叶片使涡轮转动，而涡轮是通过花键连接在变速箱的输入轴上，所以变速箱的输入轴随之转动。这样，发动机的动力通过液压油传递给了变速箱。由于液压传动的效率损失，此时变速箱得到的转速略低于发动机的转速，传递动力的功能相当于一个液力偶合器。损失的功率变成热量通过液压油散发出去。

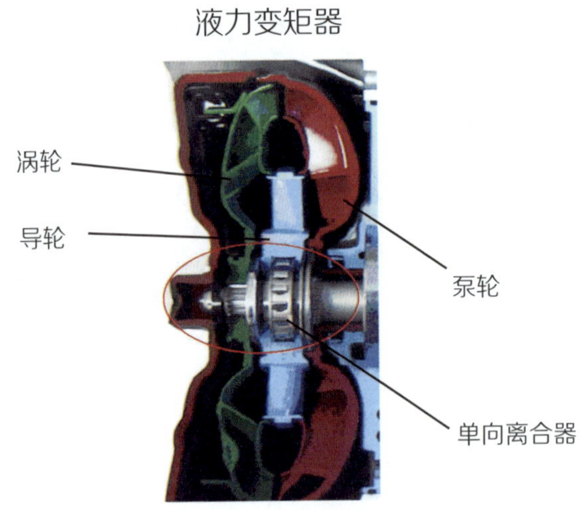

图4-6　液力变矩器的内部构造

偶合器的工作原理类似于一个主动工作的风扇吹动另一个没有通电的风扇，只是这里主动工作的风扇是泵轮，被吹动的风扇是涡轮，而传递动力的是用液压油代替了空气。图4-7是偶合器的工作原理图。

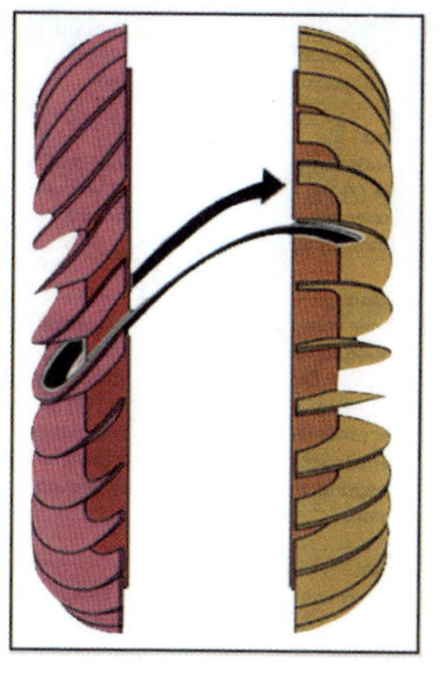

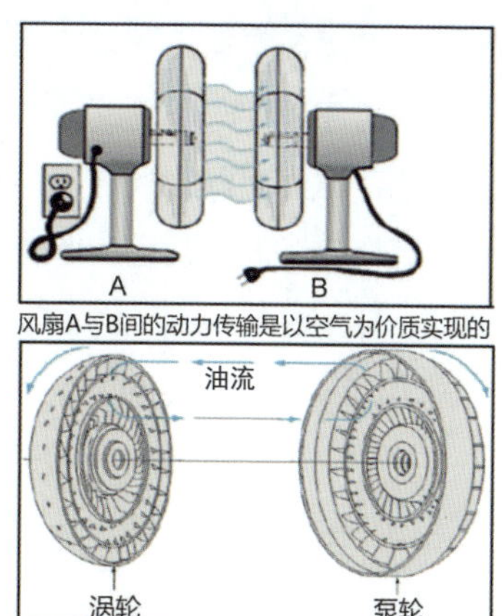

图 4-7　偶合器的工作原理

当汽车由静止起车时，发动机转速提高，变速箱的输入轴由于车辆静止而没有转动。此时泵轮与涡轮之间的转速差最大。高速转动的液体冲击导轮，而导轮由于单向离合器的作用不能转动，所以液体被导轮反向流到泵轮叶片的背后推动泵轮转动，从而变矩器传递的扭矩增加两三倍。当车辆行驶以后，泵轮与涡轮之间的转速差越来越小，两者的转速接近同步，此时导轮的单向离合器开始工作，导轮转动起来，防止阻碍液体的流动，此时的变矩器相当于一个偶合器，传递的扭矩接近但小于发动机的扭矩。图 4-8 是变矩器的工作原理图。

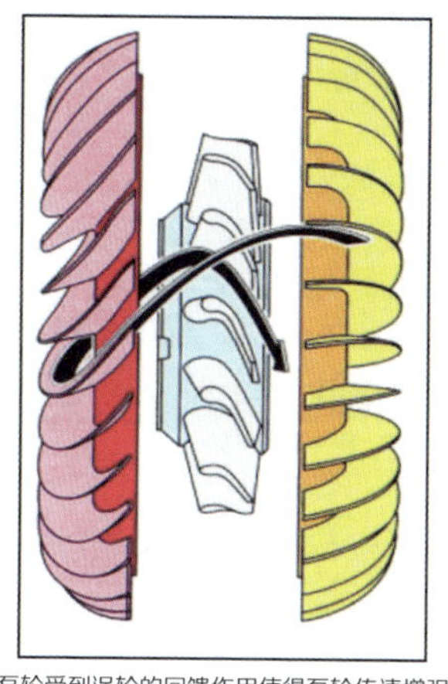

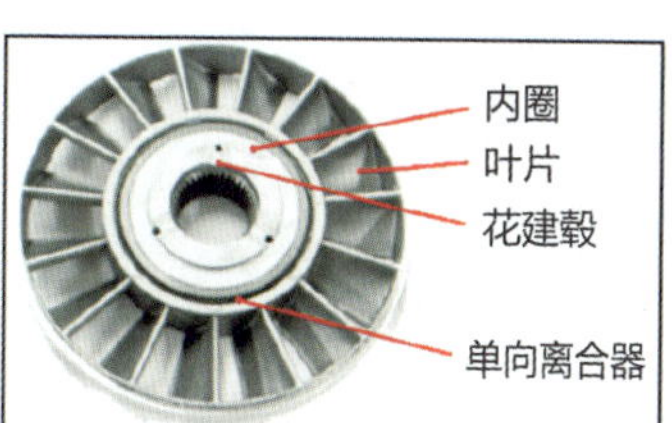

图 4-8　变矩器的工作原理

由于变矩器在工作时存在泵轮与涡轮之间的转速差，在车辆大负荷工作时会产生许多热量而浪费动力。同时在加油时车辆的随动性也不是很好。所以，在变矩器的内部装有锁紧离合器。当车辆在路面良好的条件下中高速以上行驶时，锁紧离合器，将涡轮与变矩器的外壳锁死，这样变矩器的泵轮和涡轮就通过外壳形成了一个整体，所以此时的变矩器就能像传动轴一样刚性地传递动力。在锁紧离合器的作用下，变矩器即减少了能量损失，又提高了车辆加速时的随动性能，所以得到了广泛使用。图 4-9 是变矩器和锁紧离合器的结构图，图中减震弹簧的作用是消除锁紧离合器在泵轮与涡轮在高转速差状态下结合时对变速箱产生的冲击现象。

图 4-9　变矩器和锁紧离合器的结构

4.3.2　行星齿轮机构

行星齿轮机构作为变速机构，具有体积小、速比大、受力对称等特点，因此被普遍使用于液压自动变速箱中。图 4-10 是行星齿轮机构的外形图，图 4-11 是行星齿轮机构的简图。图中的太阳轮、行星齿轮、齿圈和行星齿轮架组成一个变速机构。利用离合器组、制动器组和单向离合器，可以固定行星齿轮机构中不同的构件，就可以实现不同的变速比。比如固定齿圈，用太阳轮作为输入轴，行星齿轮支架可以输出转速，其速比是太阳轮与齿圈直径之比。如果固定太阳轮，以行星齿轮支架为输入轴，齿圈可以输出转速，其速比是行星轮与齿圈直径之比。由于太阳轮、行星齿轮和齿圈的齿数不同，所

以它们变速的速比也不同。另外，利用不同的组合，还可以实现变速箱的空挡和倒挡动作。

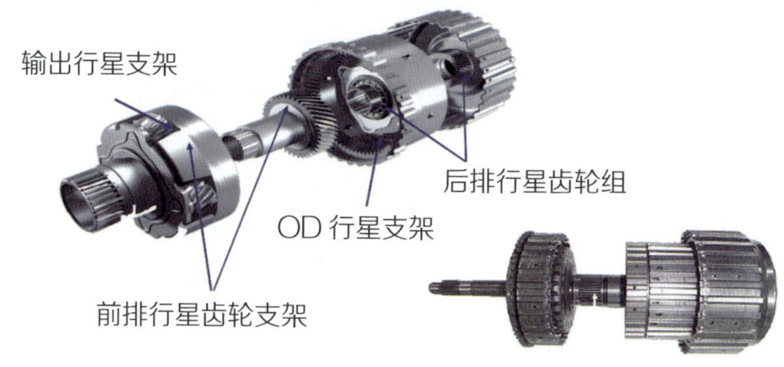

图 4-10　自动挡变速箱的行星齿轮机构实物图

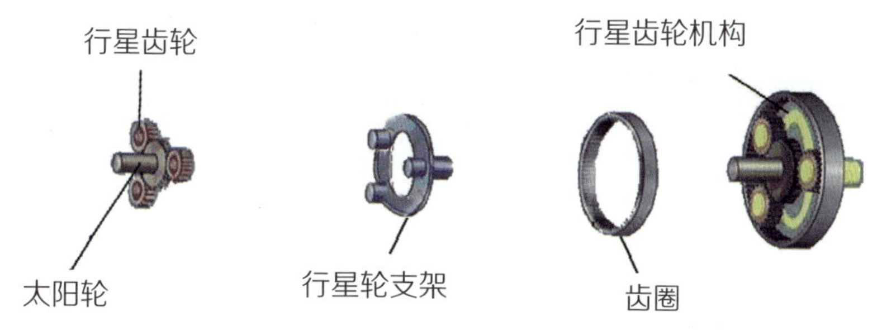

图 4-11　行星齿轮机构简图

自动变速箱的行星齿轮机构一般是由前后两组行星齿轮组组成。最常见的四速变速箱一般由超速挡行星齿轮组和前后排行星齿轮组构成。行星齿轮组内部有离合器摩擦片组，行星齿轮组外部的花键与制动器摩擦片组连接，而制动器组是与变速箱外壳固定在一起的。在离合器组和制动器组的作用下，行星齿轮组能够实现不同的变速比。离合器组一般用于连接或分开行星齿轮机构几个构件的运动，或者使它们独立运动，或者使它们共同运动。制动器组的作用是使这些构件运动，或者相对于变速箱外壳静止。离合器组和制动器组的不同动作组合，使行星齿轮机构实现了不同的转速变化。而离合器组和

制动器组的动作是由电控电磁阀改变油路中液压的变化来改变组内的活塞动作实现的。图 4-12 是二挡的动力传递路线图。如图所示：超速挡行星轮支架是输入轴，超速挡离合器 C_0 将超速挡太阳轮和超速挡行星轮支架压紧成一体，这样超速挡齿圈与行星轮支架间没有相对运动，而此时 C_1 是压紧的，所以超速挡齿圈将输入转速传给前后行星排的前齿圈。由于此时 F_1 被 B_2 制动，太阳轮相对于前齿圈的转向逆向锁止，所以前行星轮支架在前齿圈和前行星轮的带动下与前齿圈同向转动，转速是前齿圈转速和前排太阳轮齿数与前排齿圈齿数之比的乘积，这个速度输出就是二挡的转速。同理，其他挡位的变速方式就不一一列举了。

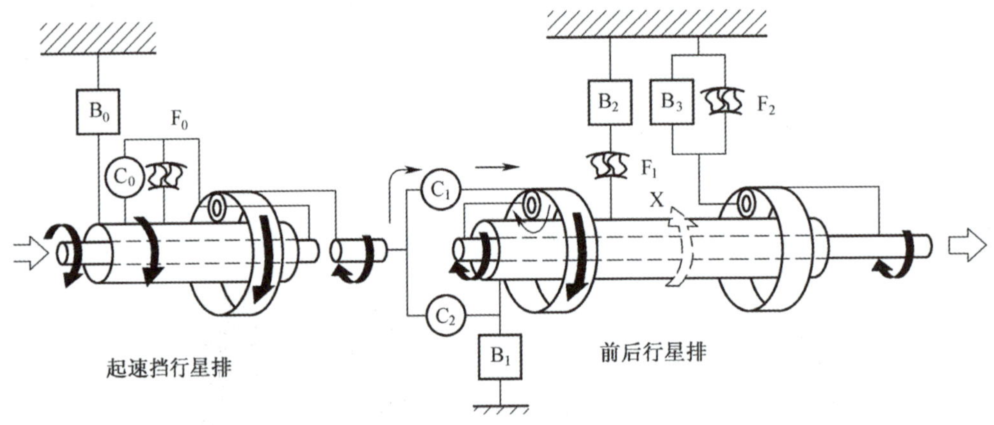

B_0- 超速挡太阳轮制动器；C_0- 超速挡太阳轮离合器；F_0- 超速挡太阳轮单向离合器；
B_1- 行星排太阳轮制动器；B_2- 行星排太阳轮单向离合器的制动器；F_1- 行星排太阳轮单向离合器；
C_1- 前行星排齿圈离合器；C_2- 前行星排太阳轮离合器；B_3- 后行星轮支架制动器；
F_2- 后行星轮支架单向离合器

图 4-12　四速行星齿轮机构二挡动力传递路线图

4.3.3　油泵

油泵的作用是为变速箱液压系统建立工作压力。油泵安装在变速箱外壳的最前端，由变矩器泵轮的花键驱动，油泵的转速就是发动机飞轮的输出转速。所以，自动挡变速箱在发动机没有着火时是不能工作的。

黑色的是油泵从动齿，由主动齿驱动
白色的是油泵主动齿，由泵轮利用这个平面驱动
出油口
进油口

图 4-13 液压自动变速箱的油泵

4.3.4 阀体

阀体是自动变速箱的液压控制中心。所谓电控液压变速箱，实质就是用 TCU 控制的电磁阀替代了以前全液压自动变速箱阀体中的由节气门开度和车速共同控制的换挡滑阀而已。全液压变速箱换挡滑阀的两端分别承受来自节气门开度产生的压力和来自车速惯性锤产生的压力控制。这两个压力差的变化推动滑阀位置的变化而改变油路的开闭，从而实现换挡动作。由于这种控制方法反应相对迟缓，所以使变速箱的动作不能尽如人意，因此，依靠液压控制的换挡阀现在被 TCU 控制的换挡电磁阀替代。TCU 接收的节气门开度和车速信号是电信号，TCU 根据内存储存的变速箱挡位车速 MAP 图计算发出电磁阀动作指令，使行星齿轮机构完成换挡动作。同时 TCU 还可以处理其他影响挡位动作的信号，如加入驾驶员手动控制信号而轻松的将普通自动变速箱变为手自一体化自动变速箱。

由于控制行星齿轮组工作的离合器组和制动器组较多，所以控制油路复杂，在一个平面上不能加工出纵横交错、上下重叠的油路通道。所以阀体是分成几个开放的平面加工制成的。在安装时将这些开放的油路通道密封，实现油路的逻辑走向，完成受控的液

压动作。

电磁阀通过简单的开关动作实现受控油路开闭，来控制相关离合器组和制动器组的压紧或松开动作，从而控制行星齿轮组的换挡动作。

图 4-14 是阀体的实物图。从图中可以看出，阀体分成两部分加工，形成四层油路，用三个密封垫封闭。阀体上装有受 TCU 控制的电磁阀，受液压控制的滑阀及起单向阀作用和泄压作用的球阀。

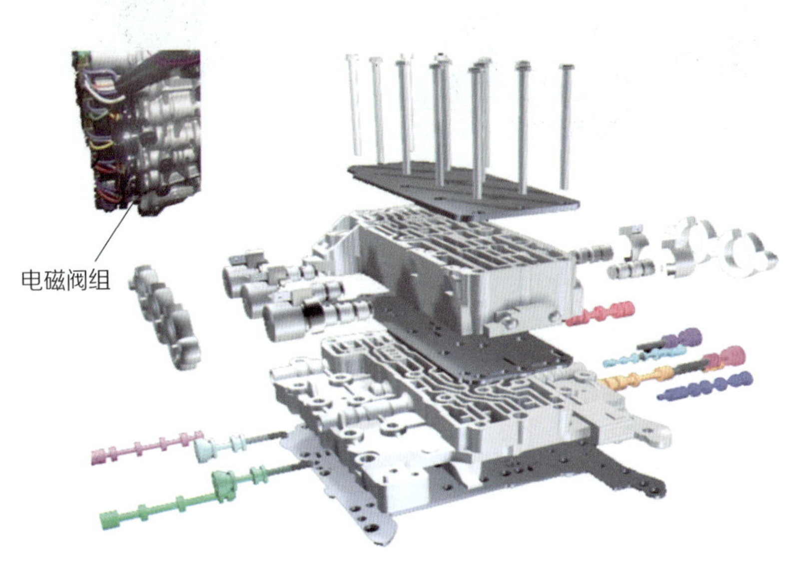

图 4-14　阀体结构图

各个挡位的换挡时机是 TCU 根据内存的 MAP 图计算决定的。所谓的手自一体化自动变速箱，就是通过手动挡位“+ 或 -”的信号影响 TCU 计算出的换挡时机，从而相应地实现了驾驶员的意图。

图 4-15 是某变速箱 P 挡和 N 挡的油路示意图。这个油路走向是由前述这些电磁阀、滑阀、单向阀和泄压阀共同动作实现的。表 4-1 是各个挡位相应的离合器组和制动器组的动作表。

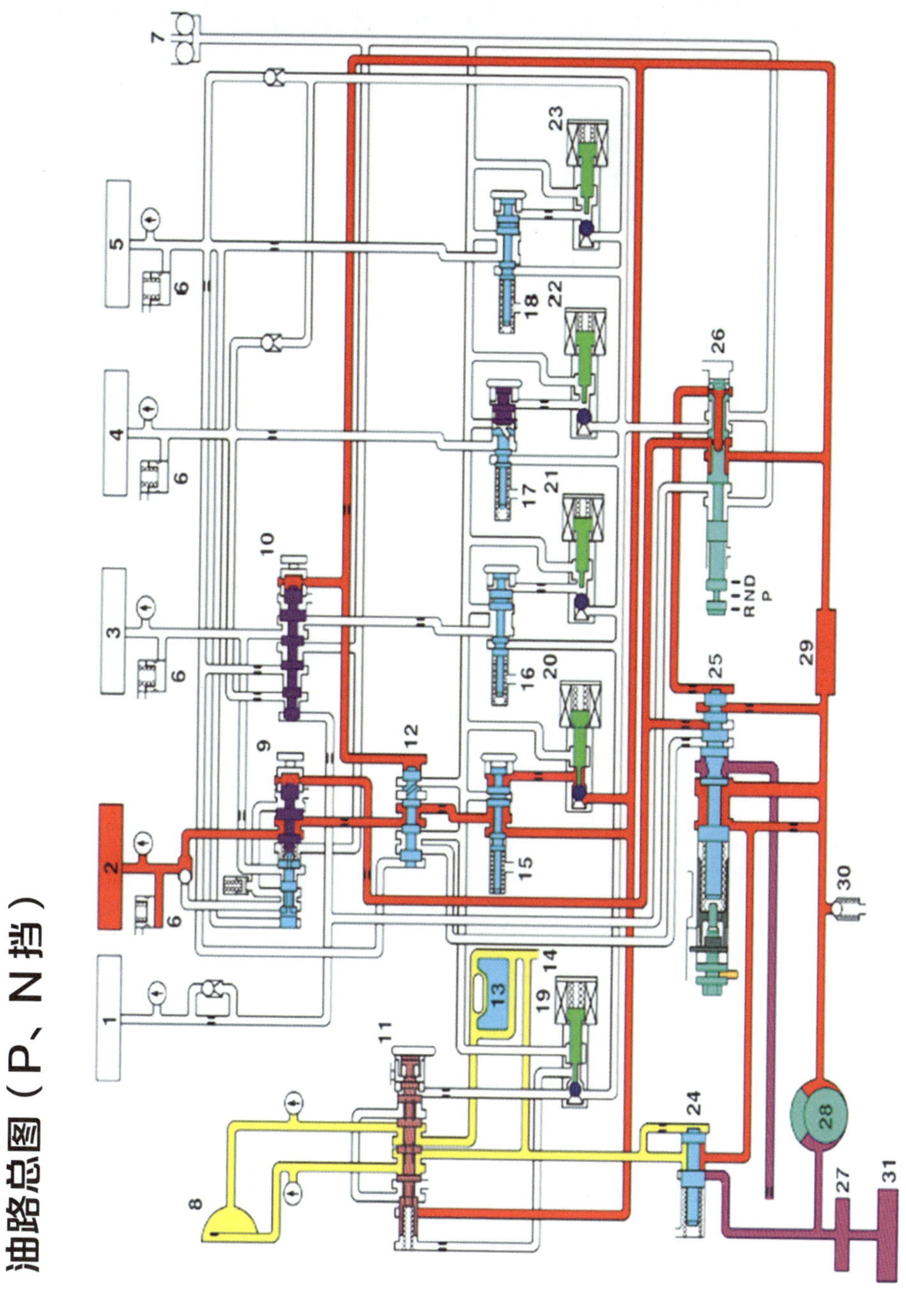

油路总图（P、N挡）

图 4-15 P 挡和 N 挡的油路示意图

表 4-1　各个挡位相应的离合器组和制动器组的动作表

档位原件工作表						
档位	L/R BRAKE	2ND BRAKE	UD CLUTCH	OD CLUTCH	RVS CLUTCH	F
P/N	●					
R	●				●	
1	●		●			●
2		●	●			
3			●	●		
4		●		●		

Operation / Position	Solenoid valves				
	LR	2ND	UD	OD	DCC
1st gear	OFF→ON	ON	OFF	ON	OFF
2nd gear	ON	OFF	OFF	ON	OFF
3rd gear	ON	ON	OFF	OFF	ON
4th gear	ON	OFF	ON	OFF	ON
Reverse	OFF	ON	ON	ON	OFF
N,P(STD.mode)	OFF	ON	ON	ON	OFF

储压器：阀体上安装有储压器。由于离合器组或制动器组的活塞有一定的空间，因此当活塞松开或压紧时液压油的流量发生变化，这个变化会引起液压系统压力变化，从而导致换挡过程的冲击。为了消除换挡冲击，在阀体的油路上装有储能器来消除活塞动作对换挡的冲击影响。储能器存有一定压力的液压油，当系统压力突然减少时，储能器释放出储存的压力油补充系统压力。当系统压力突然增加时，储能器吸收系统压力储存起来，从而消除换挡过程中由于系统压力变化而产生的冲击，提高变速箱的操控性能。

4.3.5　TCU

TCU 是变速箱微处理器的简称，是电控液压自动变速箱控制系统的核心。它的构造和工作原理与发动机微处理器 ECU 相同，只是处理的传感器信号和控制的执行元件有所不同而已，因此，其内部构造和原理这里就不再赘述了。图 4-16 是 TCU 的实物图。

图 4-16　TCU 的实物图

TCU 一般接收下列信号，处理后完成下述动作：

◆根据节气门传感器的开度信号和车速传感器的信号确定变速箱的挡位及换挡时机。

◆根据车速和使用这个车速的时间长短，确定变矩器锁紧电磁离合器的动作。

◆根据刹车灯开关信号确定变矩器锁紧电磁离合器的动作及换挡杆是否能够离开 P 挡。

◆发送挡位信号给 ECU，提高发动机的怠速。

◆根据发动机负荷和变速箱挡位及车速的关系，决定是否切断空调压缩机的工作，以增加发动机对变速箱输出的动力。

◆根据液压油的温度决定锁紧离合器是否工作。

◆根据变速箱的挡位发出点亮相应挡位指示灯的信号。

◆根据挡位是否在 P 挡或 N 挡决定发动机是否能够起动，钥匙是否能拔出。

◆根据是否在倒挡工作发出点亮倒车灯信号。

◆根据巡航开关信号指示变速箱进入巡航模式。

◆根据发动机转速和泵轮转速的差值确认变矩器是否正常工作，如果判定不正常，TCU 做出记录，点亮故障灯指示报警。

◆根据泵轮转速和输出轴转速的差值确认离合器组或制动器组的摩擦片是否正常工作，如果判定不正常，TCU 做出记录，点亮故障灯指示报警。

◆检测电控系统各个元件的电路参数，发现超出设计范围，TCU 做出记录，点亮

故障报警灯指示报警，同时进入“跛行回家”程序，强制变速箱工作在某一个固定挡位，使车辆维持行驶到维修处。

◆实现 OBD Ⅱ接口与诊断仪的通信功能。

图 4-17 是一款手自一体化电控自动变速箱的电路原理图。图中包含了电源、传感器、TCU、执行器的全部电控系统的部件。

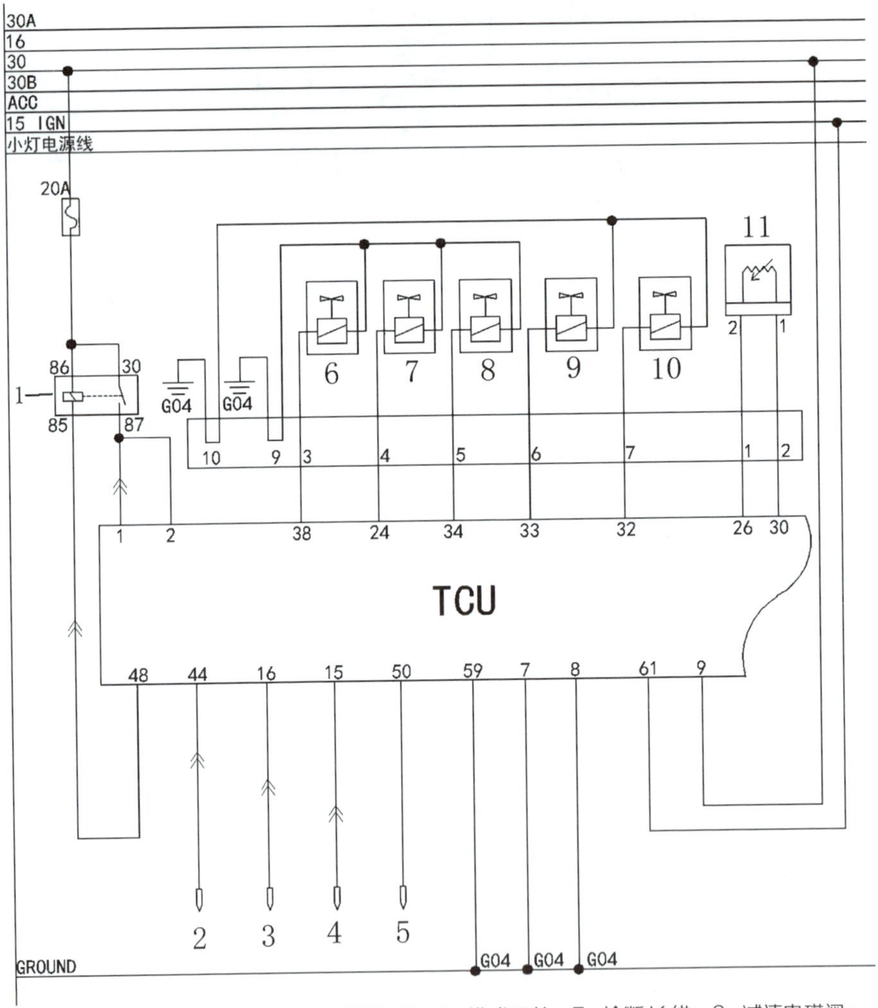

1- 主继电器；2- 加挡开关；3- 减挡开关；4- 模式开关；5- 诊断 K 线；6- 减速电磁阀；7-2 挡电磁阀；8- 超速电磁阀；9- 低速倒挡电磁阀；10- 锁紧离合器电磁阀；11- 油温传感器

（a）

图 4-17　电控手自一体化自动变速箱电路图左侧

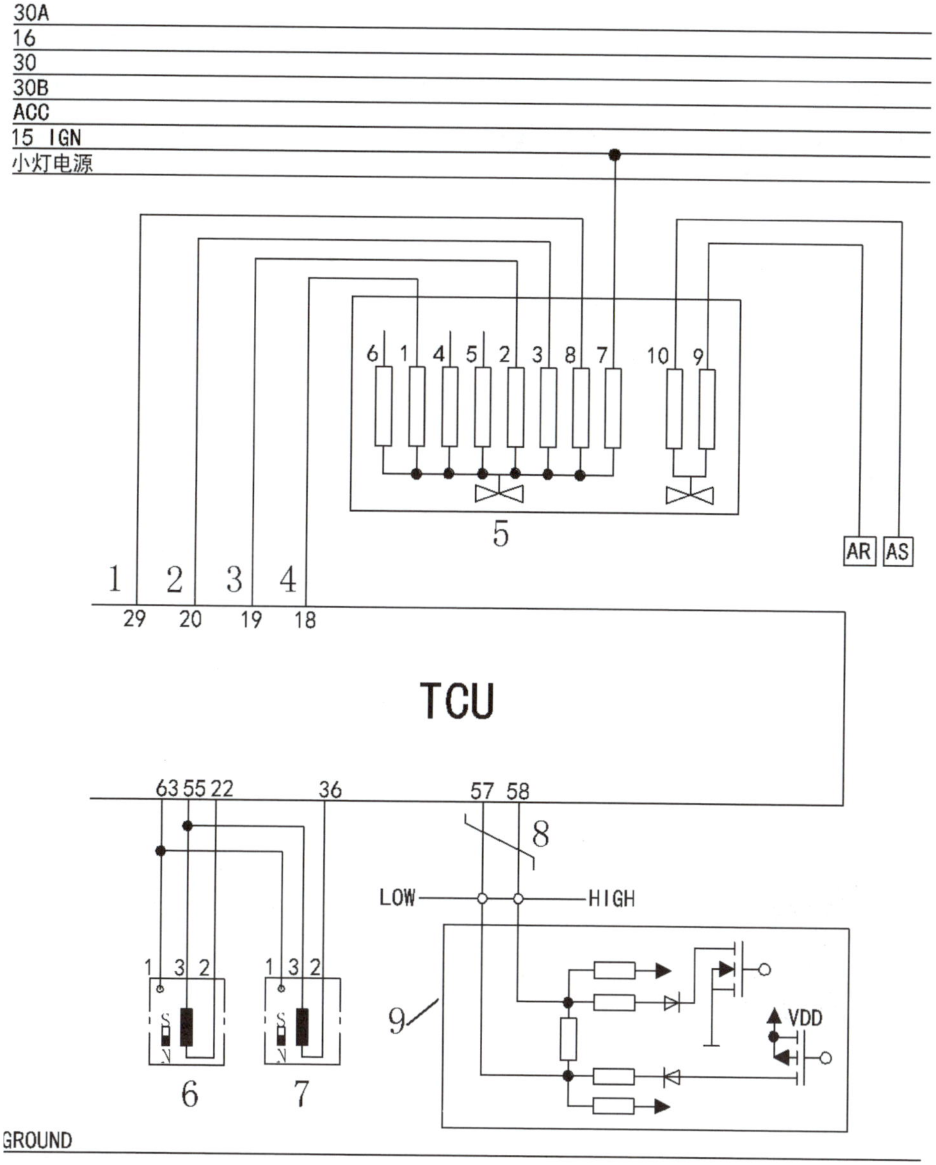

1-R 挡；2-D 挡；3-N 挡；4-P 挡；5- 挡位开关；6- 输入轴转速传感器；
7- 输出轴转速传感器；8- 双绞线；9-CAN 接口

（b）

图 4-17　电控手自一体化自动变速箱电路图右侧（续图）

4.3.6 节气门开度传感器

节气门开度信号反应驾驶员的意图，随着开度逐渐增加，车速逐渐提高，TCU 要指示变速箱适时增挡。随着开度逐渐减少，车速逐渐下降，TCU 可能指示变速箱要适时降挡。如果开度突然增加，TCU 判定驾驶员要超车，会指示变速箱降低一个挡位，以提高扭矩迅速超车。如果高速行驶时节气门突然关闭，TCU 判定是带挡滑行，会指示发动机进入超速断油工况，使车辆利用发动机的阻力减少，既省油又环保。现在的汽车都利用发动机电控系统的节气门开度信号，不另设置独立的节气门传感器，在这里就不再介绍节气门传感器的结构和工作原理了。

4.3.7 输入轴转速传感器

1. 接插件简图和针脚定义

输入轴转速传感器的结构和工作原理与发动机电控系统的曲轴转速传感器一样，只是外形有所区别。它的作用是给 TCU 提供变速箱输入轴的转速，以便 TCU 据此和车速信号判定挡位和换挡点。一般情况下，当输入轴转速超过某一转速时，变速箱要相应升挡。当输入轴转速低于某一转速时，变速箱要相应降挡。图 4-18 是输入轴传感器的外形图和针脚定义。

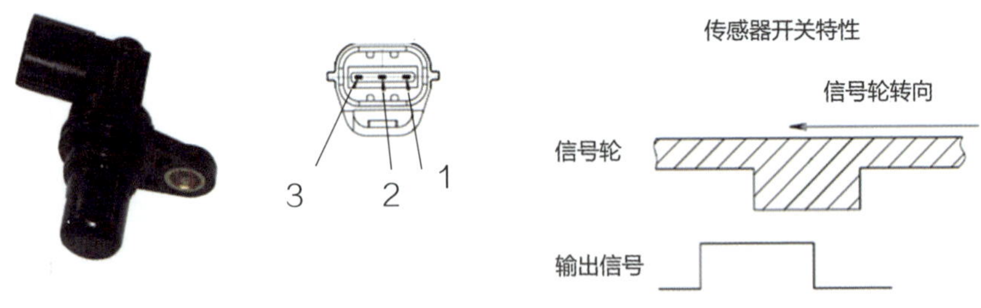

1- 接地；2- 信号；3- 电源

图 4-18　输入轴传感器的外形和针脚定义

2. 工作原理

转速传感器是双霍尔差分式传感器，信号轮的转动引起转速传感器内部感应点处的磁场发生交变，这一交变的磁场由差分霍尔式感应，感应的交变磁信号被传感器内部处

理电路转换为电信号并输出给 TCU。

3. 技术性能参数

（1）转速传感器的供电电压为直流电压，信号通过接口部分输出（集电极开路）。

（2）传感器开关特性见上图。

（3）供电电压范围 U_s：4.75 ~ 16V。

（4）供电电流范围 I_s：4.2 ~ 10mA。

（5）输出电流 I_o：≤ 20mA。

（6）输出低电压：≤ 0.5V。

（7）输出信号高电压：≥ U_s-0.5V。

4. 应用指南

（1）传感器在装车或试验前必须一直在原包装材料内。

（2）从包装材料内取出传感器，需检查传感器，必须未损坏及未被脏物污染。

（3）传感器装入安装孔前，O 形圈需要抹润滑油，然后压入传感器（不能使用工具敲入），最后使用标准凸缘螺钉进行固定。紧固扭矩 10 ~ 12N · m。

（4）如果传感器在一定的温度和压力负载下工作后从安装孔移开，那么就不允许再将它放回原来的安装孔，必须安装一个新的传感器以保证牢固性。

（5）外部离散磁场会影响传感器输出信号的精度，传感器环境磁场要求：

非工作状态下： ≤ 125 mT。

工作状态下： ≤ 1 mT。

转速传感器工作位置的外部磁场强度必须限制在上面的数值内部。否则传感器将被损坏。

（6）传感器中含有强磁铁。由于多数电子存储装置（磁盘、磁带等）都对磁场很敏感，所以必须将它们与永磁体分开来存放。带有心脏起搏器的用户要在操作以前做相应的防护措施。

5. 故障现象及简单判断

常见故障原因：过水污染、线束接触不良、传感器失效等。

故障现象：不能起动等。

维修注意事项：禁止对传感器进行任何维修。

维修过程用压入的方法而不是用锤击的方法安装。

维修方法：更换新传感器。

4.3.8 输出轴转速传感器

1. 接插件简图和针脚定义

如图 4–19 所示，输出轴转速传感器的结构与工作原理与发动机电控系统的曲轴转速传感器一样，外形与输入轴传感器一样。输出轴传感器间接地给 TCU 提供车速信号。TCU 据此选定换挡时机及挡位。另外，TCU 通过比较输入轴传感器和输出轴传感器传来的速度信号差是否超过程序设定的范围，能够判定离合器组或制动器组的摩擦片是否正常工作并记录故障，指示故障灯报警。

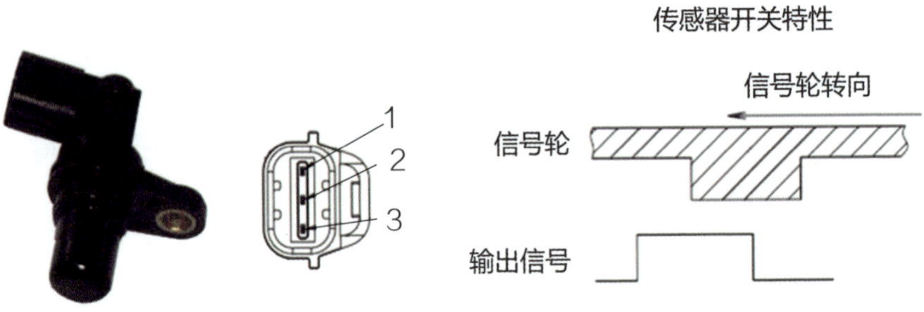

1- 接地；2- 信号；3- 电源

图 4–19　输出轴传感器的外形和针脚定义

2. 工作原理

同输入轴转速传感器。

3. 技术性能参数

同输入轴转速传感器。

4. 故障现象及简单判断

同输入轴转速传感器。

4.3.9　油温传感器

1. 简图和针脚定义

针脚：本传感器共有两个针脚，通过线束接至 TCU，针脚无极性要求。

2. 安装位置

油温传感器安装在变速箱油底壳内。

3. 工作原理

此传感器是一个负温度系数（NTC）的热敏电阻，其电阻值随着变速箱油的温度上升而减小，但不是线性关系。负温度系数的热敏电阻装在一个塑料本体里面，见图 4-20。

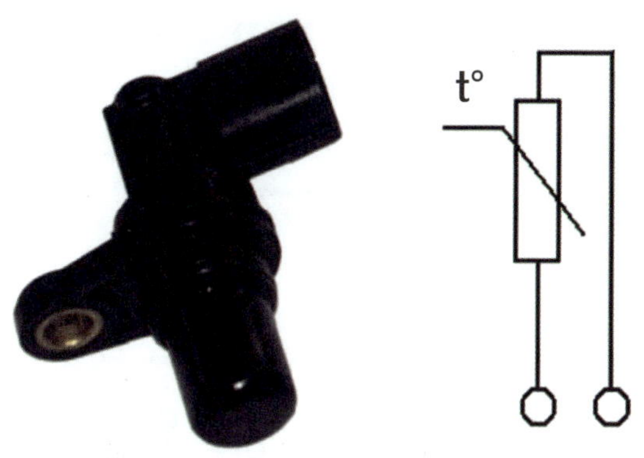

图 4-20　变速箱油温传感器

4. 技术特性参数

额定电压 5 V，100℃ 的额定电阻 0.63±0.06 kΩ，运行温度范围 −20℃ ~+120 ℃，通过传感器的最大测量电流 1 mA。

TCU 端电阻温度 0℃时 16.7~20.5Ω，100℃时 0.5~0.7Ω。

5. 安装注意事项

变速箱油温传感器安装在油底壳底部，利用螺栓通过传感器法兰孔将传感器安装在变速箱上。许可的拧紧力矩为 10 ~ 12N · m。

AUTO
REPAIR

6. 故障现象及判断方法

故障现象：无温度信号输出、温度显示不准等。

一般故障原因：接触不良，电阻故障。

简易测量方法：（卸下接头）把数字万用表打到欧姆档，两表笔分别接传感器两根针脚，20℃时额定电阻为 7.574 ~ 8.607 kΩ。测量时也可用模拟的方法，具体为把传感器工作区域放进开水里（注意浸泡的时间要充分），观察传感器电阻的变化，此时电阻应下降到 0.63±0.06kΩ（具体数值视开水的温度）。

油温传感器的结构和工作原理与发动机电控系统的水温传感器一样，只是外形不同。当油温传感器检测到液压油的温度低于 70℃时，TCU 指令锁紧离合器不锁紧，利用变矩器泵轮和涡轮工作时的转速差，使液压油尽快加热达到正常工作温度。当油温传感器检测到油温超过 120℃时，TCU 指令降低档位，锁紧离合器工作使变矩器泵轮和涡轮刚性传递动力减少转速差产生的高温，同时发信号给 ECU，使散热风扇工作加强散热，液压油的温度迅速降到正常工作温度。当液压油的温度过低时，由于油的粘度不符合变速箱的设计要求，将使变速箱的工作异常产生冲击等现象。当液压油的温度过高时会使液压油变质失去粘度，导致离合器组或制动器组的摩擦片损坏。图 4-21 是油温传感器的安装位置图。

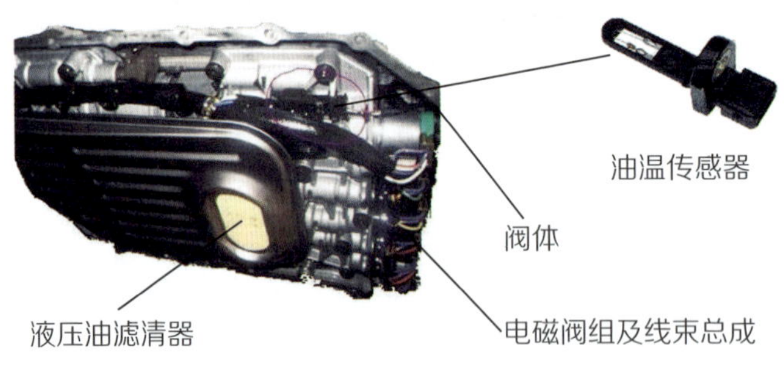

图 4-21　油温传感器和电磁阀的安装位置

4.3.10　换挡机构

换挡机构是驾驶员用来操纵变速箱的。表面看有手柄和挡位标识面板，内部有模式转换开关、挡杆锁紧机构、挡位拉线及线束等。

模式开关给TCU传递手动/自动模式开关信号，使TCU工作在手动或自动模式上。所谓手动模式是一个电信号，并不是手动控制变速箱内部的齿轮机构。TCU在手动模式下，在自动选挡的基础上根据当时的车辆环境，强制体现驾驶员的增减挡意愿，使车辆的操作更符合个人的风格。

挡杆锁紧机构的电磁阀受TCU的控制，只有驾驶员满足某种条件才能操作换挡杆。例如，要将换挡杆从P挡位移动，必须打开钥匙，踩刹车才能实现。换挡拉线将换挡杆的动作传递给变速箱的换挡机构，使变速箱工作在不同的挡位上。换挡机构线束将换挡杆在不同位置产生的开关信号传给TCU，使TCU完成不同的工作。挡位传感器安装在变速箱壳体上，随着换挡拉线转动，将当时的挡位传给TCU和挡位指示灯。图4-22是换挡机构的示意图。

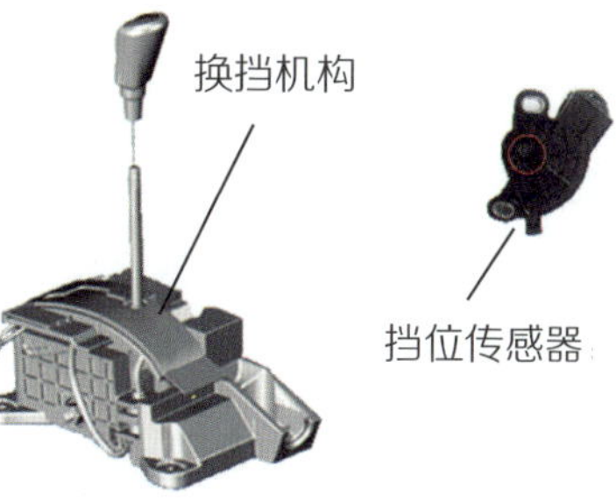

图4-22 换挡机构和档位传感器

4.3.11 挡位传感器

1. 简图和针脚定义

挡位传感器及其引脚排列如图4-23所示。传感器有两个安装孔（1，3）、一个转子轴孔和一个空档定位销孔（4）。传感器共有10个引脚：1至6号为档位信号引脚，接TCU；7号和8号为倒挡引脚，接倒挡灯；9号和10号为起动引脚，接起动回路。

2. 安装位置及方法

档位传感器转子轴孔2装配在变速箱的换挡轴上，并通过U型孔1和3固定在变速箱箱体上。安装传感器之前，将变速箱调整到“N”挡位置，然后将传感器安装在换

图 4-23 挡位

挡轴上，使传感器转子上的轴孔 2 与换挡轴配合，并使传感器安装面紧贴到变速箱体上（不要用硬物敲打），将换挡臂的销孔与传感器的空挡定位销孔 4 对齐，插入定位销。最后插入螺栓并拧紧。扭矩为 10~12N · m。安装完毕需取出定位销。

3. 工作原理

驾驶员变挡时，换挡手柄通过连接到变速箱换挡轴上的拉锁，把变速箱换到相应的挡位上。装在转子上的触头会随转子的转动，与相应的导流轨接触，从而按照预先定义的角度输出信号。挡位传感器开关关系表如图 4-24 所示。

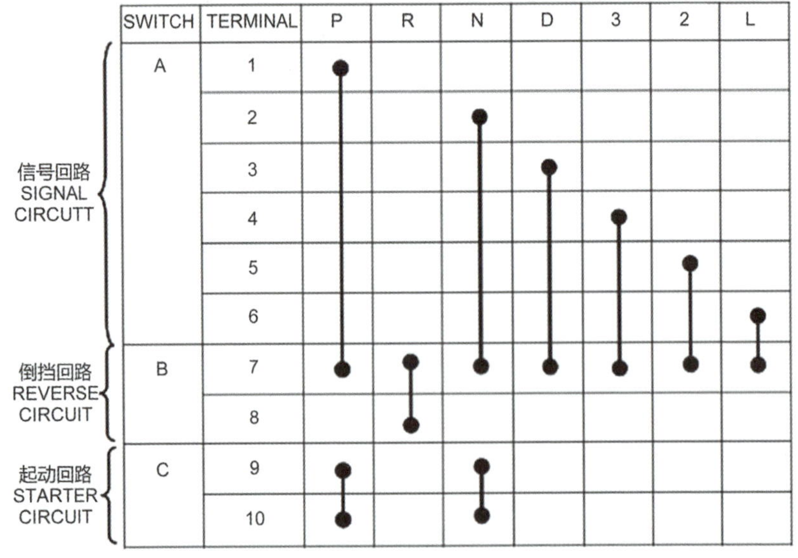

	SWITCH	TERMINAL	P	R	N	D	3	2	L
信号回路 SIGNAL CIRCUTT	A	1	●						
		2			●				
		3				●			
		4					●		
		5						●	
		6							●
倒挡回路 REVERSE CIRCUIT	B	7	●	●	●	●	●	●	●
		8		●					
起动回路 STARTER CIRCUIT	C	9	●		●				
		10	●		●				

图 4-24 挡位传感器开关关系表

4. 故障现象及判断方法

故障现象：无信号输出。

一般故障原因：

（1）密封圈失效导致各种液体（如机油、冷却液、制动液、水等）进入到传感器内部，对传感器金属元件造成腐蚀。

（2）密封圈失效导致灰尘进入到传感器内部，使触头与导流轨接触故障。

（3）密封圈失效导致水进入到传感器内部，在低温下结冰，使触头无法从触头槽内弹出并与导流轨接触。

维修注意事项：参见安装注意事项。

简易测量方法：卸下母端接插件，把数字万用表打到欧姆档，将传感器按顺序依次调整到 P, R, N, D, 3, 2, L 各挡，在每一挡位按照挡位传感器开关关系表，将万用表表笔接到相应引脚上，如果挡位信号正常，则万用表所测得电阻值应小于 1Ω。

4.4　自动变速箱电控系统故障诊断方法

当TCU记录故障时，挡位指示灯会闪烁提示驾驶员，同时变速箱会固定在三挡以“跛行模式”行驶，以便驾驶员能够开车进厂检修故障。

TCU 内记录的故障码可以用诊断仪通过 OBD Ⅱ接口读取。表 4-2 是某款自动挡变速箱的故障代码表。表中涵盖了变速箱电控系统各个组件可能出现的故障。

表 4-2　某款自动变速箱故障码表

序号	故障码	说明
1	P0604	变速箱控制器 TCU 存储空间（RAM）故障
2	P0605	变速箱控制器 TCU 存储空间（ROM）故障
3	P0613	变速箱控制器 TCU 故障
4	P0703	制动灯开关信号故障
5	P0705	PRND32L 挡位传感器输出信号不合理故障
6	P0711	油温传感器信号不合理故障
7	P0712	油温传感器电压过低 / 短路
8	P0713	油温传感器电压过高 / 断路

续表

序号	故障码	说明
9	P0715	涡轮转速传感器输入信号故障
10	P0720	输出轴转速信号故障
11	P0731	一挡速比不正确
12	P0732	二挡速比不正确
13	P0733	三挡速比不正确
14	P0734	四挡速比不正确
15	P0736	倒挡速比不正确
16	P0741	液力变短器分离故障
17	P0742	液力变矩器闭合故障
18	P0743	液力变矩器闭锁离合器 DCC 电磁阀连接故障
19	P0750	LR 电磁阀连接故障
20	P0755	UD 电磁阀连接故障
21	P0760	2ND 电磁阀连接故障
22	P0765	OD 电磁阀连接故障
23	P0750	P 挡锁止电磁阀连接故障
24	P0751	自动变速器控制继电器电路断路
25	U0073	CAN 总线故障
26	U0115	没有来自 EMS 的 CAN 信号
27	UO121	没有来自 ABS 的 CAN 信号

4.5 自动变速箱电控系统常见故障及维修案例

自动变速箱最常见的故障是由于液压油缺少或规格不符合原厂要求而导致的摩擦片烧蚀，以及由于液压油过脏而导致的阀体动作不良造成的摩擦片烧蚀故障。

常见故障现象：

（1）无法起动。

（2）无法前进。

（3）无法倒车。

（4）无法行驶（前进或倒车）。

（5）换挡时，发动机停止。

（6）N→D 时，冲击（有振动），延迟时间过长。

（7）N→R 时，冲击（有振动），延迟时间过长。

（8）N→D, N→R 时，冲击（有振动），延迟时间过长。

（9）换挡冲击和打滑。

（10）所有换挡点换挡不正确（换挡点提前或延迟）。

（11）某些换挡点换挡不正确（换挡点提前或延迟）。

（12）无故障码（不换挡）。

（13）行驶过程中加速故障。

（14）行驶过程中抖动。

1. 无法起动

如果换挡杆在 P 或 N 挡位置发动机无法起动，可能是由于挡位传感器、换挡钢索、发动机系统、液力变矩器或油泵故障。

可能原因：

■ 挡位传感器系统故障。

■ 换挡钢索故障。

■ 发动机系统故障。

■ 液力变矩器故障。

■ 油泵故障。

■ 发动机 ECU 故障。

2. 无法前进

如果在发动机怠速时，换挡杆由 N 排入 D，车辆无法前进。可能是由于管路液压异常、UD 离合器故障或变速箱阀体故障。

可能原因：

■ 管路液压异常。

■ UD 电磁阀故障。

■ UD 离合器故障。

■ 阀体故障。

■ TCU 故障

3. 无法倒车

如果在发动机怠速时，换挡杆由 N 排入 R，车辆无法倒退，可能是倒挡离合器、LR 制动器的液压异常、LR 制动器或者阀体故障。

可能原因：

■ 倒挡离合器压力异常 。

■ LR 制动器压力异常。

■ LR 电磁阀故障 。

■ 倒挡离合器故障。

■ LR 制动器故障 。

■ 阀体故障。

■ TCU 故障。

4. 无法行驶（无法前进或后退）

发动机怠速，换挡杆移动到任何挡位时，如果汽车不前进或后退，原因可能是管路压力异常或者动力系统、油泵或阀体故障。

可能原因：

■ 管路液压异常。

■ 动力系部件故障。

■ 油泵故障。

■ 阀体故障。

■ 自动变速器油面高度偏低。

■ TCU 故障。

5. 换挡时发动机失速

如果在发动机怠速时，换挡杆由N挡排入 D 挡或R挡时，发动机失速，可能是由于发动机系统故障，DCC 离合器电磁阀、阀体或液力变矩器故障。

可能原因：

■ 发动机系统故障。

■ DCC 离合器控制电磁阀故障。

■ 阀体故障。

AUTO
REPAIR

■ 液力变矩器故障。

■ TCU 故障。

6. 从“N”位换挡到“D”位时，换挡冲击且延时长

发动机怠速，换挡杆从“N”位换挡到“D”位时，如果异常冲击或者延时2秒钟或更长，原因可能是 UD 离合器压力异常，或者是降速离合器、阀体或节气门位置传感器故障。

可能原因：

■ UD 离合器压力异常。

■ UD 电磁阀故障。

■ UD 离合器故障。

■ 阀体故障。

■ 节气门位置传感器故障。

■ TCU 故障。

7. 从“N”位换挡到“R”位时，换挡冲击且延时长

发动机怠速，换挡杆从“N”位换挡到“R”位时，如果异常冲击或者延时2秒钟或更长，原因可能是倒挡离合器压力异常或低挡－倒挡制动器压力异常，或者倒挡离合器、低挡－倒挡制动器、阀体或节气门位置传感器故障。

可能原因：

■ 倒挡离合器压力异常。

■ 低挡－倒挡制动器压力异常。

■ 低挡－倒挡电磁阀故障。

■ 倒挡离合器故障。

■ 低挡－倒挡制动器故障。

■ 阀体故障。

■ 节气门位置传感器故障。

■ TCU 故障。

8. 从“N”位换挡到“D”位、“N”位换挡到“R”位时，换挡冲击且延时长

发动机怠速，换挡杆从“N”位换挡到“D”位和从“N”位换挡到“R”位时，如

果异常冲击或者延时 2 秒钟或更长，原因可能是管路压力异常或者油泵或阀体故障。

可能原因：

■ 倒挡离合器压力异常。

■ 低挡－倒挡制动器压力异常。

■ 管路压力异常。

■ 油泵故障。

■ 阀体故障。

■ TCU 故障。

9. 换挡冲击和打滑

如果行驶时换挡冲击源于升挡或降挡和变速驱动桥转速变得高于发动机转速，原因可能是管路压力异常，或者电磁阀、油泵、阀体或一个制动器或离合器故障。

可能原因：

■ 管路压力异常。

■ 各电磁阀故障。

■ 油泵故障。

■ 阀体故障。

■ 各制动器或离合器故障。

■ TCU 故障。

10. 所有换挡点换挡不正确（换挡点提前或延迟）

如果行驶时所有换挡点提前或延迟，原因可能是输出轴转速传感器、节气门位置传感器或者一个电磁阀故障。

可能原因：

■ 输出轴转速传感器故障。

■ 节气门位置传感器故障。

■ 各电磁阀故障。

■ 管路压力异常。

■ 阀体故障。

■ TCU 故障。

11. 某些换挡点换挡不正确（换挡点提前或延迟）

如果行驶时某些换挡点提前或延迟，原因可能是阀体故障。

可能原因：

■ 阀体故障。

■ TCU 故障。

12. 无故障码（不换挡）

如果行驶时不换挡并且没设置故障码，则可能存在抑制挡位传感器或 TCU 故障。

可能原因：

■ 挡位传感器故障。

■ 线束或插接器损坏。

■ TCU 故障。

13. 行驶过程中加速故障

如果行驶中降挡时出现加速性差，则可能存在发动机系统、制动器或离合器故障。

可能原因：

■ 发动机系统故障。

■ 离合器系统和制动器系统故障。

■ TCU 故障。

14. 行驶过程中抖动

如果匀速行驶或四挡加速时出现振动，则可能存在液力变矩器闭锁离合器压力异常，或者发动机系统、液力变矩器闭锁离合器电磁阀、液力变矩器或阀体故障。

可能原因：

■ 液力变矩器闭锁离合器压力异常。

■ 离合器系统和制动器系统故障。

■ 发动机系统故障。

■ 液力变矩器离合器电磁阀故障。

■ 液力变矩器故障。

■ TCU 故障

4.5.1 电磁阀故障

换挡电磁阀和锁止电磁阀最常见的故障是线束接触故障。

案例：换挡电磁阀接地线悬空

一辆丰田佳美汽车，严重追尾事故修复后，行驶时变速箱故障灯闪烁，能够行驶，但是没有换挡动作。进厂检查时调取故障码是三个故障：1号电磁阀连接故障；2号电磁阀连接故障；锁止电磁阀连接故障。找出这台车得维修电路图，发现这三个电磁阀有共同的接地点。于是在车上检查，发现这个共同的接地点是一个插头，插座用螺栓紧固在车身上，而这个插头没有插在插座里。看来是维修工作业后遗忘在这里。将插头插上后故障排除。图4-25是这台车的维修电路图，从图中能够看到三个电磁阀的接法。图中ECU上标注的“Engine & ECT ECU”是发动机和电控变速箱共用ECU的意思。现在许多厂家将发动机和变速箱的电脑合在一起，便于利用许多共用的传感器信号。

4.5.2 阀体故障

阀体内部有许多滑阀。滑阀是很精密的部件，与阀体的承孔配合相当精密，如果液压油很脏，会使滑阀卡死，不能按设计要求工作，从而导致变速箱出现换挡冲击、换挡时机不对，摩擦片烧毁车辆不能行使或加速无力等故障。

案例：离合器组摩擦片烧毁

一台奥迪200汽车，下乡时变速器油底壳碰撞地面损坏漏油，司机发现挡位指示灯报警后打电话求援。进厂检查后发现变速箱油漏出去很多，剩下的油不足一升。更换油底壳后加油试车，发现挡位指示灯报警，变速箱固定在三挡运行。读取故障码的含义是故障。拔出油尺检查，新换的液压油已经变得又黑又脏。拆检变速箱后发现，离合器组严重烧毁，摩擦片的表面磨得只剩钢片了。拆解阀体，发现阀体内的各个油道充满摩擦下来的摩擦片碎末。仔细清洗阀体和变速箱的各个部件，更换新的摩擦片和钢片后重新装配试车，故障排除。这个故障的原因是：变速箱油底壳漏油以后，司机没有及时发现继续行驶。缺油以后的变速箱液压逐渐减少，不足以压紧离合器摩擦片，导致打滑烧毁摩擦片和钢片后，因为输入/输出转速不符合设计范围，TCU判定故障，因此故障灯报警。重新加油以后，虽然液压油的压力够用，但是阀体的油道被脏污颗粒严重堵塞，滑阀不

能达到正常的工作要求，加之摩擦片已经磨损，变速箱仍然不能正常工作，所以 TCU 指示故障灯继续报警。通过这个故障提示变速箱的液压油是很关键的工质，既不能缺少也不能杂质太多，否则都会使变速箱不能正常工作。图 4-26 是包含摩擦片和钢片的离合器组。

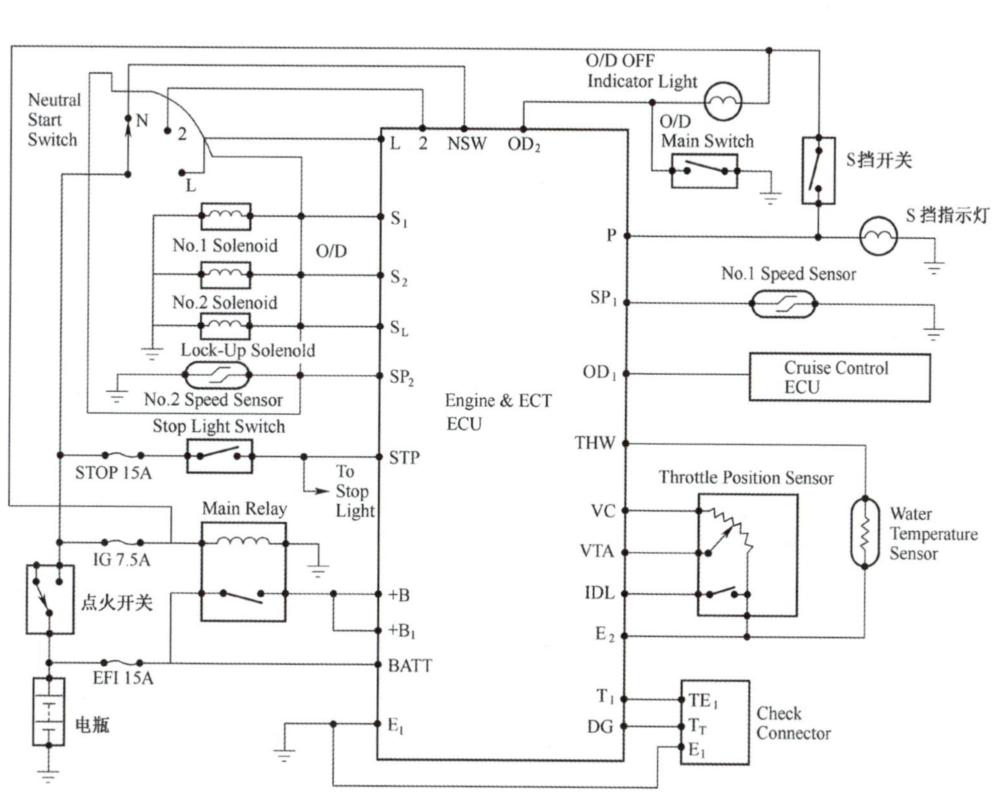

图 4-25　发动机和变速箱共用 ECU 的维修电路图

案例：储能器活塞卡死，换挡冲击

一台皇冠 3.0 汽车，行驶中三、四挡变换时，车辆明显感觉换挡冲击，增减挡同样有感觉。检查油尺很脏，拆下阀体检查发现超速挡储能器因回位弹簧失效而卡死在压缩状态，使储能器失去了缓冲作用。彻底清洗阀体更换变速箱油后故障排除。

AUTO REPAIR

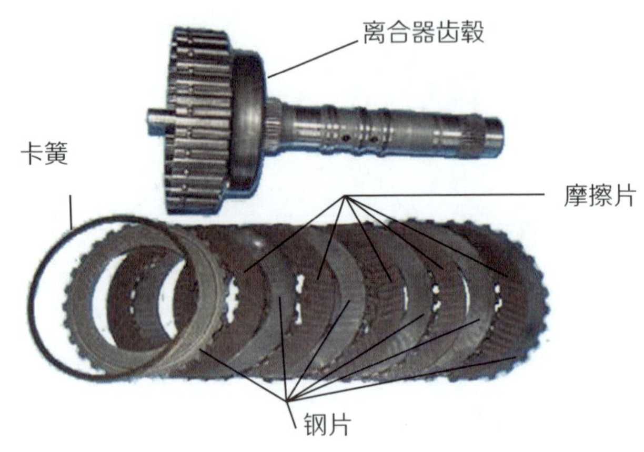

图 4-26　包含摩擦片和钢片的离合器组

4.5.3　输入轴传感器和输出轴传感器故障

这两个传感器都安装在变速箱壳体的外部，在雨天行车时插头容易进水而出现故障。

案例：一辆国产 SUV，变速箱固定在三挡行驶，挡位指示灯闪烁报警。

用诊断仪读故障码是输入轴传感器信号不良。经过检查，发现输入轴传感器插头的防水胶套损坏，插头和插座内都是污泥。清洗后故障排除。同时将输入和输出两个传感器的插头胶套做好防水处理，防止后患。

4.5.4　液压油温度传感器故障

案例：一台大众自动挡汽车，行驶中发动机散热风扇高速转动，变速箱不能换挡

用诊断仪检查发动机系统正常，变速箱系统显示油温传感器数值不正常。拆下油温传感器发现阻值与实际温度不相符，更换油温传感器后故障排除。

4.5.5 TCU 故障

TCU 的常见故障是线束接触不好。目前许多车型采用的 TCU 的接口与线束的插头接口不是一个工厂生产。由于制造误差，经常有线束的插孔与 TCU 的针脚接触不良的情况出现，导致 TCU 记录许多偶发故障，变速箱运行时不正常。在使用维修中要注意这种情况。

案例：TCU 被积水淹没

一辆本田雅阁五代汽车，停在路面的低处，雨后的积水淹至车内一寸多深。司机发动车以后，发现发动机故障灯和变速箱挡位指示灯闪烁，车辆能够行驶，但是司机反映变速箱好像不是一挡起车，起步比较费劲，开起来后感觉没有换挡动作。这台车的 ECU 和 TCU 都安装在副驾驶脚的前部，位置较低。经过检查，发现 ECU 和 TCU 全部被淤泥掩盖。拆开 ECU 和 TCU 后盖，发现两者内部都有淤泥进入。由于淤泥可以导电，初步判断是电脑内部电路逻辑混乱导致故障发生。经过仔细的清理后，故障排除。

AUTO
REPAIR

第五章
底盘电控系统

为了提高车辆的操纵性、行驶稳定性和安全性能，现代汽车的底盘系统采用了大量的电控液压技术。例如电控转向助力系统、ABS 等电控制动系统、ESP 电控防滑驱动车辆稳定系统等。这些技术都属于自动化机械工程的范围，都是微计算机技术和液压控制技术在车辆技术的体现，通过了解这些底盘电控技术，能够使我们更进一步掌握自动化技术的基本内容。

5.1 电控转向助力系统

传统的液压转向助力系统利用发动机的动力协助驾驶员操作方向盘，使转向过程轻便灵活，但是也存在以下缺点：

（1）车辆在泊车时，发动机转速低，助力效果小，使转向过程不是很轻便。

（2）车辆在高速行驶时，发动机转速高助力效果强，驾驶员很轻微的动作可能使车辆的方向有很大的变动，非常危险。

（3）液压转向助力系统依靠发动机的动力提供助力源，发动机一旦熄火，转向系统立刻失去助力，使紧急情况下的操控非常困难，给安全行车带来极大的隐患。

（4）液压助力系统中有助力油泵、助力油管等液压部件，结构比较复杂，成本高，并且容易漏油，故障点较多，故障率较高。随着汽车新技术的发展，这种系统将会逐渐退出汽车市场。

为了克服液压转向助力系统的缺点，近年来电控转向助力系统得到了很快的发展。电控转向助力系统简称 EPS。目前市场上主要流行两种 EPS 系统。一种是电控液压转向助力系统，它利用电动油泵代替转向助力泵为系统提供液压助力。这种结构使助力系统不受发动机的转速限制，系统能够用车速调整助力强度，同时简化了液压系统的部件，因此在中高级车辆上得到了普遍的使用。另一种是纯电机助力的转向助力系统，它完全摒弃了液压助力的结构，利用电机配合机械减速装置，直接给普通的机械转向机助力。这个系统的结构更加简化，市场竞争的优势更多，目前正在中小型家用车辆上得到推广。

这两种 EPS 系统都能够实现车辆在低速转向时助力强度大、转向轻便，高速行驶时转向助力强度小，能够预防因驾驶员轻微的动作而导致方向不稳定的行车风险。由于 EPS 系统的助力作用是双向的，所以采用 EPS 系统的车辆在低速转向回位过程中也是同样轻便的。另外，这两种 EPS 系统的共同优点是系统的助力源由电动机提供，不依赖发动机工作。当发动机熄火时仍能保持转向系统正常工作，从而给安全行车带来了更加可靠的保证。EPS 系统将会全面占领汽车转向系统的市场，很可能像 ABS 系统一样发展成为汽车安全系统的必要配置。

5.1.1 电控液压转向助力系统的组成

图 5-1 是电控液压转向助力系统与普通液压转向助力系统结构的对比图。从图中可

以看出：转向机部分与普通液压助力转向角的结构一样。只是 EPS 系统用电动助力泵代替了助力油泵，另外液压油的管路也简化了。由于电控的需要，EPS 系统设置了转向角传感器、转向扭矩传感器、车速传感器、指示灯和 OBD Ⅱ接口等电子元件。EPS 系统的 ECU 一般与电动泵一起制成电动助力泵总成。

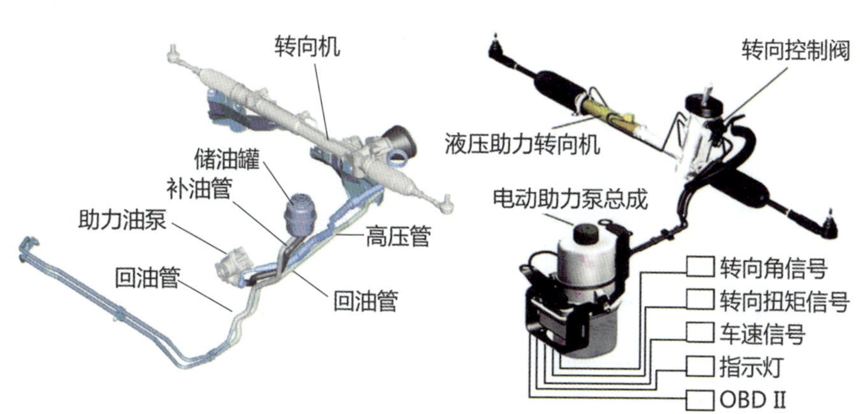

图 5-1　电控液压转向助力系统与普通液压转向助力系统的结构对比图

液压助力转向机：与普通液压转向机相比，电控液压转向助力系统的转向机与普通液压助力转向机没有本质的区别。

电动助力泵总成由电机、油泵、储油箱、ECU 组成。EPS 系统的电机是直流电机，为液压油泵提供动力。液压油泵能够为液压系统压力的，并驱动液压油流动而产生液压助力作用。ECU 的作用是收集转向角信号、扭矩信号和车速信号来控制电动助力泵工作。它能使 EPS 系统在车辆低速运行时电动助力泵转速较高，产生较大的助力作用，从而使转向过程轻便快捷，能使车辆在高速运行时电动助力泵的转速降低，从而产生的助力作用较小，使车辆行驶更加稳定。转向角传感器一般安装在转向柱上或者减震器上止点上，用于给 ECU 提供车辆的转向角度。扭矩传感器给 ECU 提供转向过程中阻力扭矩的变化情况，以便 ECU 随时调整电动助力泵的输出油压，使车辆在不同速度时得到不同的助力效果。车速传感器给 ECU 提供车速信号，使 EPS 系统随着车速的变化而产生不同的助力效果。在装有自动变速箱的车辆上，一般共用变速箱系统的车速信号。指示灯指示 EPS 系统的工作状态，当系统出现故障时会闪烁，提示驾驶员及时维修系统。

OBD Ⅱ接口是为维修工作提供系统数据通讯的。

5.1.2 电子助力转向控制系统

图 5-2 是纯电子控制转向助力系统。从图中可以看出，纯电子控制的转向助力系统完全摒弃了液压部件，系统更为简洁，故障点更少。这种系统的转向机没有液压助力转向机的液压油封，在使用中完全避免了液压助力转向机容易出现漏油故障的缺点。这种 EPS 系统利用电机和减速机构直接给转向机助力，使系统的制造安装维护更加简单。系统的电机是可变扭矩和转速的电机，在 ECU 的控制下，满足车辆在不同转速下对转向机的助力工作。在车辆行驶时，ECU 收集转向角度信号、转向过程的扭矩信号和车速信号，经过 ECU 处理后发出相应的电机转速指令和扭矩指令给助力电机，电机的输出转速和扭矩经过减速机构减速增扭以后给转向机助力，同样达到了减轻驾驶员操作强度的作用，也达到了在不同车速时转向助力的要求，即低速时助力较大，使转向轻便；高速时转向助力较小，保证车辆行驶稳定。

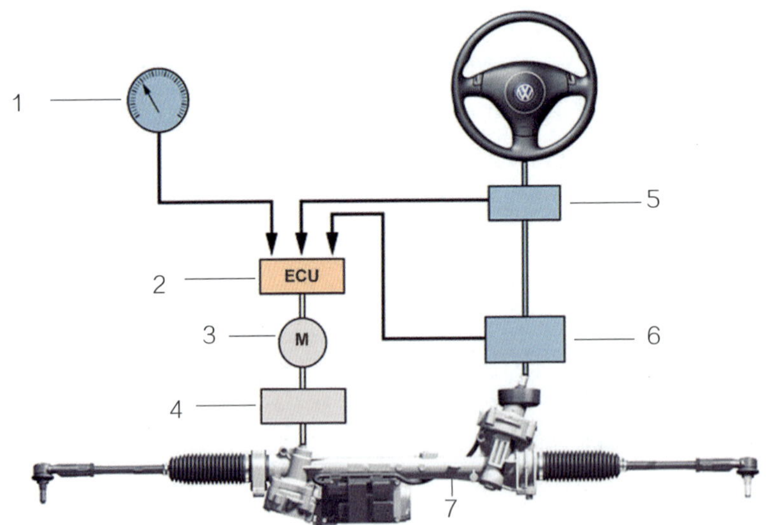

1- 车速信号；2-ESP 电脑；3- 助力电机；4- 减速齿轮；5- 转向角度传感器；
6- 转向扭矩传感器；7- 转向机

图 5-2 纯电子控制转向助力系统

纯电子助力的 EPS 系统结构简洁，综合优势很多，是转向助力系统的发展方向，目前已经在许多小型车辆上得到了广泛使用。

5.1.3　EPS 系统常见故障

EPS 系统常见故障主要是传感器的信号方面，常见线束接触不良故障。当系统出现故障时，根据故障码的提示能够很方便地进行维修。当 EPS 系统出现故障时，转向机将失去助力作用，由驾驶员的力量直接控制方向，这时转向的阻力很大，转向很难控制，所以一定要低速行驶到修理厂及时检修以保障安全。

案例：肇事车辆维修后转向沉重，EPS 指示灯报警

一台丰田越野车，左前轮附近被其他车辆横向撞击后进厂维修。维修时更换了左前转向节。维修后检车时发现 ABS 和 EPS 指示灯报警，在院内移动车辆时转向沉重，根本没有助力的感觉。连接诊断仪读取故障码是左前轮轮速信号故障。再检查左前轮轮速传感器发现，是在更换左前转向节时轮速传感器插头没有安装到位，导致 ECU 没有收到车速信号。重新安装插头后故障排除。

案例：发动机着火以后没有操作方向盘，但是转向机却自动来回转动

发生这种现象的原因是助力系统失效以后强制转动方向盘，使随动片变形损坏。助力控制机构内部有随动片直接连接转向机主动齿轮和转向柱。它的作用是反馈转向机的动态和路感。当助力机构失去动力时，方向盘的动作能够通过随动片传给转向机主动齿轮。由于随动片结构限制，传递的扭矩有限，所以会由于过大的阻力导致其本身塑性变形而改变了随动特性，当助力系统恢复工作时产生错误的反馈，出现前述现象。解决的方法是更换随动片。

5.2　电控制动系统

ABS 系统是防抱死制动系统的简称。它的作用是防止汽车在紧急制动时车轮抱死，

发生滑移现象。

根据汽车理论：在紧急制动时，如果前轮抱死汽车的方向将失去控制，造成车辆在减速未及的情况下不能避让前方障碍而出现事故；如果后轮先抱死，由于路面的拱度影响，车辆将向路面较低的一侧发生横向滑移离开路面，严重的将发生车辆就地打转的现象，同样影响行车安全。当然，演示汽车飘移车技的人是不能使用 ABS 系统的，因为他需要后轮在紧急制动时抱死发生滑移而产生飘移效果。另外，根据汽车理论：轮胎与地面发生滑移摩擦时的附着力要小于滚动摩擦时的附着力。因此 ABS 系统根据这个理论采取了在汽车紧急制动时防止轮胎出现滑移的现象而改善了汽车制动性能，从而大大提高了汽车在紧急制动时车辆的可操控性。

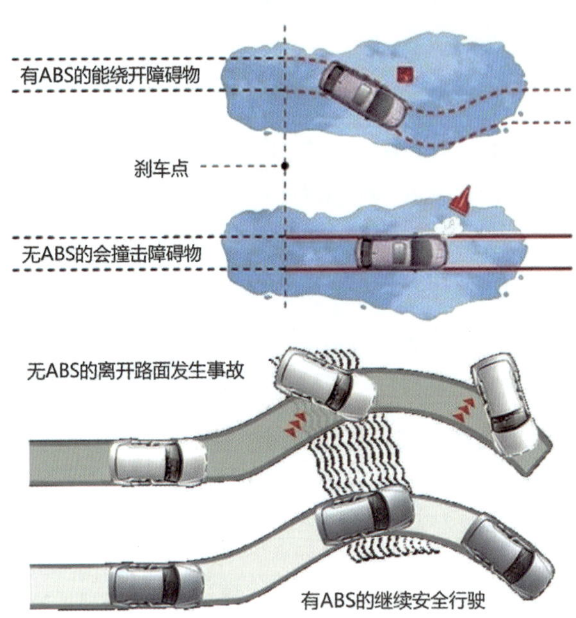

图 5-3　ABS 系统制动效果示意图

在这里需要提醒读者的是：ABS 系统只是防止车辆在紧急制动时的滑移而保持车辆的操控性，并不一定减少制动距离。因为高速行驶的车辆具有很高的动能，要使其静止，是一定要将车辆的动能转化为车轮制动器内部摩擦和车轮与地面的摩擦而产生的热能，这样车辆才能从运动状态转为静止状态，这是需要一个过程的。因此，要想安全行车，最好的办法还是不要超速。尤其是在视线不好的湿滑路面上行车，更是低速行驶为好。

现在的 ABS 系统大多包括 ABS 和 EBD 功能。

ABS 的功能：防抱死制动系统（ABS）是在紧急制动和在危险路面上制动中控制四个车轮的液压制动装置，防止车轮抱死。ABS 的主要优点如下：

（1）在紧急制动中遇到障碍物能够可靠地转向。

（2）在弯道上紧急制动，能够保持稳定可操纵地停车。

注意：

■如果电气系统中断，失效保护模式将启动，ABS 进入不可运行状态，ABS 警告灯点亮。

■可以使用专用诊断仪进行 ABS 电气系统诊断。

■制动过程中，制动踏板会轻微震动，并听到一些机械噪声。这是 ABS 工作的正常现象。

EBD 的功能：电子制动力分配 (EBD) 是一种比例系统，用来保持制动期间的车辆稳定性。在正常制动条件下，有效平衡制动所需要相等的车轮速度。在制动困难的情况下，由于车辆的重量转移到前轮，后轮需要的制动力相对较小，EBD 利用 ABS 增压和减压阀保持后轮所需要的制动压力，以提供有效的制动和车辆稳定性。

故障防护功能：

ABS 系统电气故障，ABS 警告灯将变亮。如果发生 EBD 电气故障，制动警告灯和 ABS 警告灯将同时变亮。同时，ABS 系统转变为下列故障防护功能中的某一种情况：

（1）对于 ABS 故障，仅激活 EBD，并且车辆状态与无 ABS 系统的车辆相同。

（2）对于 EBD 故障，EBD 和 ABS 都不可用，并且车辆状态与无 ABS、EBD 系统的车辆相同。

5.2.1 ABS 系统的组成

ABS 系统是在原制动系统的基础上，增加 ABS 泵和轮速信号发生器及通信报警系统构成。图 5-4 是 ABS 系统模块示意图。图中的 EBD 是在 ABS 的基础上增加的后轮制动延迟功能，现在已经是 ABS 系统必备的功能。EBD 的作用是在 ABS 系统工作时延迟一段时间增加后轮制动力，从而使制动时后轮发生滑移的可能性更小，进一步提高车辆在紧急制动时的安全性能。图 5-5 是 ABS 系统部件图。

ABS泵内部由液压泵、进油阀、回油阀、储压器、阻尼器和节流阀组成。其中液压泵、进油管和回油管是改变系统压力的，储压器、阻尼器和节流阀是稳定系统压力的。ABS电脑也安装在ABS泵上。ABS泵的外部有刹车油管的接口和ABS电脑的线束插座。ABS指示灯通过线束与ABS电脑连接。图5-6是ABS泵总成的实物图。

轮速信号发生器由轮速传感器和车轮齿环组成，齿环随着车轮转动。轮速传感器是电磁式信号发生器，它与齿环之间的间隙很小，一般在0.6~1.2mm之间。当车轮转动时，钢制的齿环会使轮速传感器产生一定频率的电磁脉冲，这个电磁脉冲信号传给ABS电脑处理。

目前常见的ABS系统有四通道和三通道两种。

四通道系统是指每个车轮都有独立的轮速传感器，ABS泵分别控制四个车轮的液压管路，单独控制每个车轮的制动力。四个车轮的制动力随着路面的变化而改变制动力，更能很好地改善车辆的行驶稳定性能，所以四通道式的ABS系统是目前最常见的ABS系统。

三通道系统是指两个前轮有独立的轮速传感器，而两个后轮共用一个轮速传感器。在ABS工作时，ABS泵单独控制两个前轮的制动力，对两个后轮用一个通道控制制动力。许多普通的小型汽车上采用三通道系统。

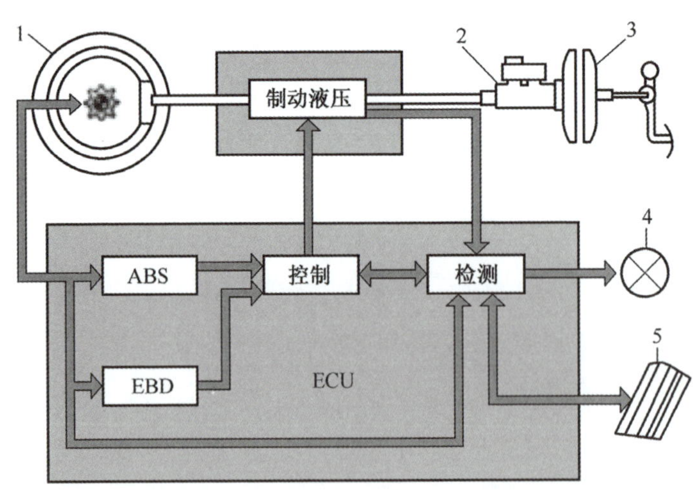

1-转速传感器；2-制动总泵；3-真空助力泵；4-ABS报警灯；5-OBD Ⅱ接口

图5-4　ABS系统模块示意图

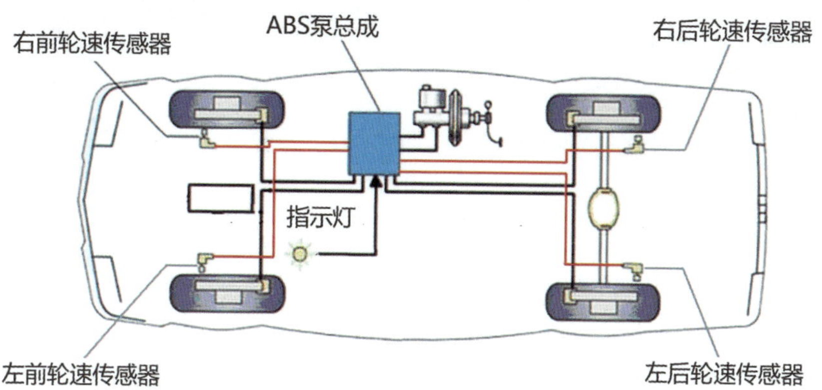

（a）ABS 系统部件分布图

ABS 传感器安装在轮毂壳的孔中，用螺栓固定

（b）ABS 传感器在车轮的位置

图 5-5　ABS 系统部件图

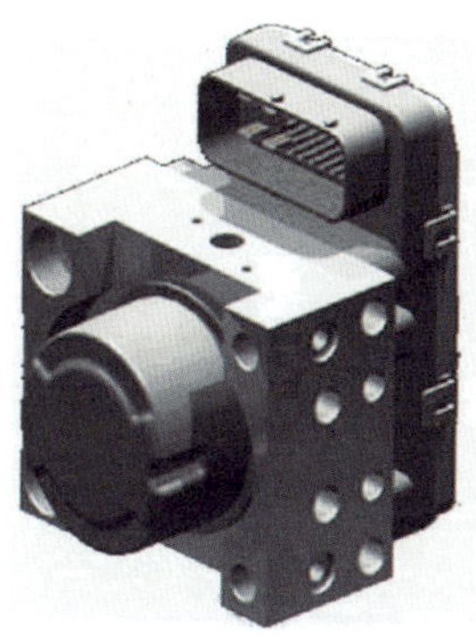

图 5-6　ABS 泵总成实物图

5.2.2 ABS 系统的工作原理

防抱死制动模式：制动期间发现车轮滑移现象时，ABS 将进入防抱死制动模式。在防抱死制动期间，各车轮液压回路的压力将处于控制之下，以防车轮发生滑移。每一车轮都配有单独的液压管路和阀门。ABS 可以降低、保持或增加各车轮制动的液压压力。但 ABS 不能将液压压力增加到超出主缸在制动期间传送的压力值。在防抱死制动期间，制动踏板会感觉到一系列的快速震动。踏板震动在防抱死制动时出现，正常制动时或车辆完全停车后则停止。由于电磁阀快速循环使用，可以听到动作的噪声。在干燥的路面启用防抱死制动时，轮胎会在接近打滑时发出间歇性的尖锐声音。这些声音和踏板震动在防抱死制动操作时属正常现象。制动踏板的操作在正常制动时应与无 ABS 的系统无异。保持踩踏板的力量均衡可在保持车辆稳定性的同时，保证最短的停车距离。

常规制动器运行状态：装有 ABS 的车辆，如果施加给车轮的制动压力不足以使车轮抱死，则总泵产生的压力通过常开阀传达到车轮分泵，起到制动作用。不需要进一步制动时，驾驶员减少对制动踏板的压力，则各车轮的制动液返回到总泵，制动压力减小。

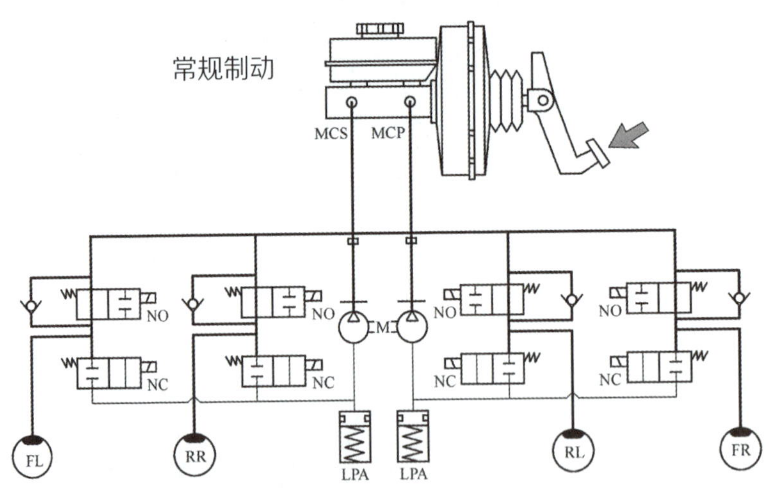

ABS 系统工作分为阶段：减压阶段、保压阶段和增压阶段。

ABS 运行（减压）状态：装有 ABS 的车辆，如果施加的制动压力过大，则车轮与路面间的摩擦系数降低，车轮比车辆更急速地减速，将发生车轮抱死现象。这种情况下，ECU 会向 HCU 传达降低车轮压力的指令。即常开阀隔断油路，常闭阀的油路开启，降低车轮分泵的压力。此时车轮分泵放出的制动油临时储存到低压蓄能器（LPA）中。储存于低压蓄能器（LPA）内的制动油随马达旋转启动的油泵返回到总泵。制动液返回油路上的高压蓄能器（HPA），利用量孔流体阻力降低由于油泵的运行而产生的高压脉动。

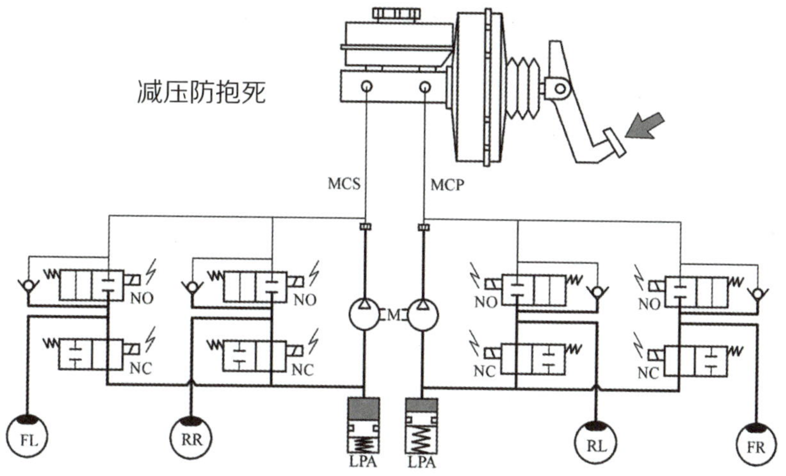

ABS 运行（保压）状态：通过减压或增压对车轮分泵施加适当的压力时，常开及常闭阀关闭而维持车轮分泵的压力。根据车轮抱死与否，ABS 工作到车辆完全停止为止。此时在车轮没有抱死的前提下保持最大的制动力，使车辆的安全性与转向随之得到保障。

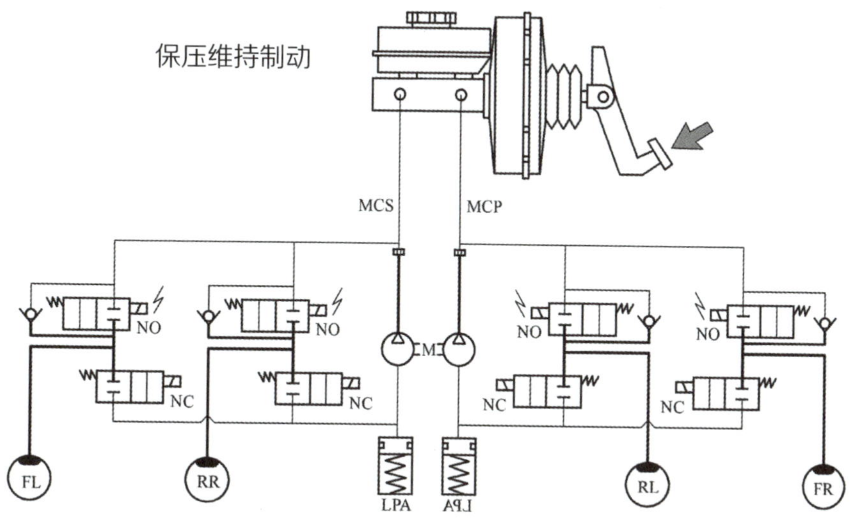

AUTO
REPAIR

ABS 运行（增压）状态：实施减压时，如果排出过量的制动液或者车轮与路面间的摩擦系数增加，则需要增加各车轮的压力。这种状态下，ECU 向 HCU 传达增加车轮压力的指令。即常开阀开启油路，常闭阀关闭油路，增加车轮分泵的压力。实施减压，储存于低压蓄能器(LPA)内的制动液在增压状态下也继续转动马达，排出制动液，此时的制动液通过总泵及常开阀供应到各车轮分泵。制动液返回油路上的高压蓄能(HPA)，利用量孔流体阻力降低由于油泵的运行而产生的高压脉动。

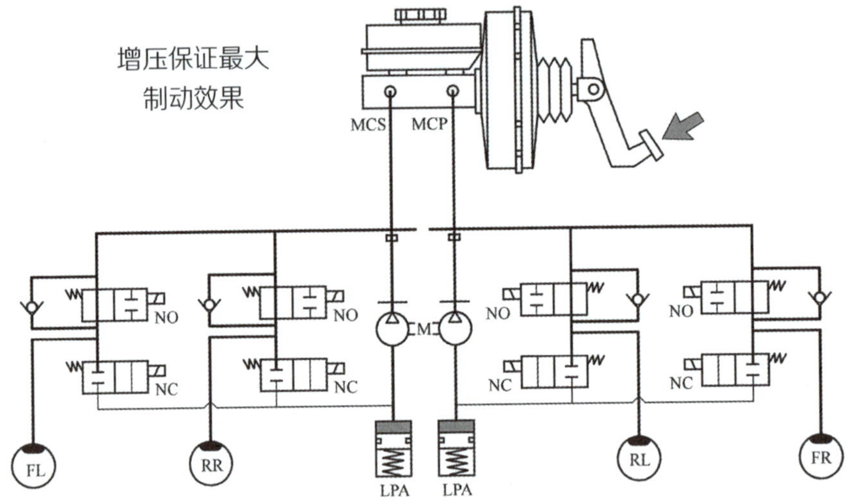

5.2.3 ABS 系统手工检查故障码的方法

当没有故障诊断仪时，可以通过 ABS 警告灯来显示 ABS 的故障状态，并读取故障码，以便于故障的确认及排除。此时的故障码以两位数显示，可参考表 5-1。括号中的数字是手工读取的闪码，CIXXX 是诊断仪读出的故障代码。

图 5-7 是 OBD Ⅱ接口针脚的定义。这是国际通用标准。其中 4 号插孔是连接地线的，16 号插孔是连接电源正极的，7 号插孔是数据 K 线输出插孔。用导线连接 K 线插孔然后打开钥匙将导线接地超过 3s 后，故障灯开始闪烁，有规律的闪烁代表故障码。

表 5-1　ABS 故障码及内容

故障码	内容	故障码	内容
C1 200（11）	左前传感器断路 / 短路	C1 206（31）	左后传感器断路 / 短路
C1 201（12）	左前传感器或齿圈干扰	C1 207（32）	左后传感器或齿圈干扰
C1 202（13）	左前传感器气隙错误	C1 208（33）	左后传感器气隙错误
C1 203（21）	右前传感器断路 / 短路	C1 209（41）	右后传感器断路 / 短路
C1 204（22）	右前传感器或齿圈干扰	C1 210（42）	右后传感器或齿圈干扰
C1 205（23）	右前传感器气隙错误	C1 211（43）	右后传感器气隙错误
C1 101（51）	电池电压偏高（17 伏以上）	C2 112（54）	电磁阀保险丝或电磁阀继电器故障
C1 102（52）	电池电压偏低（9.4 伏以下）	C2 402（55）	电动机保险丝或电动机故障
C1 604（53）	ECU 内部电路或电磁阀线圈故障		

图 5-7　OBDⅡ 接口针脚定义

其使用条件为：

■ 车速小于 2 公里 / 小时。

■ 不连接故障诊断仪。

■ 诊断过程中 L 线（即车内诊断口管脚 7）始终保证接地。此外，在完成故障码读取后，要将 ABS 的 ECU 状态恢复到正常模式（之前为诊断状态），其方法为：诊断工作结束后，断开 L 线的接地状态，然后旋转钥匙至断电状态，之后再次接通。

无故障诊断仪时故障码的读取方法

在满足无故障诊断仪时读取故障码的使用条件的情况下，按照下面的步骤进行读取。

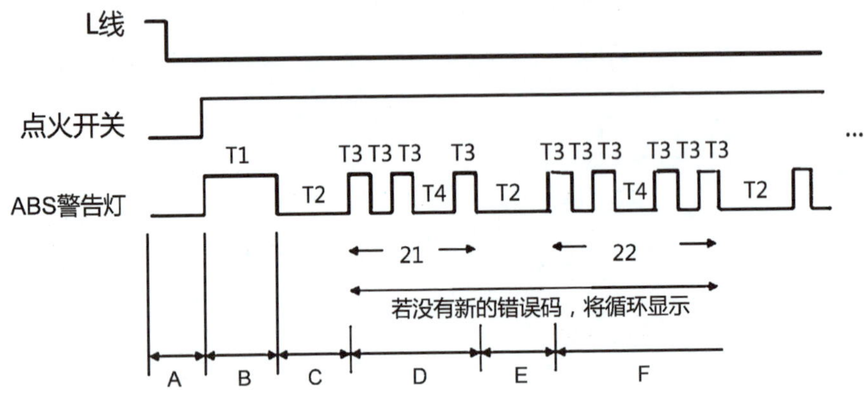

图中各个过程分别为：

A：L 线接地后，旋转汽车钥匙，至接通电路位置；

B：ABS 警告灯点亮，3s 后熄灭，表示诊断开始；

C：ABS 警告灯持续熄灭 3s，表示即将进入故障码显示阶段；

D：故障码显示、读取；

E：ABS 警告灯熄灭，持续 3s，表示即将进入下一个故障码显示阶段或循环显示阶段；

F：新的故障码显示、读取或之前故障码的循环显示。

图中符号的意义为：

T1：诊断开始的标志，警告灯开始闪烁 3s；

T2：显示多个故障码时，区分不同故障码的间隔时间 3s；

T3：故障码开始出现时，警告灯闪烁间隔时间 0.5s；

T4：显示某一故障码时，区分故障码不同数位的间隔时间（该时间之前为十位，之后为个位）1.5s。

以上图中所示的过程为例，在第一个故障码的显示区间，在 T4 出现之前（即警告灯熄灭 1.5s 之前），由于警告灯闪烁了 2 次（每次点亮和熄灭的时间均为 T3，即 0.5 s），因此 2 位故障码的第一位（即十位）便为 2；在 T4 出现之后（即警告灯熄灭 1.5 秒之后），由于警告灯闪烁了 1 次，因此 2 位故障码的第二位（即个位）便为 1，由于此后警告灯熄灭 3s（即 T2 时间），因此第一个故障码显示完毕，故障码为 21，故障的具体描述便可以在故障码检查表中查找。同样，可以得到第二个故障码为 22。

当 ABS 的 ECU 上没有故障码时，将 L 线接地并旋转钥匙至通电位置，ABS 警告灯将按下图方式闪烁，其中符号的意义与前面相同。

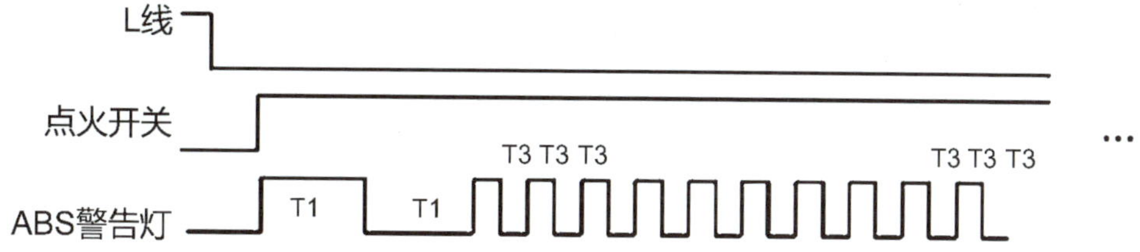

无故障诊断仪时故障码的删除

在读取故障码并按照故障码检查表排除故障后，在再次检查故障码之前，需要先将之前的故障码删除。删除故障码的条件与读取故障码的条件相同。其具体操作方法如下。

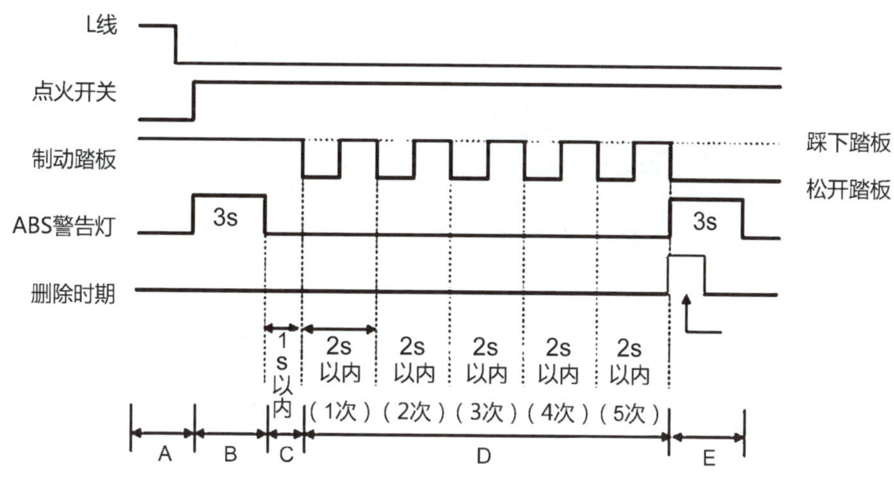

图中各个过程分别为：

A：踩下制动踏板后，将 L 线接地，再旋转汽车钥匙，至接通电路位置；

B：ABS 警告灯点亮，3 s 后熄灭；

C：在 ABS 警告灯熄灭后的 1 s 内，开始松开踏板；

D：松开踏板 1s 左右，再次踩下踏板 1 s 左右，如此反复五次，此过程中警告灯不亮；

E：ABS 警告灯点亮，持续 3 s 后熄灭，此过程中故障码被删除。

删除故障码结束后，要将 ABS 的 ECU 状态恢复到正常模式，操作方法与诊断故障码时相同。

AUTO
REPAIR

5.2.4 ABS 系统的常见故障

如图 5-8 所示为 ABS 泵总成、接口及针脚说明。由于 ABS 泵总成内的回油泵电机在制动过程中频繁起动，电机的起动电流很大，所以经常发生回油泵电机继电器触点导电不良的故障。由于许多 ABS 泵总成的成品都是封装的，不能解体维修，所以 ABS 泵总成经常要更换。

由于轮速传感器在刹车片附近，刹车片磨下来的粉尘在传感器与齿环之间的缝隙出现大量积存，导致传感器的齿隙过小而不能产生脉冲信号。ECU 收集不到轮速信号时，系统会报警停止 ABS 泵工作而转入常规刹车状态。另外，轮速传感器的线束暴露在轮毂附近，在路面条件不好时线束经常挂断或脱落，也同样导致 ABS 系统不能正常工作。ABS 系统常见故障码及说明如表 5-2 所示。

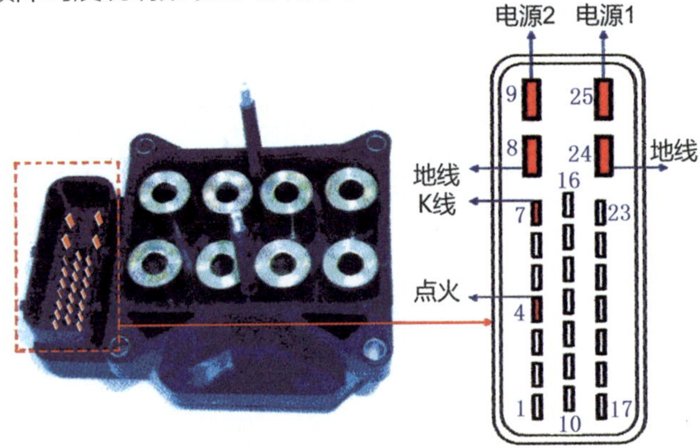

（a）ABS 泵总成及接口实物图

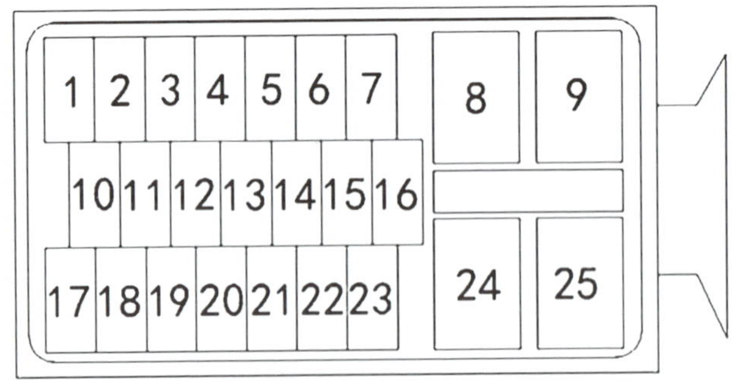

（b）ABS 泵接口针脚说明

图 5-8　ABS 泵总成、接口及针脚说明

表 5-2　ABS 系统常见故障码及说明

故障码	说明	故障码	说明
1	左前轮轮速传感器	14	空脚
2	左前轮轮速传感器	15	空脚
3	轮速传感器输出	16	故障指示灯
4	点火电源线	17	空脚
5	左后轮轮速传感器	18	刹车灯开关
6	左后轮轮速传感器	19	右前轮轮速传感器
7	K 线	20	右前轮轮速传感器
8	搭铁	21	空脚
9	电源	21	右后轮轮速传感器
10	空脚	22	右后轮轮速传感器
11	空脚	23	搭铁
12	空脚	24	电源
13	空脚		

ABS 泵的拆装

（1）拆卸。

1）关闭点火开关，并断开蓄电池负极接线柱。

注意电瓶线接头远离电瓶负极，防止相碰

2）拆下 ABS 控制模块接插件。

3）踩下踏板 >60mm 并用踏板架固定住，使液压总成中心阀关闭，从而在系统打开时制动液不致从出口处流出。

4）先拆下液压总成上接到总泵的制动硬管并做上记号，马上用塞子将出口堵住。

5）拆下通到各轮的制动硬管并做上记号，马上用塞子将出口堵住。

6）拆下 ABS 液压总成固定支架上的螺栓。

（2）安装。

注意：与 ABS 液压总成连接的制动管路接头都要拧到规定力矩。

拧紧力矩：16±3N · m。

ABS 液压总成上液压开口的塞子只有在制动硬管要安装上去的时候才能拆下，以避免异物进入制动系统。

如果 ABS 液压总成有故障，应更换总成。

1）将 ABS 液压总成安装到支架上并拧紧到规定力矩。

2）拆掉液压口上的塞子装上制动硬管确认硬管连接正确。

3）连接液压总成至总泵的制动硬管。

4）装配制动硬管并拧紧到规定力矩。

5）加注新的制动液到油壶中直到液面到达最大（MAX）位置并按规定方法排气。

6）点火开关转到“ON”时，ABS 警告灯须亮起后再熄灭。

7）清除记忆的故障码并再次读取是否还存在此故障码。

8）最后试车行驶确认 ABS 的功能是否正常。

ABS 系统的排气

ABS 系统的排气条件：

以下任何一种情况发生时，随后都需要进行 ABS 排气程序：

（1）制动管路按传统的排气方法不能实现所需的踏板高度或感觉。

（2）更换 ABS 液压总成。

（3）发生极度的液体损耗。

（4）怀疑吸入了空气。

此程序使用诊断仪驱动系统阀门，并运行泵电机，从二级回路上清除空气。这些二级回路是常关闭的，且只有在车辆起动时的初始化期间和 ABS 操作期间才打开。自动排气程序打开这些二级回路，让所有空气流出并收集到液压总成内，在那里可以将其清除出系统。

ABS 系统的排气程序：

（1）所需项目。

1）带正确软件的诊断仪。

2）制动液。

3）举升器。

4）配有回收车辆制动液软管的排气瓶。

5）适当的安全设备，包括安全眼镜。

6）需要两个维修人员：一个人踩制动踏板和控制诊断仪，另一个人保持制动总泵主腔的液压油水平和根据诊断仪的提示开关排气螺栓。

（2）初步检验。

1）检查蓄电池的充电状态，根据需要维修蓄电池和充电系统。

2）连接诊断仪，并选择当前和历史的诊断故障代码。在进行 ABS 排气程序之前，清除所有故障诊断代码。如无法清除，请先排除故障。

3）检查外观有无损坏和泄漏。根据需要进行维修。

（3）排气前的动作。

1）起动发动机。

2）连接诊断仪，并建立与 ABS 控制模块的通信。

3）举升并适当支承车辆。

排气与注油

1. 常规操作程序

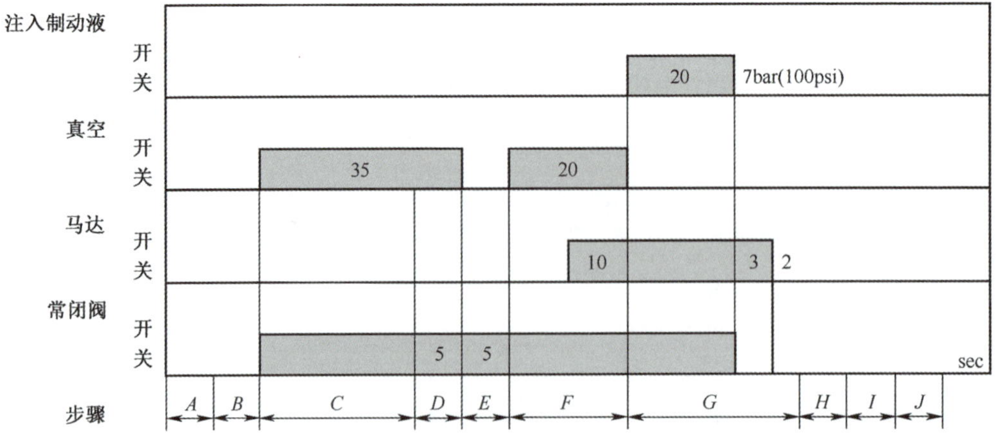

如上图所示为排气与注油的常规操作步骤，其中：

（1）移动真空装置及制动油注入装置。

（2）连接真空和制动油注入装置及 SDL 后开始启动。

（3）驱动常闭电磁阀并适用第 1 次真空。

（4）过量泄漏试验。

（5）第 1 次真空隔断后微量泄漏试验。

（6）适用第 2 次真空及驱动马达。

（7）注油及维持制动油加压后解除制动油压力，停止常闭电磁阀及马达，并调节制动油液位。

（8）解除真空装置及制动液注入装置的连接。

（9）拧上油壶盖 / 解除 SDL 连接。

（10）转入下一步工程。

2. 检查设备

（1）供应到储油壶的真空程度越低越好，但是必须确认注油枪是否供应至少 1mmHg 以下的真空。

（2）确认车辆后轮液压装置（鼓式制动器或制动钳）的排气螺丝部分是否在规定时间内形成真空（连接真空 20 ~ 25 s 时，应该是 5 ~ 10mmHg 以下）。

（3）确认供应到 HECU 的工作电压是否为规定的 10 ~ 12V 。

（4）确认循环时间 (C/T)，确认设定的电磁阀工作时间是否符合规定。

C/T 为 90s 以下时：连续运转电磁阀；

C/T 为 90 ~ 180s 时：启动电磁阀 2s、停止电磁阀 2s，连续重复操作；

C/T 为 180s 以上时：设定电磁阀总运行时间为 90s 以下。

3. 排气与注油时的注意事项

（1）注入制动油时，如果不维持一定时间以上的注入压力，则注入结束后储油壶的液位降低，所以需要追加供应制动油或维持一定时间的注入压力。

（2）常规操作中所标记的时间是一般的循环时间。

（3）售后产品 HECU 内部是湿润状态，所以可以不进行排气模式操作（排气模

式的定义见后面（5）、（6）项，直接对所有的车轮进行排气操作（但是为了满足性能及踏板感觉性，最好进行排气模式操作）。

（4）进行排气模式操作时，供应 HECU 的电压最好为 10 ~ 12V 。不过使用检测装置时，使用车辆上的蓄电池，所以没有问题（如果以高电压反复进行排气模式操作，则有可能损坏 ECU 部件的线圈）。

AUTO REPAIR

4. 排气故障车辆确认方法

类型区分	ECU 运行与否	泄漏测试		备注
		过量泄漏	微量泄漏	正常运行，不需要另行的重做
案例 1	正常运行	O.K	O.K	非正常运行，需要另行的重做
案例 2	正常运行	O.K	N.G	非正常运行，需要另行的重做
案例 3	正常运行	N.G	N.G	非正常运行，需要另行的重做
案例 4	未运行	O.K	O.K	非正常运行，需要另行的重做
案例 5	未运行	O.K	N.G	非正常运行，需要另行的重做
案例 6	未运行	N.G	N.G	非正常运行，需要另行的重做

案例 1: 正常运行完成的状态。

案例 2: 制动器（HECU 孔部 / 制动管 / 制动软管）的连接状态不好，需要重做的状态。

案例 3: 与案例 2 相同的状态。但泄漏程度严重时，有可能发生不能重做的状态。

案例 4: HECU 内部回路排气故障，ABS 运行一次后有可能发生海绵现象或踏板行程加大现象，是必须重做的状态。

案例 5: 案例 2 和案例 4 的综合性故障，是必须重做的状态。

案例 6: 与案例 5 相同的状态。但泄漏程度严重时，有可能发生不能重做的状态。

5. 排气与注油过程中发生故障时的措施（制动系统内部干燥状态时）

（1）实施故障确认工作。需要确认从总泵到车轮分泵的所有部件的连接部位：HECU 孔部、制动管连接部、制动软管连接部、制动钳及鼓式制动器的排气螺丝部等。

（2）故障确认后，按规定重新组装，以免继续发生泄漏。

（3）将重做装置连接到 ECU 的 25 管脚连接件上或将检测装置连接到 K 线（管脚 7）。连接到连接件时，要使用特定的配线；连接到 K 线（管脚 7）时，要使汽车处于电路接通或者启动状态。总泵的储油壶上连接连续供应制动油的装置，或者供应制动液要使操作中储油壶始终有油。

（4）用重做装置及检测装置检测 HECU，确认是否有故障码。有故障码时，首先要进行删除故障码的操作（上述（1）项的故障没有被确认时，也需要确认是否有故障码）。故障码不能删除时，参照表 5-1“故障码故障检查表”实施（HU、马达和 ECU 有故障时，HECU 内部不可能排气和注油）。

（5）踩上制动踏板后，打开安装在车轮制动钳或者鼓式制动器的排气螺丝，排除内部空气。在所有车轮上都要进行此项操作。直到通过排气螺丝排出的制动液中不含空气，并且制动踏板适当坚硬为止。使用可以形成真空并且注入制动液的重做装置时，参照（10）项操作。

（6）利用重做装置或者检测装置实施排气模式，踩上制动踏板时如果没有反作用力，则重复实施踩上、放开踏板的操作至排气模式结束（排气模式：以 2s 间隔重复启动、停止 HECU 的常闭电磁阀 1min，并且持续驱动马达。踩上、松开踏板的重复操作在常闭电磁阀与马达驱动的期间实施）。

（7）所有车轮都要重新实施（6）项（排气）操作。

（8）测量制动踏板行程，如果不符合规定则重复实施（7）项（排气模式）与（5）项（排气）过程。排气模式和排气操作重复 10 次以上，制动踏板行程不符合规定时，用售后用 HECU（湿式）更换后，从头开始重新操作。

（9）使用重做装置及检测装置与 HECU 连接，再次确认是否有故障码。如果有故障码就删除，然后断开与重做装置或检测装置的连接。

（10）使用其他重做装置（可以形成真空及注入液体的设备）时，实施方法如下：

■ 按照上述（1）～（6）项的内容进行；

■ 真空泵充分驱动 60 s 左右，制动系统内部形成真空状态。

→上述（6）项的排气模式在真空隔断前 10 s 开始实施。

→不实施踩上、松开踏板的重复操作。

■ 真空隔断的同时进行 20 s 以上的制动液注入操作(7 bar/100 Psi 以上)。

■ 结束制动液注入与排气模式。

■ 按照上述（8）~（9）项的内容进行。

6. 检测及 ABS 运行试验中发生故障时采取的措施（制动系统内部湿润状态时）

（1）连接重做装置或检测装置。要保证以下条件：连接到 ECU 的 25 针脚连接件时，要使用特定的配线。连接到 K 线（针脚 7）时，汽车要处于电路接通或者启动状态。总泵的储油壶上连接连续供应制动油的装置，或者供应制动液要使重做操作储油壶中始终有油。

（2）用重做装置及检测装置检测 HECU，确认是否有故障码。

■ 有故障码时，首先要进行删除故障码的操作。

■ 故障码不能删除时，参照表 5-1“故障码故障检查表”实施(HU、马达、ECU 有故障时，HECU 内部不可能排气和注油)。

（3）踩上制动踏板后，打开安装在车轮制动钳或者鼓式制动器的排气螺丝，排除内部空气。在所有车轮上都要进行此项操作。直到通过排气螺丝排出的制动液中不含空气，并且制动踏板适当坚硬为止。

（4）利用重做装置或者检测装置实施排气模式，踩上制动踏板时如果没有反作用力，则重复实施踩上、放开踏板的操作至排气模式结束。

（5）所有车轮都要重新实施（3）项（排气）操作。

（6）测量制动踏板行程，如果不符合规定则重复实施（4）项（排气模式）与（3）项（排气）过程。排气模式和排气操作重复 10 次以上，制动踏板行程也不符合规定时，用售后用 HECU（湿式）更换后，从头开始重新操作。

（7）使用重做装置及检测装置与 HECU 连接，再次确认是否有故障码，如果有故障码就删除，然后断开与重做装置或检测装置的连接。

案例：低速行驶时 ABS 灯报警

一台国产 SUV 新车，行驶不足 500 公里。司机反映车辆在低速行驶或转弯时 ABS 灯经常闪烁报警。由于制动系统关乎生命安全，所以司机强烈要求排除故障。进厂用诊断仪检查，故障代码是右前轮速度传感器信号不良。检查右前轮传感器，附近刹车片粉末很少，没有脏污沉积在齿隙附近，线束及插头接触良好。带着诊断仪试车时发现四个车轮的速度不一致。在以 20 公里 / 小时速度行驶时，右前轮车速信号在 10 公里左右时速断断续续，速度信号极不稳定。用万能表检查右前轮传感器阻值在正常范围内。进一步检查发现前轮传感器齿隙约 2.5mm，远远大于齿隙 0.6 ~ 1.2mm 的要求。最后发现是转向节上的传感器安装孔内有机械加工的毛刺存在，导致传感器不能安装到位。用锉去除毛刺后检查传感器安装后的齿隙为 1.1mm，在正常值范围内。再次试车，故障排除。

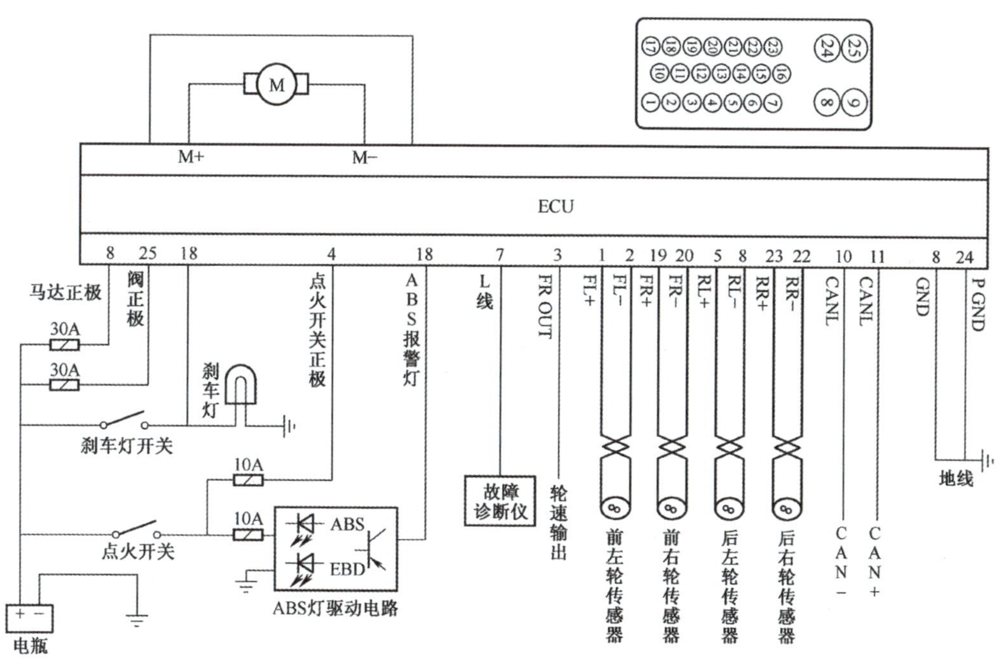

图 5-9　万都 ABS 系统电路原理图

5.2.5 与 ABS 系统相关的电控制动系统简介

近年来，在 ABS 的基础上衍生出许多提高制动性能的电控辅助制动系统，这些系统从不同的角度减少了高速行车紧急制动时车辆失控给行车安全带来的风险，从而得到了广泛的应用。

EBS 系统是电子控制制动系统的简称。它是在 ABS 的基础上发展的防滑制动技术。ABS 系统在工作时是被动的，它只是控制在紧急制动时车轮不发生打滑现象，并不考虑最大的制动效果。EBS 系统结构与 ABS 系统一样，但是 ABS 泵中的回油泵能够双向工作，不但能够在减压过程中正转回油，还可以在增压过程中反转增加制动液的压力，并且在 ECU 的程序中加入了优选最大制动效果的功能。在紧急制动过程中，ECU 指令回油泵在车轮不打滑时主动增压提高制动力，使各个车轮得到尽最大可能的制动效果。

BAS 系统是电控辅助制动系统的简称，BAS 系统的突出特点是系统中配有电子真空助力器。在驾驶员采取制动措施时，ECU 收集刹车踏板的位置数据，如果 ECU 检测到刹车踏板在短时间内迅速移动，会判断出驾驶员紧急制动的意图，从而指令电子真空助力泵快速助力，让各个车轮迅速得到最佳的制动力，使得车辆快速减速。这个功能对于在高速公路上驾车的老年或女性驾驶者能够起动很大的作用，使他们减少在高速公路上追尾的风险。

EHB 系统是电控液压制动系统的简称。EHB 系统的最大特点是驾驶员操作的制动踏板仅为 ECU 提供制动信号的传感器，并不真正给系统施加真实的制动力，系统的制动力完全由液压控制单元（简称 HCU）提供，而且系统自身能够产生足够的制动力从而不需要真空助力泵助力。EHB 系统在工作时给刹车踏板回馈一定比例的车轮制动力，使驾驶员有踩着真实的刹车踏板的感觉。目前，EHB 系统仅在高级车辆上有一定的使用。EHB 系统在低速泊车时会减少制动力，防止制动猛烈造成车内人员的自身伤害，在车速较高时提供尽可能大的制动力以减少制动距离。图 5-10 是 HCU 泵总成和电子刹车踏板总成的实物图片。

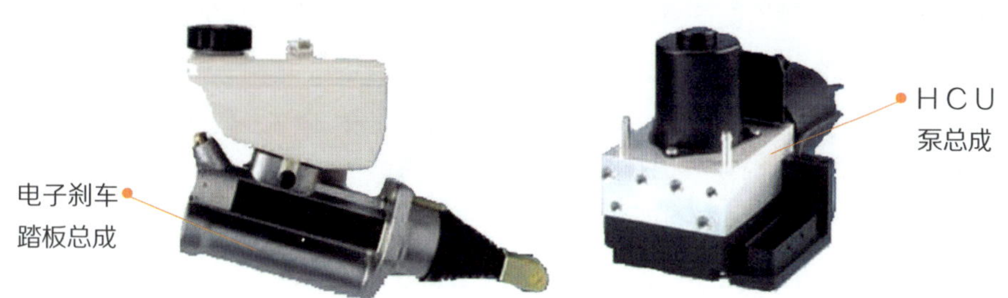

图 5-10　HCU 泵总成和电子刹车踏板总成的实物图片

驱动防滑系统简称 ASR 系统，又称牵引力控制系统简称 TCS 系统。它的作用是防止车辆在湿滑路面起步或加速时驱动轮出现的打滑现象，以维持车辆行驶方向的稳定性。因为车轮在湿滑路面上打滑会使车辆产生横向偏移现象，这种现象会使车辆脱离路面而发生危险。ASR 系统是在 ABS 系统的基础上发展起来的。但是与 ABS 系统相比，两者控制车轮打滑的前提不同。ASR 系统是防止驱动轮在驱动车辆时打滑，而 ABS 系统是防止车辆在制动时所有车轮出现打滑的。

5.3　ASR 系统简介

图 5-11 是 ASR 系统示意图。从图中可以看出，ASR 系统的组成与 ABS 系统类似，只是比 ABS 系统增加了对节气门的控制。另外 ASR 系统中，ABS 泵的回油泵能够在 ECU 的控制下反转泵油，从而使 ABS 泵能主动对打滑的驱动轮输出制动力，使驱动轮停止打滑。在发动机加速输出动力时，如果 ASR 系统的轮速传感器检测到驱动轮有打滑现象，系统的 ECU 指令 ABS 泵对打滑的驱动轮输出制动力，使其停止打滑。如果驱动轮继续打滑，ASR 系统的 ECU 将给发动机系统的 ECU 输出信号，发动机系统的ECU接收到ASR工作的信号以后，控制节气门减少开度使发动机的输出扭矩减少。此时一方面防止车轮打滑的制动力增加，另一方面使驱动轮转动的驱动力减少，这两个作用的综合结果将使驱动轮停止打滑。当轮速传感器检测到驱动轮停止打滑时，系统的 ECU 会指令 ABS 泵停止对打滑的驱动轮输出制动力，同时通知发动机系统的 ECU 恢复节气门的正常工作状态。ASR 系统在实际的工作过程中，其增减制动力和驱动力的

动作是交替进行的，两者共同作用的效果使驱动轮在不打滑的前提下保持最大驱动力。

ASR 系统中的双节气门由主节气门和副节气门组成。主节气门在前方，副节气门在后方。主节气门通过油门拉线由驾驶员控制，副节气门通过步进电机由发动机 ECU 控制。当驱动轮打滑时，虽然主节气门可能开度很大，但是副节气门在 ECU 的控制下只是打开合适的开度，从而控制了发动机的输出扭矩。由于双节气门的成本较高，所以 ASR 系统以前是高级车辆的专利。现在，电动节气门和 ABS 系统已经在普通汽车上广泛使用，这两者的存在为 ASR 系统的普及提供了方便的条件，在硬件上不用大的投入，只是对发动机系统和 ABS 系统 ECU 的程序予以升级，就能够很方便地得到 ASR 系统的功能。图 5-12 是电动节气门和电子感应油门踏板的实物图。

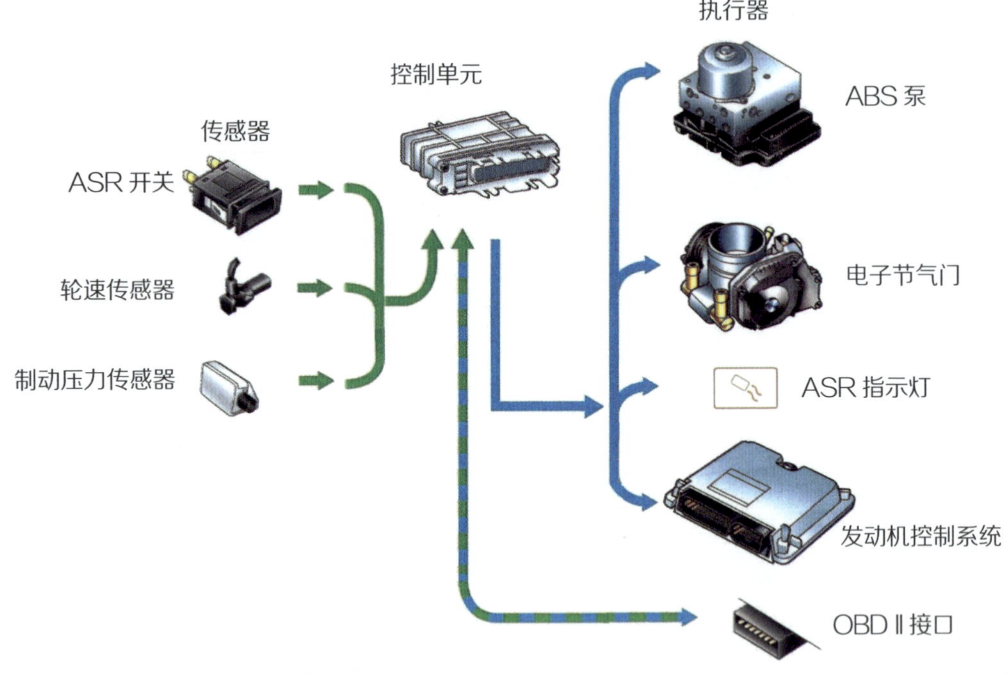

图 5-11　ASR 系统组件示意图

AUTO REPAIR

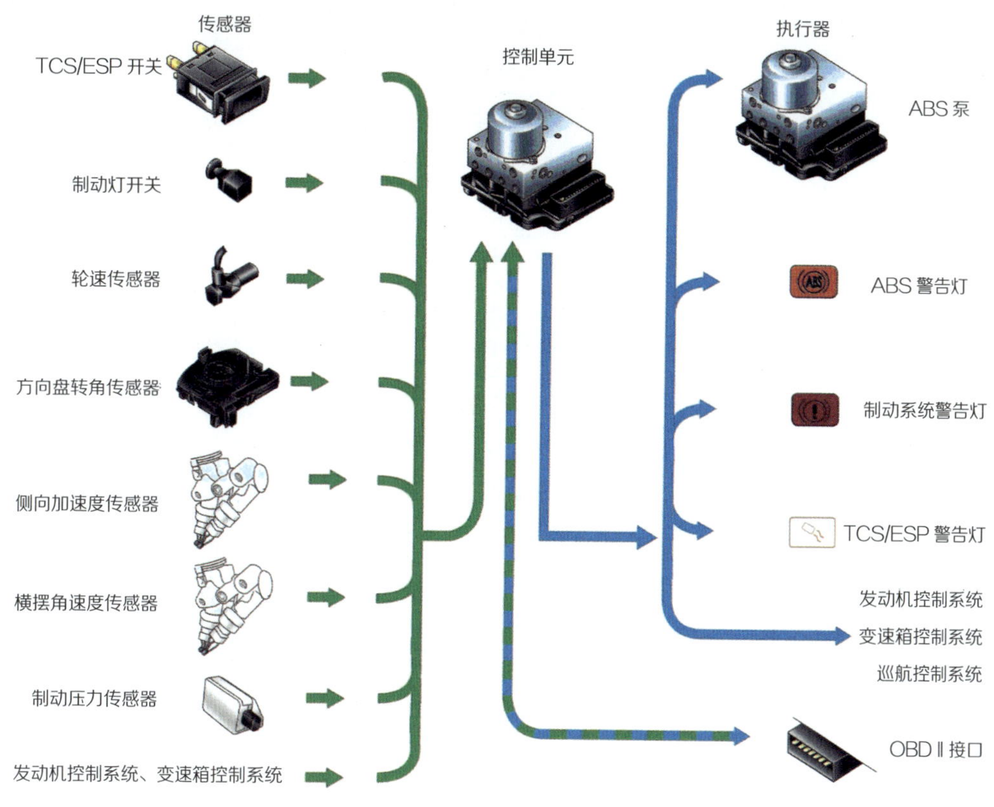

图 5-12　ESP 系统示意图

在电动节气门没有面世以前，ASR 系统是通过双节气门来控制发动机的输出扭矩的。

5.4 ESP 系统简介

ESP 是电控车身稳定系统的简称，它综合了 ABS 和 ASR 两个系统的功能。ESP 系统包含 ABS 和 ASR 系统，是这两种系统功能上的延伸。因此，ESP 称得上是当前汽车防滑装置的最高级形式。ESP 系统由控制单元及转向传感器（监测方向盘的转向角度）、车轮传感器（监测各个车轮的转速）、侧滑传感器（监测车体绕垂直轴线转动的状态）、横向加速度传感器（监测汽车转弯时的离心力）等组成。如图 5-12 所示是 ESP 系统示意图。控制单元通过这些传感器的信号对车辆的运行状态进行判断，进

而发出控制指令。有 ESP 与只有 ABS 和 ASR 的汽车，它们之间的差别在于 ABS 和 ASR 只能被动地作出反应，而 ESP 则能够探测和分析车况并纠正驾驶的错误，防患于未然。ESP 对过度转向或不足转向特别敏感，例如汽车在路滑时快速左拐，其车身后部会发生过度转向，会使车辆发生向右侧甩尾的现象，此时 ESP 系统的传感器感觉到滑动就会迅速制动右前轮，使其恢复附着力，产生一种相反的转矩而使汽车保持在原来的车道上；反之也是如此。同样的道理，当快速转弯发生驱动轮打滑的现象时，ESP 系统也能像 ASR 系统一样工作，减少驱动轮的驱动力，增加驱动轮的制动力而使车辆保持行驶的稳定性。这样就减少了车辆在湿滑路面快速转弯时脱离路面而翻车的风险，使安全行车得到了更加可靠的保障。现在电子油门的使用使 ESP 系统的设计更加方便，ESP 系统很好提高了车辆的可操控性，所以在中高级车辆上得到了广泛的使用。

常见的 ESP 控制单元包含下列功能：ABS（制动防抱死）、EBD（后轮制动延迟）、RAD（后轴全负荷延迟）、TSC（牵引力控制）、EDL（电子差速锁）、EBC（发动机制动控制）、EHB（液压制动助力）及刹车盘清洗功能。

其中 RAD 系统的功能是四驱车辆在驱动发生打滑现象时，延迟后轴驱动力的输出，防止出现在湿滑路面爬坡时车辆后部甩尾的风险。EDL 系统的功能是当单个驱动轮打滑时锁死差速器，让两个驱动轮同时输出动力以提高车辆的越野能力。EBC 系统的功能是当带挡制动时切断燃油进入气缸燃烧，利用发动机的阻力协助制动。刹车盘清洗功能是指车辆在雨天行驶或过水以后，系统自动给四轮制动器提供间断较小的制动力，利用制动产生的热量清除刹车盘上的水分。

ESP 系统常见故障：主要是各个传感器线束接触不良或轮速传感器脏污。

案例：电控制动总泵故障

一台高级进口越野车，当车速超过 120 公里制动时几乎没有制动力，系统故障灯同时报警；当车速低于 120 公里时制动力正常。携带诊断仪试车检查数据流，读出所有的传感器参数正常。初步判断是系统 ECU 内部的执行元件驱动模块故障，由于这种总泵的总成结构不能拆开维修，所以更换了这个电控总泵后故障排除。

5.5　EPB系统简介

EPB系统是电控驻车制动器系统的简称。EPB系统利用电机驱动驻车制动器实现车辆的驻车制动，避免了手制动器驻车手刹拉线经常出现的间隙调整、拉线断裂及卡死的缺点，并且能在车辆坡路起车时辅助制动，防止向后溜车，减少了坡路起车时对驾驶员操控技能的要求，大大提高了车辆的操控方便性，所以在许多中高级车辆上广泛使用。

EPB系统由ABS系统、驻车系统ECU、离合器位置或自动变速箱挡位传感器、驻车开关、起车辅助开关和电控驻车制动器组成。

系统中的ABS系统为驻车系统ECU提供车辆是否倒退的信号，EPB系统的ECU内部有纵向加速度传感器可以测算坡度，离合器位置或变速箱挡位传感器为EPB系统提供车辆是否在行驶状态的信息。

当驻车系统的ECU根据传感器和开关判定车辆是在停车状态时，此时按下驻车开关，ECU会指令电控驻车制动器动作压紧后轮刹车片制动车辆。当驻车系统的ECU根据传感器和开关判定车辆是在起车状态时，按下驻车开关，ECU会指令电控驻车制动器动作解除对后轮刹车片的压力，使后轮制动力解除。

当车辆在坡路起车时，EPB系统通过内置在其电脑中的纵向加速度传感器测算出车辆在斜坡上由于重力而产生的下滑力，电脑通过电机对后轮施加制动力来平衡下滑力，使车辆能停在斜坡上。当检测到车辆在前进时，相应地减少电控驻车制动器的制动力，当ECU判定牵引力足够克服下滑力时，电脑驱动电控驻车制动器解除制动，从而实现车辆顺畅起步。

EPB系统可以保证车辆在30%的斜坡上稳定驻车并顺利起车。另外，该系统还能自动实现热补偿。即如果车辆经过强制动后驻车停止一段时间，后制动盘会因为温度的下降收缩而与摩擦片之间产生间隙，此时电控驻车制动器会自动启动，驱动压紧螺母来补偿温度下降产生的间隙，从而保证可靠的驻车效果。图5-13是EPB系统的示意图。图5-14是电控驻车制动器的结构图。图5-15是ABS泵分解图。

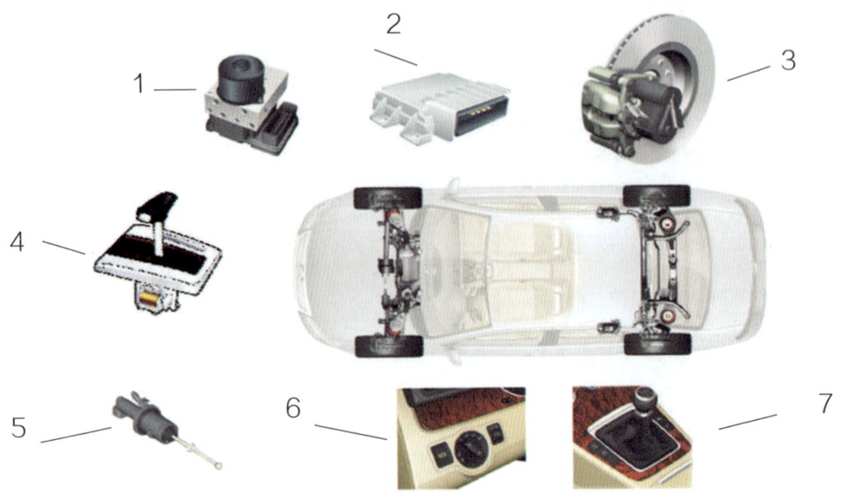

1-ABS 泵；2-ECU；3- 电控驻车制动器；4- 档位传感器；5- 离合器位置传感器；
6- 驻车开关；7- 坡路起车辅助开关

图 5-13　EPB 系统示意图

EPB 系统使用注意事项：

更换后轮刹车片时，要使用专用的诊断仪操作，防止损坏电控驻车制动器。在实践中常有不按规定更换后刹车片而导致电动制动器损坏的案例。

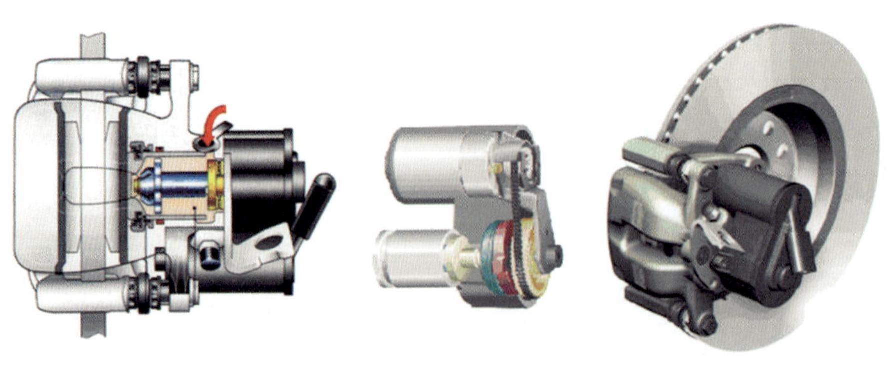

图 5-14　电控驻车制动器的结构图

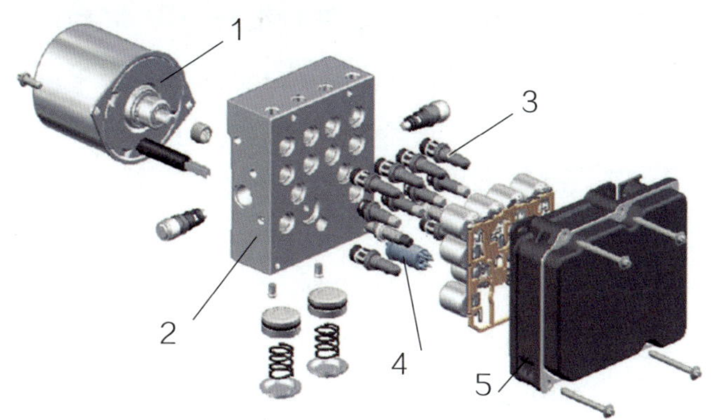

1- 泵电机；2- 阀体；3- 转换阀；4- 压力控制单元；5-ECU

图 5-15 ABS 泵分解图

5.6 电控悬挂系统

电控悬架系统能够根据车身载重量、车速、转向角度及速率、制动等信号，由电子控制单元（ECU）控制悬架执行机构，使减振器的阻尼力及车身高度等参数得以改变，能够使刹车时车头下探、急加速时车头抬起、转弯时车辆侧倾、乘员重量的变化使车身前后的高度变化而影响大灯照射角度的变化等现象得以改善，另外电控悬挂系统还可以根据路面的情况调整底盘的高度，从而使汽车具有良好的乘坐舒适性和操纵稳定性。例如在日常使用中，电控悬挂会有几个状态适应行驶条件。当在高速公路上快速行驶时，适当降低底盘的高度，使车辆的中心下降提高行驶稳定性；当在越野路面行驶时，提高底盘高度，防止地面对底盘的损坏。当车辆在平时使用时能够保持普通的底盘高度以保证车辆像普通车辆一样使用。这些特点使电控悬挂控制系统在高级汽车上普遍应用。目前市面上主流的电控悬挂主要有电控空气悬挂和电控液压悬挂两种。二者的原理相同，只是工质不同，但是由于空气弹簧的振动频率较低，所以舒适性比电控液压悬挂的性能要好。

5.6.1 电控空气悬挂系统的组成

电控空气悬挂系统由车身加速度传感器、车身水平传感器、压力传感器、减震器高

度传感器、ECU、空气压缩机、空气分配阀和阻尼阀等组成。其中加速度传感器感知车身纵向高度变化的加速度，水平传感器感知车身横向倾斜的加速度，压力传感器感知车辆的载荷，减震器高度传感器感知减震器的高度，ECU 是系统的控制中心，空气压缩机为系统提供高压空气，空气分配阀在 ECU 控制下分别为每个减震器提供需要的压力空气，阻尼阀的作用是在 ECU 控制下分别改变每个减震器的阻尼力。

5.6.2　电控悬挂系统的功能

1. 起车阶段

当车辆起车加油较猛时，由于驱动轮扭矩产生的反作用扭矩，使车头有抬起的趋势，此时车身前部加速度传感器感觉到向上的加速度，车身后部的传感器感觉到向下的加速度，ECU 综合此时车辆的速度、载荷等参数发出指令：增加前部减震器的阻尼力，使前部传感器伸张的过程较慢，后部的减震器气压提高，使后部减震器的压缩较慢，这样综合的作用使车辆在纵向保持水平位置，消除起车过猛引起的车辆抬头的现象。

2. 制动阶段

当车辆速度较快制动时，由于作用于车辆重心的惯性力产生的力矩作用，使车辆有车头下探的趋势，此时车身前部传感器感觉到向下的加速度，车身后部的传感器感觉到向上的加速度，ECU 综合此时车辆的速度、载荷等参数发出指令：增加前部减震器的空气压力，使前部传感器压缩的过程较慢，后部的减震器阻尼力增加，使后部减震器的伸张较慢，这样综合的作用同样使车辆在纵向保持水平位置，消除了刹车过猛引起的车头下探的现象。

3. 转弯过程

当车辆转弯时，由于作用于车辆重心的离心力力矩的作用，使车身有向转向重心外侧倾斜的趋势，此时车身水平传感器感觉到倾斜的加速度，ECU 据此发出指令：提高转向外侧减震器的空气压力，增加转向内侧减震器的阻尼力，使车辆克服外倾力矩的作用保持车身横向水平位置，提高了车辆高速转弯时的稳定性。

AUTO REPAIR

4. 载荷变化

当车辆的乘员人数变化或乘坐不对称时，ECU 根据四个减震器高度传感器分别传来的参数改变相应减震器空气压力，使车辆的高度保持在设定的运行高度和车身的平衡。

5. 行驶模式的适应

当车辆在高速公路行驶打开悬挂控制开关运动模式时，ECU 指令四根减震器提高阻尼力，使车辆增加了对风力影响的抵抗力，提高了行驶的稳定性。当车辆在越野路面行驶，打开悬挂控制开关越野模式时，ECU 指令增加减震器的高度，使车辆的底盘升高，提高了车辆的越野性能。当车辆在普通路面行驶悬挂控制开关在正常模式时，ECU 指令悬挂系统按平常的功能工作。图 5-16 是电控空气悬挂系统的示意图。

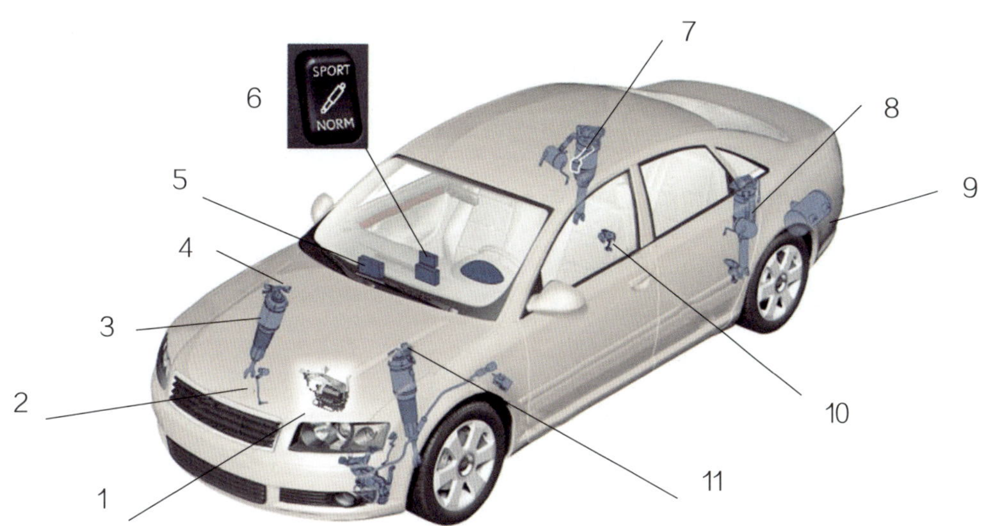

1- 空气压缩机；2- 车身前部水平传感器；3- 右前空气悬挂；4- 车身加速度传感器；5-ECU；6- 控制开关；7- 车身加速度传感器；8- 左后空气悬挂；9- 车身后水平传感器；10- 车身后部水平传感器 ；11- 减震器高度传感器

图 5-16 电控空气悬挂系统示意图

5.6.3 电控悬挂系统常见故障

电控悬挂系统常见故障有各种传感器故障及各种阀故障等。

案例：泄压阀故障（车身落架）

一辆奔驰汽车，熄火后车身高度逐渐下降，导致白天不能熄火等人，夜间停车后需发动车半小时以后，车身才能达到正常高度。经过检查确定是气泵总成的排气阀漏气，解体气泵总成，打磨阀片后故障排除。

案例：拆卸轮胎没有关闭开关引起的损坏减震器故障

一辆林肯跑车，由于车主和轮胎工都不了解这种带电控空气悬挂的车辆更换轮胎的方法，在更换轮胎、升起车辆的过程中没有关闭系统强制停止开关，使右后轮减震器完全伸出空气囊而爆破损坏。这个车在后备箱内有电控悬挂系统强制停止开关，更换轮胎时需要关闭系统根据载荷自动维持车身高度的功能，以保护减震器在车身升起时不执行伸张动作。

案例：高度传感器故障（车身歪斜）

一台凌志400汽车，进厂后发现该车左后部分很高，车辆歪斜行驶。接待后车主确实是需要维修此故障。读故障码显示左后高度传感器故障。检查后发现左后轮高度传感器塑料杠杆断裂，导致传感器不能真实反映车辆高度，ECU发出提高左后减震器高度的错误指令，直至减震器完全伸出，使车辆严重歪斜。凌志400是液压悬挂，如果是空气弹簧，将会导致减震器完全伸出而损坏。焊接高度传感器杠杆后故障排除。

案例：排气阀故障（车辆总在越野模式行驶）

一台丰田高级轿车，司机在行驶越野路面时打开越野模式。上公路以后，开关开到正常模式时车身高度不能恢复正常高度，导致车辆不能正常使用。读取故障码了解到是排气阀线束故障，检查排气阀线束发现线束插头接触不好，处理后故障排除。据司机反映，这辆车以前没有使用过越野模式，所以没有发现这个故障。图5-17是电控空气悬挂系统的维修电路图。

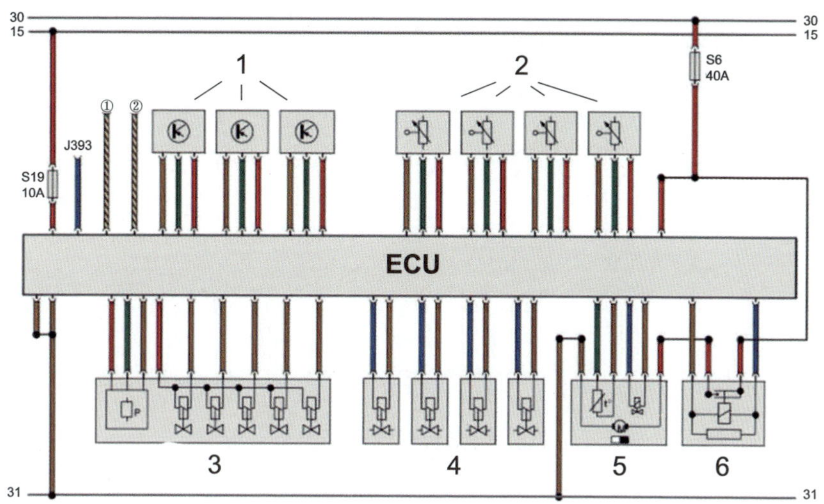

1- 车身加速度传感器；2- 车身高度传感器；3- 压力传感器和进气阀；4- 减震器阻尼阀；5- 温度传感器和排气阀；6- 气泵继电器

图 5-17　电控空气悬挂系统的维修电路图

第六章
空调系统

早期的汽车没有采暖和制冷设备，在寒冷的冬季和酷热的夏季，开车是一份很艰苦的工作。随着车辆舒适性的发展，车辆的空调系统在不断地发展，从早期的利用发动机预热取暖，发展到设置专门的制冷设备制冷；再从手动控制系统，发展到现在自动空调控制系统的普及，可以说，现在汽车的空调系统的人性化进步，大大提高了驾驶汽车的舒适性和乐趣。本章结合自动空调系统来介绍小型汽车的空调系统。

AUTO
REPAIR

汽车空调系统包括取暖和制冷两个部分。取暖部分是利用发动机散热系统的余热工作的，制冷是利用压缩机驱动制冷剂循环来实现的。制冷剂是空调制冷系统的工质，它的基本工作原理是一种物质在气－液相转换时与外界交换热量的物理现象，即气体在被压缩时放热，经过冷却变成液体，液体在蒸发时膨胀吸热变成气体。在汽车空调系统中，制冷剂在车内经过蒸发箱膨胀吸热带走车内热空气的热量，制冷剂在车外被压缩机压缩经过冷凝器散热将携带的热量散发至大气中。图 6-1 是汽车空调系统制冷的示意图。

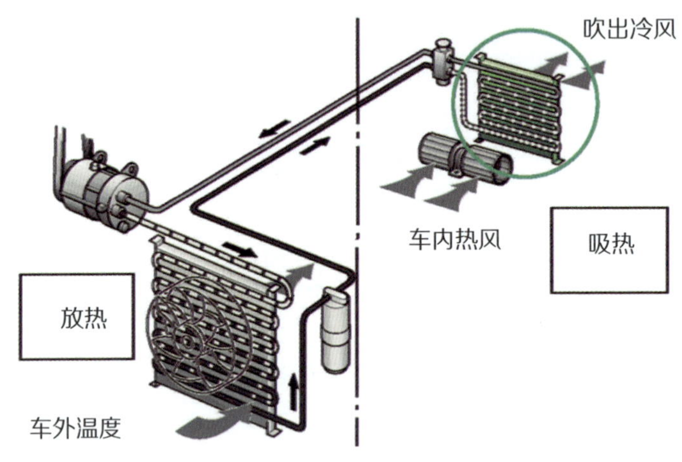

图 6-1　汽车空调系统制冷示意图

6.1　空调系统的组成

空调系统由压缩机、冷凝器和储液干燥器、蒸发器、膨胀阀、连接管路、空调面板控制器、模式伺服电机、混合（温度）伺服电机、内外循环电机、鼓风机、蒸发器温度传感器、压力开关、空气滤芯等相关附件组成。图 6-2 是空调系统构成示意图。

空调箱是空调系统控制空气流向和热量交换的部件。其内部包含空气滤芯、空气冷热翻板、空气流向翻板、鼓风机、暖风水箱和蒸发箱。空调滤芯使用了颗粒型过滤器，可以除去车内的异物及异味，保持舒畅的车内环境。一般更换周期是 5,000 ~ 12,000km，大气污染严重或道路状况不佳需要经常检查并更换。如果长期不更换过滤器，会导致异物堵住、鼓风机的噪音增加、出风量减少等。图 6-3 是空调箱组成示意图。

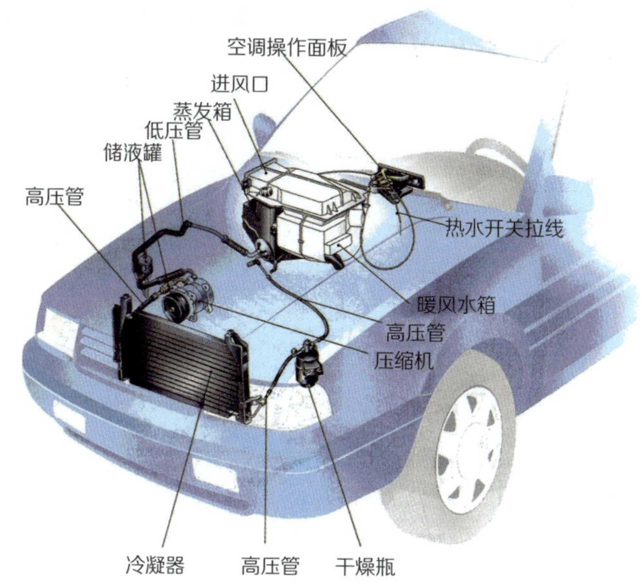

图 6-2 空调系统构成示意图

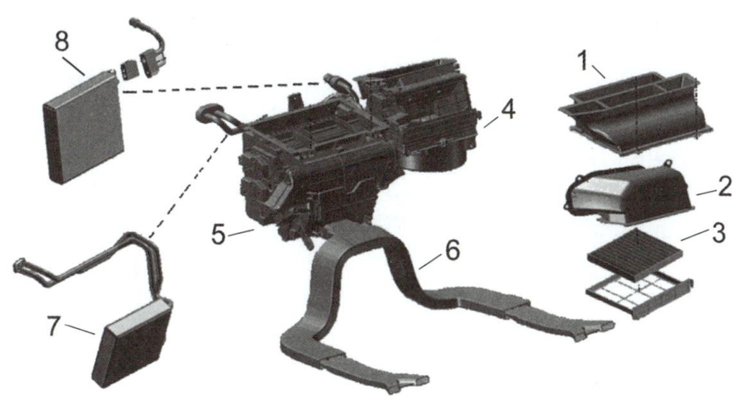

1-出风口；2-进风口；3-空气滤芯；4-鼓风机壳体；5-空调箱总成；6-后部出风口；7-暖风水箱；8-蒸发箱

图 6-3 空调箱组件示意图

空气冷热翻板的作用是使鼓风机吹出的风导向暖风水箱或蒸发箱。当吹出的风经过暖风水箱时空调系统吹出热风，当吹出的风经过蒸发箱时空调系统吹出冷风。

空气导向翻板的作用是改变空气的流向，在操作开关的控制下将鼓风机吹出的风分别吹向脚底、胸部、风挡等处。

鼓风机是空调系统吹风的部件。鼓风机吹出的风量大小由操作开关控制风机调速电

阻的不同挡位来实现。调速电阻串联于鼓风机电路中，经过风量调整开关控制调速电阻的阻值变化来改变鼓风机的转速，调速电阻的阻值越小，鼓风机的转速越高。

暖风水箱是空调系统的热交换器，来自发动机散热系统的冷却液携带发动机工作时产生的热量，当鼓风机吹出的风经过暖风水箱时，空气被加热然后吹向车内各处。

蒸发箱也是空调系统的热交换器，在蒸发箱的入口处有膨胀阀，制冷剂在经过膨胀阀的节流孔时产生射流，高压的液体在此膨胀吸热蒸发变成低温低压的气体。由于制冷剂蒸发的作用，鼓风机吹出的风经过蒸发箱时空气的温度降低，然后经过出风口吹向车内各部。蒸发箱处装有**除霜开关**，除霜开关的作用是使蒸发箱处的温度保持在0℃～1℃，防止蒸发箱处温度低于零度而结霜。

热水开关串联在暖风水箱的进水管上，当热水开关关闭且压缩机没有工作时，空调系统吹出的风的温度是环境温度，也叫吹自然风。

图6–4是空调系统组件示意图。主要包括压缩机、冷凝器、散热器、空调箱总成等。

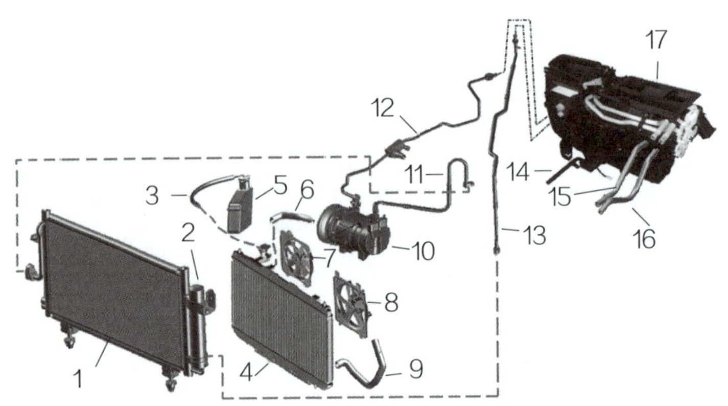

1– 冷凝器；2– 干燥瓶；3– 补水管；4– 散热器；5– 储液罐；6– 散热器进水管；7– 副散热风扇；8– 主散热风扇；9– 散热器出水管；10– 压缩机；11– 高压管压缩机至冷凝器；12– 低压管蒸发箱至压缩机；13– 高压管干燥瓶至蒸发箱；14– 排水管；15– 暖风水箱出水管；16– 暖风水箱进水管；17– 空调箱总成

图6–4　空调系统组件示意图

压缩机的作用是驱动制冷剂工作循环。压缩机将来自蒸发箱处的低压低温气体压缩成高温高压气体流向冷凝器，和常见的气泵的工作原理是一样的。压缩机内部有制冷油，制冷油的作用和机油一样，是给压缩机工作提供润滑的。现在的空调系统有两种压缩机。一种是电磁离合器带动压缩机工作的，这种压缩机当系统达到最高压力时电磁离合器切断发动机的动力使压缩机停止工作，待系统压力降至最低值时电磁离合器恢复压缩机工作，其间歇工作故障率较高。另一种是近年开始流行的可变流量压缩机，这种压缩机内部有压力控制阀，当系统达到最高工作压力时自动减少压缩机的流量，所以是不间歇工作的。这种压缩机的皮带轮通过橡胶件传递动力，当压缩机因故停止转动时，橡胶件被剪切使发动机的动力被切断，从而保护压缩机和发动机不进一步损坏。因为变流量压缩机能够根据空调系统的工作强度自动调整流量，保持高效率工作，所以能节省发动机的动力。图 6-5 是两种压缩机的示意图。

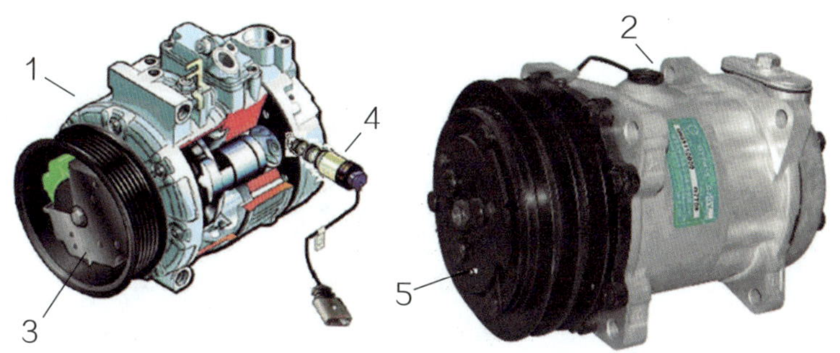

1- 变流量压缩机；2- 普通压缩机；3- 带有橡胶件保护的皮带轮；4- 流量调节阀；5- 带有电磁离合器的皮带轮

图 6-5　两种压缩机示意图

冷凝器的作用是将来自压缩机的高温高压气体散热冷凝成高温高压的液体。干燥瓶一般安装在冷凝器附近，它的作用是除去制冷剂中的水分和杂质。

高压开关的作用是保护高压管路和冷凝器。当系统压力过高时切断压缩机工作，使压力不继续增加，同时起动散热风扇高速转动加强散热降低压力。

低压开关的作用是当系统缺少制冷剂时停止压缩机工作，避免压缩机因无制冷油润滑而损坏。因为制冷油是随着制冷剂循环润滑压缩机的，当系统缺少制冷剂时，将使制冷油循环不良而不能正常润滑压缩机。另外，制冷剂有较强的腐蚀性，制冷油随着制冷剂循环会在冷凝器和管路的金属壁上形成油膜而保护冷凝器和管路不被制冷剂腐蚀。由于这种原因，空调系统长期不工作会因为制冷油不能形成有效的油膜来保护冷凝器和管路的金属表面，使其腐蚀损坏。

三元压力开关：现在多数汽车的空调系统将高低压开关设计在一起，开关直接给空调 ECU 提供信号以控制空调系统，称为三元压力开关。其安装位置如图 6-6 所示。

功能：压力开关是空调系统的一种保护装置，安装在储液器上，为高、中、低三挡。

高压保护：当系统压力过高于 2.95MPa 时，高压触点接通，将压缩机断开，低于

2.36MPa 时，压力传感器复位，压缩机又重新开机。

低压保护： 当系统压力低于 0.196MPa 时，低压开关动作，压力传感器无信号输出，电磁离合器断电。此时要查明系统当系统压力过低时（通常是无制冷剂，或压缩机高低压阀板窜通），低压触点接通，将压缩机断开停止运转。压力升至 0.221MPa 时，压力传感器复位，压缩机重新开机。

中压保护： 冷凝风机分高、低两档速度，当系统压力高于 1.77MPa 时，冷凝风机开高速；当压力低于 1.37MPa 时，风机开低速，这样可以降低汽车能耗。

图 6-6　三元压力开关及安装位置

散热器是用于散发发动机冷却系统的热量的。

散热风扇的作用是强制将空气吹过冷凝器和散热器，将它们携带的热量散发至大气。其中主风扇在发动机水温高于 90℃左右时工作，副风扇在发动机水温高于 96℃左右时与主风扇共同工作，加强散热能力。当空调系统起动制冷时主副风扇同时工作。

空调操作面板用来控制空调出风口的温度和去向。目前常见两种空调控制系统，一种是手动控制系统，另一种是自动控制系统。图 6-7 是两种空调控制面板的实物图。手动空调控制系统是用拉线控制翻板和热水开关的开度来控制温度的变化和风的走向。自动空调控制系统是利用电脑控制步进电机来控制导向翻板和热水开关的开度来控制温度的变化和风的走向。图 6-8 是翻板控制图，从图中可以看出自动空调控制系统用步进电机代替手动拉线控制翻板的动作，而其他的部分是一样的。但是步进电机的动作可以由空调电脑进行控制。

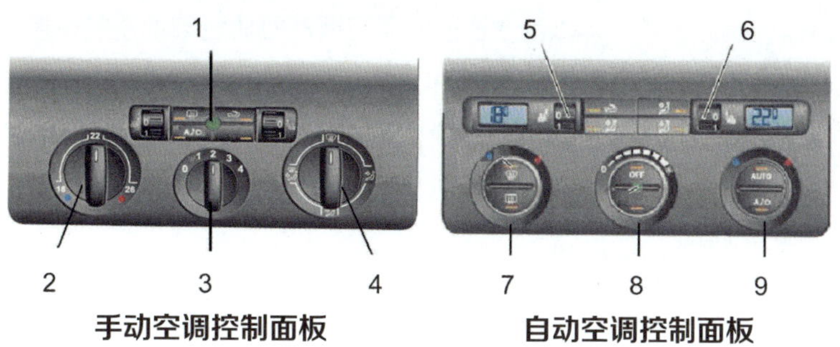

1- 车内温度显示；2- 热水开关旋钮；3- 风量旋钮；4- 风向旋钮；5- 主驾座加热调节钮；6- 副驾座加热调节钮；7- 温度调节；8- 风量调节；9- 控制模式选择按钮

图 6-7　两种空调控制面板实物图

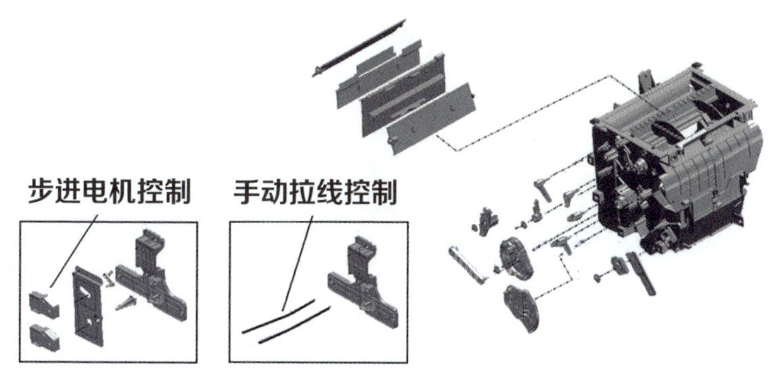

图 6-8　翻板控制方法示意图

6.2　空调制冷系统的工作原理

空调制冷系统的基本原理是利用物质在气 - 液相转化中热量与外界交换的物理现象。大家都知道，用打气筒打气时，气体被压缩，打气筒会很热，这是因为气体被压缩时是放热的。夏季地面很热时向路面洒水会使路面降温，这是因为水分在蒸发时是吸热的。如果气体在被压缩时冷却，高温气体会失去热量液化成液体。就是说：气体被压缩时放热变成液体；液体膨胀时会吸热变成气体。汽车空调系统的制冷过程就是这样工作的，只不过汽车空调系统携带热量转换的不是普通的空气，而是热量转换效率很高的制冷剂。以前的汽车空调系统都是使用氟利昂 R22 作制冷剂，所以现在还有人习惯地称给空调系统加制冷剂为充氟。由于 R22 散发到大气中会生成大量的臭氧，破坏大气层对紫外线的防护作用，所以现在都使用无氟制冷剂 R-134a。两种制冷剂能够溶解的制

冷油不同，**所以在维修 1993 年以前生产的汽车空调时要注意制冷油的使用，如果用错，会由于制冷油不能随制冷剂流动发挥润滑作用而损坏压缩机。**为了防止错用制冷剂，使用不同制冷剂的系统的管路接口是不一样的，现在无氟系统的高低压接口都是快换接口。图 6-9 是汽车空调制冷系统原理图。

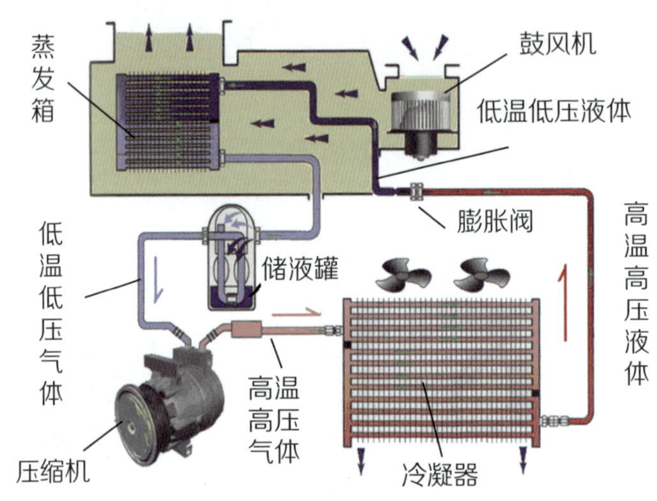

图 6-9　汽车空调制冷系统原理图

压缩过程：当压缩机工作时，来自蒸发箱的低温低压（温度为 0℃ ~2℃左右，压力为 2bar 左右）气态的制冷剂经过储液罐去除液体后被吸入压缩机，压缩机将这些气体加压为高压气体泵向冷凝器，由于气体被压缩后产生高温，所以此时泵向冷凝器的制冷剂是高温高压（气体在被压缩时温度会升高，此时制冷剂的温度为 110℃左右，压力为 15bar 左右）的气态制冷剂。

液化阶段：高温高压的气相制冷剂在高压的作用下发生气－液相变，转换为高温高压（气体在液化收缩时温度会降低，此时制冷剂的温度为 70℃左右，压力为 15bar 左右）的液相制冷剂，相变过程放出的热量经过冷凝器散热后，在高压的作用下流向压力较低的膨胀阀处。

膨胀阶段：高温高压的液态制冷剂经过膨胀阀的节流孔射流膨胀为低温低压的液态制冷剂（此时制冷剂的温度为 2℃ ~5℃左右，压力为 3bar 左右），由于此时有制冷剂气化膨胀的吸热现象，所以温度降低。即膨胀降压，气化降温。

AUTO REPAIR

蒸发吸热阶段：低温低压的液态制冷剂进入压力更低的蒸发箱，由于蒸发箱内的低压作用，制冷剂完全气化。由于物质在液－气相变时要吸收大量的外界热量，所以此时鼓风机在不断地吹入车内的热空气，补充被吸收的热量以防止蒸发箱结霜。为了防止吸热强度过大而使蒸发箱结霜，系统在蒸发箱处装有除霜开关。除霜开关内部装有乙醚，乙醚在遇冷时膨胀，切断触点开关，由于除霜开关串联在压缩机的电路中，这样当除霜开关断路时，压缩机会停止工作降低制冷强度以保证蒸发箱不结霜。我们日常使用空调时会发现压缩机间歇工作的声音，这个间歇工作就是除霜开关在控制的。由于变流量压缩机是根据系统设定的压力工作的，所以不必用除霜开关来控制压缩机的工作。图 6-10 是除霜开关和蒸发箱的实物图，图中蒸发箱上画的十字处是除霜开关的安装位置，除霜开关的探针要在此位置完全插入蒸发箱的散热片内部以正确蒸发箱的温度。除霜开关的探针内部有乙醚，乙醚的负膨胀系数很高，当达到开关的设定温度时会膨胀，断开压缩机电磁离合器的电路，使压缩机停止工作。当压缩机停止工作以后，鼓风机还在不断地吹来车内的热风，这样蒸发箱上的结霜会很快被热风融化，温度升高。当除霜开关探测到温度升高时开关触点会闭合，这样压缩机又开始工作，使系统降温，如此反复循环工作。所以，使用间歇工作压缩机的车辆在使用空调时会感觉到压缩机在不停地间歇工作。如果除霜开关安装的位置不正确，会导致除霜开关不能正确控制压缩机的工作而使蒸发箱结霜，从而导致空调系统出现间歇制冷的故障。就是刚开始使用空调时会顺利制冷，但是二十多分钟以后会发现出风口没有冷风吹出，关闭空调十多分钟以后再使用空调，又会重复出现这种现象。出现这样的故障经常是除霜开关安装位置不当或开关本身故障。

图 6-10　除霜开关和蒸发箱的实物图

下一个循环：气态的低温低压的制冷剂在蒸发箱出来以后进入储液罐，然后进入压缩机，进入下一个工作循环。储液罐能吸收并储存系统中可能没有气化的制冷剂，以防止液态的制冷剂被吸入压缩机而造成压缩机的损坏。

高压保护：当制冷系统由于散热不好或堵塞等，压力会超过设计的工作压力。过高的压力会使系统的冷凝器、高压管爆裂，或使压缩机由于负荷过大而损坏电磁离合器等部件。为了防止出现此类故障，系统在高压管或干燥瓶附近设有高压保护开关。高压保护开关是串联在压缩机电磁离合器电路中的，当系统压力过高，高压保护开关会切断电磁离合器的电路，使压缩机停止工作而降低系统压力。同时起动水箱散热风扇高速转动加强散热，也能降低系统压力。当系统压力恢复正常时，高压保护开关会复位，恢复系统正常工作。

低压保护开关：空调系统的制冷油是溶解在制冷剂里随之流动的。当系统缺少制冷剂时，如果压缩机开始工作，会由于制冷油供给不足而导致压缩机因润滑不好而损坏。为此，系统设立低压保护开关以保护压缩机。现在的汽车一般将高低压保护开关制造在一起，分别起到高压和低压保护的功能。当系统制冷时，低压保护开关会切断压缩机电磁离合器的电路，使压缩机停止工作。

制冷剂：现在的汽车为了保护臭氧层都使用 R-134a 作为空调系统的制冷剂，叫做无氟制冷剂。1993 年以前的汽车使用 R12 或 R22 作为空调系统的制冷剂。R22 也叫氟利昂。氟利昂一旦因事故或维修方法不当而泄露到大气中时会破坏臭氧层，使地球失去臭氧层对紫外线的隔离而对生物造成伤害。

制冷油: 压缩机是机械部件，因此工作时需要润滑。另外气态的制冷剂有很强腐蚀性，制冷剂能够溶解制冷油在系统内流动，在冷凝器和金属管路的内壁形成油膜，从而保护这些金属表面不被气态的制冷剂腐蚀。当空调系统长期不工作时，由于制冷剂没有流动，所以不能形成油膜保护，因此空调系统容易因金属表面被气态的制冷剂腐蚀而泄露。所以，空调系统在冬季时也需要适当的运行，以便制冷油保护系统的金属表面。现在的汽车在吹风挡除霜时自动起动制冷系统工作，一方面冷空气干燥能很快除去风挡玻璃上的霜，另一方面还能起到使系统经常工作而防止腐蚀的作用。由于两种制冷剂对制冷油的溶解方式不同，所以不同的系统制冷剂和制冷油不要用错，如果加错制冷剂，会由于不同的制冷剂的工作压力不同而损坏压缩机。如果加错制冷油，会由于制冷剂不能溶解制冷油并携带其在系统内循环而导致压缩机润滑不良而损坏。在给系统添加制冷剂时，一

定要注意选择正确的制冷剂和制冷油，防止损坏压缩机。为了防止在工作中出现差错，空调系统针对不同制冷剂系统的高低压接口的标准是不一样的，使用 R22 的系统接口是螺栓扭紧的，使用 R134a 的系统接口是快换接头。图 6-11 是现在加制冷剂用的快换接头。

图 6-11　现在加制冷剂用的快换接头

新系统空调制冷剂的加注

（1）汽车空调加注制冷剂前，先按照压缩机的额定润滑油容量添加制冷油，然后抽真空 30 分钟以上。在系统无泄漏且内部绝对真空的状态下，打开 R-134a 制冷剂储罐且瓶口向下，拧松空调组合压力表中间软管接头，排去此段软管中的空气，然后连接好。

（2）打开高压侧手动阀，从高压侧灌入液态制冷剂。

（3）当高、低压表的压力达到平衡不再上升时，关闭高压侧手动阀，让 R-134a 制冷剂储罐瓶口向上，停五分钟以上。

（4）启动空调，打开低压侧手动阀，从低压侧灌入气态制冷剂。

警告：

■严禁从低压侧灌入液态制冷剂。此时发动机转速应保持在 800~1200rpm。

（5）在充灌制冷剂中观察视窗制冷剂的流动情况，待气泡消失时，立即关闭低压侧

手动阀，拆去空调组合压力表，加注完成。表 6–1 是系统压力测试值。

表 6–1　系统压力测试值

环境温度 /℃	25	30	35	40
低压 /MPa	0.10 ~ 0.15	0.15 ~ 0.20	0.20 ~ 0.25	0.25 ~ 0.30
高压 /MPa	1.05 ~ 1.25	1.35 ~ 1.55	1.45 ~ 1.81	1.89 ~ 2.53

维修后制冷剂的加注方法

首先将空调压力表头的高低压接口分别接到系统管路的高低压接口上；然后将表头中间的黄色管（图 6–10 显示的是常用的空调压力表）接到真空泵的出气端。

再将表头的高、低压开关全部打开，开动真空泵，加压到 5bar 后关闭高低压开关，关闭真空泵保持十五分钟以上，如果发现表的压力有下降的现象，用泡沫剂喷到各部接口处检漏。

如果没有发现漏点，再将压力表中间黄色的管接到真空泵的抽气口上，开动真空泵后打开表头的低压开关抽真空（抽空的目的是清楚系统内的水分）至 0.2bar 左右，保持十五分钟以上，如果真空度保持良好即可加制冷剂。

加制冷剂之前要先补充制冷油，一般系统泄露后维修补加 50CC 左右（大概一个机油桶盖的容积），如果是换新的压缩机需要加 150CC 左右。将黄色的管从真空泵卸下，插入制冷油中，打开表头的低压开关，制冷油会在系统的真空作用下抽入系统内，待油面接近底部时，及时关闭表头的低压开关以防止将空气抽进系统。

加制冷剂以前将黄色的管接到制冷剂瓶口上，然后打开高压或低压开关，两者均可，打开一个即可，此时制冷剂会在瓶内的压力作用下冲入系统，一般汽车空调系统加 800CC 左右即可。一般充入一瓶以后，系统压力和制冷剂瓶内的压力接近，所以充第二瓶时发动汽车，打开空调，关闭高压开关，打开低压开关继续充，直至充满。有干燥瓶观察窗能够看到制冷剂流动时产生的泡沫，如果有大量泡沫，说明没有充满；如果没有泡沫出现，说明充得太多。充得正好时，随着压缩机的工作泡沫是一批一批出现的，当泡沫出现时，在观察窗口能看到十几个泡沫说明充的量正好。

当系统正常工作时空调压力表的低压侧的压力在 2bar 左右，高压侧的压力在 15bar 左右。

如果操作熟练，也可以利用汽车本身的压缩机给系统加压、抽空来充制冷剂（此法仅限于更换制冷剂后重新添加）。方法如下：

（1）将空调压力表的高低压接口分别接到系统的高低压接口上；

（2）发动汽车，打开空调（将低压保护开关短接，使压缩机工作）；

（3）打开表头的高压开关，将系统内的高压空气放出，稍后打开表头的低压开关抽制冷剂，待高压开关处喷出制冷剂时关闭高压开关；

（4）继续在低压端充制冷剂，直至充满为止。如果有条件，最好还是用真空泵添加制冷剂。

空调过滤器的拆装

1. 功能

使用了颗粒型过滤器，可以除去车内的异物及异味，保持舒畅的车内环境。

2. 更换周期

长期不更换过滤器，会导致异物堵住、鼓风机的噪音增加、出风量减少等故障现象。

更换周期是 5000 ～ 12000km，大气污染严重或道路状况不佳的地区需要经常检查并更换。

3. 更换步骤

（1）按住杂物箱两侧并往下拆下杂物箱。

（2）松脱空调过滤器两边的卡扣，拉出空调过滤器。

（3）按与上述相反的顺序安装空调过滤器。

压缩机的拆装

1. 拆装步骤

（1）使用专用制冷剂回收设备回收系统中的制冷剂。

（2）关闭点火开关并断开蓄电池负极。

（3）拆卸压缩机电磁离合器的插接件。

（4）拆卸压缩机的管路连接。注意，密封圈只能使用一次。

（5）拆卸压缩机的固定螺栓。

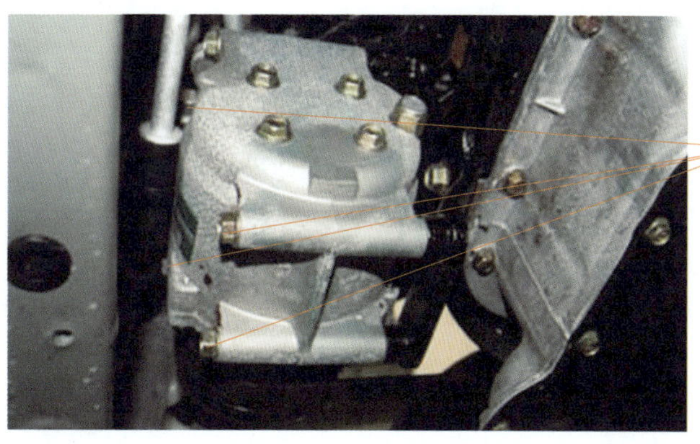

（6）松开压缩机皮带。

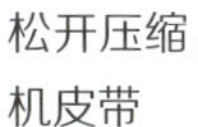

（7）取出压缩机总成。

2. 安装

按拆卸的相反顺序装配。

6.3 空调系统常见故障

空调系统最常见的故障是缺少制冷剂。当空调系统长期不使用时，制冷剂会腐蚀管路造成泄漏，因为制冷剂不循环时没有制冷油随之流动保护管路。所以在冬季也应该适当地使用空调。现在的电动空调系统，当开暖风吹风挡时空调会自动起动，避免了空调这种现象。

1. 空调系统完全没有冷气吹出

（1）吹出的风不凉： 开机后（按 AC 开关），如果鼓风机、压缩机运转正常、手所感觉到的空调高低压管的温度正好符合正常情况，问题可能在于：HVAC 总成上的冷热风门控制方面，本款电动空调制冷与制热是由冷暖风门控制的，暖风水箱始终通热水，制冷时冷暖风门将暖风水箱进风关闭，空气流经空调的蒸发器后直接吹出，制热时冷暖风门将暖风水箱进风打开，空气流经蒸发器后，再进暖风水箱吹出，如果出现前面所述现象，检查空调控制面板冷暖温度调节按键是否四条蓝色指示灯全亮，查看冷暖风门是否处在暖风关闭的位置。可以用手触摸送风口处出风是否温度偏高，如不能有效地关闭暖风门，则需要对其进行维修。

（2）制冷系统严重堵塞： 这时，用空调组合压力表检测制冷系统的高、低压侧的

压力值，可发现高压侧压力值比正常时低，而低压侧的压力值成真空状态，且堵塞部位前后有明显的温差，甚至出现结霜现象，该故障一般出现在储液干燥器（装在冷凝器上）或膨胀阀内。因此，在维修时，可用氮气对着储液干燥器或膨胀阀的进口或出口吹气，如不通畅，说明其堵塞，需更换。

（3）压缩机不工作。

1）压缩机有故障。压缩机缸垫窜气、进排气阀损坏，均能造成压缩机不能压缩制冷剂或压缩不良。此时，用空调组合压力表检测压缩机工作时的进气压力和排气压力，可发现两者压力相同或相差不大，提高发动机转速时，其压力值仍无明显变化；用手触摸压缩机上的进气管和排气管，可感觉两者温差不大。需说明的是，当压缩机出现缸垫窜气故障时，用手触摸压缩机会感觉非常烫手。压缩机出现上述故障时，一般需更换。

2）压缩机电磁离合器线圈烧坏，离合器吸合不上，压缩机不工作，引起离合器线圈烧坏的原因有可能：线路故障造成电流过大；周围温度过高；负载过大。离合器线圈正常阻值约 4 欧姆，如大大超出此范围，则需更换。

3）空调控制面板上 AC 开关失效，无信号输出，电磁离合器断电。

4）空调控制面板或发动机 ECU 无信号输出，电磁离合器断电。

电动空调的蒸发温度传感器直接连接发动机 ECU，由发动机 ECU 根据空调控制面板上 AC 开关状态和 HVAC 总成中蒸发温度传感器感受到的蒸发器芯体出风温度来确定空调压缩机的开 / 停。

5）压力开关保护：空调系统缺制冷剂，当压力低于 0.196MPa 时，低压开关动作，压力传感器无信号输出，电磁离合器断电。此时要查明系统制冷剂泄漏的原因。空调系统压力过高，当高压侧压力高于 2.95MPa 时，高压开关动作，压力传感器无信号输出，电磁离合器断电。这种情况一般会造成压缩机频繁停机，此时要查明系统压力过高的原因。造成空调系统压力过高通常有以下几种原因：制冷剂加注量过多；系统内有空气；冷凝风扇不工作、冷凝器有灰尘导致散热效果不好。

6）压力开关损坏或接线不好，无信号输出，电磁离合器断电。

7）如果启动空调制冷系统（开 AC）后，两个电子扇同时运转，但压缩机不吸合则很可能是发动机 ECU 烧坏，需要修理。

8）当排气温度过高时，压缩机温度保护开关动作，电磁离合器断电。

9）当压缩机排气压力过高时，压缩机泄压阀动作，电磁离合器断电，通过泄压阀

放出部分制冷剂后，泄压阀自动复位。

10）压缩机保险是否烧坏，压缩机继电器是否损坏，检查控制面板至压缩机之间线束是否完好。

上述故障现象可检查空调控制电路：如电源→熔断丝→空调开关→空调继电器线圈的电路完好，故障可能在控制器→电磁离合器线圈的电路上。这时可用直流电压表先测量控制器开关上输入端插接线与车身搭铁之间的电压，如有电源电压，再检测其两端插接线之间是否导通；若导通，用相同的方法对低压开关进行检测，也可把低压开关两端的插接线短路一下，如压缩机电磁离合器恢复工作，说明低压开关损坏，需更换。如仍不工作，再进一步检查压缩机电磁离合器线圈：从蓄电池正极直接引出一根火线接压缩机电磁离合器线圈，此时压缩机电磁离合器应吸合，否则说明其已损坏，需更换。

（4）制冷系统中无制冷剂：空调运行时从视液镜观察不到制冷剂流动，制冷系统高、低压侧管路温度无区别，用空调组合压力表检测制冷系统的高、低压侧的压力值，高压侧压力值与低压侧压力值一样。制冷系统中的制冷剂泄漏后，首先要查明漏点，并将其修复好，再重新抽真空，灌注制冷剂。

检查方法：

（1）利用油迹检漏。由于制冷剂漏出时会带出来一些油，在泄漏的地方形成油迹，因此可通过检查油迹的方法找出漏点。

（2）利用肥皂水检漏。当制冷系统中无制冷剂时，首先需对系统输入 1.5MPa 压力的氮气，然后把肥皂水涂抹在系统的各连接处和焊缝上，如出现气泡，则说明该处为泄漏部位，应及时修复。

（3）利用电子检漏仪检漏。利用电子检漏仪检漏，不是向系统输入氮气，而是向系统输入制冷剂蒸气，并且使其压力值达到 0.35MPa，然后将电子检漏仪上的检测开关置于检测位置，使之能听到有固定节奏的电子信号声（“嘟嘟”声），再把电子检漏仪上的吸管口对准可能有泄漏的部位，顺着系统路径连贯地移动。如吸管口吸到制冷剂，电子检漏仪的电子信号声便明显增强，并且吸管口与漏点越接近，发出的电子信号声也就越大，由此来确定漏点。

为了能迅速准确判断漏点，应将电子检漏仪和肥皂水法配合使用。首先用电子检漏仪查出泄漏的范围，然后将肥皂水涂抹在其范围内的接头上或容易泄漏的部位，即能快

速、准确地检查出来。

（4）荧光检漏。它是利用荧光检漏剂在紫外 / 蓝光检漏灯照射下会发出明亮的黄绿光的原理，对各类系统中的流体渗漏进行检测。在使用时，只需将荧光剂按一定比例加入到系统中，系统运作 20min 后，戴上专用眼镜，用检漏灯照射系统的外部，泄漏处将呈黄色荧光。

（5）查出泄漏点并维修好后，添加制冷剂 R-134a 时，必须先将空调系统内的空气抽干净，还要注意添加压缩机专用的冷冻机油。因为冷冻机油与制冷剂混合在一起，当制冷剂发生泄漏时，机油也随之渗漏；如果将添加制冷剂，而未相应添加冷冻机油的话，那么由于冷冻机油的缺乏，润滑不够造成冷气系统各部件的磨损加快，会大大缩短空调的寿命。制冷剂添加要适量，如果制冷剂添加过量将产生“液击”，同样严重影响制冷效果。

2. 输出的制冷量不足造成输出的制冷量不足（即吹出的冷气不凉）的原因

（1）制冷剂不足。

当制冷系统中循环制冷剂不足时，高、低压侧的压力值均会比正常时低，且从观察窗内可看到气泡流动。此时，在检查系统无泄漏后，应添加适量的制冷剂。

（2）制冷剂过多。

如充注的制冷剂量超过制冷系统的正常容量，必然使冷凝器内液体制冷剂增加，从而减少了散热面积，使冷却效率降低。其主要表现是：系统的高、低压侧压力值比正常时高；用手触摸高压管，感觉烫手；断开空调开关约 45s 后，从观察窗中仍看见有泡沫状态的制冷剂流过。这时，需从低压侧放掉适量的制冷剂，使其达到正常的排气压力和温度。

（3）散热效果差。

冷凝器散热片变形，表面过脏会使散热效果变差，从而导致系统的高、低压侧压力值过高和排气温度过高，且用手触摸从冷凝器出来的高压管时有烫手的感觉。此时，需对故障部位进行修复或更换。散热风扇电动机转速下降、风叶变形、或安装位置不当，造成漏风严重，会引起系统压力偏高。

（4）膨胀阀开得过大或过小。

膨胀阀开得过大：膨胀阀动力头处温度异常偏高，或膨胀阀内弹簧卡死，造成膨胀阀开得过大。其主要表现是：系统的高压值比正常时低，而低压值比正常时高；从蒸发

器出来的低压管温度比蒸发器表面温度还凉甚至结霜。此时，需检查膨胀阀动力头处温度，若正常则说明膨胀阀本身有故障，需更换。

膨胀阀开得过小：膨胀阀内弹簧卡死，或者膨胀上动力头损坏，造成膨胀阀开得过小。其主要表现是：系统的高、低压值比正常时偏低，从蒸发器出来的低压管温度比正常情况下偏高。此时，需更换膨胀阀。

（5）制冷系统脏堵。

由于压缩机长期运转，机械磨损产生的杂质可使储液干燥器或膨胀阀轻微堵塞，从而导致输出的制冷量不足。其主要表现是：系统的低压值过低，储液干燥器前后的管子有明显的温差或膨胀阀处结霜。此时，需更换储液干燥器或清洗制冷系统。

（6）制冷系统内有空气。

由于空气很难压缩成液化的气体，因此制冷系统内进入空气后会使压缩机排气压力和排气温度增高，从而导致输出的制冷量下降。此时，从观察窗内能看到大量泡沫状态的制冷剂流过。这主要是由于抽真空不够彻底，或制冷剂泄漏后引起制冷系统低压端成真空状态而吸入了外界的空气。这时需对系统重新抽真空，再灌注制冷剂。

（7）压缩机工作不正常，或时断时开。

1）压缩机有故障。压缩机缸垫窜气、进排气阀有损坏，压缩不良。此时，用空调组合压力表检测压缩机工作时的进气压力和排气压力，可发现两者压力相差不大。

2）蒸发器温度传感器有故障，输出信号时有时无，电磁离合器时断时开。

3）压力开关保护：空调系统缺制冷剂，空调系统压力过高，当高压侧压力高于2.95MPa 时，高压开关动作，压力传感器无信号输出，电磁离合器断电。一旦压力下降后低于 2.36MPa 时，压力传感器复位，压缩机又重新开机，这种情况会造成压缩机频繁通断。此时应查明系统压力过高的原因。

4）压缩机皮带过松或损坏打滑，造成压缩机工作不连续。

3. 空调吹出的风有异味

对于新车而言，因为空调大部分零件是模具件，有可能因残留少量脱模剂而在刚开机时特别是制热时会产生异味，开窗一段时间后便会消失。在日常使用上，对于空调应该两到三周运行冷气 15 分钟，冬天也是如此。这样一来，到了夏天开制冷时不会有异味。另外，开完冷气，务必在关闭空调前先关闭制冷，让风扇继续工作几分钟再彻底关闭，

然后离车。因为蒸发箱上面有大量水气，最好让风扇尽量吹干，否则会有水渍和潮气遗留，蒸发箱铝片容易生细菌及氧化，产生异味。要定期清洁空气滤网，否则滤网会堵塞，影响进风量，且有可能霉变产生异味，本款空调装有车内外循环过滤网，位于鼓风机上部。空调控制面板上有一个按键，按下后工作指示灯亮时为车内循环，灯灭时为车外循环，即空调进入外循环状态。车主如果不慎让其长期处于外循环状态，那么外界空气中的尘土会进入空气循环，蒸发器易被污染，不利于制冷。另外，还会将外界的异味卷进车内空间，令车厢内产生怪味，且会引起制冷效果下降。

4. 空调产生异响

汽车空调出现异响一般从以下几个方面去检查：

（1）制冷剂泄漏或过量。制冷剂泄漏会导致膨胀阀产生噪声，应查找出泄漏点并予以修复，加入适量的制冷剂；如果制冷剂超出规定值，会使工作负荷加大而产生异响。此时应排出多余制冷剂，使压力符合规定。

（2）压缩机传动带磨损或缺少冷却机油产生机械磨擦声。

（3）制冷系统中含有水分，在膨胀阀处容易产生冰堵，空调系统时通时堵，应更换贮液干燥器，抽真空后重新加注制冷剂。

（4）管路有堵塞现象，或管件突然转弯，使得流动阻力加大，管路中有啸叫声。

5. 空调器 HVAC 送风不正常

如果鼓风机运行正常，但空调 HVAC 吹出的风很小，应检查风道连接部位是否有漏风；风管是否有异物堵塞，当切换空调控制面板上的出风模式按钮时，各送风口的风量无变化，则可能是风门电机失效，无法改变风门位置。此时应查明失效原因，更换风门电机。

鼓风机不运转：风机接插件是否插牢；操纵空调控制面板上风量调节开关无信号输出；位于风机中调速模块完全失效；电机损坏；风机保险是否烧坏。鼓风机只有高速：切换空调控制面板上的风档按键，如果只有高速档输出，较大可能是调速模块部分失效。

鼓风机有异响：叶轮或者是电机损坏或变形。

6. 空调不停机

（1）前部线束与汽车电喷系统不匹配。

（2）空调压力开关损坏。

（3）空调控制面板至发动机 ECU、发动机 ECU 至压缩机的整个线路是否接触良好。

7. 常见控制元件故障

（1）蒸发温度传感器。

蒸发温度传感器安装在蒸发器出风端，感温头装在感温头支架上，离蒸发器约 10mm，不能随意改变位置，如果安装位置不当，感受的温度较高，压缩机会不停机；感受的温度较低，压缩机会频繁停机。如果传感器损坏，输出电阻值有误，也会出现上述现象。传感器是一个负温度热敏电阻，在 4℃时电阻值约为 3.9672±0.1kΩ。

（2）压力开关故障。

压力开关是空调系统的一种保护装置，安装在储液器上，为高、中、低三挡。高压保护：当系统压力过高于 2.95MPa 时，高压触点接通，将压缩机断开；低于 2.36MPa 时，压力传感器复位，压缩机又重新开机。

低压保护：当系统压力低于 0.196MPa 时，低压开关动作，压力传感器无信号输出，电磁离合器断电。此时要查明系统当系统压力过低时（通常是无制冷剂，或压缩机高低压阀板窜通），低压触点接通，将压缩机断开停止运转，压力升至 0.221MPa 时，压力传感器复位，压缩机重新开机。

中压保护：冷凝风机分高、低两档速度，当系统压力高于 1.77MPa 时，冷凝风机开高速；当压力低于 1.37MPa 时，风机开低速，这样可以降低汽车能耗。

1）接压力开关的接插件必须是防水的，否则在插头上积水会造成短路。

2）压力开关损坏或接线不好，无信号输出，电磁离合器断电。

3）压力开关损坏：压力值发生变化，如果是高压值降低到接近系统运行时正常压力值的话，则会造成压缩机频繁断开与启动；如果低压值降低到停机时系统平衡压力，则压缩机无法启动。如果高压值大大高于设定值，则压力开关失去保护功能。

8. 暖风系统常见故障

鼓风机总成不良：

■**鼓风机保险丝熔断：**常见原因是鼓风机电机的碳刷严重磨损，更换保险丝后如果很快又爆了，应该更换鼓风机或碳刷。防止烧坏线束。

■线路断路或短路，修理线路。

■冷暖转换开关工作不良，更换。

■冷暖转换电机工作不良，更换。

■风扇挂有异物，清扫后检查鼓风机电机。

■鼓风机调速模块不良。

■鼓风机电机不旋转。

更换鼓风机调速模块及鼓风机总成。

暖风电路的电压异常。

■电压下降。

检查车辆电源电压、地线漏电及接线不良。

■鼓风机电动机异响：鼓风机电机的轴承是滑动轴承，靠润滑脂润滑，冬季天冷时容易出现润滑不好而产生异响，车热了就消失了，这种情况主要是鼓风机老化造成的，当鼓风机频繁爆保险丝时，应该更换鼓风机。

■鼓风机电动机旋转不良。

更换风扇及电动机总成。

空气滤清器堵塞，清扫。

风量调整不良。

■冷暖转换电机工作不良，更换。

■鼓风机调速模块不良。

风量异常。

■鼓风机电动机旋转不良。

更换风扇及电动机总成。

冷却水温度过低，检查发动机。

冷却水未抵规定量，补充冷却水。

冷却水未循环。

■暖风铁芯堵塞，清扫或更换暖风总成。

■皮带调整不良，调整。

■水泵工作不良。

■混入空气。

■蒸发器温度传感器工作不良，更换鼓风机调速模块不良，更换。

不吹出热风。

混气挡板工作不良，修理连杆部或更换暖风总成。

从缝隙进风，修理密封条。

各通道安装不良，修理安装部。

吹出热风但不升温。

各控制挡板工作不良，修理连杆或更换暖风总成。

除霜器通道安装不良，修理安装部件。

除霜器通道变形、折曲，更换。

除霜器喷口安装不良，修理安装部。

除霜器喷口进入异物，清扫。

除雾器不工作。

模式伺服电机工作不良，更换。

案例：空调不能起动

一般开春以后使用空调时发现空调压缩机不能起动。最简单的检查方法是用铁钉压开系统的高压或低压接口，看看是否有液态制冷剂喷出，如果没有喷出或喷出的是力量很小的气体，一般是系统泄漏，缺少制冷剂锁止。排除方法是检漏，重新添加制冷剂。一般空调系统长期停用会导致没有制冷油形成油膜保护管路金属壁而腐蚀泄漏。有时车辆前方严重撞击也可能导致冷凝器泄漏。目视管路外表、接口或冷凝器散热片上有油污，即可认定是泄漏。检漏时常用泡沫剂喷洒在接口处，看到冒泡就是漏点。比较难检测的是压缩机，如果系统全部找不到漏点，但是使用一两天空调就不能起动，往往是压缩机端头密封垫泄漏，此时需要将压缩机卸下，在水桶内打压才能看到漏点。

案例：风量小

鼓风机以前开一档或二档时风量就感觉够用，现在开到最高档也感觉风量不够用。此时分别测试冷风和热风的风量都很小，应该拆下空调滤芯试试风量是否增加。通常空调滤芯没有及时更换而堵塞造成风量过小。

案例：压缩机电磁离合器或皮带打滑

添加制冷剂以后使用空调，有间歇的皮带打滑声音，一般是添加制冷剂过多，系统压力过高所致，一般空调系统工作时高压在15bar左右。也有皮带松或电磁离合器老化等原因。天气很热，散热不好也会导致系统压力过高。

案例：制冷强度不够

使用空调时出风口温度不能低于6℃。用空调压力表检查系统高低压都低于标准。故障原因是缺少制冷剂。解决方法是添加制冷剂至标准容量。另外暖风水阀关闭不严，冷热风翻板关闭不严也有此现象。

案例：空调间歇制冷且没有风吹出

使用空调时，刚开始十几分钟冷风正常，随后风量越来越小甚至不出风。关闭空调以后十多分钟再起动空调，还是刚开始好使，过一会儿故障重现。这种现象一般是蒸发箱结霜造成的。这种情况简单的检查方法是：停车开动空调，打开机舱盖，观察低压管，如果发现低压管大量结霜就是此故障。蒸发箱结霜的原因是除霜开关故障，应该拆检除霜开关的工作情况，常见线束或开关本身故障。

案例：空调间歇制冷但是有风吹出

使用空调时，刚开始十几分钟冷风正常，随后出风越来越热，甚至不出冷风。不用任何操作，过十几分钟又会吹出冷风，如此反复。这种故障是系统内有水分，在膨胀阀节流口处结冰造成的。结冰堵塞膨胀阀以后温度逐渐升高，结冰融化节流口又能射流制冷，所以反复出现故障。出现这种故障后要放掉制冷剂，更换干燥瓶，重新添加制冷剂即可。如果有循环清理制冷剂的设备，也可以回收制冷剂清理，更换干燥瓶以后，再将清理后的制冷剂重新加入系统。

案例：爆高压管

高温天气使用空调时频繁出现皮带打滑现象而没有及时检修，导致高压管突然爆裂。故障原因是高压开关线束接触不好或开关本身故障。

案例：膨胀阀堵塞

起动空调以后制冷效果不好甚至不制冷。用空调压力表检查低压表的值低于 2bar，高压表的值高于 15bar。故障原因是干燥瓶内部的干燥剂包装破碎，干燥剂小颗粒堵塞膨胀阀。需要拆下全部空调管路彻底清洗，更换干燥瓶，然后重新添加制冷剂。

案例：干燥瓶堵塞

故障现象同前例。故障原因是干燥瓶杂物过多而堵塞。维修方法同前例。

案例：制冷剂品质不好

使用空调时，出风口温度不能达到 6℃以下。用空调压力表检查，高压低压都高于正常值。故障原因是制冷剂品质不好，需要放掉重新添加。

案例：系统内有空气

故障现象及原因同前例。

案例：散热不好

使用空调时出风口温度不能低于 6℃以下，向冷凝器浇水出风口温度迅速降低，过一会儿又不能达标。故障原因是冷凝器通风或散热不好，需要彻底清洗或更换冷凝器。

案例：压缩机故障

使用空调时压缩机异响。常见原因是制冷油缺少或错加制冷油导致压缩机损坏。需要更换或维修压缩机解决。

案例：暖风不热

天冷时使用暖风，出风口温度低于 60℃。故障原因通常是缺少防冻液。经常缺少防冻液的需要检查缸盖是否密封不好。暖风水箱堵塞也有同样现象。

案例：怠速时暖风不热

怠速时暖风不热，加油提高发动机转速，出风口温度能达标。故障原因是水泵老化或冷却系统循环不好。需要更换水泵或清理发动机冷却系统。

案例：高速时暖风不热

中低速行驶时暖风还可以，跑高速时出风口温度下降，水温表显示水温正常。故障原因通常是空调箱内的冷热风翻板关闭不严。需要拆解空调箱维修。

案例：极冷天气暖风不热

天气极冷时发动机水温不能达到正常温度，造成暖风不热。此时检查水箱下水管，如果下水管温度与上水管温度接近是因为节温器卡死在常开状态，需要更换节温器解决。如果下水管温度很低，上水管温度不高，是因为天气太冷，需要给发动机加棉被保温，以提高水温。

案例：发动机经常开锅

天气热时，发动机经常开锅，通常是节温器卡死在常闭状态或者水箱堵塞故障，需要更换节温器或清理水箱解决。水泵老化或发动机冷却系统循环不好，也会出现同样现象。

案例：利用暖风救急

当水箱散热风扇失效或水箱散热不好，导致发动机在行驶途中温度过高时，可以将暖风开到最大挡位，利用暖风系统的鼓风机给发动机散热，将车辆维持到修理厂。

图 6-12 是某款汽车电动空调系统电路图。

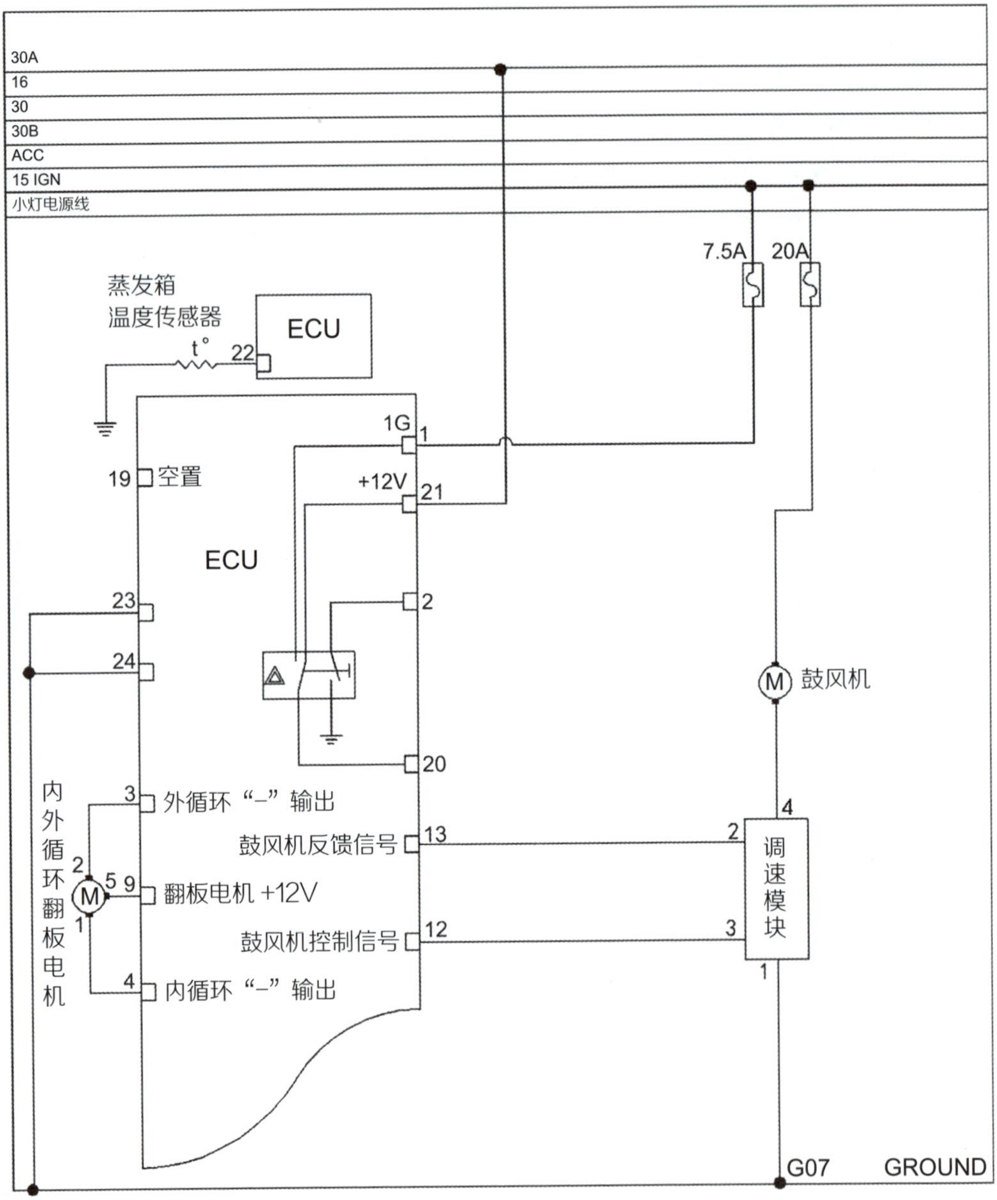

（a）

图 6-12　某汽车电动空调系统电路图

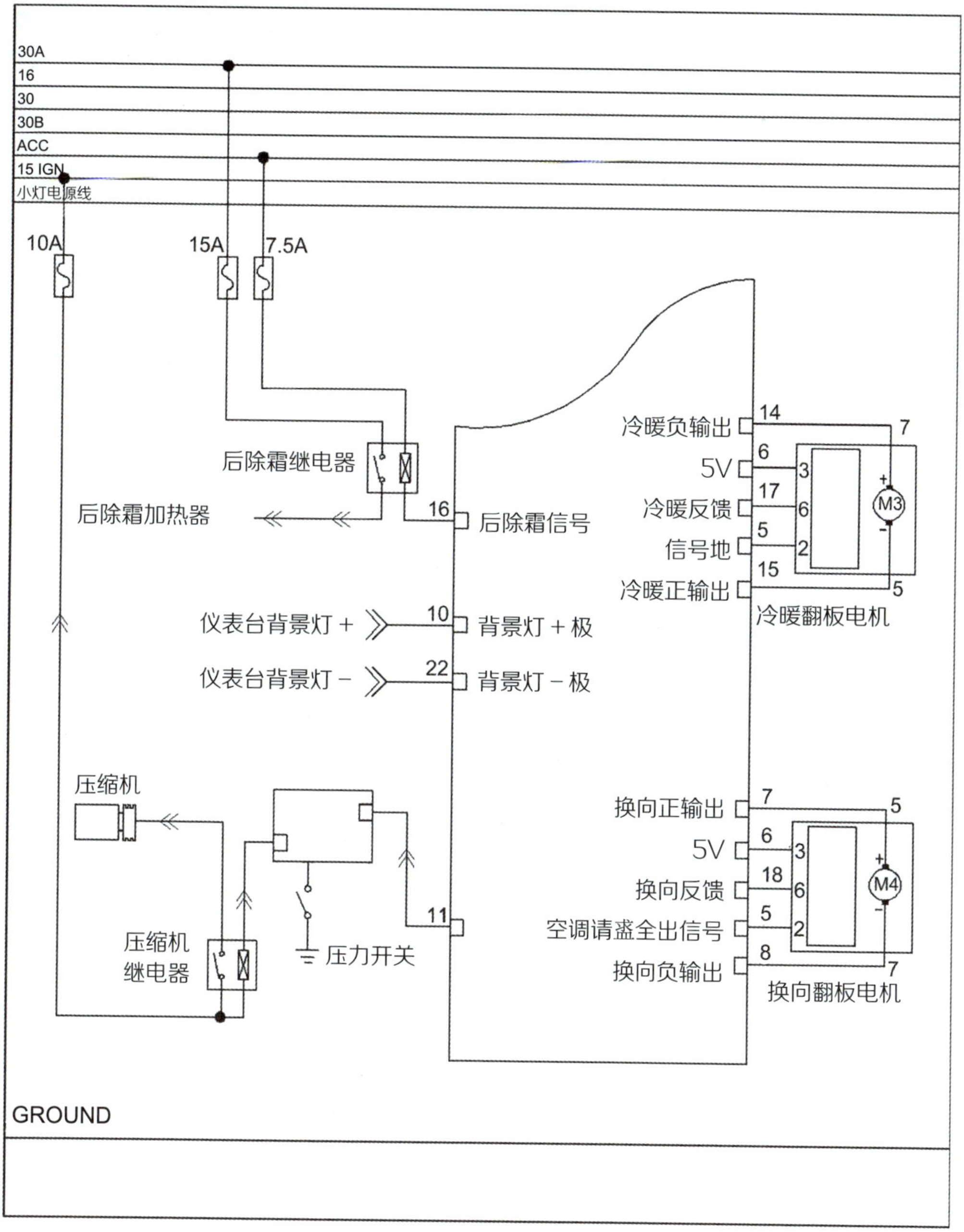

30A
16
30
30B
ACC
15 IGN
小灯电源线

10A
15A
7.5A

后除霜继电器
后除霜加热器
16 后除霜信号
仪表台背景灯 +
10 背景灯 + 极
仪表台背景灯 -
22 背景灯 - 极

冷暖负输出 14
5V 6
冷暖反馈 17
信号地 5
冷暖正输出 15
7
3
6
2
M3
5
冷暖翻板电机

压缩机
压缩机继电器
压力开关
11

换向正输出 7
5V 6
换向反馈 18
空调请盍全出信号 5
换向负输出 8
5
3
6
2
M4
7
换向翻板电机

GROUND

（b）

图 6-12　某汽车电动空调系统电路图（续图）

第七章
车身电气控制系统

由于车辆安全性、防盗性、操作方便性、乘坐舒适性等方面的要求，车辆各个系统的电控部分大量增加。如安全气囊、安全带、组合仪表、行车电脑、多媒体中心、倒车雷达、行车记录仪、GPS 定位等大量电子设备配备在汽车上，使车辆成了一个名副其实的现代化综合设备，CANBAS 通讯中心的使用，无人驾驶汽车、互联网汽车已经有概念车在试验，这些都使车身的电子技术越来越复杂。本章主要介绍目前最常见的车身电控技术，如安全气囊、防盗系统、遥控窗和遥控锁、组合仪表等。更加详尽的车身电气系统将在之后出版的《汽车构造原理和常见故障》一书中介绍。

AUTO
REPAIR

7.1 安全气囊系统

安全气囊系统简称 SRS，它的组成部分包括驾驶侧安全气囊、副驾驶侧安全气囊、时钟弹簧、安全气囊模块、安全带开关。当点火开关打到 2 挡时，安全气囊系统启动，ECU 按预定程序进行自检，若指示灯亮 4s 左右熄灭，表示自检通过、系统正常，此后 ECU 便进入监控状态；若指示灯出现间断闪动或常亮，表示自检未通过、系统不正常。正常行驶过程中（包括在各种路面和干扰情况下）ECU 不发出点火指令，气囊不作用；汽车发生严重前向撞车，ECU 适时发出点火激励，激发气囊组件展开气囊，来吸收驾驶员和前排乘员的部分碰撞能量，减轻乘员可能遭受的伤害，从而起到保护作用。

安全气囊系统原理

1. 安全气囊张开的条件

发生在偏离车辆中心线 30° 范围内的正面冲击且有足够大的冲击力，可使气囊张开，如图 7-1 所示。汽车发生碰撞会导致汽车速度急剧变化。由于惯性的作用，车上的乘员继续向前运动，于是发生了车内乘员与车内结构件之间的碰撞。乘员约束系统（SRS）的作用是利用约束系统（包括座椅、安全带、安全气囊等），避免或减缓乘员与车内结构件碰撞造成的伤害。常见气囊系统组件图如图 7-2 所示。

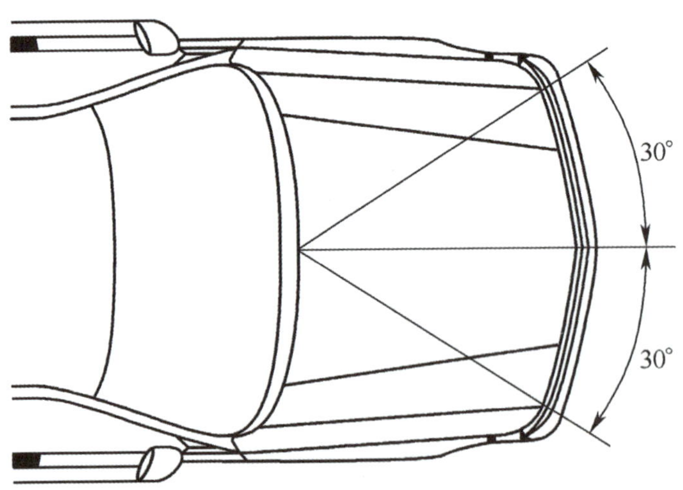

图 7-1　可能使安全气囊张开的碰撞角度图

图 7-2　常见气囊系统组件图

2. 约束系统作用原理

（1）气囊保护： 在车内乘员与车内结构件之间的碰撞前，迅速在乘员和汽车内部构件之间插入一个充有气体的气袋，通过气袋本身的透气性和泄气孔的排气节流作用吸收乘员的动能，使猛烈的碰撞得以减缓并隔离乘员与内部结构件，以达到保护乘员的目的。

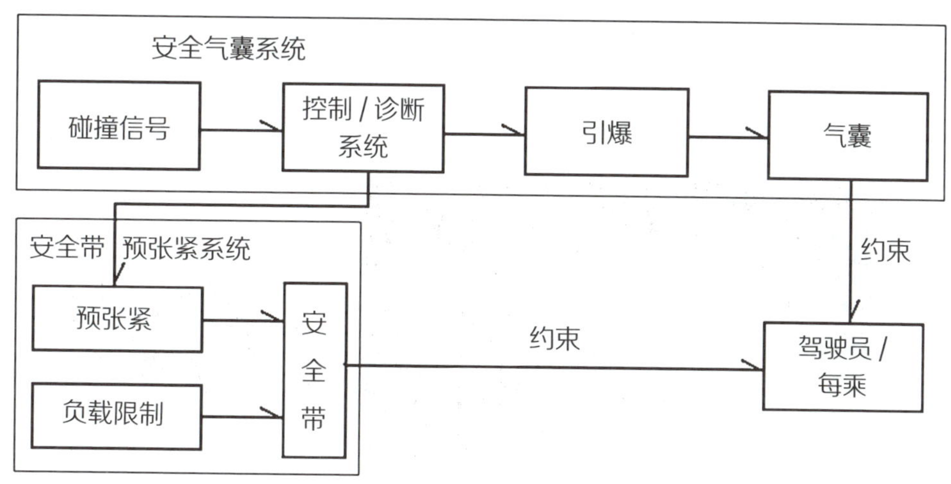

图 7-3　SRS 系统原理图

（2）**安全带保护：**首先，及时收紧，在事故发生的第一时刻借助碰撞加速度、车辆倾斜角度、织带拉紧的加速度将乘员“按”在座椅上；然后，适度放松，待冲击力峰值过去，或人已能受到气囊的保护时，即适当放松安全带。SRS 系统原理图如图 7-4 所示。

图 7-4　SRS 系统原理图

安全气囊 ECU 的功能：

（1）感应车辆碰撞。

（2）点爆驾驶员侧和副驾驶侧的安全气囊。

（3）监测安全气囊系统工作情况。

（4）通过警告指示灯向驾驶员报告安全气囊系统状态：准备就绪或有故障。

（5）通过串行诊断通信端口进行安全气囊系统的诊断维修。

（6）在发生碰撞后，记录相关冲撞信息数据及气囊系统各部件的工作状态。

气囊电脑和时钟弹簧的实物图如图 7-5 所示。

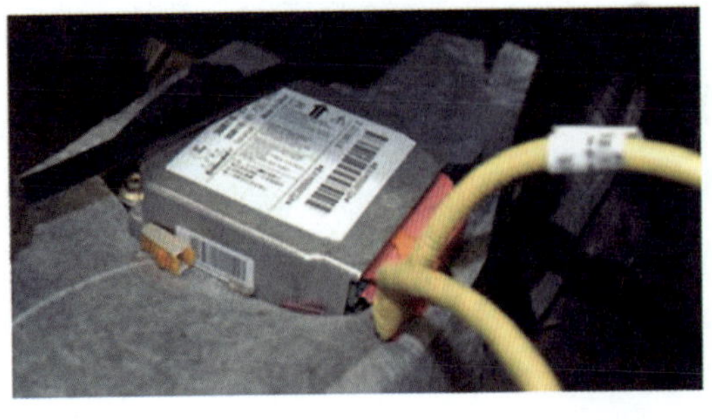

图 7-5　气囊电脑和时钟弹簧的实物图

安全气囊系统诊断：点火开关转到“ON”位置后，位于仪表板上的安全气囊指示灯闪烁几秒后熄灭，表示安全气囊系统处于正常工作状态。如果点火开关转到“ON”位置后，安全气囊指示灯不亮或者常亮，说明气囊系统有故障。

安全气囊最常见的故障是游丝接触不良或损坏。由于游丝经常运动，并且方向盘经常由于其他作业而拆装，所以当气囊故障灯亮起时，经常是游丝接触不良或损坏的故障。

安全气囊时钟弹簧的拆卸：

（1）关闭点火开关并断开蓄电池负极 1 min 以上。

电瓶负极线摘下后尽量远离电瓶负极，防止发生意外

（2）用十字螺丝刀拧松两边固定螺栓。

拆下两侧固定驾驶侧气囊的螺栓

（3）拆开接插件，取出安全气囊模块，放置在安全处，注意护罩向上放置。

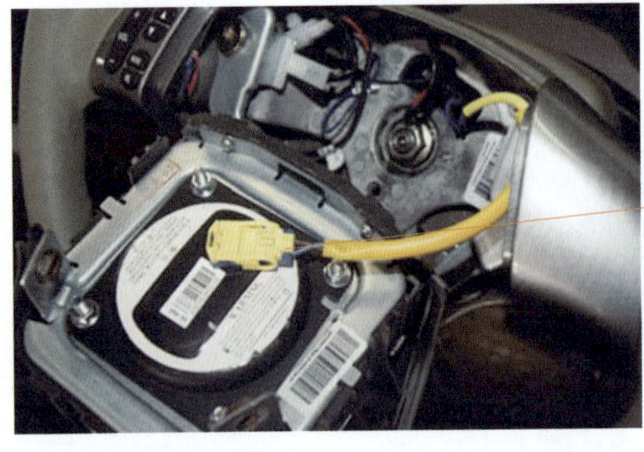

提出气囊翻过来，拆下线束插头，然后移走气囊至安全位置

（4）断开喇叭和多功能开关接插件。

拔下喇叭和多功能开关线束的插头

（5）拆卸方向盘的固定螺母，取出方向盘。

拆下方向盘固定螺母，拔出方向盘

（6）拆下转向柱下装饰盖固定螺钉。

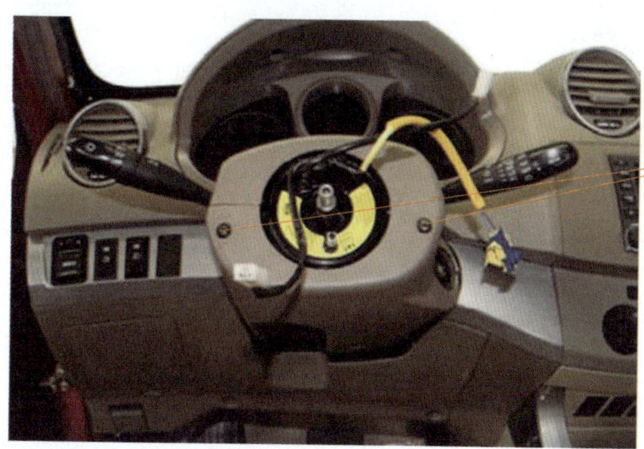

拆下转向柱下护罩的固定螺栓移走护罩

（7）拆下时钟弹簧的固定螺栓。

拆下时钟弹簧固定螺母，取出时钟弹簧

（8）取出安全气囊时钟弹簧。

AUTO REPAIR

安全气囊时钟弹簧安装时注意：

■在安装安全气囊时钟弹簧之前，要先保证前轮方向居中（朝向）。

■在安装安全气囊时钟弹簧之前，要保证时钟弹簧居中（顺时针旋转到尽头，再反向旋转 2.5 圈）。

安全气囊故障码对照表

（1）SRS 指示灯亮约 6s 后自行熄灭，系统正常；

（2）闪 8 次一停顿，ECU 上安全传感器异常（自检时闭合）；

（3）闪 7 次一停顿，左碰撞传感器异常（开路或自检时闭合）；

（4）闪 6 次一停顿，右碰撞传感器异常（开路或自检时闭合）；

（5）闪 5 次一停顿，加速度传感器测试异常；

（6）闪 4 次一停顿，电源 1 端的电压低于 10V；

（7）闪 3 次一停顿，电源 2 端的电压低于 10V；

（8）闪 2 次一停顿，引爆储能器电压低于 9V；

（9）闪 1 次一停顿，加速度传感器状态输出异常；

（10）闪 11 次一停顿，主气囊或螺旋线、引爆线异常（开路或自检时闭合）；

（11）闪 12 次一停顿，副气囊或引爆线异常（开路或自检时闭合）；

为了进一步确认故障原因，应采用专用的故障诊断仪进行诊断。

（1）采用诊断仪读取故障代码。

（2）根据故障代码的提示进行维修。

（3）采用诊断仪清除故障代码。

（4）故障排除后必须用诊断仪清除系统内储存的故障代码。诊断仪读出的故障码如下。

故障代码　故障描述

9071　安全气囊控制器有内部故障

9031　电源电压值太高

9032　电源电压值太低

9021　驾驶侧气囊阻值太大

9022　驾驶侧气囊阻值太小

9024　驾驶侧气囊对地短路

9025　驾驶侧气囊对电源短路

9041　副驾驶侧气囊阻值太大

9042　副驾驶侧气囊阻值太小

9043　副驾驶侧气囊对地短路

9044　副驾驶侧气囊对电源短路

9015　驾驶侧预张紧式安全带阻值太大

9016　驾驶侧预张紧式安全带阻值太小

9018　驾驶侧预张紧式安全带对地短路

9019　驾驶侧预张紧式安全带对电源短路

9045　副驾驶侧预张紧式安全带阻值太大

9046　副驾驶侧预张紧式安全带阻值太小

9047　副驾驶侧预张紧式安全带对地短路

9048　副驾驶侧预张紧式安全带对电源短路

9061　故障灯对地短路或故障灯线路断开

9051　碰撞输出接口对地短路或碰撞输出线路断开

7.2　防盗中控门锁系统

防盗中控门锁系统由中控防盗器、闭锁器开关、电动窗主开关、前后四个车门闭锁器和尾门闭锁器组成。其中四个车门的闭锁器和闭锁器锁芯集成在一起，左前和右前门闭锁器上有一个闭锁器开关。可以通过电动窗主控开关来实现所有车门的开锁和上锁，也可以通过左前和右前门闭锁器上闭锁器开关来实现所有车门的开锁和上锁，同时还可以通过遥控器来实现所有车门的开锁和上锁。

控制原理：通过钥匙遥控按钮、主控闭锁器开关来锁止或开锁所有车门。中控防盗器接收到开锁或锁止信号时，控制闭锁器电机打开或关闭，不论点火开关处于任何位置，中控闭锁器均处于可操作状态。闭锁器电机受控于中控防盗器。中控防盗器的控制线连

接到电机的两个端子上，使电机朝着一个方向转动。电流相反，电机转动方向相反。闭锁时，中控防盗器的3# 端子输出高电平，2# 端子输出低电平，电流经过5个车门的闭锁器2# 端子，闭锁器的1# 端子回到中控防盗器的2# 端子，实现5 个车门闭锁器的闭锁功能。开锁时，中控防盗器的2# 端子输出高电平，3# 端子输出低电平，电流经过5个车门的闭锁器1# 端子，闭锁器的2# 端子回到中控防盗器的3# 端子，实现5个车门闭锁器的闭锁功能。

1. 关锁

在关好车门后，按下遥控器LOCK 键一次，此时转向灯闪一次。中控锁关锁(0.6s)，同时断电。进入警戒状态。若此时开车门或车钥匙转到“ON”都会触发报警：车灯闪烁，喇叭长叫30s。可按关锁键暂停报警，也可按开锁键解除防盗，停止报警。

2. 开锁

在关锁状态下，按下遥控器UNLOCK 键一次，此时，转向灯闪两次，中控锁开锁（0.6s）。

3. 寻车功能

在关锁状态下，按下遥控器LOCK 键一次，喇叭叫10 次，转向灯同步闪烁10 次，按开锁键退出寻车功能。

4. 自动回防功能

在关锁状态下，按下遥控器开锁键开锁，如果车门未开过，30s 后将会自动关锁。

5. 行车中自动关锁

汽车启动时速达到30 公里时，中控锁会自动关锁，停车熄火后，车门自动开锁。JP1 接H 时，允许行车中自动关锁功能；JP1 接L 时，禁止行车中自动关锁功能。

6. 遥控功能暂停

当汽车的钥匙转到“ON” 时，遥控器将不能工作，但主机工作正常。

7. 手动开、关锁

可通过手动开关控制开锁或关锁。

8. 门未关好提示

车主下车关门后，按关锁键关锁后若门未关好，喇叭将叫一声，提示门未关好。安全气囊系统电路原理图如图 7-6 所示。

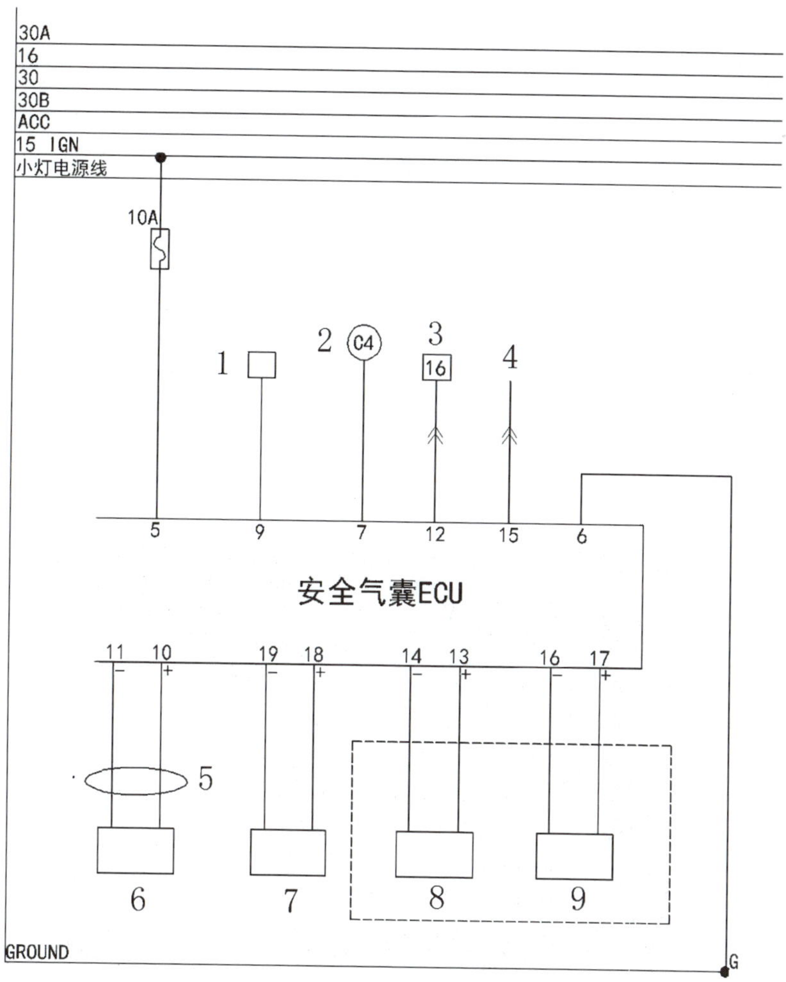

1- 接诊断插头 7 号针脚；2- 接 SRS 指示灯；3- 接安全带指示灯；4- 接诊断插头 1 号针脚（闪码开关）；5- 时钟弹簧；6- 主气囊；7- 副气囊；8- 主驾驶安全带压力开关；9- 副驾驶安全带压力开关

图 7-6 安全气囊系统电路原理图

防盗系统的作用是当车辆在停车状态受到震动时，打开灯光和喇叭报警；在钥匙拔出、车门打开又关闭三秒钟以后，自动锁住全部车门；当用遥控器锁车时，如果有车门没有关闭会打开灯光和喇叭报警；当不用遥控器打开车门时，会打开灯光和喇叭报警，并且用钥匙不能起动发动机；用遥控器可以自动打开或关闭全部车门。

中央门锁控制系统可以方便地控制车辆每个车门的打开和关闭动作。当司机从车外进入车内时，通过遥控器或钥匙能够打开全部车门；司机可以在自己的座位上控制其他车门的打开或关闭，还可以使其他乘客控制他本人座位附近的车门可以或不可以打开或关闭；其他乘客在司机没有锁止中央门锁开关的情况下，可以控制自己座位附近车门的打开或关闭；当司机离开车辆时，可以用钥匙或遥控器关闭全部车门锁。

车门玻璃升降控制系统能够在司机侧控制全部车门玻璃的升降动作，在司机没有锁死门窗开关时，每个乘客可以独立控制本人座位附近的车门玻璃的升降；当车门玻璃在上升遇到较大阻力时，能够自动降下至安全位置（防夹功能）。

中央防盗系统的组成

防盗盒一般安装在驾驶员左腿 A 柱前方的装饰板内部，如图 7-7 所示。中控防盗系统电路原理图如图 7-8 所示。

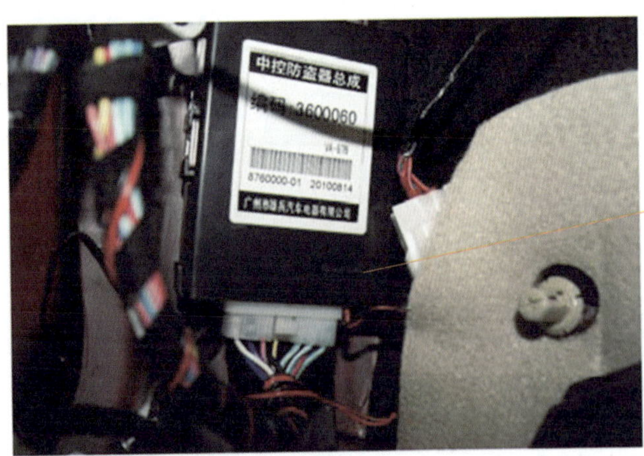

图 7-7　防盗盒的位置

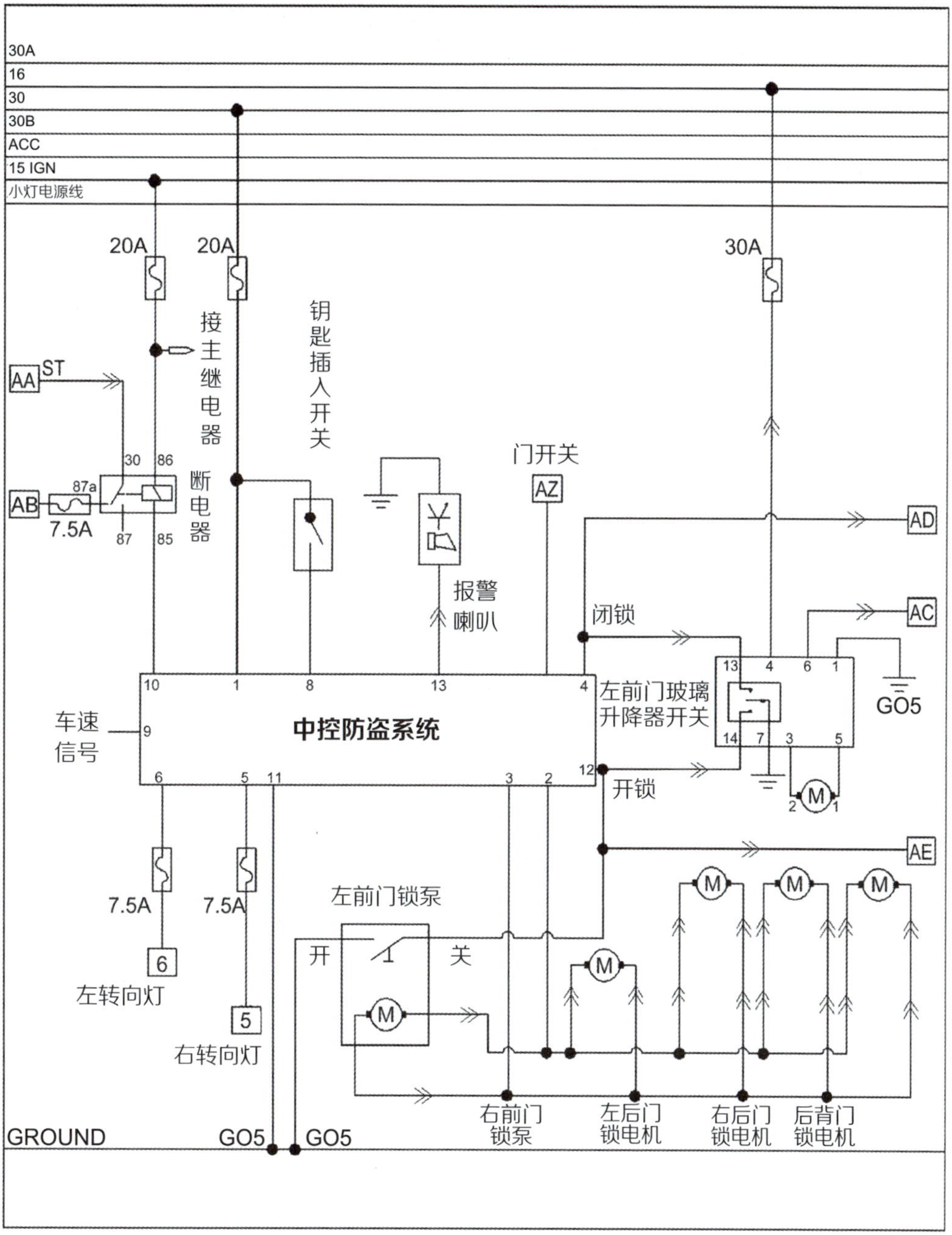

30A
16
30
30B
ACC
15 IGN
小灯电源线
20A
20A
30A
接主继电器
钥匙插入开关
AA ST
AB 7.5A
30 86
87a
87 85
断电器
门开关
AZ
AD
报警喇叭
闭锁
AC
13 4 6 1
左前门玻璃升降器开关
14 7 3 5
GO5
2 M 1
10 1 8 13 4
车速信号 9
中控防盗系统
6 5 11 3 2 12
开锁
AE
7.5A
7.5A
6
左转向灯
5
右转向灯
左前门锁泵
开
关
M
右前门锁泵
左后门锁电机
右后门锁电机
后背门锁电机
GROUND
GO5
GO5

（a）

图 7-8　中控防盗系统电路原理图

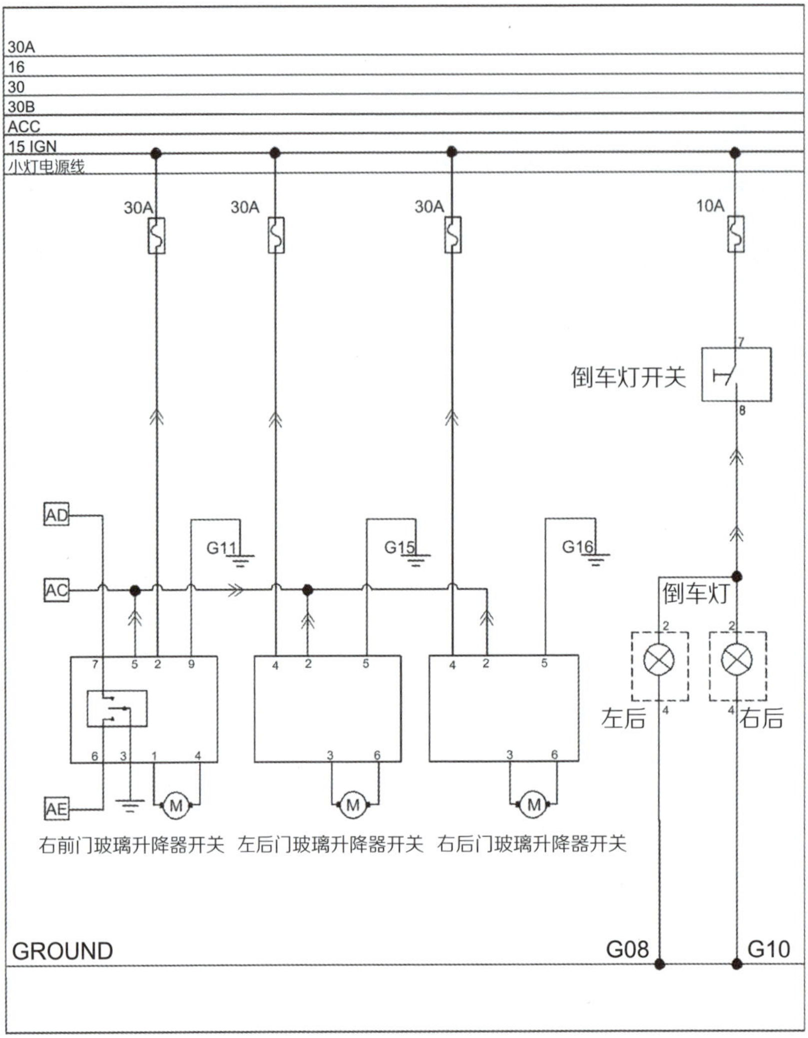

（b）

图 7-8　中控防盗系统电路原理图（续图）

表 7-1　常见电控系统组件

端子	针脚说明	端子	针脚说明	端子	针脚说明
1	电源	6	左转向灯信号输出	11	搭铁
2	中控锁开锁输出	7	车门调节开关输入	12	手动开锁信号
3	中控锁关锁输出	8	ON	13	防盗报警喇叭控制
4	手动关锁信号	9	车速信号输入		
5	右转向灯信号输出	10	断电器控制		

功能说明：

1. 电源正极 12V

连接到汽车的蓄电池正极，在起动机工作时电压不能低于 10V。

2. 中控锁开锁输出

连接到中控门锁闭锁器的开锁线，平时内部继电器的常闭点为地线，此线在用遥控器或手动开锁时，继电器的公共点会与长开点接触，输出 12V 电压。

3. 中控锁关锁输出

连接到中控门锁闭锁器的关锁线，平时内部继电器的常闭点为地线，此线在用遥控器或手动开锁时，继电器的公共点会与长开点接触，输出 12V 电压。

4. 手动关锁信号

连接到左前门中控闭锁器的关锁信号线，在工作时接通搭铁。

5. 右转向灯

连接到汽车右转向灯正极线上，此线在工作时会有 12V 电压输出。

6. 左转向灯

连接到汽车左转向灯正极线上，此线在工作时会有 12V 电压输出。

7. 车门开关负输入

连接到车门调节开关，在开门时此线搭铁（室内灯会点亮）。

8.ON 电源检测线

连接到点火开关的“ON”位置（在打开点火开关在“ON”的位置时有 12V 电压）。

9. 车速信号

车速 30 公里时自动关锁。

10. 断电器

报警时为低电平，起动机无法工作。

11. 电源负极

连接车身搭铁。

12. 手动开锁信号

连接到左前门中控门锁的开锁信号线，在工作时接通搭铁。

AUTO
REPAIR

13. 报警喇叭

在遥控开、关锁或报警时，此线会输出 12V 电压。

清除和登记遥控器操作说明

打开车门，点火开关连续快速由“OFF”转到“ON”5 次，最后停在“ON” 位置上，此时转向灯闪一下，表示进入学习功能。10s 内按下遥控器任意键，转向灯闪两下表示遥控器已登记成功，重复操作，最多可登记 4 个遥控器；如果 10s 内无任何遥控器按下，系统自动退出学习功能。在已登记满 4 个遥控器的情况下，再登记新的遥控器，最先登记的遥控器将被自动清除。

中控防盗器的拆装：

1. 关闭点火开关并拆卸蓄电池负极

拆下的负极线尽量远离电瓶负极，防止磕碰发出火花

2. 拆下前门门边压条

拆下左前门门边压条

3. 拆下下装饰板的固定螺钉

拆下的负极线尽量远离电瓶负极，防止磕碰发出火花

4. 拆下中控防盗器的固定螺栓，取下中控防盗器

拆下防盗盒固定螺栓，取出防盗盒

按下防脱卡扣，拔出线束插头

中控防盗系统常见故障分析

1. 遥控不起作用（开闭门和灯闪）

（1）使用另一只遥控，能遥控吗?

是，则该遥控器故障或未配入该防盗器(可能是重新配过遥控器导致该遥控器被删除)。否，则见下一步的内容。说明：两只遥控器同时损坏的情况很少见。

（2）两只遥控器都不能遥控，请检查：门调节开关（钥匙插入开关）

①用万用表查“门调节开关”接脚，如果该接脚为高电压，遥控不起作用。

②钥匙在点火锁内时，遥控不起作用。

2. 遥控只能开锁，不能锁门

（1）检查中控能否闭锁。如果能，中控防盗器故障。

（2）检查中控能否闭锁。如闭锁又开锁，则可能是闭锁器故障。此时闭锁器内的中控开关起作用。

3. 遥控锁门后，无灯闪和无喇叭提示

这种情况一般是某一门调节开关未闭合（门未关好）造成的。

4. 遥控锁门后，进入报警状态

请查看防盗指示灯、门指示灯、室内灯和门槛灯，如果有一个灯是亮着的，就不能锁门。请关好相关车门。

5. 遥控器不能配入中控防盗器

配遥控器时，所有的遥控器必须重新配一次。因为配成功第一只遥控器后，就将以前配入的遥控器删除掉。

6. 遥控距离近

（1）请试用另一只遥控器，如果遥控距离要远得多，则更换遥控器电池。

（2）如果另一只遥控器还是距离近，请检查防盗器天线位置是否合适。如果还是距离近，则要更换中控防盗器。

（3）说明：遥控距离一般在 5m 以外。遥控距离太远，易造成误按遥控器后的车上财物丢失。而且，遥控器电池寿命变短。

7. 室内灯总是亮的

（1）一般是车门未关好，或是开关损坏。请检查各门或更换开关。这时遥控闭锁

时无灯闪和喇叭提示。

（2）室内灯开关处于常开位置，或室内灯开关搭铁。

8. 喇叭不鸣叫

防盗喇叭的两端子具有极性。反接，不会鸣叫。

9. 门内发出咕咕声

一般是开闭锁时闭锁器齿轮打滑的声音。请更换闭锁器。

10. 关门后一段时间内报警蜂鸣器喇叭自动报警

可能是四门调节开关或后背门调节开关故障而自动闭合，导致报警触发。

11. 玻璃升降失效、中控失效、防盗器失效

（1）将中控防盗器拔下，重新插接一次，看故障是否重现。有时接插件接触不良，导致系统没有供电，而系统没有工作。

（2）如果仍然不工作，则 ETACS 故障，需将其更换。

12. 玻璃升降失效

中控防盗器内部继电器短路，导致驱动电动窗继电器的驱动器件烧毁的情况。

13. 其他导致中控防盗器输出损坏的情况

电源短路，导致某些驱动器件损坏。

线束短路，导致某些驱动器件损坏；导致某些输出不受控制。

防盗系统失效时的应急方法：用钥匙直接打开车门，拔下防盗盒，防盗系统会失效。

案例：左前门锁块故障

由于左前门锁块内部有门锁开关状态开关，这个开关的触点容易出现故障。所以，当出现遥控不能正常开关门锁时，应该首先检查左前门锁块的门锁开关状态电路。电路原理见图 7-8（a）图。

7.3 电动车窗概述

(1)通过操作每个车门饰板上的电动车窗开关，电动车窗系统可以升起或降下对应车窗玻璃。

(2)驾驶员侧车门饰板上的主开关可以使驾驶员升起或降下每个乘客侧车窗玻璃，并且可以锁定乘客侧车门上的每个单独开关。

(3)只有当点火开关处于“ON”位时，电动车窗系统通过接线盒中电路断路器接受蓄电池电压。

(4)电动车窗系统包括位于每个车门饰板上的电动车窗开关、中控防盗器及每个车门里的电动车窗电机。

(5)车窗电机和车窗玻璃升降器是一个总成。如果车窗电机需要更换，那么车窗玻璃升降器也必须更换。

元件说明：

1. 电动车窗开关

电动车窗由每个前车门饰板上的电动车窗开关来控制。驾驶员侧电动车窗开关可以使驾驶员控制全部电动车窗。所有乘客侧车窗都通过电动车窗开关电路接受蓄电池供电。当驾驶侧电动车窗开关上的锁定开关处于“锁止”位置时，除驾驶侧电动车窗开关除外，其他车门电动车窗开关的蓄电池供电被中断。

2. 电动车窗电机

永磁可逆电机通过一体式的齿轮箱机构带动车窗玻璃升降器移动。蓄电池的正、负极连接到电机的两个端子上，使电机朝着一个方向转动。流过两个相同连接处的反向电流会使电机以相反的方向转动。

功能说明：

1. 电动车窗的升降

电动车窗的操作模式有： 手动上升和下降，自动下降(只适用于驾驶侧电动车窗开关)。

手动上升： 按动车窗上升按钮，对应的车窗将会上升，放开按钮，电动车窗将停止上升。

手动下降： 按动车窗下降按钮，对应的车窗将会下降，放开按钮，电动车窗将停止下降。

自动下降： 按动驾驶侧车窗下降按钮到底，驾驶员侧的车窗将会下降到底部或者直到电动窗下降按钮被再次按下。

点火开关关闭后，电动车窗仍然可以操作，当出现以下情况时就不能操作：

（1）任意车门被打开。

（2）外部锁定车门。

2. 电动车窗锁定

电动车窗锁定开关可以禁止右前门，左后门和右后门上的电动车窗按钮。

3. 电动车窗升降原理

点火开关打开后，保险丝对电动车窗系统提供电源，通过按下各个车门的电动车窗开关上升或者下降按钮，使电动车窗电机电路形成电流方向不同的回路，实现电动车窗电机的正转和反转，从而带动电动车窗玻璃的升降。

左前门电动车窗开关可以控制所有车门的电动车窗玻璃的升降，当按下左前门电动车窗开关上的电动车窗锁定开关后，就切断了除左前门电动车窗开关外的其他电动车窗开关的电源，其他电动车窗开关的操作将被禁止。左前门电动车窗开关里有一个自动下降控制单元，当按下左前门电动车窗开关下降按钮到底时将被激活，左前门电动车窗将自动下降到底。

案例：车窗自动落下一段

由于玻璃线槽磨损或玻璃升降器机构松旷等原因，会造成玻璃在上升过程中阻力过大，这样带有防夹功能的车窗电控系统会在玻璃上升阻力大时将玻璃自动降下一个安全空间，只要检查并排除上升阻力大的原因即可排除故障。

AUTO
REPAIR

7.4 电动天窗

天窗控制器采用高速微处理器作为核心控制器件，采用霍尔脉冲计数和电机电流检测双重控制方式来进行天窗运行控制。具有控制精度高、性能可靠、抗干扰能力强等优点。天窗电路图如图 7-9 所示，ECU 针脚图如图 7-10 所示。天窗 ECU 针脚定义如表 7-2 所示。

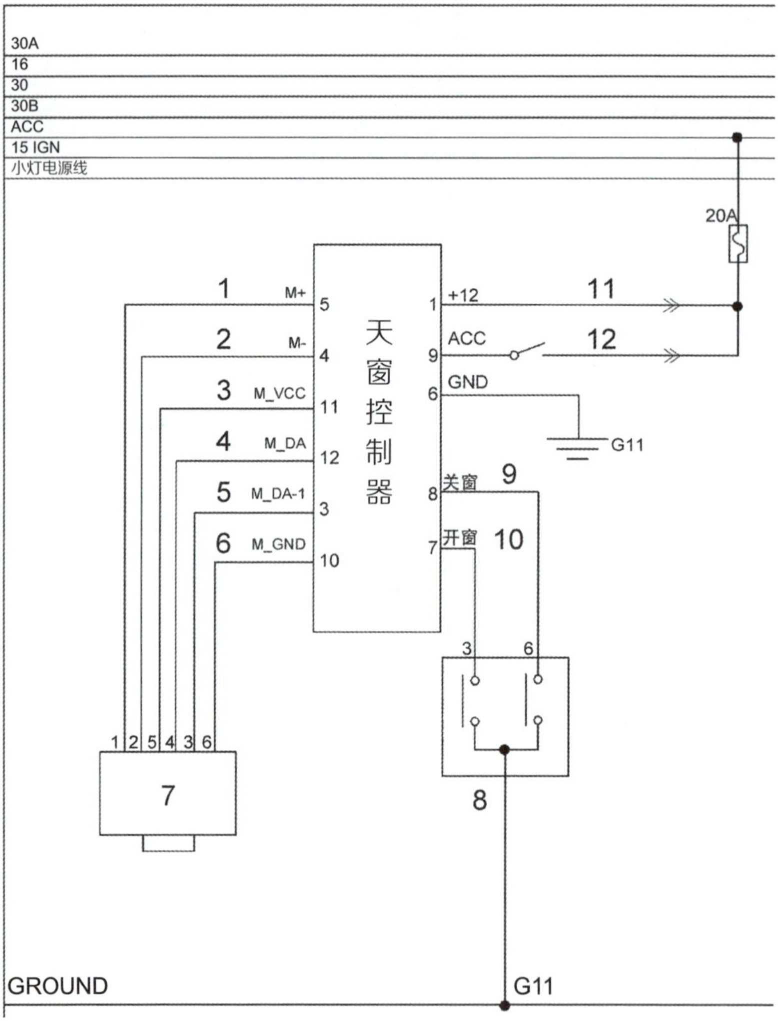

1- 天窗电机 +； 2- 天窗电机 -； 3- 传感器 +； 4- 传感器 DA； 5- 传感器 DA1； 6- 传感器 GND；
7- 天窗电机； 8- 天窗开关； 9- 关窗信号； 10- 开窗信号； 11-ACC 上电； 12- 打开钥匙上电

图 7-9 天窗电路图

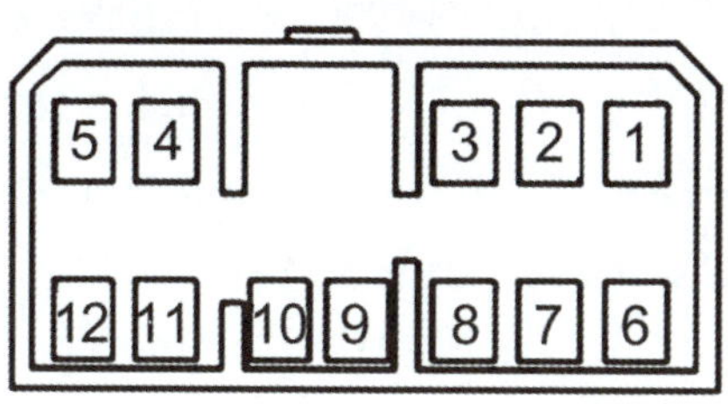

图 7-10　天窗 ECU 针脚图

表 7-2　天窗 ECU 针脚定义

端子	针脚说明	端子	针脚说明	端子	针脚说明
1	电源	5	天窗电机 +	9	ACC
2	空脚	6	搭铁	10	传感器 -
3	传感器信号 DA1	7	开窗信号	11	传感器 +
4	天窗电机 -	8	关窗信号	12	传感器信号 DA

主要功能及其优点：

1. 电机和天窗机械机构保护功能

采用双霍尔控制方式和先进的软件算法来定位天窗，保证了天窗在关闭和开启时均不撞到两边机械机构，天窗长时间运行不会产生积累误差。避免了电机过流时的电流冲击，延长了电机使用寿命，同时避免了机械撞击，延长了机械寿命。

2. 天窗的初始化

（1）上电初始化：天窗安装好上电后，控制器首先检测点火开关是否打开，如果未打开则天窗不动作；如果打开则天窗进入复位程序，天窗执行上翘运行，天窗运行到最大起翘点后停止运行，然后执行关窗动行。关窗完毕后，天窗停止运行，初始化完成，天窗可以正常运行。

（2）按键初始化：如果天窗运行位置或功能发生异常，可以通过按键使天窗初始化，具体操作如下：关闭点火开关 10s 后，按住关窗键不放，然后打开点火开关，按住关窗

键不放直到蜂鸣器报警 4 声后，放开关窗键，5s 内短按开窗键确认初始化，确认后蜂鸣器报警 1 声，然后进入初始化程序，执行初始化动作。

（3）程序初始化： 如果天窗在运行过程中检测到异物阻碍天窗运行，则认为天窗出现了一次异常，如果异常次数积累到一定程度，在天窗下一次运行到最大起翘位时，内部程序将重新定位，但不执行关窗动作，从用户角度来说，将看不出天窗已初始化。

注意事项： 天窗初始化时请保证天窗运行顺畅，无异物阻碍天窗运行，控制器供电电压及电流正常，外围线路正常，某些状态下天窗初始化不正常时，控制器将报警提示。

3. 安全防夹

（1）天窗在关闭过程中，如遇阻力超过规定值，天窗将停止，然后自动开到全开位以免造成伤害。

（2）天窗默认防夹力为 10±2kg。

4. 关闭点火开关保护

当汽车点火开关关闭后，延时 5~10 s，关闭天窗以保护汽车。

（1）关闭点火开关。

当关闭点火开关后，按键无效，如果 5 ~ 10s 内点火开关又重新打开，则控制器正常工作；如果 5 ~ 10s 内点火开关没有开启，则控制器自动检测天窗是否处于关闭状态，如果不是，则立即关闭天窗。在关窗过程中如有异物阻止，则会启动防夹功能，天窗开启到最大位后又自动进行关闭动作，如此反复启动三次，如果第 4 次仍然阻挡，则停止运行，按键无效，直到打开点火开关。

（2）打开点火开关。

打开点火开关时控制器自动检测按键是否异常，例如有异常报警提示。如按键正常，先判断天窗是否处于全闭状态。如不是，自动开启天窗，运行到全开位。

5. 完善保护及故障自检

天窗或控制器及外围线路出现异常时，能自检发声报警并启动保护功能。异常报警类型如下：

（1）过流和欠流： 启用天窗运行过程中，当控制器检测到过流、防夹或欠流时嘀 1 声报警，天窗停止运行

（2）电机开路、空载，电线或插接件接触不良，控制器执行机构开路或不工作：

天窗运行过程中检测到嘀 6 声报警，天窗停止运行。

（3）按键短路报警：开点火开关时检测到按键异常嘀 4 声报警，然后关闭天窗到全关位后停止运行。按键正常时天窗才能正常工作。

（4）欠压报警：检测到欠压时天窗停止工作，当有按键按下时，嘀 2 声报警。电压恢复正常时，控制器正常工作。

（5）过压报警：检测到欠压时天窗停止工作，当有按键按下时，嘀 3 声报警。电压恢复正常时，控制器正常工作。

（6）电机传感器异常报警：天窗在运行过程检测到传感器异常时，自动将天窗关到全闭位，嘀 5 声报警。传感器正常时，控制器正常工作。

（7）初始化异常：天窗在上电初始化或强制按键初始化时，如果初始化不正常，嘀 7 声报警。

6. 天窗的开启和关闭

多种开启和关闭方式可供选择。

开窗键功能：滑动运行时开启天窗，倾斜运行时下落动作。

关窗键功能：滑动运行时关闭天窗，倾斜运行时上翘动作。

（1）短按：当按按键时间小于 1s 为短按，可以微调天窗位置。

短按时天窗运行行程：

1）关窗：当天窗处于关闭状态时，短按一下关窗键，天窗进入起翘状态，将开启到上翘最小开度。天窗开启到最大起翘高度时，关窗键无效。

2）开窗：当天窗处于关闭状态时，短按一下开窗键，天窗将进入滑动区域，将开启到滑动最小开度。天窗开启到最大开窗位时，开窗键无效。

3）倾斜下落运行时，当运行到最小上翘开度区域时，天窗将进入强制自动运行状态，自动关闭天窗到关闭位置。

4）滑动关窗动作时，当运行到滑动最小开度区域时，天窗将进入强制自动运行状态，自动关闭天窗到关闭位置。

5）其他状态时短按的行程：

天窗运行行程 = 按键时间 × 天窗运行速度

（2）**长按**：当按按键时间大于 1 s 为长按。

1) 天窗处于关闭状态时，长按开窗键天窗将开启到滑动最大开度，然后停止。直到再次有按键按下。

2) 天窗处于关闭状态时，长按关窗键，天窗将开启到最大起翘高度。

3) 其他状态长按时，天窗处于自动运行状态。天窗在运行中状态，如有按键按下，天窗停止运行。

4) 当天窗处于平移最大开度时，开窗键无效。天窗处于上翘最大起翘高度时，关窗键无效。

5) 倾斜下落运行时，如果运行到最小上翘开度区域，天窗将进入强制自动运行状态，自动关闭天窗到关闭位置。

6) 滑动关窗动作时，如果运行到滑动最小开度区域，天窗将进入强制自动运行状态，自动关闭天窗到关闭位置。

7. 连续工作时间

受到电机连续工作时间和环境温度限制，在环境温度 20℃时连续工作时间小于 10min，电机过热时，电机内部热保护器动作，电机处于开路状态，这时有按键按下，控制器将报警 6 声。

8. 工作电压及电流

天窗控制器采用低功耗微处理器，耗电极小。

工作电压： 9 ~ 15V。

峰值工作电流：≤ 15A 持续时间小于 0.1s。

静态工作电流：

①打开点火开关 ≤ 17mA；②关闭点火开关 ≤ 0.5mA。

开关窗工作电流：≤ 5A。

按键工作电流： ≤ 5mA。

点火开关线工作电流：①打开点火开关 ≤ 5mA；②关闭点火开关 0mA。

电动天窗的操作

1. 向上 / 向下操作

当 UP/DOWN 开关被按下时，天窗向上 / 向下运动。

2. 开启 / 关闭操作

当 OPEN/CLOSE 开关被按下时，天窗滑动打开 / 关闭。

案例：天窗自动开启

冬季气温低时天窗口比较紧，或者由于天窗轨道上存有树叶等异物阻碍天窗运动，使天窗运行阻力过大，经常出现天窗防夹功能起动，天窗自动打开的故障。应该检查排除导致天窗运行阻力大的原因，即可排除故障。

7.5　组合开关

1. 灯光控制开关

灯光控制开关控制左、右转向灯、前照灯、侧转向灯、超车灯光信号。在前照灯工作的模式下还可以实现远光变近光和近光变远光的两种功能。

（1）转向灯：转向信号操纵杆有两个向上（右转向）和两个向下（左转向）位置。这些位置用来发出转向信号。要发出变道信号，将操纵杆向上或向下推到底。当转向结束时，操纵杆将自动回位。组合仪表上有个箭头将会闪烁，显示转向的方向。要发出变道信号，只需抬起或压下操纵杆，直到箭头开始闪烁，握住操纵杆不动，直到车辆变道结束。松开操纵杆时，它会自行回位。当驾驶员发出变道信号时，如果转向箭头闪烁过快，信号灯可能已烧坏，其他驾驶员将无法看见发出的转向信号。如果某个灯泡烧坏，应予更换，以避免交通事故。当驾驶员发出转向信号时，仪表上的转向箭头不闪烁，应检查灯泡是否烧坏，然后检查保险丝。

（2）前照灯 / 近光灯变换器：如果要将前照灯从近光变为远光，则背离驾驶员推动转向信号 / 多功能操纵杆。当远光接通时，如果接通点火开关，组合仪表会显示远光灯信号。如果要将前照灯从远光变为近光，朝向驾驶员推动转向信号 / 多功能操纵杆。

1- 灯光开关；2- 雨刮开关

图 7-11　组合开关

（3）超车闪光：此功能可使驾驶员利用远光前照灯向前面的驾驶员发出超车信号。使用此功能时，朝向驾驶员拉动转向信号 / 多功能操纵杆，直到前照灯远光启亮，然后松开操纵杆，使前照灯熄灭。

2. 雨刮控制开关

前雨刮开关和后雨刮开关集成在一起。

（1）前雨刮的工作方式（洗涤、MIST 点动、OFF、INT、 LO、HI）。当点火开关接通时，才能操纵前挡风玻璃刮水器。使用转向柱右侧的操纵杆操作前挡风玻璃刮水器。

洗涤：要刮洗前挡风玻璃，在点火开关已经接通的条件下朝向驾驶员拉动前挡风玻璃刮水器洗涤液操纵杆，挡风玻璃刮水器洗涤液将从前挡风玻璃喷嘴喷出。

MIST 点动：刮水器低速运转一周后停止。

OFF：前雨刮关闭。

INT（间歇）：将操纵杆转动到此位置，可选择延时刮洗一个循环。

HI（高）：将操纵杆转动到此位置，可进行高速刮洗。

LO（低）：将操纵杆转动到此位置，可进行稳定的低速刮洗。

（2）后雨刮的工作方式（开启、间歇、关闭）

ON：后雨刮开启。

INT（间隙）：将操纵杆转动到此位置，可选择延时刮洗一个循环。

OFF：后雨刮关闭。

（3）前挡风玻璃洗涤：要刮洗前挡风玻璃，在点火开关已经接通的条件下朝向驾驶员拉动前挡风玻璃刮水器洗涤液操纵杆，挡风玻璃刮水器洗涤液将从前挡风玻璃喷嘴喷出。

（4）后挡风玻璃洗涤：要刮洗后挡风玻璃，在点火开关已经接通的条件下扭到后挡风玻璃刮水器洗涤液操纵杆，挡风玻璃刮水器洗涤液将从前挡风玻璃喷嘴喷出。

注意：在冷冻天气，如果前挡风玻璃尚未预热则不能使用刮水器。否则洗涤液会在前挡风玻璃上结冰，遮挡驾驶员的视野。当松开操纵杆时，洗涤器将停止工作，但刮水器将继续刮洗约三个循环，然后要么停止刮洗，要么恢复到驾驶员在此之前使用的刮洗速度。

元件检测：按照下图所列检查导线连接器各端子之间的导通状态。如果导线连接器各端子之间的导通状态不符合下图所列，则更换开关。

			1	2	3	4	5	6	7	8	9	10	11	12	13
灯光开关	OFF														
	小灯						○			○					
	大灯						○			○					
								○	○			○			
	变光开关	近光						○	○			○			
		远光						○	○		○				
		超车						○	○		○			○	○
	转向开关	L													
		中											○	○	
		R													

图 7-12　灯光开关电路原理图

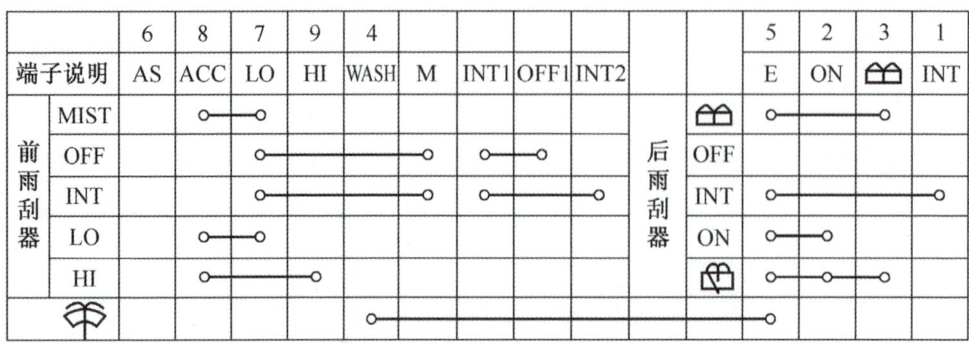

		6	8	7	9	4							5	2	3	1
端子说明		AS	ACC	LO	HI	WASH	M	INT1	OFF1	INT2			E	ON		INT
前雨刮器	MIST		○	○							后雨刮器		○	—	○	
	OFF			○	—	—	○	○	○			OFF				
	INT			○	—	—	○	○	—	○		INT	○	—	—	○
	LO		○	○								ON	○	○		
	HI		○	—	○								○	○	○	
						○	—	—	—	—	—	—	○			

图 7-13　雨刮开关电路原理图

注意：当雨刮器继电器失效时，将没有雨刮器的间歇功能。拆卸组合开关时要注意断电拆卸时钟弹簧。

组合开关的测试

（1）操纵组合开关灯光手柄，检测各灯及开关工作状况。

（2）灯光旋柄在“OFF”挡时，车辆所有外部照明灯及车内电器设备的夜间照明灯应熄灭。

（3）灯光旋柄在小灯档时，车辆示廓灯、前后位置灯、牌照灯、仪表照明及车内所有电器设备的夜间照明灯应点亮。

（4）灯光旋柄在小灯档，按下前（后）雾灯开关时，所有前（后）雾灯应点亮。

（5）灯光旋柄在大灯档时，大灯近光点亮，同时所有小灯保持点亮状态，这时将手柄向下转 6°，大灯远光点亮，将手柄转回原位，再向上转 6°，远光瞬时点亮，松手后开关自动复位。

（6）灯光手柄向前（后）转 15°，所有右（左）转向灯开始闪烁，同时仪表上的右（左）转向指示灯开始闪烁，将手柄转回原位停止闪烁。手柄向前（后）转 9°，右（左）转向灯瞬时闪烁，松手后手柄自动复位。

（7）操纵组合开关的刮水 / 洗涤，检测刮水器、洗涤器的工作状态：

1）旋柄在“OFF”状态时，刮水器、洗涤器不动作。

2）旋柄在“INT”挡时，刮水器刮杆按一定的时间间隔间歇运动。

3）旋柄在“LO”挡时，刮杆以较低速度连续运动。

4）旋柄在“HI”挡时，刮杆以较高速度连续运动。

5）刮水器工作的同时抬起雨刮开关，洗涤器喷嘴会将洗涤液喷向前风窗。

6）操作后雨刮开关，相应的的功能都应正常。

AUTO
REPAIR

组合开关的拆装：

拆卸组合开关的步骤与拆卸时钟弹簧的步骤相同。拆下时钟弹簧以后，即可拆下组合开关，具体步骤请参照拆装时钟弹簧的介绍。

（1）断开电瓶负极。

（2）拆下安全气囊。

（3）拆下方向盘。

（4）拆卸安全气囊时钟弹簧。

（5）断开组合开关接插件。

（6）拆卸组合开关的固定螺钉。

（7）取下组合开关总成。

安装步骤

按拆卸的相反顺序安装。

案例：转向后开关不能自动复位

由于转向开关回位凸块磨损，或方向盘不正，转向开关经常出现转向后不能自动复位的现象，需要更换开关或调整方向盘角度解决。

7.6 灯光系统

灯光系统包括示宽灯（小灯、尾灯）、近光灯、远光灯、前雾灯、后雾灯、转向指示灯、紧急报警灯、倒车灯、阅读灯等。

使用灯光注意事项：

（1）夜间在路边停车时要打开左侧的示宽灯提示过往行人和车辆。

（2）夜间回车时只能使用近光灯，不要用远光灯和雾灯，防止炫目对方司机。

（3）雨雾天气要使用雾灯，不要使用大灯，平时不要使用雾灯照明，因为雾灯功率很大，但是散热不好容易引发火灾。

（4）出现紧急情况时要打开紧急报警灯提示行人和车辆。

（5）转弯时打开准备转向一侧的转向灯。

（6）当转向灯光系统某一侧的灯泡功率与另一侧不一致时，会出现转向一侧快而另一侧正常的现象，注意更换灯泡时规格一定要一样。

（7）不要随意更换大功率大灯灯泡，防止线束过载失火。

（8）拆卸灯泡一定不要用手直接接触灯泡的玻璃表面，因为手上的汗渍会影响玻璃散热，当使用灯光照明时会使玻璃过热变形。

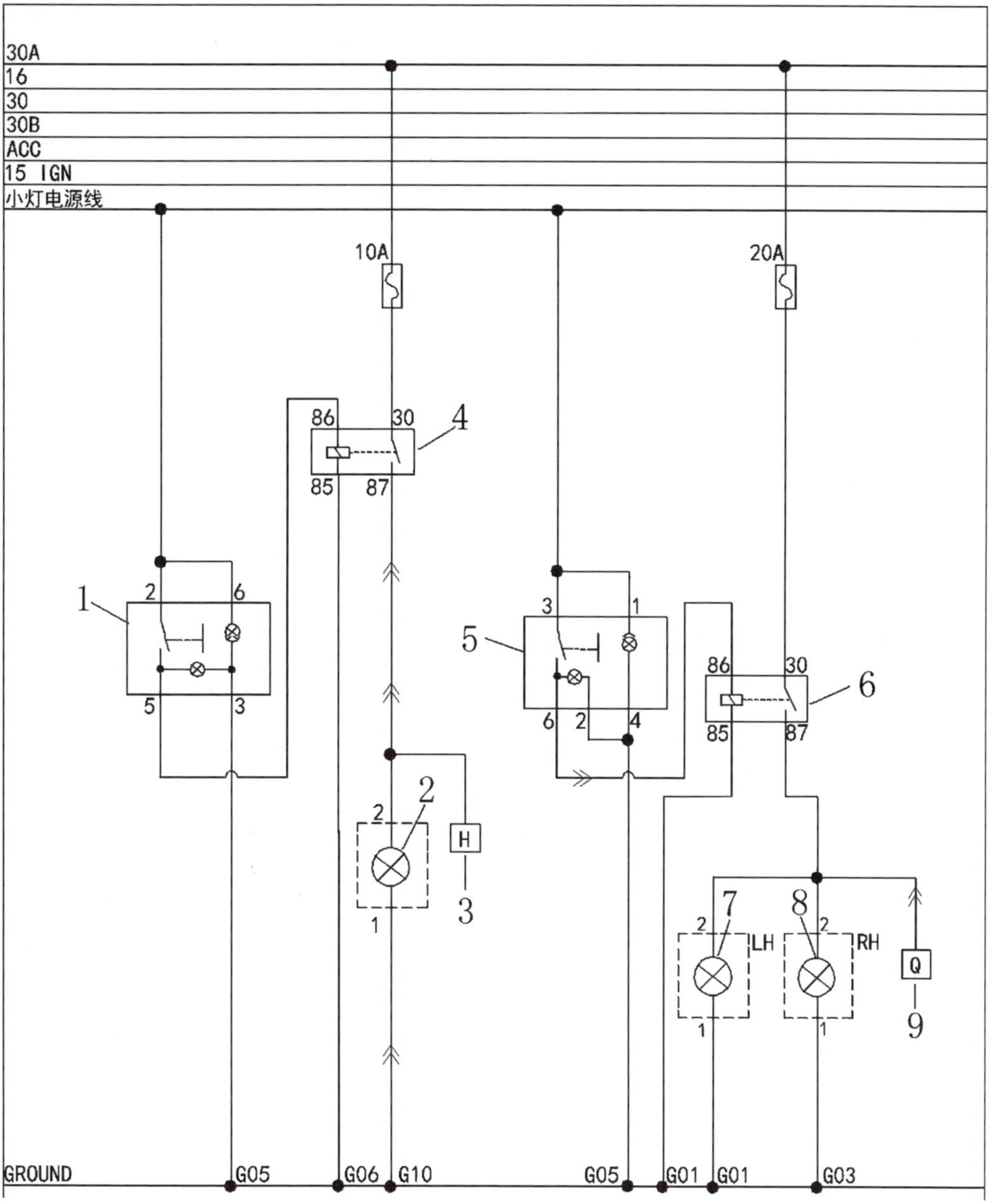

1- 后雾灯开关；2- 后雾灯；3- 接仪表后雾灯指示灯；4- 后雾灯继电器；5- 前雾灯开关；6- 前雾灯继电器；
7- 左前雾灯；8- 右前雾灯；9- 接仪表前雾灯指示灯

（a）

图 7-14　灯光电路原理图

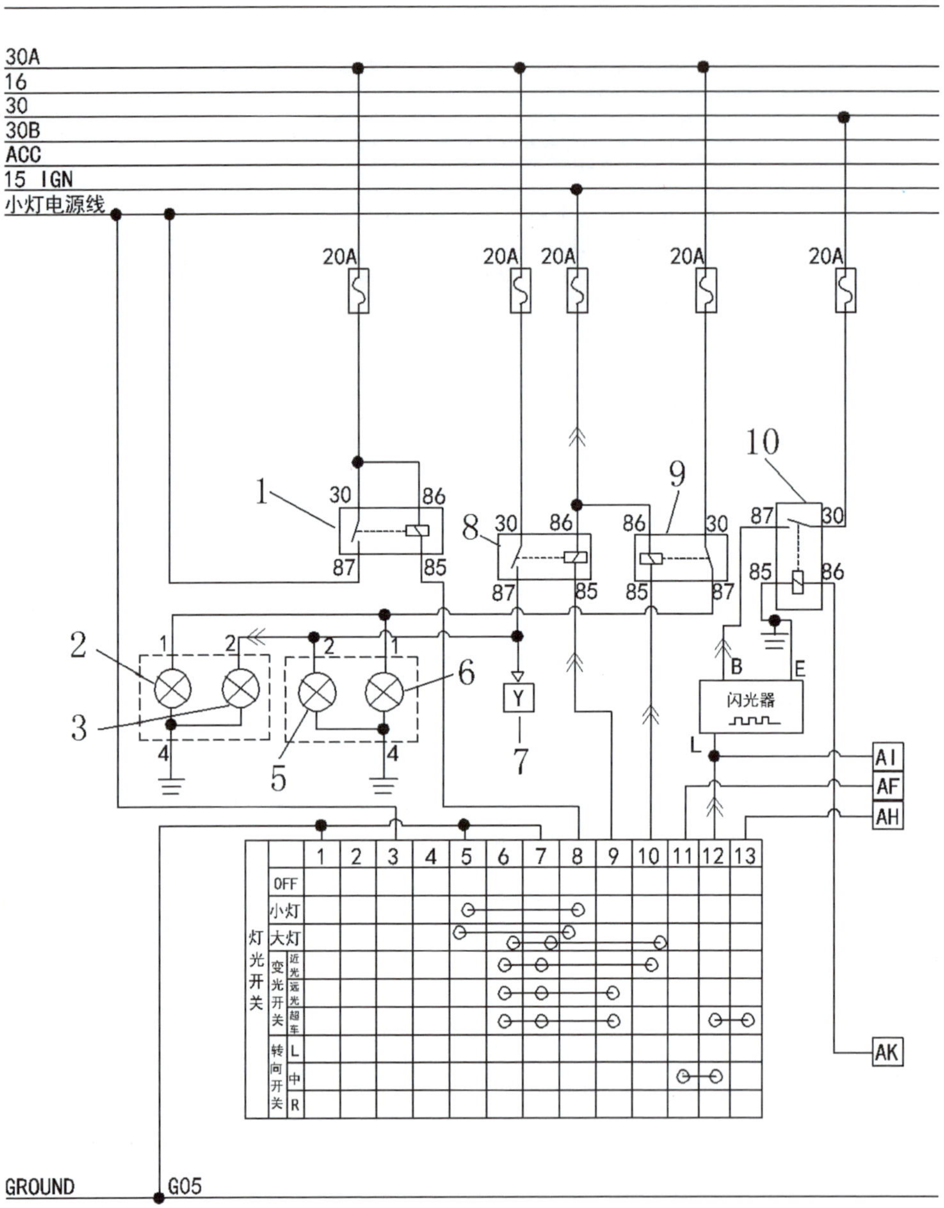

1- 小灯继电器；2- 左近光灯；3- 左远光灯；5- 右远光灯；6- 右近光灯；7- 接仪表远光指示灯；
8- 远光继电器；9- 近光继电器；10- 闪光继电器

（b）

图 7-14　灯光电路原理图（续图）

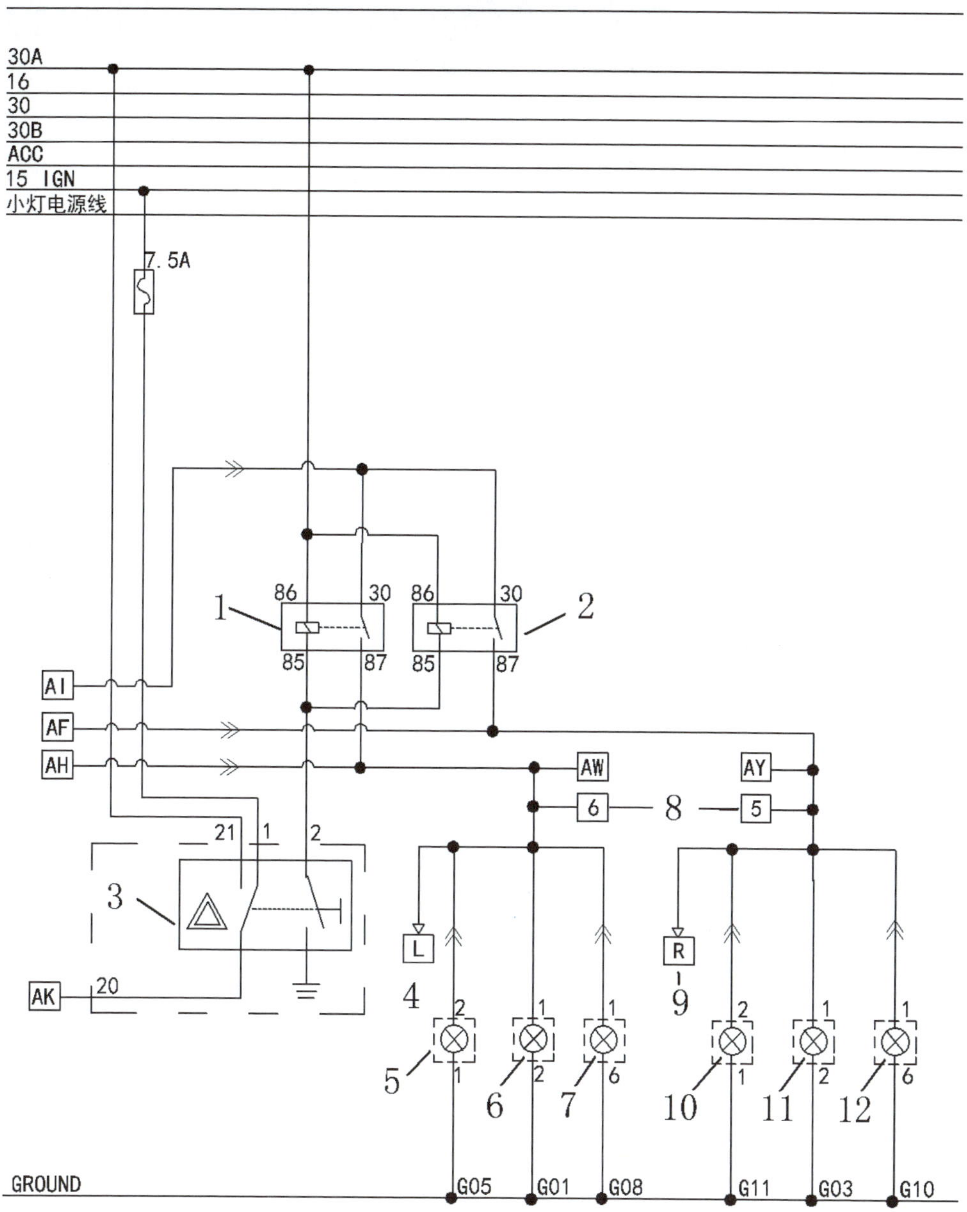

1- 左报警灯继电器；2- 右报警灯继电器；3- 紧急报警灯开关；4- 仪表左转向指示灯；5- 左侧转向灯；6- 左前转向灯；7- 左后转向灯；8- 接防盗盒；9- 接仪表右转向指示灯；10- 右侧转向灯；11- 右前转向灯；12- 右后转向灯

（c）

图 7-14　灯光电路原理图（续图）

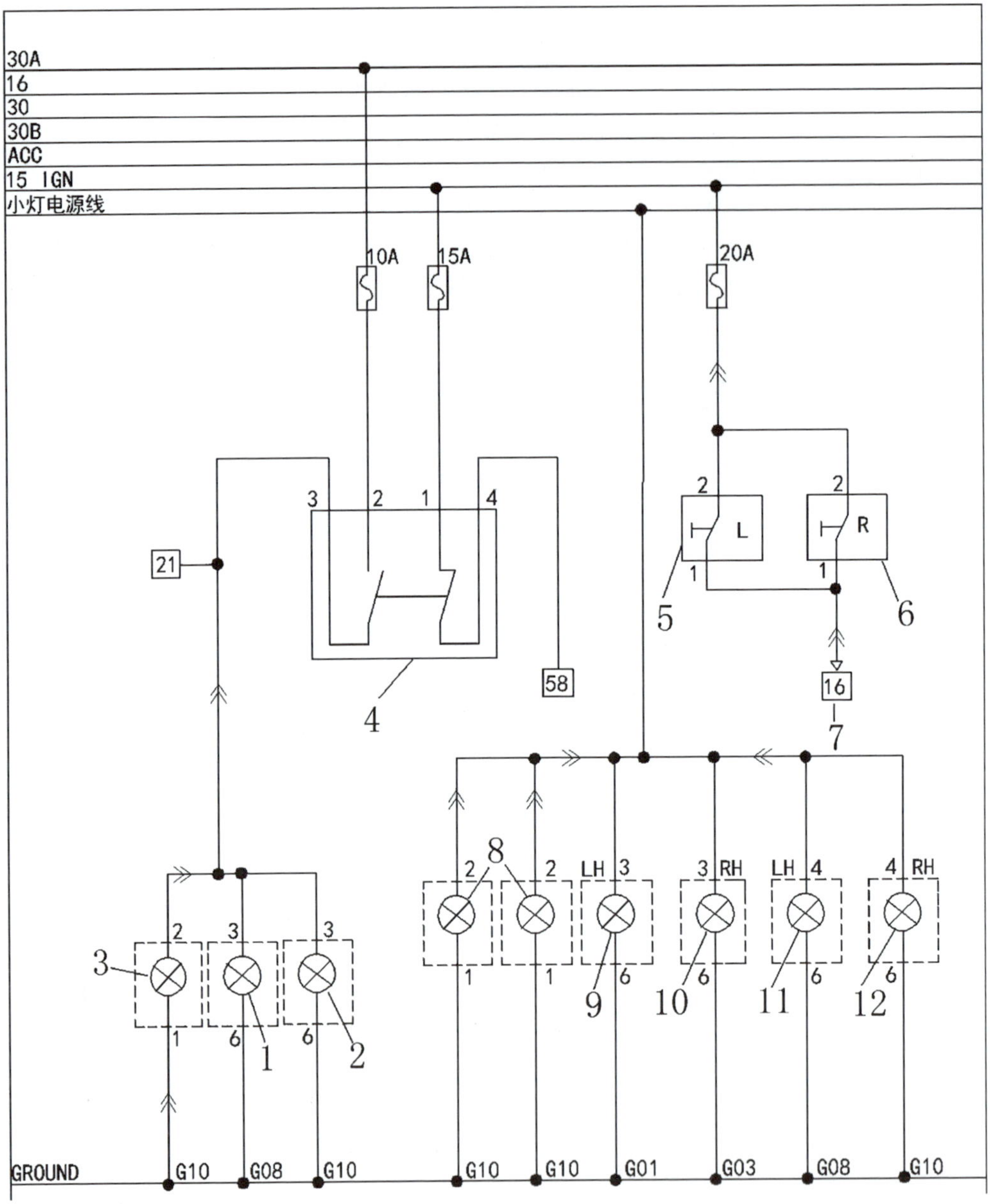

1- 左后制动灯；2- 右后制动灯；3- 高位制动灯；4- 刹车灯开关；5- 主驾驶安全带开关；6- 副驾驶安全带开关；7- 接仪表安全带指示灯；8- 牌照灯；9- 左前示宽灯；10- 右前示宽灯；11- 左后示宽灯；12- 右后示宽灯

（d）

图 7-14 灯光电路原理图（续图）

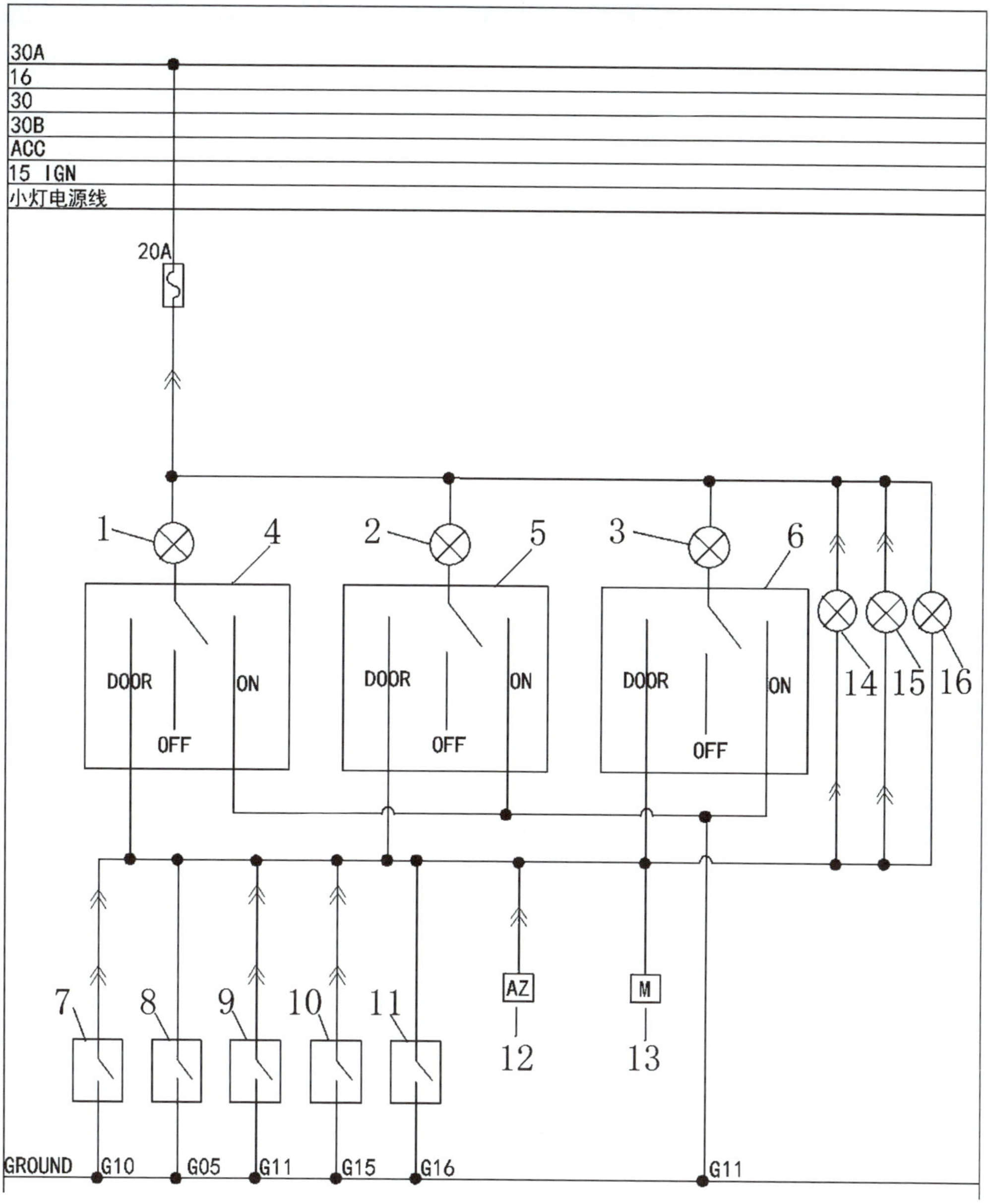

1- 前顶灯；2- 中顶灯；3- 后顶灯；4- 前顶灯开关；5- 中顶灯开关；6- 后顶灯开关；
7- 后背门灯开关 8- 左前门灯开关；9- 右前门灯开关；10- 右前门灯开关；11- 右后门灯开关；
12- 接中控防盗盒；13- 接仪表车门灯指示灯

（e）

图 7-14　灯光电路原理图（续图）

灯光继电器检查方法：蓄电池负极与继电器 85 号端子连接，蓄电池正极与继电器 86 号端子连接。使用万用表检查继电器 30 号端子和 87 号端子是否导通，电阻值应小于 2Ω，否则应更换。

案例：后组合灯接地不好

故障现象：踩刹车时示宽灯同时亮。

故障原因：后组合灯接地不好，刹车灯泡示宽灯共用双尾灯泡。由于接地不好，电流经过双尾灯泡的另一个灯丝流向示宽灯接地，从而导致灯光混乱。原理见图 7-19。

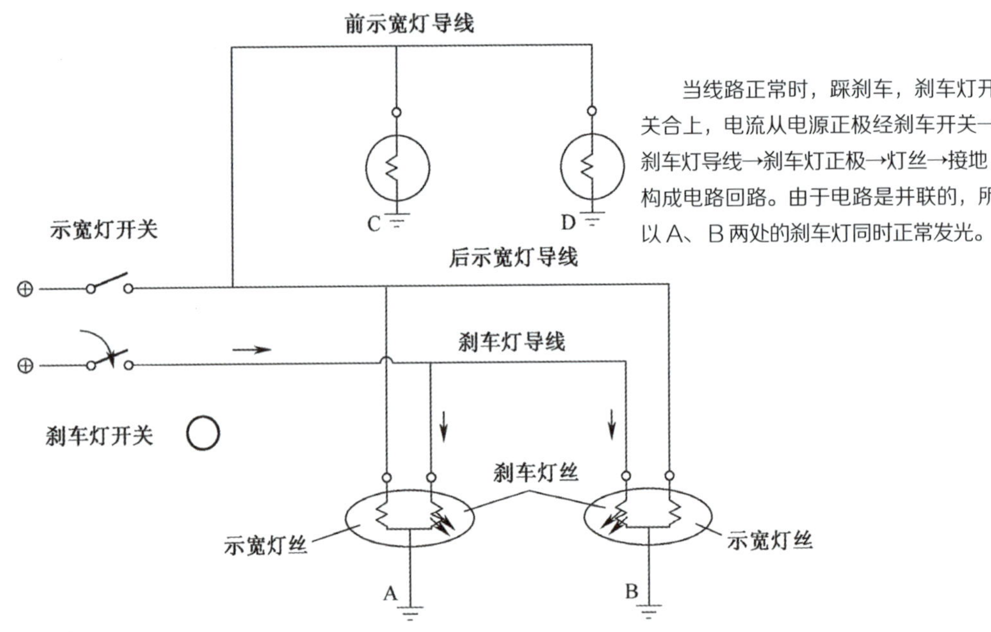

图 7-15　示宽灯线路正常时的电路示意图

当A处的接地线断开时，踩刹车时，刹车灯开关合上，电流从电源经刹车灯开关→刹车灯导线→分别到达A、B两处。由于B处接地正常，所以B处的刹车灯正常亮度。而由于A处接地断开，电流改变流向，经过示宽灯丝→分别流向前部的两个示宽灯和后部另一个接地良好的示宽灯，并分别在前述三处接地，构成电流回路。由于电路中串联了示宽灯丝，电阻增加，电流较小，所以这五个灯丝发光较暗。

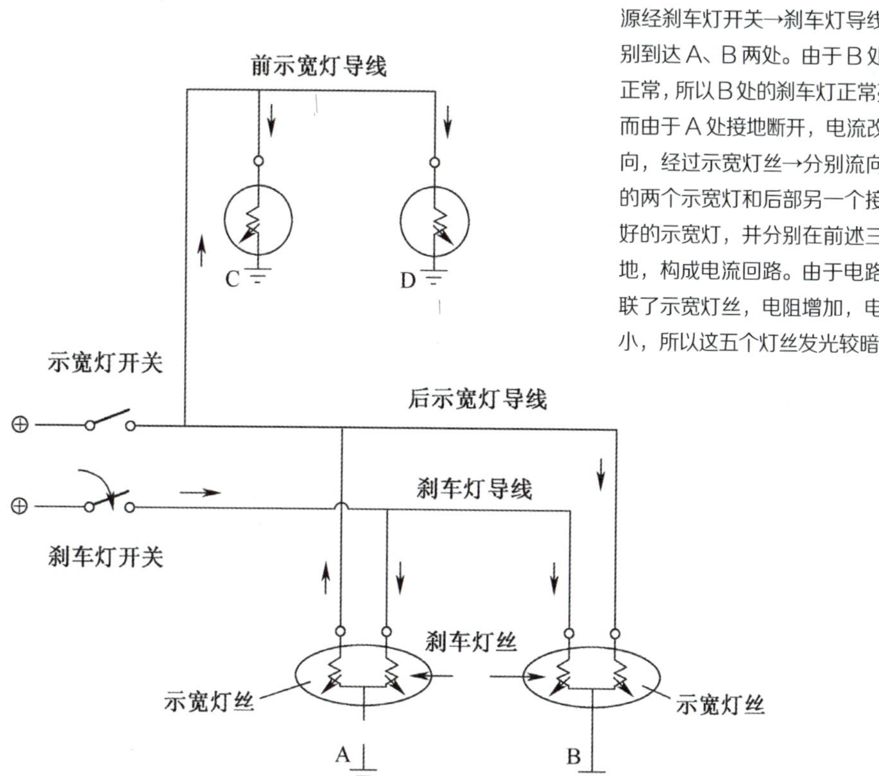

图 7-16 示宽灯线路不正常时的电路示意图

有些车的后组合灯的双尾灯泡是刹车灯与转向灯共用一个灯泡，也会出现类似故障，道理一样，就不赘述了。

7.7 电动倒车镜

后视镜分为内后视镜和外后视镜，分别固定在前风窗顶部和左右车身外侧，用于观察车厢内部和车辆后方的情况。如图 7-17 所示是电动倒车镜电路原理图。

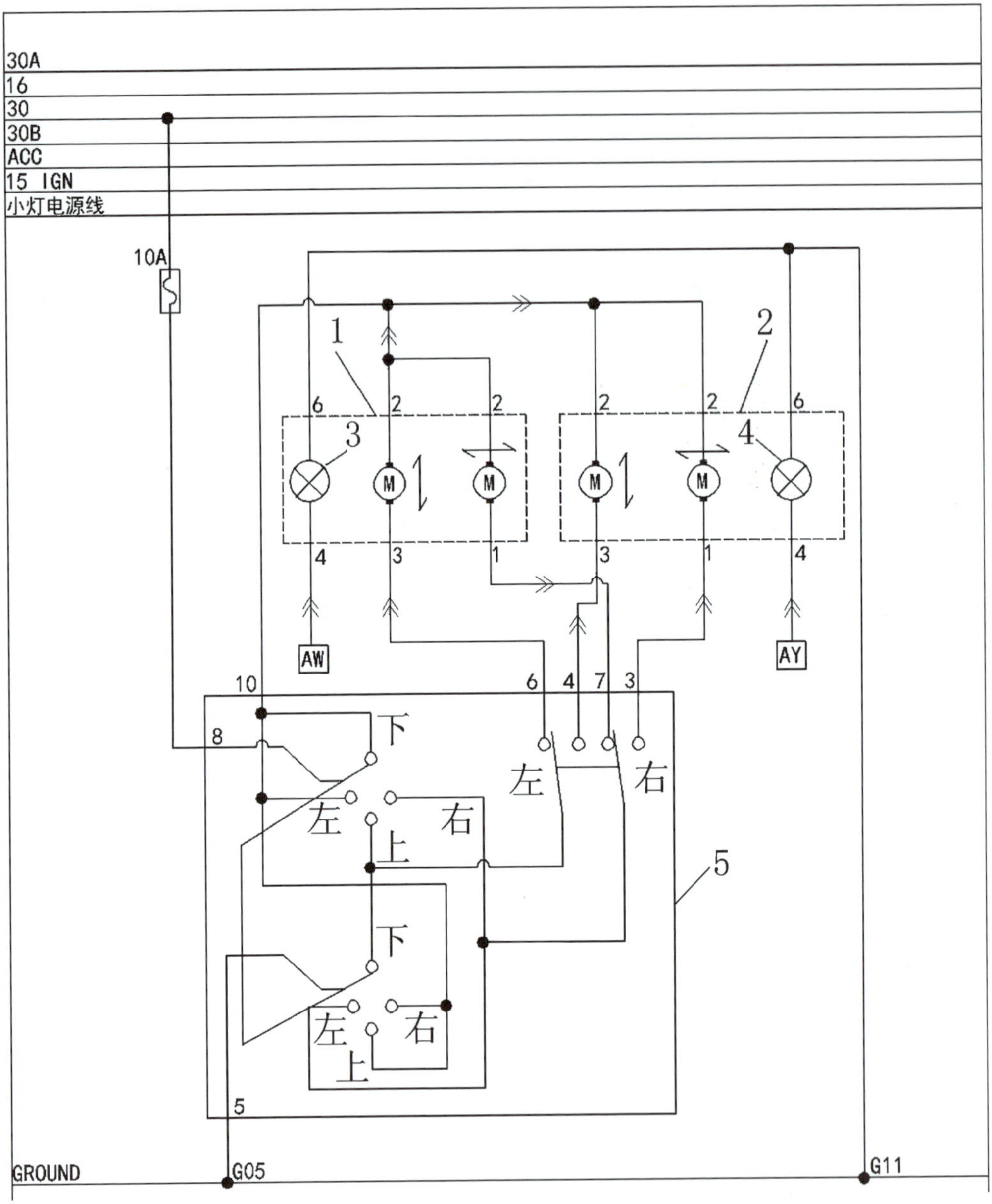

1- 左电动倒车镜；2- 右电动倒车镜；3- 左转向灯；4- 右转向灯；5- 倒车镜控制开关

图 7-17　电动倒车镜电路原理图

7.8　后窗加热、点烟器和喇叭

如图 7-18 所示是后窗加热、点烟器和喇叭电路原理图。

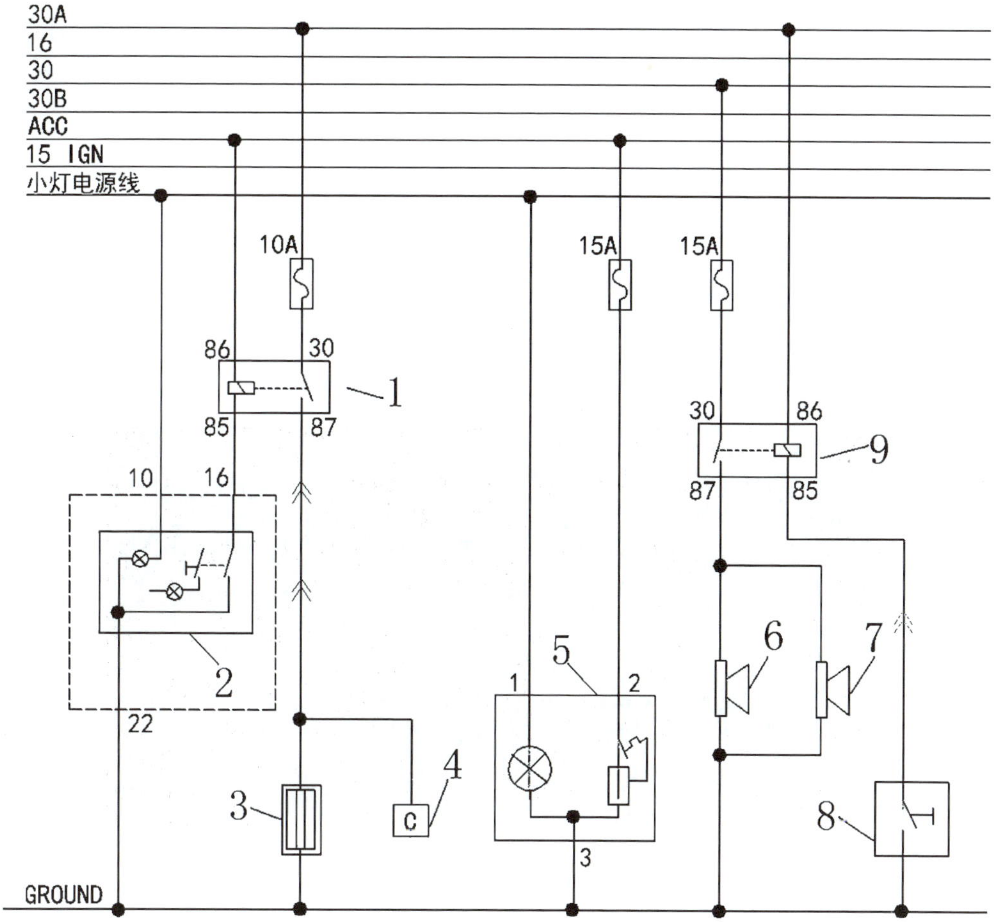

1- 后窗加热继电器；2- 后窗加热开关；3- 后窗加热器；4- 接仪表加热指示灯；5- 点烟器；
6- 高音喇叭；7- 低音喇叭；8- 喇叭按钮

图 7-18　后窗加热、点烟器和喇叭电路原理图

7.9　组合仪表

组合仪表一般包括以下仪表和各种指示灯和报警灯。图 7-19 是常见仪表指示灯。图 7-20 是组合仪表实物图。图 7-21 是仪表电路原理图。

（1）车速表：车速表指针按照来自车速传感器的信号而移动，表示车辆行驶的速度。

（2）转速表：转速表指针根据来自发动机 ECM 输入的转速信号而移动，表示发动机转速。

（3）燃油表：燃油表指针按照来自燃油传感器的信号而移动，表示燃油箱的剩油量。

（4）水温表：水温表指针按照来自水温传感器的信号而移动，表示发动机冷却液温度。

（5）里程表：里程表按照来自车速传感器的脉冲信号计算车辆总行驶里程和短途行驶里程。

（6）绿色指示灯：表示正常工作的系统。

（7）黄色指示灯：提示驾驶员某些系统需要检修。

（8）红色指示灯：表示某些系统出现故障，需要停车检修。

1- 前雾灯；2- 动力转向警示灯；3- 后雾灯；4- 洗涤壶液面；5- 刹车片磨损；6- 巡航控制；7- 转向指示灯；8- 雨量光线传感器；9- 冬季模式；10- 信息指示；11- 预热塞；12- 霜冻警告；13- 钥匙警告；14- 智能钥匙；15- 遥控手柄电量；16- 前车距离警示；17- 踩离合器指示；18- 踩下制动踏板；19- 转向系统锁紧警告；20- 远光灯；21- 胎压报警；22- 光线检测；23- 外部灯光故障；24- 刹车灯报警；25- 柴油滤清器堵塞；26- 拖车牵引指示；27- 空气悬挂；28- 车道偏离；29- 催化器故障；30- 安全带指示；31- 驻车指示灯；32- 充电指示灯；33- 泊车指示灯；34- 维修指示灯；35- 自适应灯光控制；36- 大灯高度调节；37- 后导流板警告；38- 敞篷车顶；39- 气囊警告灯；40- 驻车警告灯；41- 燃油滤清器进水；42- 气囊停用指示 43- 车辆故障警示；44- 近光灯；45- 空气滤清器堵塞；46- 经济驾驶模式；47- 下坡控制；48- 发动机高温报警；49-ABS 警告灯；50- 油量波动警告；51- 开门指示灯；52- 发动机盖未关警告；53- 燃油量警告；54- 自动变速箱警告 ；55- 限速器；56- 悬挂阻尼警告；57- 机油压力警告；58- 前风挡除霜；59- 行李箱打开指示；60-ESP 关闭 ；61- 雨量传感器；62- 发动机故障指示灯；63- 后窗除霜；64- 挡风玻璃清洗

图 7-19 常见仪表指示灯

1- 发动机转速表；2- 里程表；3- 发动机温度表；4- 燃油箱存油量表

图 7-20　组合仪表实物图

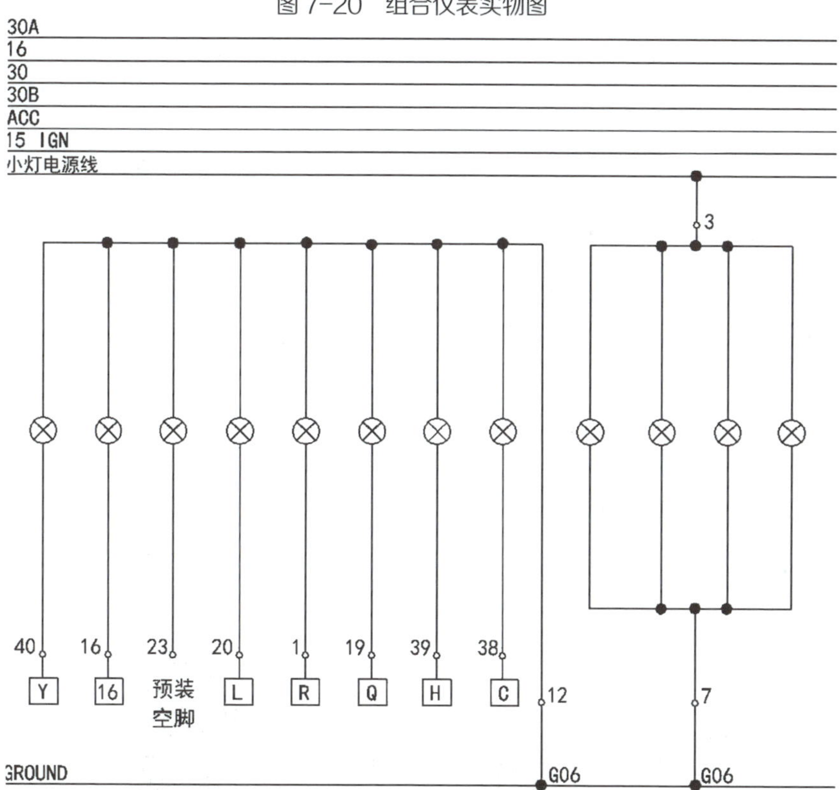

1- 电源稳压器 ；2-CANBUS 双绞线；3- 刹车油液位传感器；4- 机油压力传感器；5- 手刹车灯开关；6- 保养灯；7- 发动机故障灯；8- 刹车片报警灯；9- 机油报警灯；10-ABS 报警灯；11- 开门灯；12- 驻车制动灯；13- 充电灯；14- 安全气囊灯；15-CANBUS 温度表信号；16- 燃油量报警灯；17- 水温表；18- 燃油表；20- 里程表；21-CANBUS 发动机转速信号；22-CANBUS 车速信号；23-CANBUS 里程表信号；24- 燃油液位传感器

（a）

图 7-21　仪表电路原理图

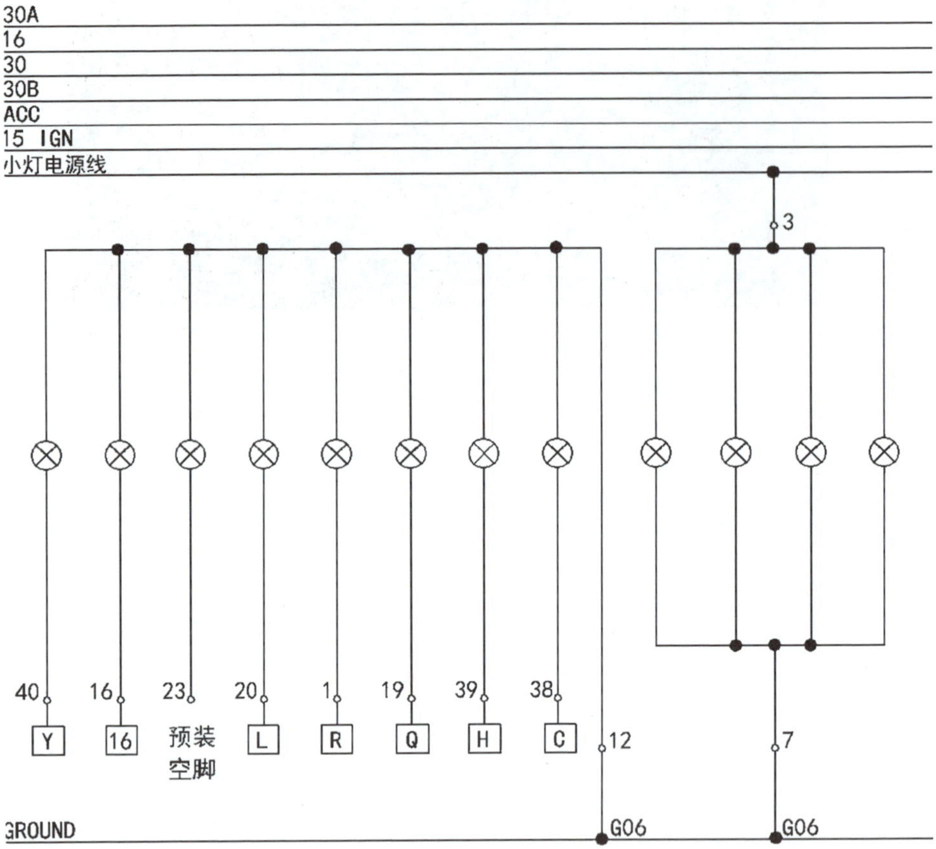

30A
16
30
30B
ACC
15 IGN
小灯电源线

3

40 16 23 20 1 19 39 38

Y 16 预装空脚 L R Q H C

12 7

GROUND G06 G06

40- 远光指示灯；16- 安全带指示灯；20- 左转向指示灯；1- 右转向指示灯；19- 前雾灯指示灯；39- 后雾灯指示灯；38- 后除霜指示灯；7- 仪表四个照明灯的接地线

（b）

图 7-21 仪表电路原理图（续图）

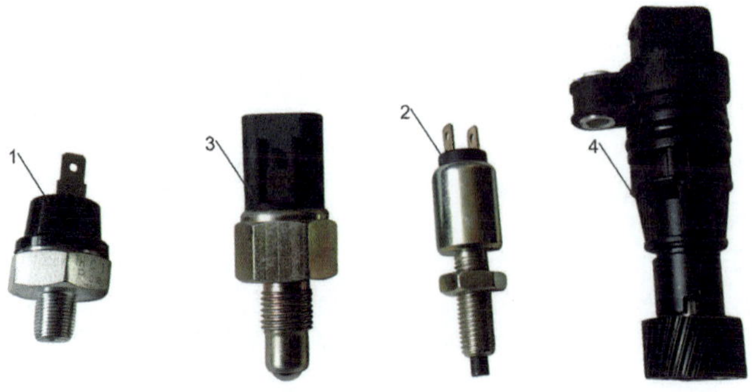

1- 机油感应塞；2- 刹车灯开关；3- 倒车灯开关；4- 里程表传感器

车速里程表一般采用交叉线圈型车速表和里程表指示汽车行驶速度及累计汽车行驶里程，同时还设有数字式里程计。测量车速部分采用磁力式结构，记录里程的部分由多功能液晶显示器控制。车速表不工作时，指针位于刻度零的位置。当汽车行驶时，由变速器内传动。

齿轮驱动切割霍尔车速传感器永久磁铁的磁力线，使霍尔车速传感器产生脉宽信号，提供给交叉线圈型车速里程表去驱动车速表指针移动，同时提供给记录里程多功能液晶显示器控制里程数。

里程表常见故障：里程表正常，车速表不正常一般是表内部故障，里程表和车速表均不正常一般是里程表传感器或传感器驱动轮故障。

发动机转速表用于指示发动机的运转速度。当发动机运转时，发动机转速传感器将转速信号发送到发动机 ECU，发动机 ECU 根据发动机转速发送一个脉冲方波信号到组合仪表，组合仪表根据该信号控制发动机转速表指针，指示实际的发动机转速。

数显水温表采用步进电机驱动型指针。水温传感器采用的是热敏电阻式。水温传感器一般装配在发动机的冷却液小循环通道上。

水温表说明

低于 C——低温区

在起动暖机过程中，发动机会短时工作于此区域。在该温度区内应避免发动机高转速运转，同时，发动机工作负荷切勿过大。

C 与 H 之间——正常温度区正常行驶状态下，指针应处在该范围内。

外界温度很高且发动机负荷很重时，指针可能偏离该范围。只要冷却液警报灯不闪亮，汽车仍可正常行驶；若冷却液警报灯闪亮报警，则必须关闭发动机，检查冷却系统。

高于 H ——过热区

如果指针进此红色区间，即表示发动机过热。请立即安全地停下汽车，关闭点火开关，并在发动机冷却后查找问题原因。

水温表常见故障：水温塞插头接触不好或脱落（水温塞是单线的，主管发动机电喷系统的水温传感器是双线的）。

燃油表的工作情况与水温表基本相同，采用的也是步进电机驱动型指针式仪表。当浮子随燃油箱内的油面高度变化时，与浮子杆联动的滑动触点响应，改变厚膜电阻的电阻值。燃油箱内注满燃油时，厚膜电阻的电阻值最小，燃油表指针指向最大刻度值 F。相

反，当燃油箱内燃油耗尽时，厚膜电阻的电阻值最大，燃油表指针的偏转量最小 E。

燃油表常见故障：是插头接触不好或浮子不好。

*** 当水温表和燃油表同时不准时，一般为仪表总成内部的电源稳压器失效。**

由于现在的电喷汽车，电动汽油泵都安装在油箱内利用汽油循环散热，所以汽油表的最小一格一般都是印成红色，提示驾驶员油箱内还剩一格汽油，但是需要加油以利于油泵散热。因此如经常跑到油量报警灯亮再去加油，时间长了不利于延长油泵的寿命。

仪表设计一般都是中间值为常用的数值。例如车速表和发动机转速表，最高车速或发动机最高转速不会超过表标识的最高值。例如水温表的中间值经常是 90℃或 100℃，表示发动机正常工作的温度在 90℃ ~100℃左右。

绿色的仪表指示灯是提示驾驶员车辆的运行状态；黄色的指示灯提示驾驶员使用汽车需要注意某项工作；红色的指示灯亮起，应该立即停车检查亮灯的原因，排除后方可继续使用。

机油压力警告灯的说明：开启点火开关时该指示灯立即点亮，发动机起动后应熄灭。如果在起动后该灯未熄灭，或在行驶途中发动机转速超过 2000r/min 时该灯点亮，应立即停车，将发动机熄火并检查发动机机油油位。如果油位过低，应立刻添加。

制动系统警告灯的说明：打开点火开关，该灯才起作用。拉上驻车制动，该灯将保持点亮。

如果在释放驻车制动之后仍然点亮，表示制动液油位过低。应立即添加制动液至 MIN 标记和 MAX 标记之间。

门开报警指示灯：打开任意车门或行李箱检查警告灯应点亮。

充放电指示灯：点火开关打到“ON”挡时，指示灯应点亮。发动机起动后，指示灯应熄灭，如果不熄灭，则应检查充电系统。

*** 一般仪表系统出现故障时，要首先检查保险丝和传感器。**

案例：电磁干扰导致仪表不准

一台国产 SUV 汽车，发动机着火以后发动机转速表乱转。考虑到这个仪表总成是数字仪表，对电磁环境要求较高，于是咨询车主故障何时开始发生。车主说是更换火花塞以后发现的故障。拆检火花塞，发现车主自己更换的火花塞型号与原车规定不符，更换原厂规格的火花塞后故障排除。

7.10　多媒体中心

现在汽车上都配有多媒体中心以满足车内乘员的需要。用户可以通过多种信息手段取的外界信息，如U盘、无线信号等。用户可以通过操作面板选择自己需要的功能，如收音机、移动电视、看视频、听音乐、倒车雷达、GPS导航等。图7-22是常见的DVD带倒车雷达和导航系统的多媒体一体机的实物图。图7-23是一款六声道DVD机的外部接线图。

图7-22　多媒体中心实物图

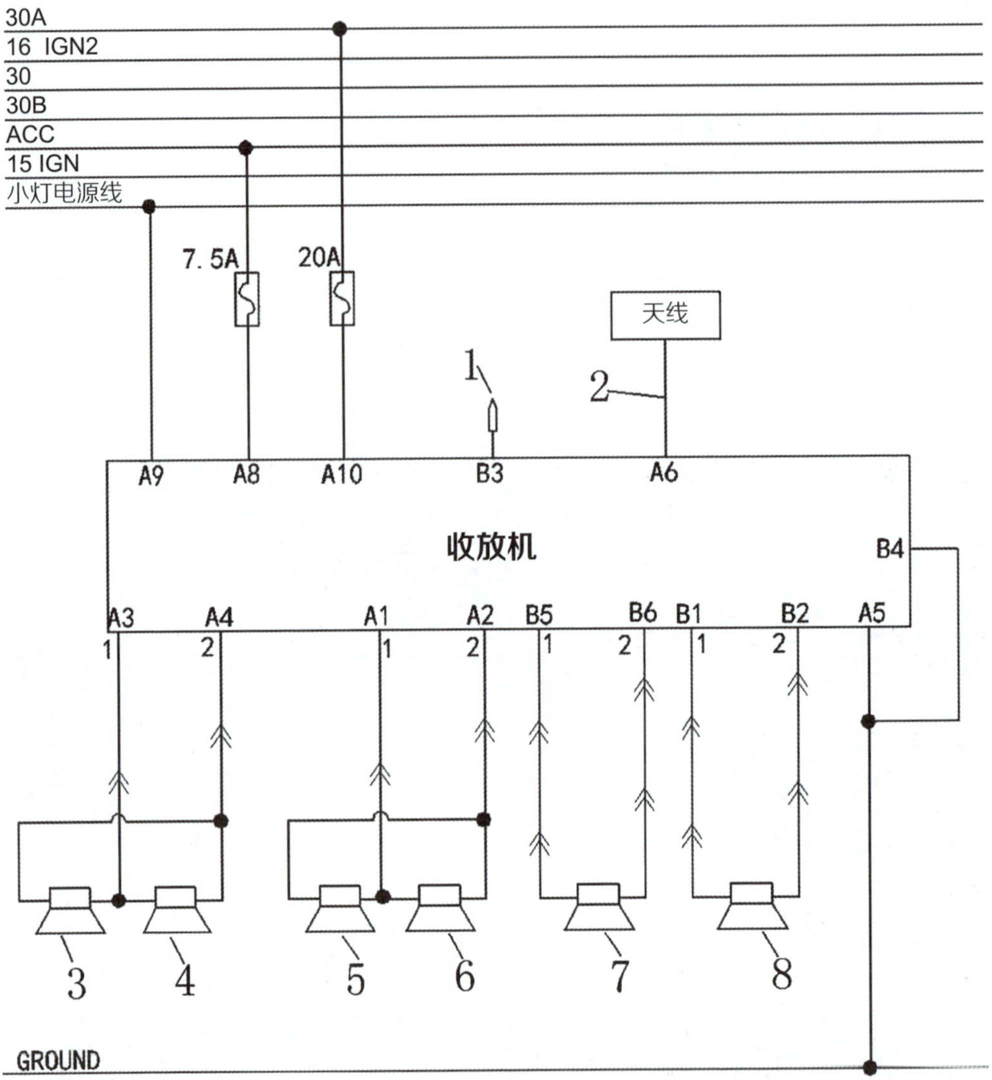

1- 接方向盘多功能按钮；2- 天线电源线；3- 左前低音扬声器；4- 左前高音扬声器；5- 右前低音扬声器；6- 右前高音扬声器；7- 左后扬声器；8- 右后扬声器

图 7-23　六声道 DVD 机外部接线图

7.11　倒车雷达系统

倒车雷达系统由传感器、控制模块（主机）和报警装置组成。该系统是根据超声波

测距原理和计算机数据模糊处理技术来确定在汽车倒车方向上是否有障碍物，以及提示最近障碍物的距离。当操纵排挡挂在倒车挡，倒挡开关打开，倒车灯亮，控制器接收到倒车信号后，控制超声波传感器发出超声波信号，利用传感器自发自收和多发单收的原理，准确并且完整地将回波信号传给控制器，经控制器进行分析处理后，判断出侦测距离内有无障碍物及最近障碍物的距离，并与报警喇叭建立通信。根据不同的距离范围发出不同频率的鸣叫以提示障碍物的距离，达到安全警示作用。图 7-24 是倒车雷达探测范围示意图。图 7-25 是倒车雷达电路原理图。表 7-3 是倒车雷达的警报方式。

技术参数：主机工作温度：-30℃ ~+70℃。

额定工作电压：DC12V。

工作电压范围：DC10.5~16V。

额定工作电流：20~200mA。

探测距离：0.2~1.5m。

超声波频率：40kHz

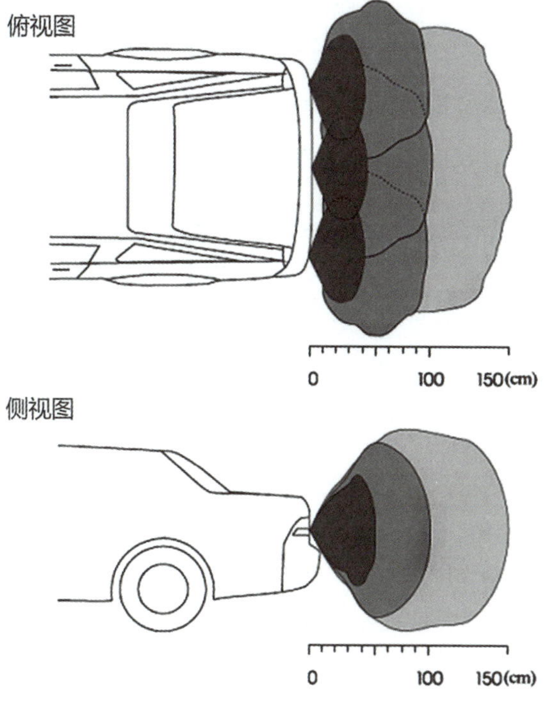

图 7-24　倒车雷达探测范围示意图

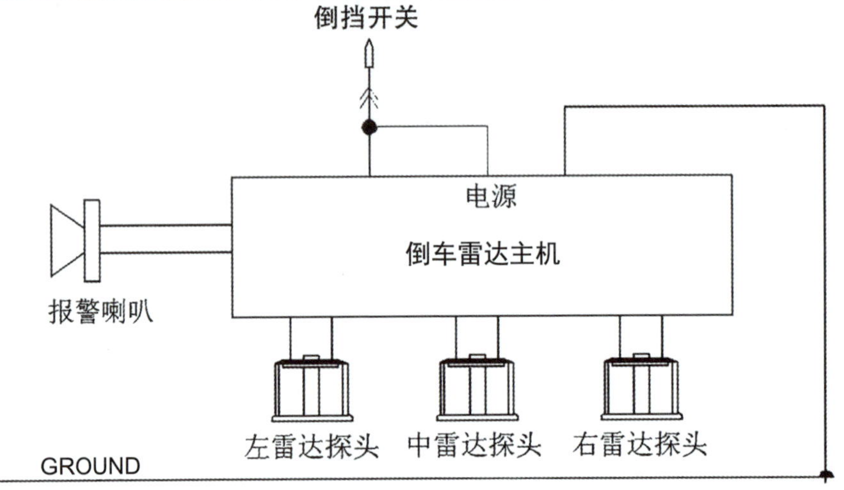

图 7-25　倒车雷达电路原理图

表 7-3　倒车雷达的警报方式

分段	接近障碍物距离	区域分别	警示音
1	＞1.5M	安全区	/
2	1.5～1.1M	安全区	当……当……
3	1.0～0.5M	警示区	当…当…
4	≤0.4M	警示区	当当当

7.12　倒车雷达（带影像）系统

倒车雷达（带影像）系统由传感器、控制模块（主机）、数据转换盒、摄像头、显示器组成。倒车影像系统是当操纵排挡挂在倒车挡，倒挡开关打开，倒车灯亮时，控制器接收到倒车信号后，控制摄像头把影像经过数据转换盒和控制模块（主机）处理后传递给 DVD 机的屏幕，让驾驶员看到车尾的情况。图 7-26 是倒车雷达（带影像）系统探测范围示意图。图 7-27 是倒车雷达（带影像）系统的电路原理图。

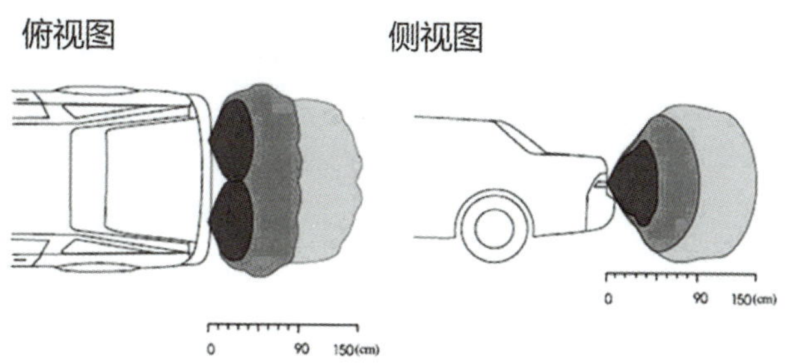

图 7-26 倒车雷达（带影像）系统探测范围示意图

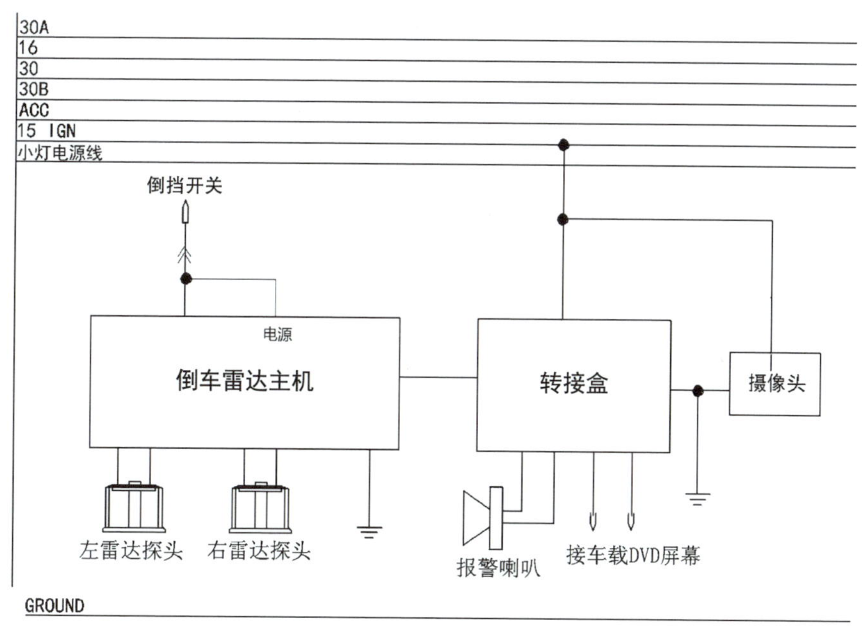

图 7-27 倒车雷达（带影像）系统的电路原理图

技术参数：

主机工作温度： -30℃ ~ +70℃。

额定工作电压： DC12V。

工作电压范围： DC10.5V~16V。

额定工作电流： 20mA~200mA。

探测距离： 0.2~1.5m。

超声波频率： 40kHz。

倒车雷达系统常见故障和维修方法

1. 系统不工作

具体表现： 在汽车进入倒车状态下，报警喇叭无提示响声。

故障原因： 停车辅助系统没有工作，常为工作电源未接通。如果汽车蓄电池供电正常，一般是电源线接触不良。

维修方法： 检查倒车雷达系统的电源和接地是否正常。正常情况下，挂倒挡时，倒车雷达控制模块的电压工作电压为蓄电池电压（该电源与汽车的倒车灯电源同路）。如控制模块电源接地正常，应更换控制模块。如控制模块电源接地不正常，先修理或者更换倒车雷达控制模块电源供应和接地电路。

2. 传感器不工作

具体表现： 在汽车进入倒车状态下，固定的某只传感器始终探测不到障碍物。

故障原因： 停车辅助系统已工作，但某只传感器未工作。

维修方法： 在汽车进入倒车状态下，用耳朵贴近传感器表面，仔细听是否有轻微的滴答声（可与正常的传感器比较）。如果响声正常，说明传感器的电源正常，请检查传感器和控制器之间的信号线连接是否正常；若信号线连接正常，请更换传感器。

3. 传感器能力弱

具体表现： 在汽车进入倒车状态下，有固定的某只传感器始终探测能力差。

故障原因： 停车辅助系统已工作，但某只传感器探测能力弱。

维修方法： 请清洁该传感器的表面异物。

案例：倒车时报警

后方什么障碍物也没有，只要挂入倒挡，系统就开始报警。主要原因是后保险杠上经常有污泥遮挡探头，所以经常出现倒车时报警故障。

7.13　雨刮系统

风窗玻璃上的尘土和脏物须及时清洗掉，否则影响行车安全，为此设有雨刮洗涤系统。一般常见的雨刮系统采用具有两种速度且能间歇工作的雨刮器，由驱动电机、涡轮蜗杆机构及摇臂、刮片等组成；洗涤系统由清洗液罐、电机、管路、喷嘴等组成。雨刮系统电路原理图如图 7-28 所示。

雨刮器电机能够以多种速度运转并和一个停止位置限制开关相连接。它由组合开关及雨刮器延时继电器控制。当打开点火开关到“ON”位置之后，以下5个功能将可以运行：

（1）关闭。

（2）点动。

（3）间歇雨刮。

（4）慢速雨刮。

（5）快速雨刮。

案例：不能间歇工作

当雨刮继电器故障时，雨刮系统表现的现象是低速挡和高速挡都有，就是没有间歇挡。故障原因是雨刮间歇继电器故障。

案例：雨刮器熄火后不能自动复位

常见故障原因是雨刮器电机故障。

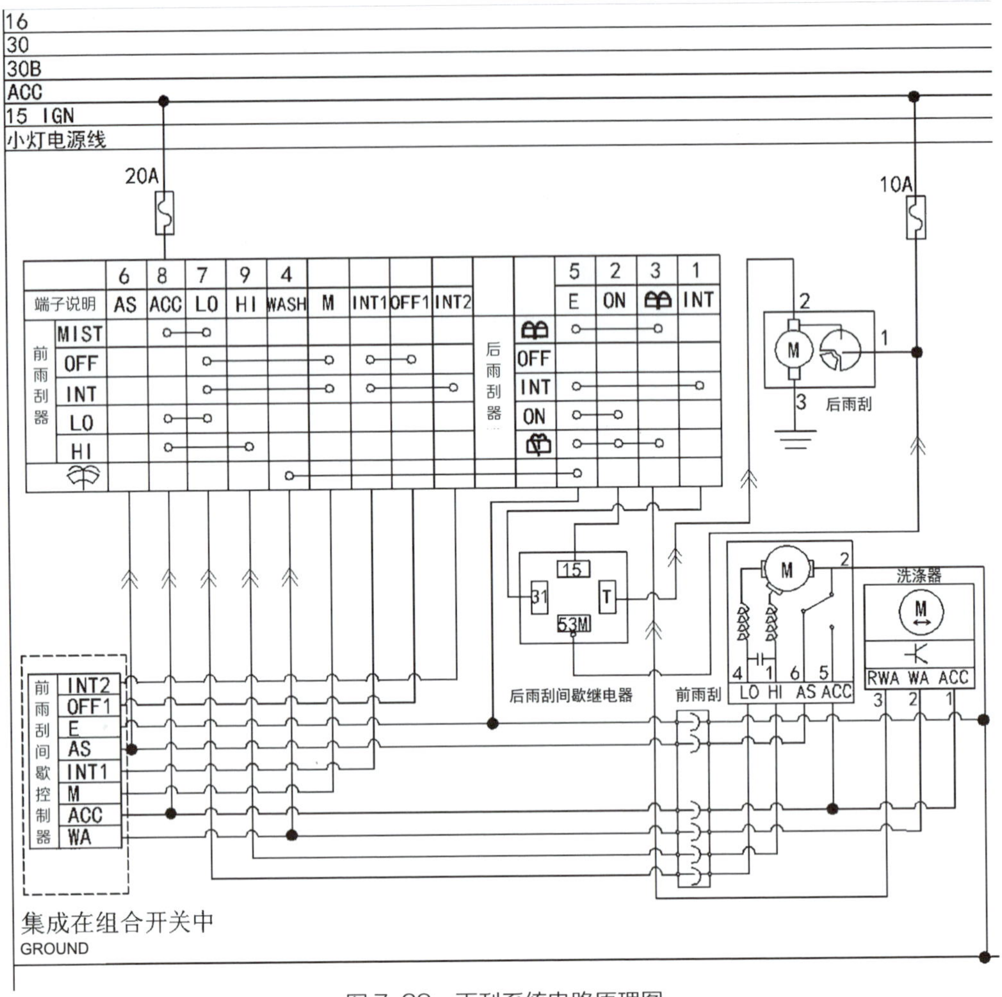

图 7-28　雨刮系统电路原理图

7.14　CANBUS 系统

现代汽车由于电控系统很多，而且系统都是独立的。但是这些系统有许多信息是重复的，甚至许多信号还会造成电路的电磁干扰而影响信息的准确性。例如发动机系统和变速箱系统都有节气门开度传感器等。为了简化汽车电路系统、加强信息的处理能力，现在汽车都设置 CANBUS 总线，通过几层网关将汽车的信息收集在一起，各个电控系统根据本身的需要，再经过网关到 CANBUS 中心取的数据，这样使信息的传递更加快

捷准确。

由于现代汽车信息数据量大，所以普遍采用光纤进行数据传输，光纤传输数据还可以避免各个信号之间的电磁干扰。这样 CANBUS 总线还要包含光电信号转换装置。光导纤维传输数据有特殊要求，不能用维修电线束的方法进行维修。在安装和维护这些光纤时一定注意导线的弯角不要太小，防止损坏导线影响数据传输。CANBUS 数据传输采用双线制，两根相同的光纤传递相同的信息数据，只是两个数据的波形是反向的。

由于汽车某个系统通过 CANBUS 系统取得信号是经过几层网关，所以某一个系统反应出的故障信息可能是其他系统的故障反映，这一点在维修 CANBUS 总线系统时需要注意。图 7-29 是某款汽车的 CANBUS 总线示意图。

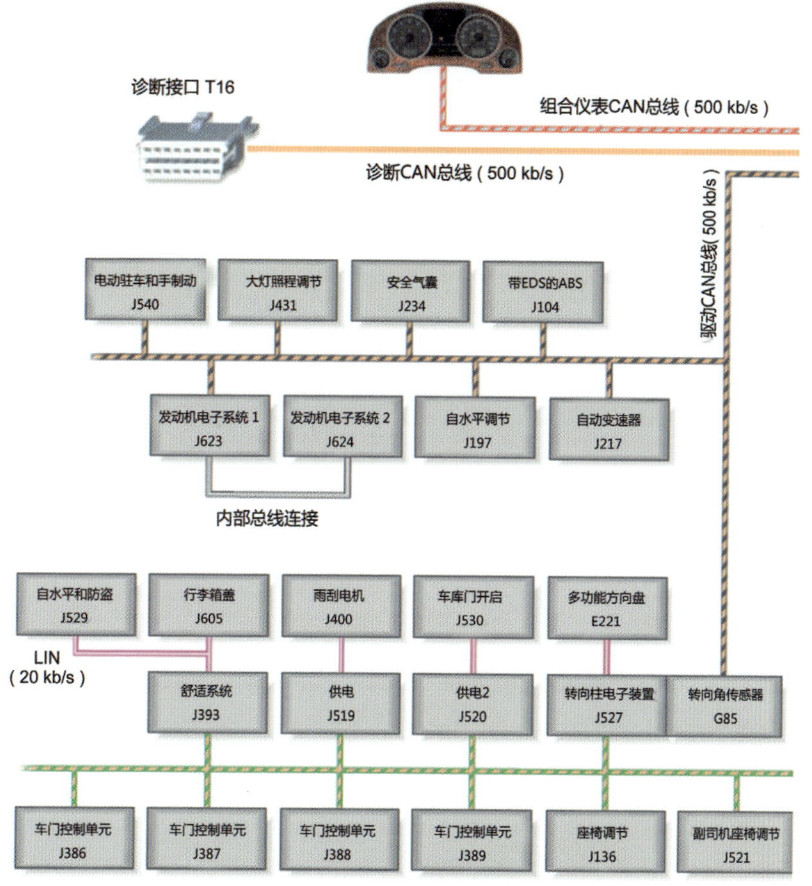

图 7-29　某款汽车的 CANBUS 总线示意图

附录
常用汽车知识

三厢车：是目前国内家用汽车市场上保有量最大的家用汽车。由于我国长期以来将轿车作为公务用车并以三厢车为标本，所以给国人形成了三厢车才是轿车的概念。所以在轿车刚刚走进家庭时，人们往往是随众选择三厢车，而汽车制造厂商为了迎合人们的需要也是大量生产三厢车。在轿车刚刚在国内生产时，两厢车并不被市场看好，所以造成目前我国三厢车占比较大。但是三厢车并不适合我国拥堵的城市道路，除了较大的后备箱的空间使得车身较长，因此实际使用起来并不是很方便。选择停车场地较两厢车要困难得多，涉水能力也不如 SUV，只适合于行驶在宽敞平整的路面。随着轿车作为代步工具不断地走进家庭，车辆选购的个性化及实用性正在逐渐普及，尤其是一个家庭在选择第二部车辆时，人们的眼界已经不再局限于三厢车，而是选择两厢车或者 SUV 甚至其他类型的车辆。所以，三厢车在车辆保有量中的比例将会与国外一样不断地下降。实际上，现在的三厢车的尾箱在不断地变紧凑，外观上也在接近两厢车。如附图 1 所示。

附图 1　三厢车

两厢车：是近年开始在国内流行的家用汽车，长度较短，适合在市内拥挤的路面上下班代步使用，停车比较方便。两厢车的布置与三厢一样，只是没有独立空间的后行李箱。如附图 2 所示。

附图 2　两厢车

MPV：也叫轻型旅行车，外形类似于两厢车，使用性能类似于三厢车。车身较长，乘人多一些。适合于人口较多的家庭使用，也可以作为商务车使用。MPV 的布置与两厢车一样。MPV 与较长车身的微型面包车的区别是，MPV 大多采用前轮驱动，而微面绝大部分是后轮驱动。如附图 3 所示。

附图 3　MPV

SUV 和越野车：SUV 也叫多用途汽车，以载人为主，适应路面的能力较强。SUV 概念的出现是早期的越野车舒适化的产物，由于 SUV 车身宽大、乘坐舒服，路面通过能力强，所以在市场上正流行。现在，许多纯牌的越野车也把自己称作大型 SUV 而挤入 SUV 市场。其实细分起来，其与 SUV 还是很有区别的。比如悍马、猛士一类的纯牌越野车很难想象成为 SUV。作为纯正的越野车，发动机排量一般大于 4.5L，采用非承载式车身，底盘坚固，多采用多连杆式独立悬挂，具备四轮驱动的功能，轮胎较大，使用越野花纹，在没有路面的野外通过能力很强。如附图 4 所示。

附图 4　军用越野车

越野车外观看起来像SUV，或者说SUV是仿制越野车的外形，但是越野车采用非承载式车身，有独立的车架。多采用双摆臂式或多连杆式独立悬挂，底盘坚固，离地间隙较大，轮胎宽大，能够选择四轮驱动，通过能力好，适合于野地、沙漠或山地行驶，涉水能力强。如附图5所示。

一些高端的越野车，加强了舒适性方面的设计，保留了越野车排量大，采用非承载式车身，底盘坚固，四轮驱动，但是强调了车身舒适性的设计，外形也追求时尚流线型，如兰德酷路泽、牧马人等。

附图5　舒适型越野车

现在人们常说的SUV一般是指采用越野车宽大的车壳，但是采用承载式车身而底盘类似轿车的车型。SUV底盘虽然较高，但是采用类似轿车的悬挂和承载式车身，所以比较轻便，但是不如越野车坚固。能够适应坡度较小的便道，有一定的涉水能力。内部类似轿车的布置方式，乘坐比较舒适，视线较好，目前市场上比较流行，适合家用上下班代步使用。SUV的布置与两厢车一样。现在有些SUV汽车也有四轮驱动，但是没有独立车架，与越野车很接近，但是并不是真正的越野车。如附图6和附图7所示。

附图6　四驱型SUV

附图 7　前驱型 SUV

微型面包车：也叫微型箱式车，面包车是国人管厢式车的叫法。底盘较高，能够适应多种路面，适合个体户使用，能拉人或拉货，在农村和城郊使用得很多。微面的布置基本采用汽车的传统布置形式，即发动机纵置后轮驱动的结构，刹车普遍是前盘后鼓，其他与两厢车类似。如附图 8 所示。

附图 8　微型面包车

皮卡：这是国人的叫法，也是一种多功能车。可以客货混载，底盘较高，能够适应多种路面，在农村和城郊使用比较广泛。皮卡的布置形式与微面一样，区别是微面是承载式车身，而皮卡是非承载式车身，也就是说皮卡车有车架，面包车没有车架。如附图 9 所示。

附图 9　皮卡

微型货车: 使用功能和范围类似皮卡车,可以载人拉货,但是载货能力比皮卡强一些。微型货车的布置形式与皮卡一样。如附图 10 所示。

附图 10　微型货车

汽车结构形式: 家用汽车最典型的总体结构形式是采用承载式车身，乘坐人数在 7 人以下（含 7 人）。采用中小排量发动机（2.0L 以下），采用手动或自动变速箱。发动机横置前轮驱动，前悬挂大量采用麦弗逊式独立悬挂，后悬挂多数采用扭力梁式非独立悬挂。转向系统普遍采用液压助力或电子助力方式，制动系统普遍采用真空助力方式，制动器采用四轮碟刹或前盘后鼓。按照安全要求，除去微型面包或微型货车外，家用汽车普遍采用 ABS 制动辅助系统。这样的总体结构形式布置简洁，制造安装方便，技术成熟，维修保养方便。如附图 11 至附图 13 所示。

附图 11　承载式车身

附图 12　常见承载式车身及底盘布置

附图 13　轿车和面包车的承载式车身

非承载式车身：有专门的车架，路面对车辆的冲击主要由车架承载，车身受到的冲击较小。如附图 14 所示。

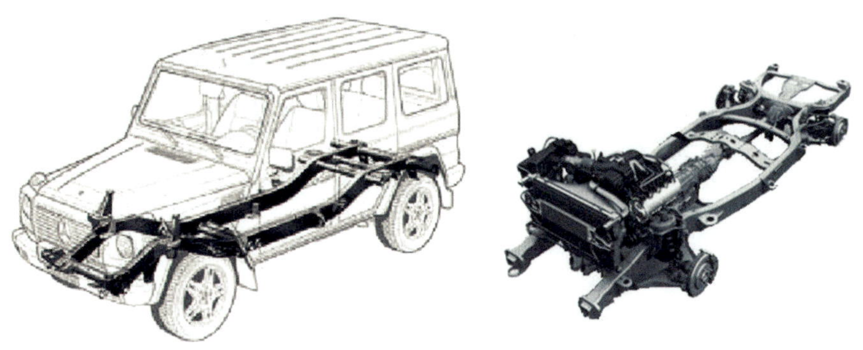

附图 14　非承载式车身和车架

半承载式车身： 车架与车身制成一体，作用接近承载式车身。如附图 15 所示。

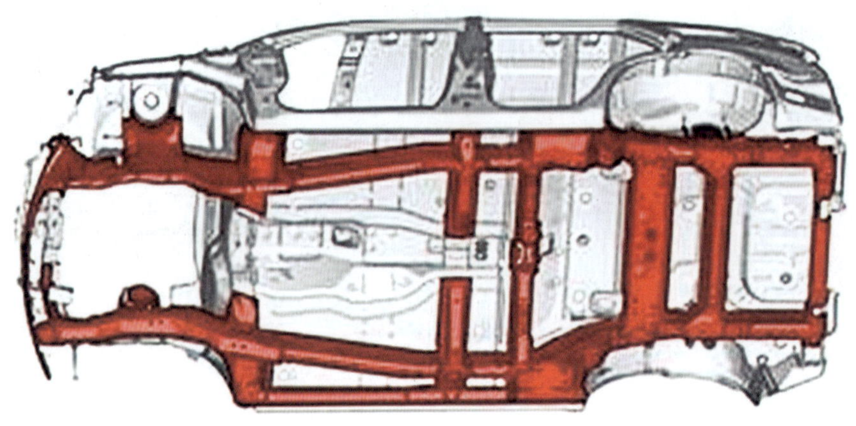

附图 15　半承载式车身

发动机安装方式： 附图 16 是常见的四缸发动机样图。图中的斜置发动机主要安装在轿车上，可以降低机舱的高度。图中的立式发动机经常安装在 SUV 类的汽车中，因为 SUV 类的汽车离地较高，机舱有较大的安装空间。

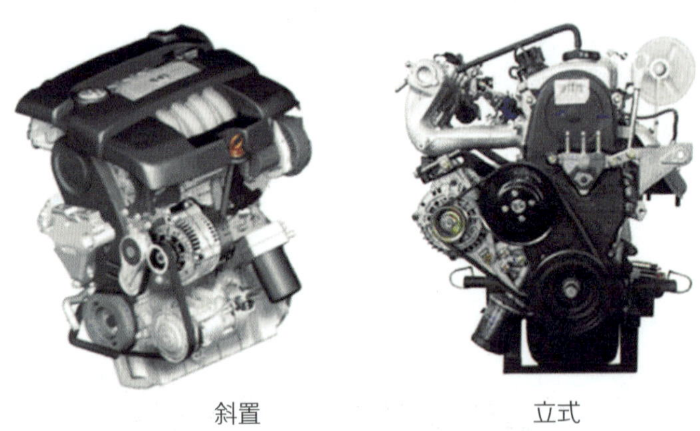

斜置　　立式

附图 16　发动机的安装方式

发动机横置前轮驱动： 是家用轿车最典型的布置方式。这种布置方式结构紧凑，制造安装方便，车底可以降低以便增加车内空间。附图 17 是宝来汽车的整车布置示意图。附图 18 是发动机横置前轮驱动的底盘。

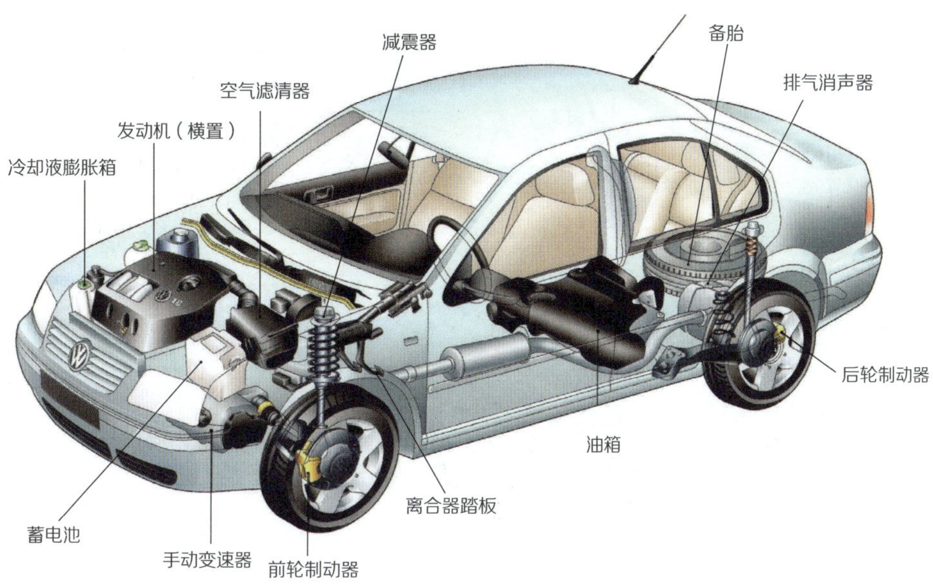

附图 17　发动机横置前轮驱动

附图 18　发动机横置前轮驱动的底盘

发动机纵置前轮驱动： 这种布置发动机的机舱较长，使车辆的中心前移，不利于高速紧急制动。附图 19 是发动机纵置前轮驱动。附图 20 日发动机纵置的动力部分。

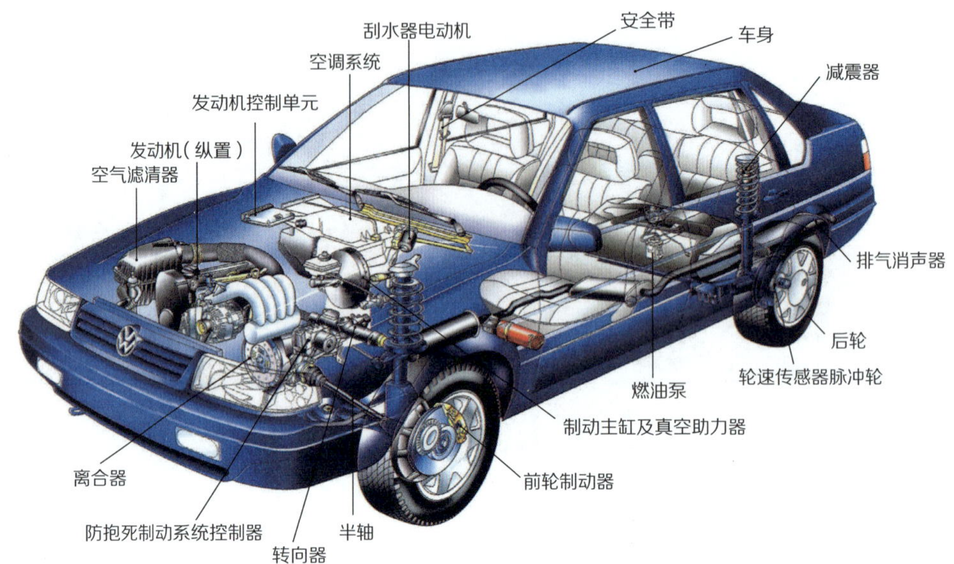

附图 19　发动机纵置前轮驱动

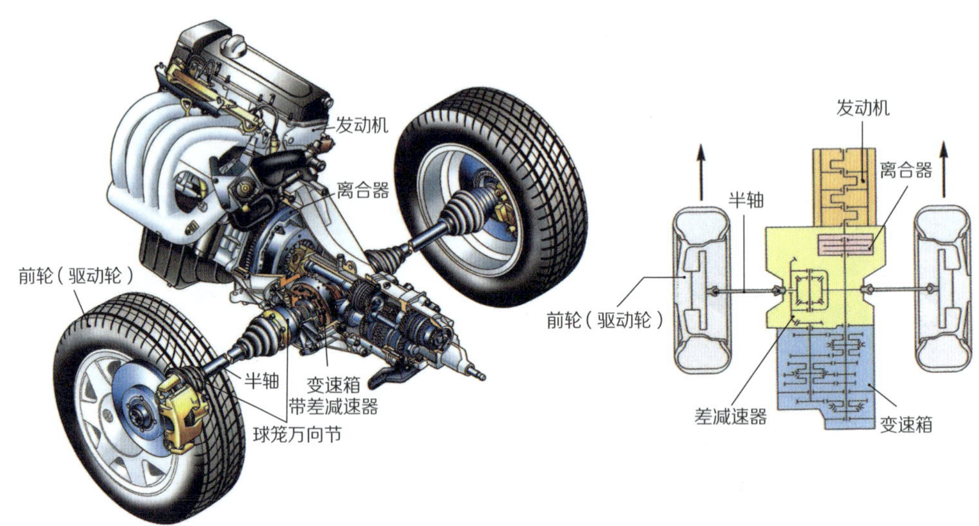

附图 20　发动机纵置的动力部分

发动机纵置后轮驱动：主要用于面包车和客货两用车型上。由于重心居中，所以一些高端豪华轿车也采用这种布置，以追求车辆的乘坐舒适型和高速稳定性。如附图 21 至附图 23 所示。

附图 21　发动机前置后轮驱动的面包车

附图 22　发动机纵置后轮驱动的皮卡车

附录图 23　后轮驱动的高级轿车

AUTO REPAIR

四行程发动机：是利用曲轴连杆机构工作的。发动机的曲轴每转两圈，各个气缸都顺序经过进气、压缩、作功、排气四个行程完成一个工作循环，将燃料燃烧产生的热能转换为机械能对外输出。根据使用燃料的不同，目前汽车上主要使用汽油机和柴油机。如附图 24 所示。

附图 24　汽油机和柴油机外观

关于四行程发动机几个术语：

附图 25 是活塞行程术语示意图。

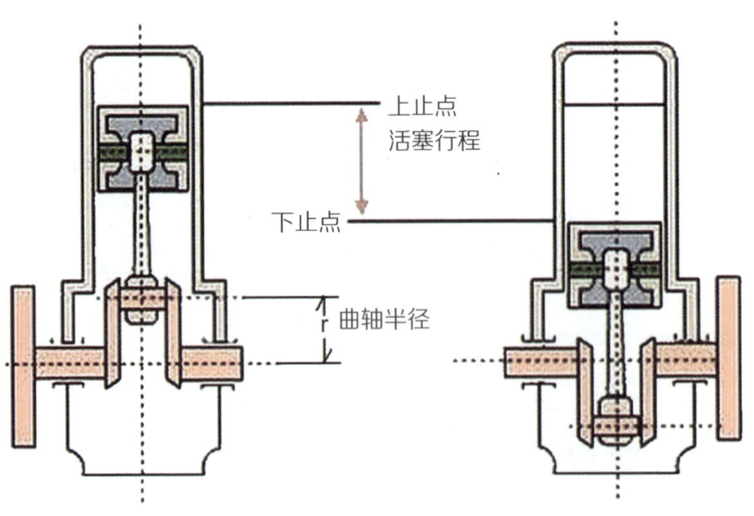

附图 25　活塞行程术语示意图

上止点： 活塞在气缸中的最高位置，也就是汽缸体上平面的位置。

下止点： 活塞在气缸中的最低位置。

活塞行程： 活塞上下止点之间的距离，等于曲轴半径 r 的两倍。为了减少发动机的体积，一般家用汽车发动机的曲轴半径接近活塞的直径。

气缸排量： 活塞顶面积与活塞行程的乘积。为了提高燃烧效率，一般家用汽车发动机的活塞直径一般在 50~80mm 之间。一般家用汽车的单个气缸排量在 0.3~0.6L 之间。

发动机排量： 发动机所有气缸排量的和。一般家用汽车的排量在 2.0L 左右。

燃烧室容积： 活塞在上止点时，活塞上方包括活塞内燃烧室和汽缸盖燃烧室的容积。

气缸总容积： 燃烧室容积与单个气缸排量的和。

压缩比： 燃烧室容积与气缸总容积的比值。一般家用汽油机的压缩比在 10 个左右，汽油机的压缩比过高会导致爆燃损坏发动机，并且废气污染物含量较高。柴油机的压缩比在 25 个左右，柴油机的压缩比过高会导致发动机的体积重量过大而非常笨重，不能达到高速柴油机的要求。现代柴油机的压缩比一般在 16~18 个。

汽油机： 是使用燃料汽油为燃料发动机。汽油机的燃料是在上一个循环的作功行程开始以后，喷入进气道的，喷射产生的雾化汽油在进气道温度的作用下气化并与空气混合，形成可燃混合气在下一个循环的进气行程被吸入气缸，经过压缩后被点火系统的高压电火花强制点火。近年出现的缸内直喷发动机，采取了类似柴油机的高压喷射技术，将汽油在进气行程开始时以极小的颗粒直接喷入气缸，然后在压缩接近终了时再进行补充喷射，此时进入燃烧室的气化汽油在高速气流的作用下直接气化混合，实现分层混合，即压缩气流的核心电火花起点附近的混合气较浓，而外围的混合气较稀，使得综合油耗减少，动力提升，因此在一些中高级小型汽车上也有许多使用。汽油机具有体积小、功率大及噪声小等特点，所以被广泛应用于中小型汽车，尤其是家用汽车上。由于汽油机压缩比过高会产生爆燃的特点，为了提高发动机的动力性和经济型，减少排气污染，目前大多数汽油机的压缩比在 10 个左右。附图 26 是四缸电喷汽油机。

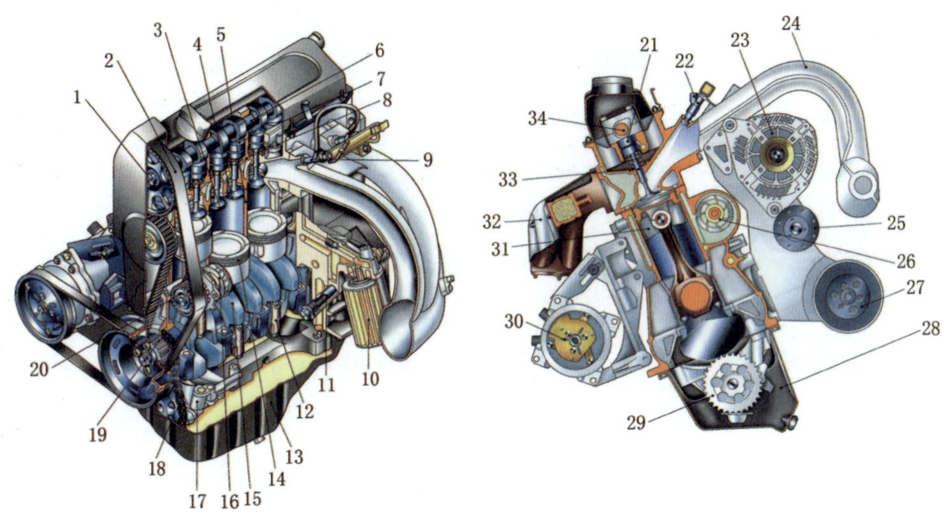

1- 凸轮轴正时齿轮；2- 正时皮带；3,33- 进气门；4,33- 排气门；5- 汽缸体；6,34- 凸轮轴；7,21- 液压挺杆；8- 汽缸盖；9,22- 喷油嘴；10- 机油滤芯；11- 限压阀；12- 连杆；13- 连杆；14,31- 活塞；15- 曲轴；16,26- 水泵；17- 机油泵；18- 机油泵链条；19- 曲轴正时齿轮；20- 水泵轮；23- 发电机；24- 进气歧管；25- 导向轮；27- 转向助力泵；28- 油底壳；29- 机油泵链轮；30- 空调压缩机；32- 排气歧管

附图 26　四缸电喷汽油机

柴油机：是使用轻柴油为燃料的发动机。柴油机的工作特点是燃料在压缩行程接近结束时直接喷入燃烧室内部，被压缩产生的高温高压空气直接点燃。所以柴油机没有点火系统。由于柴油机压燃的特点，所以柴油机的压缩比较高，目前家用的柴油机压缩比在 20 个左右。一些增压的柴油机，由于增压的作用使进入气缸的空气较多，所以压缩终了时的温度和压力都比较高，可以降低压缩比而使发动机的体积减少，这样的增压柴油机的压缩比往往可以降到 10 个以下。由于压缩比较高，运动机件厚重，所以柴油机具有体积较大、转速较低及噪声大等特点，但是柴油机热效率高，节省燃油，比较耐用，所以被广泛应用于大型载汽车，很少在家用汽车上使用。近年来，随着机械制造能力和柴油喷射控制技术的进步，增压并采用高压共轨技术的柴油机的体积和噪声已经减小，升功率也有所提升，所以在家用汽车上也有所使用，尤其是在越野车和 SUV 车上。附图 27 是高压共轨柴油机。

附图 27　高压共轨柴油机

汽油机的工作原理：

进气行程：曲轴在飞轮惯性的带动下，带动活塞从上止点向下止点运动。进气门打开，排气门关闭，新鲜的混合气被吸入气缸，由于进气道的阻力和温度的作用，自然吸气的发动机在进气终了时，气缸内的混合气温度 100℃以上，压力大概是 0.9bar。由于进气和排气的惯性作用，为了提高气缸的充气系数，在进气过程中，进气门是提前打开并且在进气终了时是延迟关闭的。

压缩行程：曲轴在飞轮惯性的带动下，带动活塞从下止点向上止点运动。此时的进气门和排气门都处于关闭状态，进入气缸内的混合气被压缩，压缩终了时混合气的温度和压力都提高，温度大概是 400℃，压力大概是 10bar，为燃烧做好了准备。

作功行程：被压缩后的混合气，在接近上止点前开始电火花点火，混合气燃烧放热，膨胀的气体推动活塞从上止点向下止点运动对外做功。此时进气门和排气门都处于关闭状态。做功行程时最高压力在 40bar 左右，气体的温度在 2400℃左右。由于活塞顶附近气体的热绝缘作用和与气缸壁紧密接触的活塞环的不断导热，所以铝制的活塞不会形成高温而熔化。在做功行程开始不久，下一个循环需要的汽油被喷入进气道开始气化，并与空气混合等待下一个循环的工作。

排气行程：曲轴在飞轮惯性的带动下，带动活塞从下止点向上止点运动。此时排气门打开，进气门关闭，做功后的废气被活塞推出气缸，由于消声器存在一定的排气阻力，

所以排气终了时气缸内的压力在 1.1bar 左右，是高于大气压的，而排气的温度在 900℃左右。为了提高充气效率，排气门在排气开始时是提前打开，并且在排气终了时是延迟关闭的。

换气过程：由于进气开始时，上一个循环的排气接近结束时存在着排气门打开而下一个工作循环的进气行程的进气门已经提前打开，所以在排气接近终了和进气刚刚开始的一段时间内，进排气门处于同时打开的状态，这种现象叫做气门叠开，这个很短的过程叫做换气过程。虽然在换气过程中进排气门重叠打开，但是由于进气和排气分别的惯性作用，不会发生进排气混乱的现象。以前的老式发动机，进排气门之间的相对角度是按照发动机经常使用的中等转速固定的，这就导致气门的叠开角在怠速时过大而充气不好，而当发动机高转速时又会由于叠开角过小而导致充气不足。所以驾驶老式汽车的司机都有汽车中速行驶省油的经验。为了避免这种情况，现在流行的 VVT 技术就是解决换气过程的这个问题的。所谓的 VVT 技术就是可变气门正时技术，在 VVT 的作用下，进排气门的叠开角随着发动机转速的变化而变化，使之更加适应发动机的工作，从而提高了发动机的动力，降低了油耗而得到普遍的推广使用。当然，由于故障而导致的气门正时不对，就会产生排气点燃进气而造成回火的现象，以及进入气缸的新鲜混合气直接被排到排气管被那里的高温点燃造成放炮的现象，这也是修理工判断故障的一个经验。附图 28 是四行程发动机工作示意图。

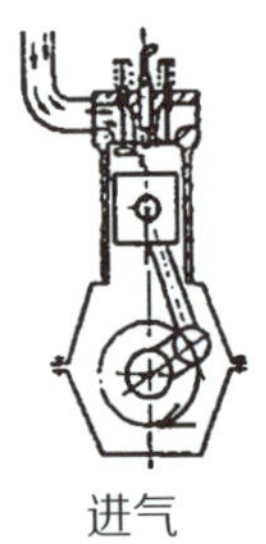

进气

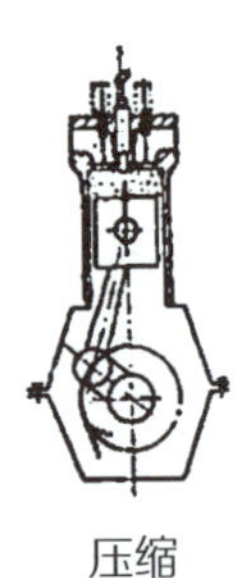

压缩

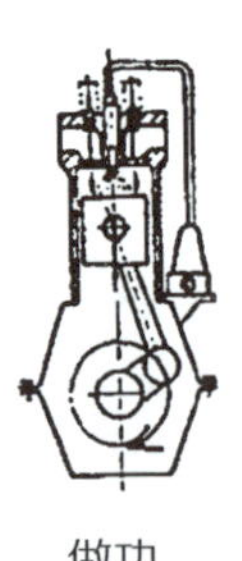

做功

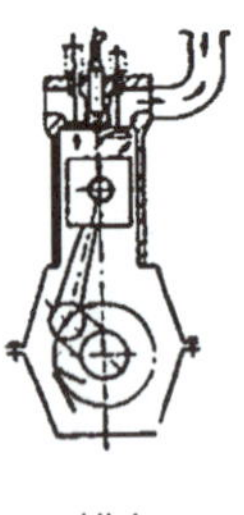

排气

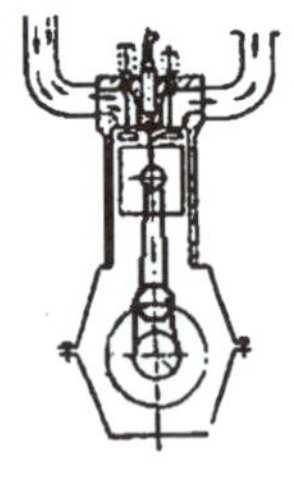

换气过程

附图 28　四行程发动机工作示意图

点火提前角：由于四行程发动机的结构特点，燃料燃烧需要一定的时间，所以混合气是在活塞到达上止点前的一段时间开始燃烧的，以曲轴从活塞上止点下行开始的角度

为 0°，压缩终了开始点火时，曲轴接近上止点，还没有转到 360°，这时曲轴角度和曲轴起始角度的差叫点火提前角。附图 29 是点火提前角示意图。

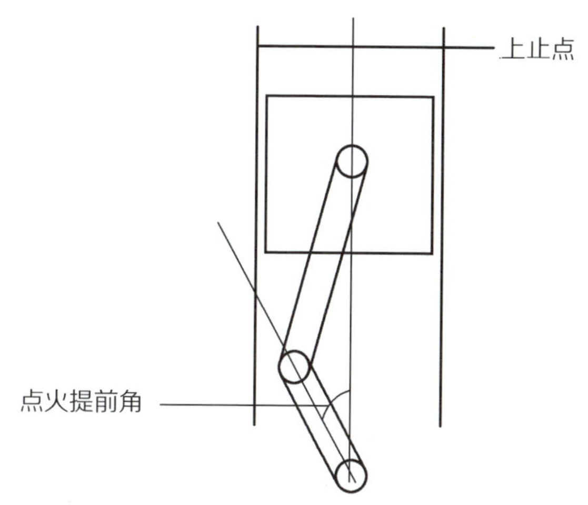

附图 29　点火提前角示意图

动力性：同样排量的发动机输出的动力越大越好。

经济型：同样排量的发动机输出同样的动力耗油越少越好。

混合气浓度：燃料燃烧需要一定量的空气，一般汽油机可燃混合气的浓度范围是 1:10~1:20，即燃烧 1 公斤汽油至少需要 10 公斤空气或最多混合 20 公斤空气。当空气混合过多或过少时都不能正常燃烧，会导致发动机的动力性和经济型变坏。而汽油机标准混合气的浓度为 1:14.7，即燃烧 1 公斤汽油配给 14.7 公斤空气时的燃烧效果最好。当发动机在标准浓度可燃混合气附近工作时，动力性和经济型处于最佳状态。

气门提前角：由于气门打开时需要一定的时间，在这个时间里，从气门开始打开至全部打开曲轴要转过一定的角度，这个角度叫气门提前角。

气门延迟角：由于气门关闭时需要一定的时间，在这个时间里，从气门开始关闭至全部关闭曲轴要转过一定的角度，这个角度叫气门延迟角。

气门叠开角：在排气终了上止点时，排气门由于气门延迟角的作用没有完全关闭，而进气门由于气门提前角的作用已经打开一个角度，此时，进、排气门都处于打开状态。这样，从进气门提前角开始打开的角度至排气门延迟角完全关闭的角度叫做气门叠开角。在这个状态下，新鲜气体由于惯性已经开始进入气缸，废气由于惯性还在继续排出气缸。这个阶段也叫气缸的换气过程。附图 30 是气门叠开角示意图。现代汽车发动机普遍采

用气门正时可变技术（VVT、VVI 等），就是为了在发动机不同转速时改变气门的叠开角以追求最佳的充气效果，使发动机在全转速范围内发挥最大的功率。

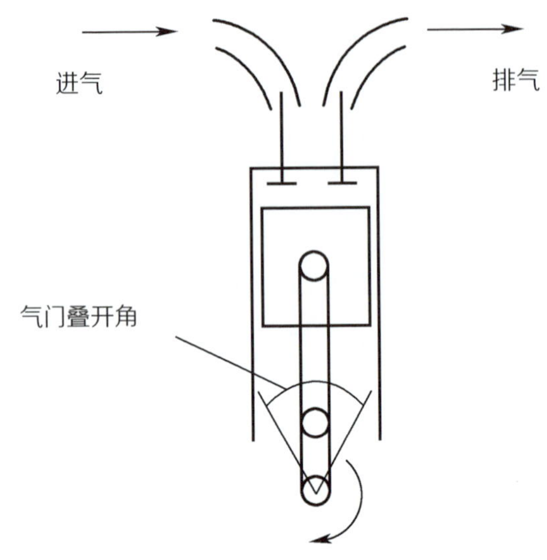

附图 30　气门叠开角示意图

SOHC: 是单顶置凸轮轴（Single Overhead Camshaft）的缩写 (Single——单个的，Overhead——顶置的，Camshaft——凸轮轴)，俗称吊气门。主要用于低转速发动机。与老式的侧置式凸轮轴相比，具有燃烧室结构紧凑、充气效率高、动力性好、省油等特点。

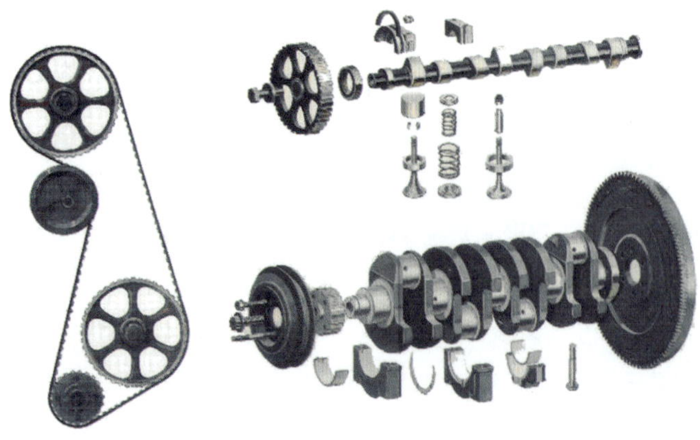

附图 31　单顶置凸轮轴进排气系统

DOHC: 是双顶置凸轮轴（Double Overhead Camshaft）的缩写（Double——成对的，Overhead——顶置的，Camshaft——凸轮轴），主要应用于高速发动机。双顶置凸轮轴系统的进排气凸轮轴单独安装，为VVT（可变气门正时）技术提供了构造的保证，发动机的充气效率在全转速范围达到理想效果，大大提高了发动机的动力性和经济性。

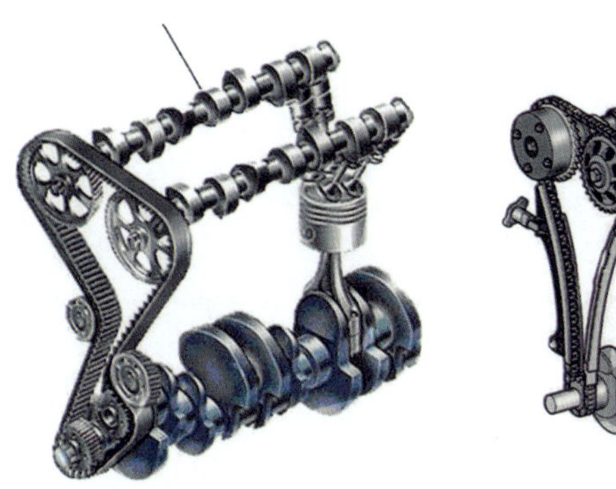
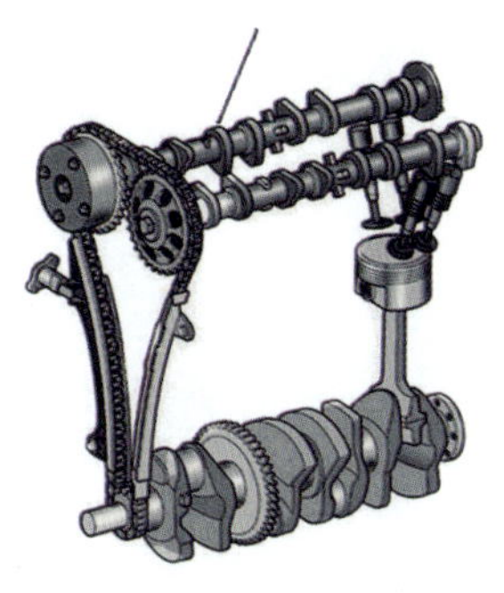

附图 32　双凸轮轴进排气系统

VVT: 气门正时可变系统。这种技术能够改善发动机在怠速和高转速时的充气效果以提高发动机的功率。早期的 VVT 技术是利用机油的压力来改变进排气门的提前打开和延迟关闭的角度。

VVT-i: 电控气门正时可变系统。利用电子控制改善机油压力对气门系统的控制，更好地控制气门提前打开和延迟关闭的角度，使发动机的工作效果更好。

内燃机各种工况的燃烧特点及应对方式

1. 冷起动

冷车起动尤其是寒冷冬季起动时，温度很低，燃料不容易雾化挥发迅速形成可燃混合气，因此需要极浓的混合气和较早的点火提前，便于顺利起动。由于此时可燃混合气燃烧的不充分，会排放出很多的一氧化碳和碳氢化合物污染环境。

2. 暖机过程

由于发动机刚刚着火，温度在逐渐升高，还是较低，燃料还是雾化混合不好，因此需要较浓的混合气，并且需要适当延迟的点火时间，使燃烧速度适当降低，便于温度迅速升高。由于此时可燃混合气燃烧得也不是很充分，会排放出较多的一氧化碳和碳氢化合物污染环境。

3. 中小负荷

此时发动机温度正常，燃料能充分混合，需要的动力不是很大，因此为了提高经济型，应该使用较稀的混合气及适当提前点火。此时可燃混合气燃烧的效果最好，很少排放出一氧化碳、碳氢化合物和氮氢化合物。

4. 全负荷

满载爬陡坡或超车时，需要发动机尽可能发出最大动力，因此需要稍浓的混合气，并且为了防止爆燃要适当推迟点火时间。由于此时气缸内压力温度都很高，所以燃烧会产生大量的氮氢化合物污染环境。

混合气的浓度对发动机作功的影响：正常情况下，可燃混合气在做功时的燃烧速度是每秒钟 20~40m。此时发动机工作顺畅有力。可燃混合气过稀会使燃烧速度变慢甚至不能燃烧，出现放炮、回火、高温、发动机无力的现象。随着混合气浓度的提高，燃烧速度逐渐加快，发动机有力。但是当可燃混合气过浓时，会出现发动机无力、放炮和冒黑烟的现象，严重费油，甚至不能起动。适当稀的可燃混合气虽然动力稍差，但是省油。适当浓的可燃混合气动力性好。

点火时间对发动机作功的影响：适当的点火提前角能提高可燃混合气的燃烧速度，使发动机工作顺畅有力，但是过于提前会使发动机爆震甚至不能起动，出现高温无力的现象。点火时间过迟会使可燃混合气燃烧速度过慢，甚至做功行程完毕时还未燃烧完毕而出现放炮、回火、温度过高、发动机无力的现象。一般情况下，为了更好地发挥发动机的性能，发动机的转速越高，相应的点火提前角越大。一般在怠速时点火提前角在 0°~10° 左右，在 3000 转以上转速时，提前角往往达到 40° 以上。

爆燃：当气缸内温度过高点火提前过早，负荷过大，汽油的标号较低，可燃混合气过浓时，可燃混合气会发生爆炸式燃烧，这种现象叫做爆燃。爆燃时，气缸内压力急剧增加，使一些部件产生敲击而产生异响和高温，会对发动机造成损坏，这个现象也叫爆震。

为了提高发动机的寿命，应该避免爆震的发生。

工作温度对发动机作功的影响：在冷却液100℃时，可燃混合气燃烧状态最好。温度过低时，可燃混合气燃烧速度慢，发动机无力。温度过高时，可燃混合气燃烧速度过快，可能发生爆燃。

负荷对发动机作功的影响：负荷越大，可燃混合气燃烧速度越快，发动机效率越高。但是，负荷过大，可燃混合气可能发生爆燃。

压缩比对发动机作功的影响：根据热机的热效率公式，压缩比越高效率越高。较高的压缩比，如10个以上，会使压缩终了的气体温度压力提高，使燃烧速度加快，发动机工作顺畅有力。当然，过高的压缩比受汽油抗爆能力的影响，会使汽油机产生爆震现象。因此，在不爆震的前提下，压缩比越高，发动机的动力性和经济性越好。当然，高压缩比的汽油机要求使用高标号的汽油以防止爆燃。由于柴油机是压燃的，压缩比比汽油机高得多，所以柴油机比汽油机省油。一般汽油机的压缩比在8~12个，热效率能达到30%左右。柴油机的压缩比在16~24个左右，热效率能达到40%以上。

进气增压对发动机作功的影响：进气终了的气体越多，可以调制更多的燃料，所以在不增加发动机排量的情况下可以大大提高发动机的动力。柴油机由于没有节气门的节流作用，所以很早就使用进气增压技术。而汽油机在采用电喷技术以后，由于没有了化油器喉管的限制，也开始采用增压技术。由于进气增压技术多数采用废气的能量工作，所以平时叫废气涡轮增压，用“T”代表。一般采用增压以后，在排量不变的情况下，能提高60%左右的功率。如1.8T的发动机能产生相当于2.4L排量的发动机产生的动力。

通过前述发动机各个工况的燃烧特点和可燃混合气、点火时间、工作温度、负荷对发动机做功的影响，我们知道，在发动机工作时合理地调整可燃混合气的浓度和点火时间对发动机的动力性、经济性和排放减少污染有非常重要的作用。

过去汽油机使用化油器和分电器来调整实时的可燃混合气浓度和点火时间。这两个部件都是利用机械控制调整的，因此存在浓度和点火时间的调整不能完全满足发动机各个工况的要求，并且很难对排放的尾气进行控制。所以，现在的汽油机都是采用电脑进行控制，俗称电喷系统。

过去的柴油机使用机械泵控制也很难达到动力性、经济性和排放的要求，现在普遍使用电脑进行控制。目前普遍使用的是高压共轨技术。

汽油发动机电控系统发展简介：从20世纪70年代起，随着微电子技术的发展，

对汽油机的可燃混合气浓度和点火时间的调整逐渐从分电器和化油器开始转向利用电脑进行控制。

首先发展的是电控化油器和电子点火。电控化油器在化油器的基础上利用电脑控制进气量、喷油量及点火时间。但还是利用化油器的喉管雾化汽油。所以有所进步，但是改进不大。电子点火技术利用电子管功率放大了点火电流，摆脱了白金点火的机械磨损和通过电流的限制，增强了电火花的强度，使点火可靠，故障率低，所以与电喷技术结合一起得到改进。

在电控化油器的基础上很快发展为单点喷射技术。这种技术脱离了化油器喉管雾化汽油的原理，直接用喷油嘴雾化汽油，使可燃混合气的调制方法有了根本的变化，但是单点喷射的结构还有化油器的影子。

单点喷射是在化油器结构上设计的，存在多缸发动机可燃混合气分布不均匀的问题。但很快在单点喷射的基础上发展出了多点喷射。

这时的多点喷射由于电脑位数的关系，控制能力不强，多个喷油嘴同时喷射，并不符合发动机多个气缸分别工作的要求，很快发展出多点分组喷射。例如 8 缸机，喷油嘴分成两组，每组 4 个喷油嘴同时喷射，使之能进一步适应多缸发动机的要求，有了一定的进步。

随着电脑位数的增加，电脑的处理能力大大提高。在此基础上，20 世纪 80 年代末期出现了多点顺序喷射技术，这种技术根据发动机各个气缸的工作顺序喷油，基本接近发动机的需要，现在的汽油机普遍使用这个技术，我们平时说的电喷，就是指的这种技术。全称叫汽油机多点顺序喷射控制系统，简称电喷系统。在本书中我们只学习这种技术。

上述的各种可燃混合气调制技术（包括化油器）都是在进气道内使汽油雾化和气化。为了进一步提高发动机的性能，现在最新的电喷技术仿照柴油机喷射的方法，将汽油直接喷射在气缸内进行雾化和气化。这种技术简称缸内直喷。虽然它和柴油机一样，将燃料直接喷入气缸，但是燃料喷射的时刻不一样。柴油机是在压缩接近终了时开始喷射并延续到做功开始阶段，而汽油机缸内直喷是在压缩的前半段就喷射完成了。由于缸内直喷技术对部件要求较高，所以费用较高，并没有普遍使用。

在化油器向电喷技术发展的早期，出现过机械喷射技术。这种技术仿照柴油机的技术，采用机械控制燃料的喷射，区别是机械汽油在进气道内喷射。由于这种技术对机械和使用环境要求很高，维修费用很大，所以现在已经退出了市场。

AUTO
REPAIR

刚性传动：输入转速等于输出转速。例如传动轴是刚性传递动力，手动变速箱的离合器属于近似刚性传动。

柔性传动：输入转速大于输出转速。例如自动变速箱的变矩器，皮带传动类似柔性传动。

减速增扭：主动轮小于被动轮时，输入转速大于输出转速，输入扭矩小于输出扭矩。

变速比 = 变速被动轮直径 / 变速主动轮直径

减速比 = 被动减速齿 / 主动减速齿

传动比 = 变速比 x 减速比

差速器：实现左右半轴不同转速的机构。直行时行星齿轮围绕半轴齿轮公转，没有自转。转弯时，行星齿轮即围绕半轴齿轮公转又有自转。

车轮定位：指前桥和后桥的三倾一束。三倾一束包括主销后倾角、主销内倾角、车轮外倾角和车轮前束。附图 33 是三倾一束示意图。

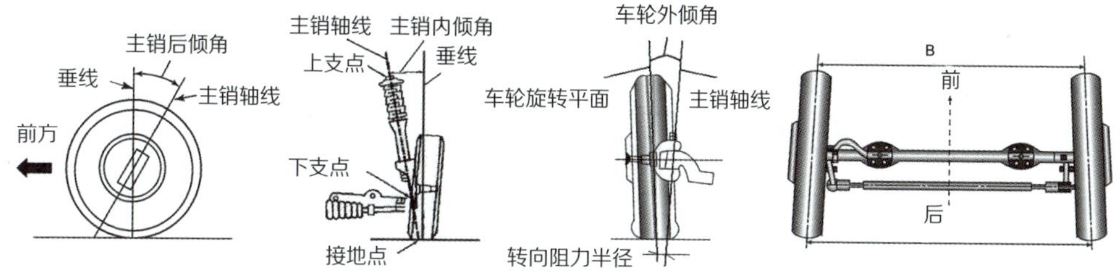

附图 33　三倾一束示意图

主销后倾角的作用是使车辆前进推力的延长线与地面的交点落在车轮与地面的接触点的前方，使车轮在车辆前进时受到向后的拉力，从而实现车轮自动直线向前转动，使汽车方向稳定，转向后能够自动回轮。主销轴线的上方向车辆后方倾斜的角度为正值，角度值由车辆结构决定，不能调整。

主销内倾角的作用是减少车轮转向时的阻力，使转向轻便。由于内倾角的作用，车辆在转向时车身有升高的趋势，所以能够使回轮轻便。角度值由车辆结构决定，不能调整。

车轮外倾角的作用是适应拱形路面，减少车轮转向时的阻力。外倾角为正值时，车

轮上端中心线与下端中心线的差值大于零。大部分独立悬挂的车轮外倾角可以调整。

车轮前束的作用是减少轮胎磨损并保持车辆直线行驶的趋势。两侧车轮后中心线的长度与前中心线长度的差值大于零时为正前束，反之为负前束。通过调整转向拉杆的长度来调整前束。

转向过度是指由于轮胎的变形影响，当汽车转弯时，车辆的后轮超出转向轨迹的现象。车速越快，轮胎的变形对车辆的过度转向影响越大。

转向不足是指由于轮胎变形的影响，当汽车转弯时，车辆的前轮未能达到转向轨迹的现象。同样道理，车速越快，轮胎的变形对车辆的过渡转向影响越大。附图 34 是转向不足和转向过度示意图。

附图 34　转向不足和转向过度示意图

附着力：轮胎与地面的摩擦力。

驱动力：传动系统作用于驱动轮的力，使地面产生的推动车辆运动的反作用力。

制动力：在制动器的作用下，车轮与地面间产生的最大摩擦力。

滑动摩擦力 < 滚动摩擦力

滑　移：车轮与地面间产生的横向或纵向滑动。

重　心：车辆的质量中心。

离心力：车辆转弯时作用于车辆重心的离开转向中心的力。车速越快，转弯时产生使车辆有侧翻倾向的离心力越大，车辆的重心越高，转弯时越容易侧翻。

稳定性：车辆在行驶时抵抗横向或纵向翻车的能力，以及车辆减少振动的能力。

舒适性：车辆控制震荡的幅度和频率，使之适合人员乘坐的能力。

非独立悬挂是指整体式的前桥或后桥，车桥一端车轮的跳动能直接传递到另一端车轮。这种悬挂结构简单，经常用于后轮驱动车辆的后桥。附图 35 是典型的非独立悬挂后桥。

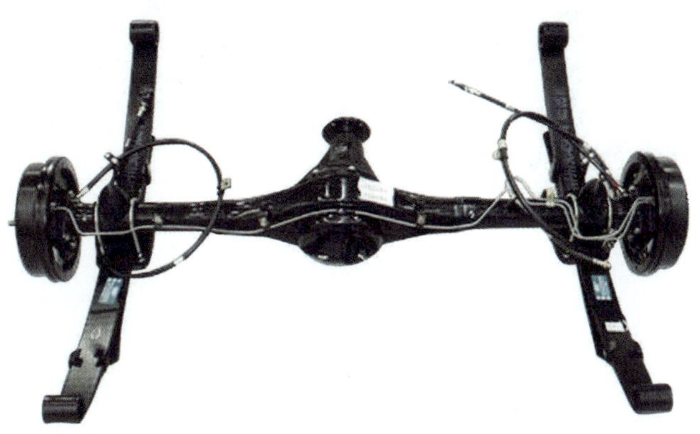

附图 35　典型的非独立悬挂后桥

扭力梁式后桥：非独立悬挂的一种，由于扭力梁的作用，能够减缓车桥两端震动的传递。经常用于前轮驱动家用汽车的后桥。附图 36 是扭力梁式后桥。

附图 36　扭力梁式后桥

双摆臂独立悬挂：分体式的前桥或后桥，车桥一端的车轮能够独立跳动而不影响另一个车轮。独立悬挂的舒适性高于非独立悬挂，双摆臂的独立悬挂的经常用于高级汽车的前后桥。附图 37 是双摆臂式独立悬挂。

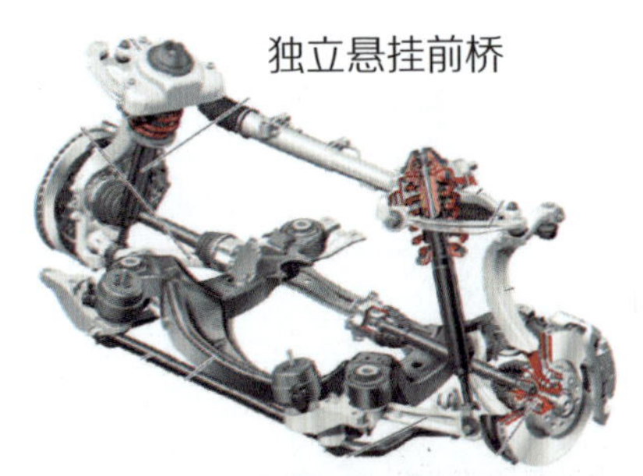

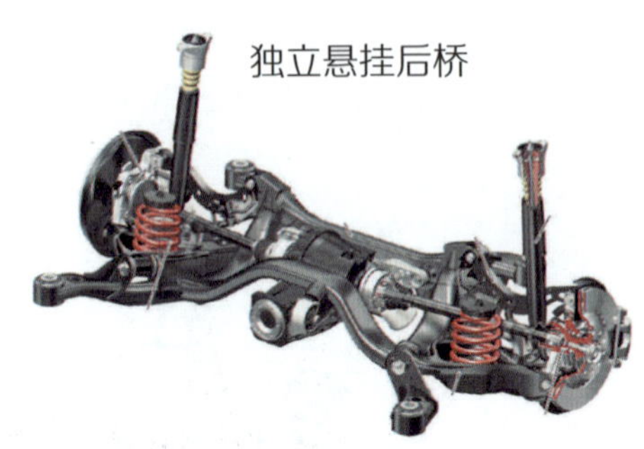

附图 37　双摆臂式独立悬挂

麦弗逊式悬挂：以前减震器轴线为转向轴线，单摆臂结构的悬挂。通常用于家用汽车前桥。附图 38 是麦弗逊式前悬挂。

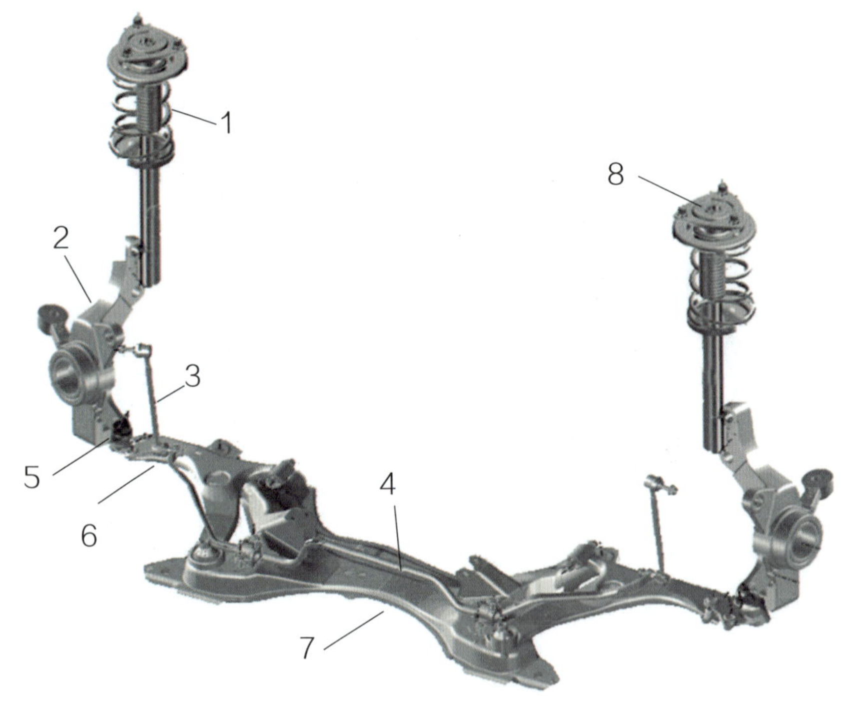

1- 减震器； 2- 转向节； 3- 平衡杆连杆 ； 4- 平衡杆； 5- 下摆臂球头；
6- 下摆臂；7- 元宝梁 ； 8- 前减震器上盖

附图 38　麦弗逊式前悬挂

附图 39 是两种独立悬挂的比较。

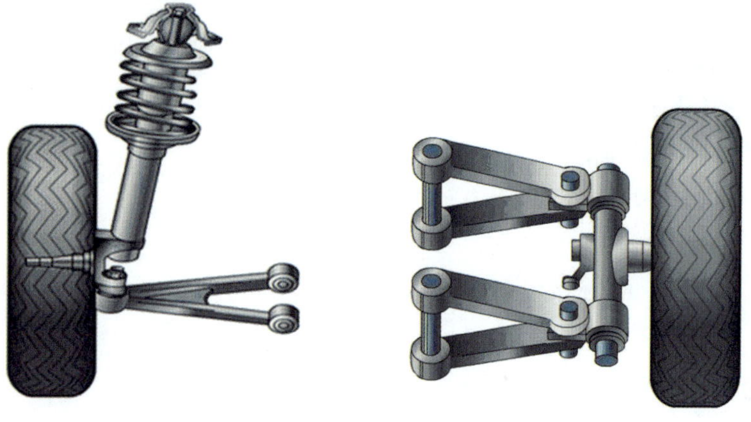

麦弗逊式独立悬挂　　双摆臂式独立悬挂

附图 39　两种独立悬挂的比较

四连杆后悬挂：利用四个连杆和两个摆臂连接车身，多用于前轮驱动家用汽车的后桥。附图 40 是四连杆摆臂式后悬挂示意图。

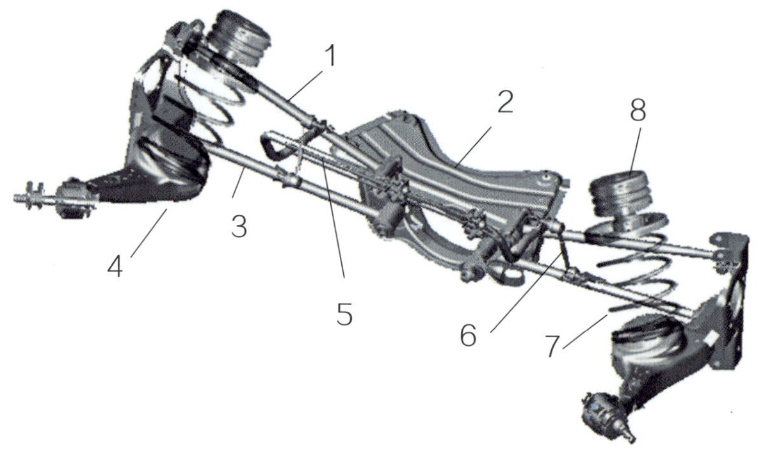

1- 上导向拉杆；2- 导向拉杆支架；3- 下导向拉杆；4- 后导向摆臂；5- 后平衡杆；6- 后平衡杆连杆；7- 后减震弹簧；8- 后弹簧减震垫

附图 40　四连杆摆臂式后悬挂示意图

AUTO
REPAIR

动平衡：旋转工作的部件要求圆周方向质量的平衡，如果不平衡，在某一特定转速时会引起共振。

抖动：由于转动工作的部件的不平衡力产生的不规则震动，如发动机某缸缺火、轮胎不平衡等。

振动：有规律的震动。

共振：在某一特定转速范围内产生的振动。

噪音：影响人类听觉的声音。常见的车辆噪音有：发动机进排气噪音，发动机机械噪音，散热风扇工作时的噪音，空调系统鼓风机工作时产生的噪音，变速箱齿轮噪音，驱动桥齿轮噪音，轮胎噪音，地面震动传给车身的噪音，高速行驶时风阻对车辆产生的噪音等等。

风阻：高速气流对车辆前进的阻力。

阻尼：抵抗振荡的阻力，例如减震器的阻尼可以减少车辆的振荡。

离地高度：车辆底盘离地的最小高度，影响车辆的通过能力。